北京航空学院文革资料选编

Selected Archival Documents on the Cultural Revolution of Beijing Institute of Aeronautics (III)

第三卷

大字报

通讯与报道

公务与动态

启之 编

美国华忆出版社

Remembering Publishing. USA

Copyright © 2025 by Remembering Publishing, LLC. USA

ISBN： 978-1-68560-154-6 (Paperback)
　　　　978-1-68560-155-3 (eBook)
Remembering Publishing, LLC
RememPub@gmail.com

Selected Archival Documents on the Cultural Revolution of Beijing Institute of Aeronautics (III)

By Qi Zhi

北京航空学院文革资料选编　第三卷

批判与歌颂

启之 编

出　版： 美国华忆出版社
版　次： 2025 年 5 月　第一版　第一次印刷
字　数： 250 千字

All Rights Reserved.
No part of this book may be reproduced in any form or by any electronic or mechanical means, including information storage and retrieval systems, without permission in writing from the publisher. The only exception is by a reviewer, who may quote short excerpts in review.

作品内容受国际知识产权公约保护，版权所有，侵权必究

目　录

第一辑　　大字报 ... 1

关于对联的回答　北航附中革委会、红卫兵 ... 3
　　　　1966 年 8 月 14 日

论"怀疑一切"　北航红旗战斗队 ... 5
　　　　1966 年 10 月 11 日

一问中央文革小组　北航八一纵队 ... 15
　　　　1966 年 11 月 24 日

二问中央文革小组　北航八一纵队 ... 18
　　　　1966 年 11 月 29 日

革命少数派向何处去　北航红旗红风战斗组 ... 20
　　　　1966 年 11 月 30 日（注）

三问中央文革小组　北航八一纵队 ... 30
　　　　1966 年 12 月 7 日

批评和监督中央文革的典型意义　北航红卫兵纵队 ... 33
　　　　1966 年 12 月 9 日

也问中央文革小组（一）　北航八一纵队 ... 36
　　　　1966 年 12 月 13 日

也问中央文革（二）
　　——无产阶级大民主万岁
　　北航红卫兵八一野战兵团 ... 39
　　　　1966 年 12 月 12 日

第二辑　　通讯与报道 43

中央文革小组是无产阶级司令部，我们坚决支持，
　　支持到底　北航红教工《小学生》战斗组 45
　　《红旗》第 1 期，1966 年 12 月 19 日

打倒彭罗陆杨反革命修正主义集团 47
　　《红旗》第 1 期，1966 年 12 月 19 日

北京航空学院革命造反委员会成立（摘选） 47
　　《红旗》第 2 期，1966 年 12 月 26 日

向真理投降　红旗战士　金长江（原赤卫队员） 48
　　《红旗》第 3 期，1967 年 1 月 1 日

在中南局一小撮人策划下广州发生武斗流血事件 53
　　《红旗》第 3 期，1967 年 1 月 1 日

陈伯达同志又一次接见我部分红旗战士 54
　　《红旗》第 4 期，1967 年 1 月 9 日

造"红海洋"的反 55
　　《红旗》第 4 期，1967 年 1 月 9 日

开展军政训练活动 55
　　《红旗》第 4 期，1967 年 1 月 9 日

四十一名英雄的华侨青少年应邀与我红旗战士座谈 55
　　《红旗》第 4 期，1967 年 1 月 9 日

坚决支持，热烈欢呼 56
　　《红旗》第 5 期，1967 年 1 月 11 日

满怀激情迎亲人，决心大学解放军　本报记者 57
　　《红旗》第 6 期，1967 年 1 月 18 日

大造旧毕业分配制度的反 58
　　《红旗》第 7 期，1967 年 1 月 19 日

春雷一声响云霄,毛主席发出新号召　本报记者.................. 59
　　《红旗》第8期,1967年1月27日

念念不忘阶级斗争 ——分歧从何而来(摘录)　屠海鹰...... 61
　　《红旗》第9期,1967年2月2日

法文版《毛主席语录》抢购一空.................................. 62
　　《红旗》第10、11期,1967年2月10日

苏联人民热爱毛主席.. 63
　　《红旗》第10、11期,1967年2月10日

法国人民热爱毛主席.. 63
　　《红旗》第12期,1967年2月18日

外国友人热烈欢呼我革命的艺术搬上舞台....................... 64
　　《红旗》第12期,1967年2月18日

毛主席、中央文革小组和我们战斗在一起,胜利在一起!
　　《红旗报》通讯员.. 65
　　《红旗》第13、14期,1967年2月18日

红代会召开以后……
　　《红旗》报记者,《井冈山》报记者........................... 68
　　清华井冈山、北航红旗联合版,1967年3月3日

数千红旗战士和全院革命师生员工隆重集会
　　热烈欢迎威尔科克斯同志... 70
　　《红旗》第18期,1967年3月15日

同日本反修战士欢聚一堂... 72
　　《红旗》第19、20期,1967年3月21日

在毛泽东思想伟大红旗下乘胜前进
　　北航红旗首届战士代表大会胜利召开......................... 74
　　《红旗》第21、22期,1967年3月28日

要革命的干部快杀出来!
　　——本报编辑部举行干部座谈会纪要......................... 75
　　《红旗》第23期,1967年3月30日

彻底批判资产阶级反动路线，坚决搞好斗批改
　　全院革命师生员工举行誓师大会 79
　　《红旗》第 24 期，1967 年 4 月 4 日

这样才有出路　　小钢炮 81
　　《红旗》第 25 期，1967 年 4 月 6 日

毛泽东的巴黎公社万岁　欢呼北京市革命委员会成立
　　本报编辑部 81
　　《红旗》第 31 期，1967 年 4 月 29 日

张有瑛亮相 84
　　《红旗》第 32、33 期，1967 年 4 月 27 日

大兴调查研究，坚持阶级分析　周天行是黑帮吗？ 84
　　《红旗》第 32、33 期，1967 年 4 月 27 日

高举红旗，铁骑无敌 85
　　《红旗》第 34 期，1967 年 4 月 29 日

唤起工农千百万，同心干
　　北航红旗赴昌平地区毛泽东思想宣传队 86
　　《红旗》第 34 期，1967 年 4 月 29 日

站起来，干革命　　原党委副书记　程九柯 91
　　《红旗》第 36 期，1967 年 5 月 6 日

以血还血，以命抵命！ 92
　　《红旗》第 37 期，1967 年 5 月 9 日

鸡毛就是要上天 ——革命的"三结合"必须为过去
　　受压抑的革命干部开大门　红旗红风评论员 93
　　《红旗》第 38 期，1967 年 5 月 13 日

全国各地革命派战友热烈祝贺我院革命委员会成立
　　革命的战斗友谊万岁 97
　　《红旗》第 39 期，1967 年 5 月 21 日

我们的文艺大军浩浩荡荡谁能敌
　　北航红旗文艺口联络站..................100
　　《红旗》第40期，1967年5月23日

欢呼清华、矿院革命委员会成立..................102
　　《红旗》第42期，1967年5月30日

《砸三旧》革命战旗在风暴中前进
　　北航红旗文艺口联络站..................103
　　《红旗》第43期，1967年6月3日

分清敌我，明辨是非　本报编辑部..................107
　　《红旗》第44期，1967年6月6日

永远忠于毛主席　红旗总勤务站常委韩爱晶、
　　井岗山、田东、屠海鹰、侯玉山、仇北秦..................110
　　《红旗》第45期，1967年6月10日

突出政治　开门整风　掌握方向　整出干劲..................114
　　《红旗》第46期，1967年6月13日

不当逍遥派，起来闹革命　五系　王芬..................118
　　《红旗》第47期，1967年6月17日

我院一、五、七、九系成立革命委员会..................121
　　《红旗》第48期，1967年6月20日

我院各系革命委员会宣告成立（摘录）..................122
　　《红旗》第50期，1967年7月1日

向毛主席报喜..................123
　　《红旗》第51期，1967年7月4日

亲切的关怀，巨大的鼓舞
　　欢呼《人民日报》发表我院复课闹革命消息（摘录）..124
　　《红旗》第52期，1967年7月8日

苏修电台攻击我校复课闹革命..................124
　　《红旗》第53期，1967年7月15日

喜讯传来 戚本禹同志的来信广播以后 125
　　《红旗》第 55 期，1967 年 7 月 29 日

首长的关怀激励着我　四五一一　王芬 127
　　《红旗》第 55 期，1967 年 7 月 29 日

【附】戚本禹同志的信 129
　　《红旗》第 54 期，1967 年 7 月 29 日

斗争反革命分子陈再道 130
　　《红旗》第 56 期，1967 年 8 月 1 日

战斗在揪刘火线上 131
　　《红旗》第 57 期，1967 年 8 月 5 日

"首都五一六兵团"混蛋透顶 132
　　《红旗》第 57 期，1967 年 8 月 5 日

游斗刘志坚 132
　　《红旗》第 57 期，1967 年 8 月 5 日

地院、北航革命小将　联合举行斗争反革命修正主义分子
　彭德怀大会　七万余人振臂高呼"打倒刘邓陶！"
　"斗臭彭德怀！"奋起革命千钧棒，批倒斗臭彭德怀 .. 133
　　《红旗》第 58、59 期，1967 年 8 月 5 日

沧海横流，方显出英雄本色
　　——向武汉地区的无产阶级革命派战友致敬
　本报编辑部 134
　　北航《红旗》　清华《井冈山》　师大《井冈山》
　　矿院《东方红》联合版，1967 年 8 月 6 日

热烈欢呼中央武装北航红旗的英明决定
　北航红旗武装部队宣告成立
　李钟奇副司令员代表卫戍区司令部向我武装部队授枪 .. 136
　　《红旗》第 62 期，1967 年 8 月 19 日

北京航空学院革委会，北航红旗总勤务站　讣　告 139
　　《红旗》第 63 期，1967 年 8 月 22 日

以革命的两手，反对反革命的两手...................... 140
　　《红旗》《新疆红卫兵》联合版，1967年8月29日

向工人阶级学习，誓作革命大联合的模范
　　北航红旗、地质东方红召开团结联合大会　喜报........ 143
　　　　北航《红旗》地质《东方红报》联合刊，1967年9月24日

院毛泽东思想学习班一期胜利结束.......................... 145
　　《红旗》第77期，1967年11月14日

我院第二期毛泽东思想学习班开学.......................... 146
　　《红旗》第80期，1967年12月5日

永远向群众学习　北航革委会主任韩爱晶，副主任井岗山.. 146
　　《红旗》第82期，1967年12月19日

我院首届毛著学习积极分子大会即将召开.................. 149
　　《红旗》第84期，1968年1月16日

以最高度的革命自觉宣传和全面落实最新指示
　　以最大的忠诚和勇敢捍卫马列主义第三里程碑
　　我院首届活学活用毛主席著作积极分子大会胜利闭幕.. 150
　　　　《红旗》第85、86期合刊 1968年1月23日

永远　无限　绝对忠于毛主席
　　——活学活用毛主席著作积极分子
　　　　院革委会委员　徐鹏飞........................... 152
　　《红旗》第85、86期合刊，1968年1月23日

在毛泽东思想的伟大旗帜下团结起来
　　韩爱晶　井岗山　田东　屠海鹰　侯玉山　仇北秦................ 163
　　《红旗》第92期，1968年3月12日

我院师生员工隆重集会
　　热烈庆祝越南人民抗美救国斗争新春大捷................ 166
　　《红旗》第87期，1968年2月6日

院各级革委会大办毛泽东思想学习班
　　围剿派性　斩断黑手　迎接文化大革命的全面胜利.......... 167
　　《红旗》第88期，1968年2月13日

独有英雄驱虎豹，更无豪杰怕熊罴
　　红航抓革命，促生产的动人凯歌..................169
　　《红旗》第 89 期，1968 年 2 月 20 日

大跃进的脚步声在航院回响..................172
　　《红旗》第 90 期，1968 年 2 月 27 日

复课闹革命（67.10.26—68.2）初步总结（讨论稿摘要一）
　　革委会斗批改办公室..................173
　　《红旗》第 91 期，1968 年 3 月 5 日

复课闹革命（67.10.26—68.2）初步总结（讨论稿摘要二）
　　革委会斗批改办公室..................176
　　《红旗》第 93 期，1968 年 3 月 19 日

我院红航兵团活学活用毛主席著作进行教育革命探索先进
　　事迹集锦 红彤彤宝书拿在手，战士心中有朝阳（摘录）
　　——记 881 厂铸工组争取大型铸件成功的两次
　　英勇战斗..................180
　　《红旗》第 95、96 期，1968 年 3 月 25 日

以毛主席最新指示为武器 向阶级敌人放火开炮
　　坚决把黑武光批倒斗臭 我院数千人集会，
　　批斗黑贼武光..................181
　　《红旗》第 99 期，1968 年 4 月 17 日

伟大的无产阶级文化大革命是无敌的
　　——热烈欢庆全世界无产阶级盛大的节日
　　本报编辑部..................182
　　《红旗》第 101 期，1968 年 5 月 1 日

誓死捍卫毛主席为首的无产阶级司令部
　　——彻底揭发批判国防科委某些负责人的山头主义、
　　右倾机会主义、右倾分裂主义、右倾投降主义..................186
　　《红旗》第 102 期，1968 年 5 月 7 日

在反右倾的震天战鼓声中，召开活学活用毛泽东思想
　　讲用会，欢庆革委会成立一周年（摘录）..................189
　　《红旗》第 104 期，1968 年 5 月 21 日

毛主席、林副主席接见来自全国各地的革命战士
　　和出席科委学代会的积极分子（摘录）..................190
　　《红旗》第 105 期，1968 年 5 月 21 日

共产党和国民党长期斗争的继续（一）
　　新生的红色政权革命委员会同航院"地下黑党委"
　　之间的 一场惊心动魄的斗争　本报编辑部.................191
　　《红旗》第 106 期，1968 年 5 月 29 日

彻底摧毁地下黑党委，批倒批臭大特务大叛徒程九柯..........198
　　《红旗》第 106 期，1968 年 5 月 29 日

共产党和国民党长期斗争的继续（二）
　　新生的红色政权革命委员会同航院"地下黑党委"
　　之间的 一场惊心动魄的斗争　本报编辑部.................200
　　《红旗》第 107 期，1968 年 6 月 5 日

把反革命右派组织《经风雨》揪出来示众....................206
　　《红旗》第 108 期，1968 年 6 月 12 日

捷　报..210
　　《红旗》第 111 期 1968 年 7 月 3 日

克服官僚主义的作风，建立革命化的新政权
　　——院革委会研究如何贯彻"精兵简政"的方针...........211
　　《红旗》第 113 期，1968 年 7 月 17 日

毛主席和林副主席接见红卫兵代表.........................213
　　《红旗》第 115 期，1968 年 7 月 31 日

第三辑　　公务与动态..................................215

发刊词/公告
　　北京航空学院《红旗》战斗队《红旗编辑组》.............217
　　《红旗》第 1 期，1966 年 12 月 19 日_Toc197604729

最新消息..218
　　《红旗》第 1 期，1966 年 12 月 19 日

北京航空学院革命造反委员会成立　　本报讯（摘选）........219
　　《红旗》第 2 期，1966 年 12 月 26 日

参考消息............219
　　《红旗》第 2 期，1966 年 12 月 26 日

参考消息............220
　　《红旗》第 3 期，1967 年 1 月 1 日

西电临委会赴京造反团声明............221
　　《红旗》第 3 期，1967 年 1 月 1 日

强烈要求　　北航红旗战斗队............222
　　《红旗》第 3 期，1967 年 1 月 1 日

声讨刘邓的大集会............222
　　《红旗》第 4 期，1967 年 1 月 9 日

简明新闻............223
　　《红旗》第 4 期，1967 年 1 月 9 日

参考消息............223
　　《红旗》第 5 期，1967 年 1 月 11 日

国防科委即将搬到北航来............225
　　《红旗》第 6 期，1967 年 1 月 18 日

参考消息............226
　　《红旗》第 6 期，1967 年 1 月 18 日

联合起来革命造反派，打垮资产阶级反动路线新反扑............227
　　《红旗》第 6 期，1967 年 1 月 18 日

北航的一切权利归红旗
　　——北京航空学院红旗战斗队夺权声明............231
　　《红旗》7 期，1967 年 1 月 19 日

北航红教工声明............233
　　《红旗》7 期，1967 年 1 月 19 日

北航红旗战斗队郑重声明 234
  《红旗》第 8 期，1967 年 1 月 27 日

关于目前形势和任务的几点意见 北航红旗总勤务站 235
  《红旗》第 8 期，1967 年 1 月 27 日

北航红旗总勤务重要通知 237
  《红旗》第 8 期，1967 年 1 月 27 日

紧急启事 238
  《红旗》第 8 期，1967 年 1 月 27 日

参考消息 238
  《红旗》第 8 期，1967 年 1 月 27 日

要闻简报 239
  《红旗》第 10、11 期，1967 年 2 月 10 日

全市无产阶级革命造反派迅速联合起来！.......................... 240
  《红旗》第 12 期，1967 年 2 月 18 日

造谣者可耻 242
  《红旗》第 12 期，1967 年 2 月 18 日

简明新闻 243
  《红旗》第 12 期，1967 年 2 月 18 日

动态简报 245
  《红旗》第 13、14 期，1967 年 2 月 28 日

首都大专院校红卫兵代表大会宣言 247
  清华井冈山，北航红旗联合版，1967 年 3 月 3 日

首都大专院校红卫兵代表大会《告全国红卫兵书》............. 252
  清华井冈山，北航红旗联合版，1967 年 3 月 3 日

红卫兵誓词 255
  清华井冈山，北航红旗联合版，1967 年 3 月 3 日

北航红旗总勤务站严正声明 255
  《红旗》第 18 期，1967 年 3 月 15 日

关于火烧李先念，炮打余秋里的严正声明 256
　　《红旗》第 19、20 期，1967 年 3 月 21 日

红旗总勤务站关于目前运动的几项规定 257
　　《红旗》第 21、22 期，1967 年 3 月 28 日

北航红旗首届战士代表大会胜利召开 258
　　《红旗》第 21、22 期，1967 年 3 月 28 日

《毛主席革命路线胜利万岁》展览会通告 259
　　《红旗》第 21、22 期，1967 年 3 月 28 日

红旗雷达站 260
　　《红旗》第 23 期，1967 年 3 月 30 日

北航附中临时革命委员会诞生 261
　　《红旗》第 26 期，1967 年 4 月 8 日

红旗雷达站 262
　　《红旗》第 26 期，1967 年 4 月 8 日

关于航院目前运动的几项决定　北航红旗总勤务站 263
　　《红旗》第 30 期，1967 年 4 月 20 日

张有瑛亮相 265
　　《红旗》第 32、33 期，1967 年 4 月 27 日

简　讯 266
　　《红旗》第 32、33 期，1967 年 4 月 27 日

红旗总勤务站
　　《关于坚决响应北京市革命委员会号召　把活学活用
　　毛主席著作的群众运动推向新阶段的决定》 267
　　《红旗》第 37 期，1967 年 5 月 9 日

总勤关于成立革命委员会筹备小组的初步意见 269
　　《红旗》第 37 期，1967 年 5 月 9 日

我院把活学活用毛主席著作的群众运动
　　推向新阶段的誓师大会隆重召开 270
　　《红旗》第 37 期，1967 年 5 月 9 日

关于成都一三二厂五月六日流血事件的严正声明
　　红代会北航红旗 272
　　　　《红旗》第 37 期，1967 年 5 月 9 日

北京航空学院革命委员会决议 273
　　　　《红旗》第 39 期，1967 年 5 月 21 日

院革命委员会关于号召全院学习
　　中共中央一九六六年五月十六日《通知》的决定 276
　　　　《红旗》第 40 期，1967 年 5 月 23 日

红色雷达站 277
　　　　《红旗》第 41 期，1967 年 5 月 27 日

关于认真学习毛主席五篇光辉文献的通知 279
　　　　《红旗》第 42 期，1967 年 5 月 30 日

红色雷达站 280
　　　　《红旗》第 42 期，1967 年 5 月 30 日

关于向伟大的共产主义战士吕祥璧同志学习的通知 281
　　　　《红旗》第 43 期，1967 年 6 月 3 日

简　讯 282
　　　　《红旗》第 43 期，1967 年 6 月 3 日

北京市革命委员会重要通告
　　（北京市革命委员会全体会议通过，并经中央批准）.. 283
　　　　《红旗》第 44 期，1967 年 6 月 6 日

北航革命委员会　红旗总勤务站
　　关于立即停止外出串联和在外同学返校的紧急命令 284

红旗雷达站 285
　　　　《红旗》第 44 期，1967 年 6 月 6 日

红卫简讯 286
　　　　北航《红旗报》《河南红卫兵》报合刊，1967 年 6 月 9 日

红旗雷达站 286
　　　　《红旗》第 45 期，1967 年 6 月 10 日

红旗雷达站 288
　　《红旗》第 47 期，1967 年 6 月 17 日

我院一五七九成立革命委员会 289
　　《红旗》第 48 期，1967 年 6 月 20 日

红旗雷达站 291
　　《红旗》第 48 期，1967 年 6 月 20 日

北航革委会政治部，北航红旗政治组
　　关于学习刘英俊式的贫农英雄王凤同志的通知 292
　　《红旗》第 49 期，1967 年 6 月 27 日

北京航空学院革命委员会 关于复课闹革命的决议 293
　　《红旗》第 50 期，1967 年 7 月 1 日

红旗雷达站 294
　　《红旗》第 50 期，1967 年 7 月 1 日

探索园地/上点业务课 295
　　《红旗》第 51 期，1967 年 7 月 4 日

关于复课闹革命的几点补充意见 296
　　《红旗》第 52 期，1967 年 7 月 8 日

"复课闹革命"方案修改的补充意见 297
　　《红旗》第 52 期，1967 年 7 月 8 日

黄泥浆贴大字报好 299
　　《红旗》第 52 期，1967 年 7 月 8 日

红旗雷达站 300
　　《红旗》第 53 期，1967 年 7 月 15 日

红旗雷达站 302
　　北航《红旗》《武汉钢二司》联合版，1967 年 7 月 18 日

红旗雷达站 303
　　《红旗》第 54 期，1967 年 7 月 26 日

北航革委会、北航红旗
　　发表有关武汉、山西、湖南的严正声明............................305
　　《红旗》第 55 期 1967 年 7 月 29 日

红旗雷达站..305
　　《红旗》第 55 期，1967 年 7 月 29 日

北京航空学院革命委员会，红代会北航红旗战斗队
　　重申关于打倒徐向前的严正声明....................................307
　　《红旗》第 56 期，1967 年 8 月 1 日

红旗雷达站..308
　　《红旗》第 56 期，1967 年 8 月 1 日

红旗雷达站..310
　　《红旗》第 60 期，1967 年 8 月 12 日

红旗雷达站..312
　　《红旗》第 61 期，1967 年 8 月 15 日

北京航空学院革命委员会，红代会北航红旗
　　关于打倒肖华的严正声明..313
　　《红旗》第 62 期，1967 年 8 月 19 日

红旗雷达站..315
　　《红旗》第 62 期，1967 年 8 月 19 日

北航革委会政治部　关于宣传学习刘天章烈士的通知............316
　　《红旗》第 63 期，1967 年 8 月 22 日

北航红旗关于新疆目前形势的严正声明................................317
　　《红旗》编辑部，新疆红二司《新疆红卫兵》编辑部，
　　1967 年 8 月 29 日

北航革委会政治部，北航红旗总勤务站政治部
　　关于开展群众性毛著讲用会的通知................................319
　　《红旗》第 65-66 期，1967 年 9 月 2 日

红旗雷达站..321
　　《红旗》第 65-66 期，1967 年 9 月 2 日

我院首次举行学习毛主席著作讲用会 322
  《红旗》67、68 期，1967 年 9 月 9 日

红旗雷达站 323
  《红旗》第 69 期，1967 年 9 月 12 日

北京航空学院革命委员会，北京航空学院红旗总勤务站
 通　告 324
  《红旗》第 70 期，1969 年 9 月 19 日

启　事 325
  《红旗》第 70 期，1969 年 9 月 19 日

红旗雷达站 326
  《红旗》第 70 期，1969 年 9 月 19 日

红旗雷达站 327
  《红旗》第 71 期，1967 年 9 月 24 日

向工人阶级学习，誓作革命大联合的模范
 北航红旗，地质东方红召开团结联合大会喜报 328
  北航《红旗》，地质学院《东方红报》（79 期），
  1967 年 9 月 24 日

我院政治生活中的大喜事
 第一期院毛泽东思想学习班开学 329
  《红旗》第 75 期，1967 年 10 月 31 日

院毛泽东思想学习班胜利结束 330
  《红旗》第 77 期，1967 年 11 月 14 日

院第二批革命三结合庆祝会隆重召开 331
  《红旗》第 79 期，1967 年 11 月 28 日

我院第二期毛泽东思想学习班开学 332
  《红旗》第 80 期，1967 年 12 月 5 日

关于向"支左爱民模范排"和"支左爱民模范"李文忠
 同志学习的决定 333
  《红旗》第 81 期，1967 年 12 月 12 日

向毛主席宣誓　红旗兵团全体红旗战士和革命同志............ 335
　　《红旗》第 83 期，1968 年 1 月 2 日

本报启事 335
　　《红旗》第 83 期，1968 年 1 月 2 日

中共北航临时总支成立公告 336
　　《红旗》第 84 期，1968 年 1 月 16 日

北京航空学院热烈庆祝南越人民新春大捷大会
　　给越南南方民族解放阵线中央委员会主席团
　　阮友寿主席的贺电 337
　　《红旗》第 87 期，1968 年 2 月 6 日

北京航空学院革命委员会
　　第七办公室关于清理阶级队伍的意见 339
　　《红旗》第 89 期，1968 年 2 月 20 日

关于紧跟毛主席的战略部署，深入开展复课闹革命的决定.. 342
　　《红旗》第 90 期，1968 年 2 月 27 日

关于紧跟毛主席的战略部署，
　　进一步深入开展"复课闹革命"的规定 344
　　《红旗》第 90 期，1968 年 2 月 27 日

最最坚决拥护伟大统帅毛主席最新英明决定和命令
　　最最坚决贯彻执行林副统帅"3.24"重要指示
　　本报编辑部 347
　　《红旗》第 95.96 期合刊，1968 年 3 月 26 日

要闻简报 349
　　《红旗》第 101 期，1968 年 5 月 1 日

关于彻底砸烂旧政治部的联合声明 350
　　《红旗》第 106 期，1968 年 5 月 29 日

关于目前国防科委问题的严正声明　北航红旗钢铁纵队.... 352
　　《红旗》第 108 期，1968 年 6 月 12 日

红旗雷达站 354
　　《红旗》第 109 期，1968 年 6 月 26 日

北京航空学院革命委员公告 355
　　《红旗》第 109 期，1968 年 6 月 26 日

红旗雷达站 357
　　《红旗》第 109 期，1968 年 6 月 26 日

北京航空学院红旗保卫组严正声明 358
　　《红旗》第 109 期，1968 年 6 月 26 日

关于离校人员返校的通知 360
　　《红旗》第 113 期，1968 年 7 月 17 日

关于贯彻执行周总理"七·七"重要指示的严正声明 361
　　《红旗》第 114 期，1968 年 7 月 24 日

关于"7.18"政治事件的严正声明 363
　　《红旗》第 114 期，1968 年 7 月 24 日

坚决支持科委"卫东"革命造反派的严正声明 365
　　《红旗》第 114 期，1968 年 7 月 24 日

声　明 367
　　《红旗》第 115 期，1968 年 7 月 31 日

第一辑

大字报

关于对联的回答

北航附中革委会、红卫兵

1966 年 8 月 14 日

×××：

你校×××同学给了我们一封信，问了我们对联的情况，给我们提出一些问题，（附带寄回）我们的对联是：

鬼见愁

基本如此

老子革命儿好汉

老子反动儿混蛋

我们对她们的问题回答如下：

（1）我们的对联的上、下联是别的学校写的，我们改的，横批是我们加的，中间也是我们加的。但是这种强烈的阶级分析的精神，这种迫切要求贯彻阶级路线的心情，则是全市大中学校革命师生的强烈愿望。我们只是提出了一付具体的对联，作为对资产阶级、修正主义者的"宣战书"。我们是"造反专家"，我们就是要向，而且已经向那些资产阶级、修正主义者们宣战了，通过这付对联，给了彭真的所谓"重在表现"当头一棒。这付对联骂在彭真的阶级路线身上，痛在资产阶级小狗崽子们的心里，痛在这些人的灵魂深处。

（2）我们的这付对联，是革命的对联，因为这付对联工农子弟都支持，资产阶级子弟都反对。

我们是有成份论者，但不是唯成份论者，我们说唯成份论不对，但无成份论更不对。我们是唯阶级论者。"阶级斗争"我们学得不够，但我们懂得，什么阶级说什么话。

出身好的，大部分、绝大多数都是革命的，立场坚定、旗帜鲜明的，但也有一小撮叛徒，那些出身不好的小狗崽子们，大部分都是不革命的，或是站在反革命的立场上，只有少数人，在彻底背叛自己家庭以后，才有可能站在革命的一边。我们觉得，这是客观存在的，是和彭真"重在表现"阶级路线唱"对台戏"的，誓无两立的。我们的两联是说要有成份论，横批是告诉同志们不要唯成份论，中间的"鬼见愁"，是谁反对，谁见着它发愁，心里发疼、发毛，恨得咬牙切齿，谁就是鬼，谁就是资产阶级的忠实鬼。

那些资产阶级、地主、反革命，有血债的人的子女们大多不满，愤怒到极点，他们看到了"反动"和"混蛋"两词，便责问我们：你的"混蛋"是什么意思？骂谁是"混蛋"，我们回答是：你们家里反动，自己还替家里说话，你就是混蛋！你如果在这付对联面前心里发毛，你就是鬼！你不敢革自己父母的命，不敢革自己心里的鬼的命，为什么不能骂你是混蛋呢？！

我们这些人，以前在前市委的阶级路线的控制下，被资产阶级小狗崽子们骂为"自然红"、"骄傲自满"等，把我们压在他们的最底下，我们相信党中央、毛主席，党中央、毛主席永远给我们撑腰。我们就是要和那些资产阶级先生们，右派先生们斗争，就是要造他们的反，把他们一棒子打在地上，以至休克，再踏上一只脚。叫他们永世不能抬头，叫他们尝到无产阶级专政的"甜头"。

北京也有很多人不同意这副对联，我们不怕，真理在我们这一边。我们打破了班与班的界限，校与校的界限，一起干革命、一起造资产阶级旧意识的反，哪里有阶级兄弟受打击，受迫害（北京出现多次打击、迫害干部子弟、工农子弟事件、反革命事件，甚至出现过多次惨案、血案）我们就到哪里支援，就到哪里造反。我们没有框框，没有顾虑，哪里有资产阶级思想流毒，我们的反，就造到哪里去！

毛主席说：马克思主义的道理千条万绪，归根到结底就是一句话：造反有理。根据这个道理，于是就反抗就斗争，就干社会主义。

她们问是什么人搞出来的，可以告诉她们，我们是党中央和毛主席的红色卫兵：红卫兵。北京各大中学校差不多都已成立了"红卫兵"组织，这是一支阶级队伍，阶级的力量。我们是成分是"一色红"的，全部是工人、贫下中农和革命干部、革命军人、革命烈士子弟。

我们还要问问，她们（给我们写信的）是什么人？这种形势下，我们不得不警惕,她们写信的态度,我们觉得不大对头,请你们介绍一下她们的情况。

如果说起形势,说起我们的态度,几天几夜也写不完,但总归一条:阶级社会,不搞阶级斗争不行!不造反不行!不搞出火药味不行!!革命是暴动,是一个阶级推翻另一个阶级的暴烈行动。

革命造反精神万岁!

革命友谊万岁!

战无不胜的毛泽东思想万岁!

毛主席万岁!万万岁!!

(上海师范学院附中《红卫兵》上海纵队倡议者翻印第 5 号)

论"怀疑一切"

北航红旗战斗队

1966 年 10 月 11 日

一、最高指示

凡事应该用脑子好好想一想。俗话说:"眉头一皱,计上心来。"就是说多想出智慧。要去掉我们党内浓厚的盲目性,必须提倡思索,学会分析事物的方法,养成分析的习惯。

——《毛主席语录》192 页

这种态度,就是实事求是的态度。"实事"就是客观存在的一切事物,"是"就是客观事物的内部联系,即规律性,"求"就是我们去研究。

——《毛主席语录》199 页

共产党员对任何事情都要问一个为什么,都要经过自己头脑的周密思考,想一想它是否合乎实际,是否真有道理,绝对不应盲从,绝对不应提倡奴隶主义。

——《毛主席语录》253 页

马克思的二女劳拉问马克思:"你所喜爱的座右铭是什么?"马克思答:"怀疑一切。"

——《回忆马克思恩格斯》304-305 页

凡是人类社会所创造的一切,他(指马克思)都以批判的态度加以审查,任何一点也没有忽略过去。

——列宁《青年团的任务》

我们布尔什维克是批评整个世界的人,或者用马克思的话来说,是翻天覆地的人,如果我们为了某些同志的安宁而放弃自我批评,那么除了使我们伟大的事业遭到毁灭是不会有别的结果的,这难道还不明显吗?

——斯大林《联共(布)15 次代表大会》

二、前 言

在这场文化大革命中,马克思的一句名言"怀疑一切",作为口号被提了出来。这个口号一经同广大工农兵,尤其是革命的青少年相接触,就紧密地和伟大的革命实践联合起来,一经被广大的工农兵群众和革命的闯将所掌握,就变成了摧毁旧世界的物质力量。

谁最害怕这个口号呢?不是其他人,正是阶级敌人。这些在历史上将要被彻底埋葬的垃圾,他们一直害怕马克思提出的这个口号,他们更害怕群众掌握它。

马克思提出的富于批判整个旧世界,富有强烈战斗气息和极端认真精神的战斗口号"怀疑一切",在文化大革命中更使阶级敌人为之丧胆,它就像一把犀利的宝剑一样,把修正主义的金科玉律,意识形态,上层建筑,修正主义用来培养接班人的奴才哲学和欺骗人民的各种招牌,都统统地被齐根斩断了,孕育修正主义的和平宁静的环境被彻底打破了!革命人民有谁不为之热情欢呼呢!

革命的群众认为马克思提出的"怀疑一切"好得很。可是有一批不三不四的人,摇旗呐喊,把"怀疑一切"看得一团糟,什么"资产阶级的口号"呀，什么"反动的口号"呀，什么"一小撮别有用心的人才喜欢这个口号"呀，什么"时代变了"呀，什么"在这个口号的指导下斗了所有的当权派"呀……。这些人看到我国的当前大好形势，却满目凄凉，伤感备至。他们为什么这副样子呢？俗话说："兔死狐悲"。看来用这句话来形容这些人何以如此，是再恰当不过了。

这些人有时洋洋写上几篇大文章，还引用了一些名言，企图用这些话来证实他们的错误结论是正确的，事实上他们所引用的话对他们自己就是最尖刻的讽刺。我们要大喝一声，快收起你们那一套吧！你们企图诋毁马克思，阉割"怀疑一切"的实质，借以达到压倒群众，抵制这场文化大革命的卑鄙目的。这除了暴露你们自己的伪善可憎面目之外，统统是徒劳的，你们决不会由此捞到一点东西。

三、应该如何对待"怀疑一切"

"怀疑一切"是马克思理论中的一部分，是放之四海而皆准的真理。这个理论决没有过时，也永远不会过时。

我们学习马列主义理论，主要是学习马列主义理论的精神实质，学习革命导师的观察问题、分析问题和解决问题的立场和方法。

目前，有些人就像有同志比喻的那样，是一些"咬文嚼字"的专家，他们老是围绕着"怀疑一切"这四个字兜圈子："什么是怀疑"？"什么是一切"？"你要怀疑那一切"？"马克思时代的主要矛盾是什么？现在的主要矛盾是什么？"他们把"怀疑一切"的精神实质，马克思观察问题、分析问题、解决问题的方法，统统给抛到九霄云外去了。然而这些人还自称他们自己是具体地分析具体情况的真正的革命者呢！

四、"怀疑一切"的实质

马克思主义的哲学是批判的、革命的、造反的哲学。批判、革命、造反这就是革命者的生活。

在马列主义的哲学里，批判就是批判整个旧世界，革命就是革整个旧世界的命，造反就是造整个旧世界的反！

"怀疑一切"的精神实质就是要批判、要革命、要造反。

列宁曾经这样评价马克思："凡是人类社会所创造的一切，他都以评判的态度加以审查，任何一点也没有忽略过去。"

"怀疑一切"是对所研究的问题抱批判的态度，有批判的吸收，有批判的弃取。凡革命的、科学的、凡符合历史发展规律的，凡符合无产阶级革命利益的就吸收、就拥护、就发展。否则，就革它的命，造它的反，把它抛弃，把它消灭！

"怀疑一切"就是要用毛泽东思想去观察一切、分析一切、检查一切。凡是符合毛泽东思想的就相信、就拥护、就支持；凡是违背毛泽东思想的就批判、就斗争、就坚决打倒！！

"怀疑一切"绝不是"否定一切"，怀疑不等于否定，马列主义的"怀疑一切"论者与怀疑主义的怀疑论者根本不同。有人企图用黑格尔对"怀疑论"的讽刺来击倒马克思提出的"怀疑一切"，这不是不自量力了吗？这不是太可笑、太愚蠢了吗？这些人竟可怜到连起码的历史知识和哲学发展史的知识也不懂，真是可悲之极。告诉你们，被马克思在十九世纪四十年代所击倒的黑格尔，在二十世纪六十年代的中国，即令你们拿出吃奶的力气也决不会再把他扶起来！你们是肯定扶不起来的！！

五、"怀疑一切"与"造反有理"

我们的伟大统帅毛主席还是在 1939 年就提出了"造反有理"这一理论。这个理论推翻了几千年来剥削阶级用来压迫和奴役劳动人民的"造反无理"的理论。毛主席说："马克思主义的道理千条万绪，归根结底就是一句话：'造反有理'。……根据这个道理，于是就反抗，就斗争，就干社会主义。"

我们认为，毛主席提出的"造反有理"和马克思提出的"怀疑一切"都是无产阶级革命的理论，都有鲜明的阶级性，都是公开为无产阶级服务的，而决不会为资产阶级所喜欢。谁要是否认这一点，那就是否认马列主义理论的阶级性，就等于否认马列主义。这不是最明显了吗？

"造反有理"和"怀疑一切"一样，都是无产阶级革命斗争和社会实践的总结，是颠扑不破的真理。

"造反有理"和"怀疑一切"都是批判的，斗争的，反抗的理论，都是革命的，造反的理论。

有些人不惜笔墨，什么"主要矛盾的转化"啦，什么"具体情况具体分析"啦，引用了一段又一段主席语录，把矛盾论都搬出来了，可是弄来弄去，转化来转化去，分析来分析去，把"怀疑一切"的实质给弄没了，转化跑了，分析走了。结果得出了一个结论"怀疑一切"过时了。同样的，他们把手里的文字凑来凑去，玩来玩去，又得出了一个结论："'怀疑一切'和'造反有理'有本质的区别"。

这就是这批才子们大作的特色，这就是他们反马克思主义毛泽东思想的蠢驴伎俩。然而当他们在那里肆无忌惮的蹂躏马克思的话和毛主席的话时，他们还在高叫他们是保卫马克思，保卫毛主席呢！

六、"实事求是"

我们伟大的领袖毛主席经常谆谆教导我们，要我们"实事求是"。

什么是"实事求是"呢？还是他老人家的话："'实事'就是客观存在的一切事物，'是'就是客观事物的内部联系，即规律性，'求'就是我们去研究。"这就是说，对于客观存在的一切事物，我们都要动一番脑筋，花一番功夫，去观察它、分析它、研究它，以便认识它的本质、本性，从而掌握它的内部联系，掌握它的规律性，继而进一步用这种规律性造福人类社会。

我们的极力反对"怀疑一切"的英雄们，记住主席"实事求是"这一教导了吗？

没有，他们根本没有，他们反对对客观事物做一番研究工作（研究的过程本身就包含有批判），对于他们来说，至于什么规律性不规律性，他们是一概不感兴趣的。只要了解到一个事物的一点点皮毛，他们就心满意足了。难怪这批天生的蠢种，对于严格"实事求是"态度的"怀疑一切"反对得如此起劲。

以前，他们看待周围的事物不"实事求是"，毫不费力，现在反对"怀疑一切"大卖气力。这大概是这批才子们的人生辩证哲学吧！

七、"凡事应该用脑筋好好想一想"

那些对"怀疑一切"想不通的人，那些大反"怀疑一切"的英雄好汉们，他们同样对于"凡事应该用脑筋好好想一想"，对于"共产党员对任何事情都要问一个为什么，都要经过自己头脑的周密思考，想一想它是否合乎实际，是否真有道理，绝对不应盲从，绝对不应提倡奴隶主义。"对于毛主席的这些教导，他们同样是想不通的。

那些拼命反对"怀疑一切"的人，实际上是在反对毛主席的指示。

在这批"咬文嚼字"的才子们看来，"凡事应该用脑筋好好想一想"不是也应该批判吗？在他们看来，一个"凡事"，一个"好好想一想"，好家伙，这还了得吗！你们是不是又要"胡思乱想"了？是不是又要胡乱猜疑了？是不是又要把"老革命"打成黑帮了……他们的这一套不是又来了吗！

这些人为什么这样颠三倒四，精神失常呢？假若也"用脑筋好好想一想"的话，就会发现：啊！原来这是一批十足的盲从主义者，一批十足的奴隶主义者！怪不得他们是这副丑样子！

八、"怀疑一切"与阶级分析

马克思提出的"怀疑一切"有它鲜明的阶级性，它是为无产阶级服务的，而绝不是为其他阶级服务的，更不是为剥削阶级服务的。

这难道还不清楚吗？从古到今，无论在中国，也不论在外国，曾有过一个剥削阶级的代表提出过如同马克思提出的"怀疑一切"的口号吗？曾有过一个为统治阶级效命的学者提出过这个口号吗？有任何一个机会主义者、修正主义者曾用过马克思的"怀疑一切"来反对马列主义吗？在社会主义获得胜利的国家，有任何一个无产阶级的叛徒，政治野心家曾用过马克思的"怀疑一切"来反对无产阶级专政，大搞资本主义复辟吗？伯恩斯坦。考茨基之流没用过，铁托没用过，赫鲁晓夫之流没用过，中国以前的陈独秀没用过，解放后的政治野心家也没用过。而现在这批人一口一声地说"怀疑一切"是资产阶级的口号,"怀疑一切"是修正主义的口号,"怀疑一切"是一切牛鬼蛇神浑水摸鱼的口号,这不是天大的怪事吗?

我们说"怀疑一切"是无产阶级战斗的口号,绝不是什么资产阶级的反动口号。这就是"怀疑一切"鲜明的阶级性之所在。

作为历史上将要被彻底埋葬的最后一个剥削阶级,作为历史上最落后,最腐朽,最庸俗的阶级,作为不惜用庸俗进化论、真主论、有神主宰论等反动哲理来维持奄奄将葬的僵尸阶级——资产阶级,永远也不会欢迎马克思提出的"怀疑一切"的理论,更不会把它作为本阶级的口号,这不是再清楚不过的简单哲理吗!

有人说:"怀疑一切"抹杀了阶级分析。

我们说这个论点是错误的,马克思提出的"怀疑一切"正是站在马列主义立场上,即站在无产阶级立场上,去分析周围的一切,审查周围的一切。这其中就包括了阶级分析,包括了历史分析和唯物辩证的分析,试问:怎么能得出"怀疑一切"抹杀了阶级分析的结论呢?

毛主席说:"凡事应该用脑筋好好想一想。"斯大林说:"我们布尔什维克是批评整个世界的人",假若按照这批人的逻辑推理,那岂不是说毛主席和斯大林的这些教导也是抹杀了阶级分析吗?

由此可以看出,在我们的反"怀疑一切"的英雄们看来,谁要是光谈分析,而在分析前面不加上"阶级"二字,那就是抹杀了阶级分析,他们就要大叫大嚷,他们就要造你的反。这批可怜的英雄们,就是这样的一些笑料中的玩意儿。

九、"怀疑一切"与马列主义认识论

"怀疑一切"的观点,是辩证唯物主义认识论的观点。

我们要认识某一个事物,就要从事变革该事物的实践。我们要获得认识,就要参加社会实践。我们要获得正确的认识,就要参加革命的社会实践。

我们要获得一个正确的认识,需要经过由物质到精神,由精神到物质再由物质到精神的反反复复的过程。

毛主席说:"无数客观外界的现象通过人的眼、耳、鼻、舌、身这五个官能反映到自己的头脑中来,开始是感性认识。这种感性认识的材料积累多了,就会产生一个飞跃,变成了理性认识,这就是思想。这是一个认识过程。"这就是认识过程的第一个阶段。我们要获得对任何一个事物的正确认识,都不能逾越这个重要阶段。不仅如此,我们还要把第一个阶段的认识,再反回来放到实践中检验,由于世界发展的无限性和人类认识的局限性,我们必须不间断的从事社会实践,随着社会的发展,随时修正我们的认识,发展我们的认识。

不难看出,在获得对某一事物正确的认识过程,是要经过对该事物的本身的某些方面及其外部的联系作一定或多次的肯定——否定——肯定的结论,而最后才能对整个事物作出正确的结论的。

我们要问,在人们的思维过程中,当对于事物某一方面作出肯定之前,在原来的暂时的肯定被打消而转入否定中间,以及在否定被打消转入新的肯定中间,究竟存在不存在对该事物或该事物的某一方面产生怀疑的阶段呢?我们认为是肯定存在着这样一个"怀疑的阶段"的。

由以上的分析,我们就可以得到一个结论,在人们认识事物,而没有对整体作出肯定或否定的结论以前,对事物之整体或其某个方面产生怀疑是自始至终都贯穿着的。可见怀疑是人们正确认识事物(不是错误的认识,也不是不动脑筋的盲从)过程中的必不可少的一个环节。不论任何人,不论认识任何事物要得到正确的认识都不可能超越对该事物或其某一方面产生怀疑的这个环节。谁能举出例外的例子吗?

有人大嚷大叫说:"怀疑一切"不符合马列主义的认识论,违背了主席的"实践论"的教导。还说毛主席在"实践论"中从来未说过什么要"怀疑"。这只能说明这些人对"实践论"一窍不通,说明他们要硬着头皮来反对马克思的:怀疑一切",除此之外不能说明任何问题。

十、"怀疑一切"与唯物辩证法

唯物辩证法认为,世界上的一切事物都是矛盾着的对立统一体。

矛盾着的对立面，在一定的条件下共居于一个统一体中，形成了这个事物，而矛盾着的对立面的相互排斥，相互斗争促使矛盾双方在一定的条件下相互转化，原来的统一体破裂，新的统一体形成，对立面的统一是相对的，暂时的，对立面的斗争则是绝对的。

世界上的事物就是这样复杂，都在动，又互相影响。因为事物总在不断地变化，所以你说它是这个事物吧，又可以说它含有点别的什么东西，甚至可以说它是别的什么（有人要骂我们是诡辩家了）所以辩证法告诉人们不要用孤立的静止的眼光去看问题，不要用老眼光看问题，不要认为他昨天革命，今天不用说也革命，不要认为他昨天是"老革命"，今天也一定是"革命者"，不要认为光头的一定是和尚，也不要像某个同志比喻的一些人那样认为"有奶的都是我妈"。

马克思提出的"怀疑一切"就是要人们辩证地看问题，不要片面地孤立地静止地看问题。马克思提出的"怀疑一切"完全符合唯物辩证法的。

十一、"怀疑一切"与自我批评

那样拼着老命反对"怀疑一切"的人，竟然说出了这样的话：

［缺页……］

我们知道，阶级敌人是最善于伪装成各式各样的进步姿态，他们披着毛泽东思想的外衣，大反毛泽东思想，他们是杀人不见血的刽子手，是化妆成村姑的白骨精，假若我们不用毛泽东思想怀疑观察分析一切，没有怀疑批判一切的革命精神，就很难把这些敌人统统揪出来。

随着文化大革命的进一步深入发展，阶级斗争必然激烈地表现，无产阶级不断总结革命斗争经验，阶级敌人也不断总结反革命斗争经验。文化大革命进行越深入，群众发动越广泛，阶级敌人手段就越隐晦，越毒辣，因此运动越深入就越需要"怀疑一切"的革命精神，不让一个敌人溜掉！

［缺页……］

十五、我们相信谁？我们相信什么？

我们相信伟大导师、伟大领袖、伟大统帅、伟大舵手毛主席，我们相信毛主席的亲密战友林彪同志，我们相信以毛主席为首的党中央的正确领导，我们相信毛主席给我国和世界革命指引的正确方向，总之，我们相信伟大的毛泽东思想，相信经过人民检验，经过革命实践检验证明是高举毛泽东思想伟大红旗的机关、团体、企业和个人，相信符合毛泽东思想的革命事业，革命斗争一定能取得彻底胜利。除此之外，我们都要怀疑。不仅如此，一旦证明这个人或团体是反毛泽东思想的，证明这个方针路线是反毛泽东思想的，我们就把他彻底打倒！把他们打入十八层地狱，使他们永世不得翻身！

我们说，我们的相信和"怀疑一切"并不矛盾。假若你弄清了"怀疑一切"的真实意义，那你就会得出这个结论，我们相信的是用毛泽东思想"怀疑一切"的结果！

十六、结束语

"怀疑一切"虽然马克思在很早就提出来了。然而作为一个革命的战斗口号，能和这么多工人、农民、学生相接触，并被他们所掌握这还是有史以来的第一次。从这一点来讲"怀疑一切"也是一个新事物。

一个新事物的出现必然要伴随着一场大喊大叫，必然要遭到很多人的反对，这是不足为怪的。然而就是在这种大喊大叫声中，在同旧事物的搏斗中，新生事物成长壮大了。

新生事物是不可抗拒的，最后胜利一定属于正在成长壮大而不是在枯萎衰老走向死亡的新生事物。

作为革命的无产阶级战斗口号——"怀疑一切"，在无产阶级文化大革命的熊熊烈火中将得到永生，必定会得到永生！

让那些咒骂"怀疑一切"，不惜一切力量反对"怀疑一切"的英雄们，在无情的、铁的历史面前，见鬼去吧！

彻底批判资产阶级反动路线！

伟大的毛泽东思想万岁!

十六条万岁!

伟大导师、伟大领袖、伟大统帅、伟大舵手毛主席万岁!万岁!万万岁!

(原载上海市上海中学《思潮集》1968年)

一问中央文革小组

北航八一纵队

1966年11月24日

毛主席语录

领导我们事业的核心力量是中国共产党。指导我们思想的理论基础是马克思列宁主义。

自从无产阶级文化大革命开展以来,在我们最最敬爱的领袖毛主席的英明领导下,出现了一片空前未有的大好的革命形势,正如毛主席所说的:"这个运动规模很大,确实把群众发动起来了。对全国人民的思想革命化有很大意义。"但对运动中的某些问题,尤其是最近以来发生的一些现象,我们感到很不理解,很不明白,毛主席教导我们:"共产党员对任何事物都要问一个为什么,都要经过自己头脑的周密思考,想一想它是否符合实际,是否真有道理,绝对不应提倡奴隶主义。"因此本着对革命事业负责的精神,我们向中央文革小组提出以下一些问题:

一、伟大的毛泽东思想是我们一切行动的最高指示。我们时时事事处处都要牢记心间。许多中央首长,像林副主席、周总理、叶剑英副主席、陈毅副主席等在接见革命师生时,总是讲主席英明、伟大、正确,讲主席怎样教导,讲自己跟不上主席思想,每次开会都不忘学习主席语录，而中央文革小组一些同志也经常接见革命师生，也经常讲话，但他们中的一些讲话很少引用主席语录，很少说主席的英明领导，很少提伟大的战无不胜的毛泽东思想。而经常听到是：我说如何如何，我如何如何支持你们；不然的话，我就怎样怎样；我要你们做什么什么……为什么处处突出这个"我"字呢？

二、前一阶段由于贯彻执行了一条资产阶级反动路线，派了工作组，挑起了群众斗群众，学生斗学生，造成了白色恐怖。是我们最最敬爱的领袖毛主席及时扭转了这一局面。而最近又有一些人采取新的形式继续推行资产阶级反动路线。又把另一些人打成了"反革命"，"右派"，"保皇"，"修正主义份子"……并且全国通牒，四处捉拿、封街道、查火车、开斗争会，搞人身攻击，与前一阶段相比，真是有过之而无不及。美其名曰：彻底批判资产阶级反动路线，实质难道不是更大的群众斗群众，学生斗学生吗？更大的对立情绪不是正在形成吗？这一切究竟是由何方引起的呢？是谁在继续推行资产阶级反动路线来对抗以毛主席为代表的无产阶级革命路线呢？

三、毛主席教导我们"兼听则明，偏听则暗"。为什么中央文革小组的某些同志不深入群众进行耐心细致的调查研究，认真听取各方面意见，而是偏听偏信呢？就拿我们北航来说，为什么中央文革小组有些同志就只听"红旗"战斗队一方面的意见，根本不听红卫兵一方的意见呢？为什么有些情况《红旗》反映得根本不符合事实，而中央文革小组也完全相信，根本不下来调查一下呢？例如：十月中旬，我院红卫兵赤卫队及林学院等其他一些院校的红卫兵要求中央文革小组接见，反映情况，等了十一天十一夜，中央文革小组也不接见，最后还是总理出来接见的。而我院《红旗》反映情况确为什么很快到达中央文革小组呢？毛主席教导我们："教育每一个同志热爱人民群众，细心地倾听群众的呼声；每到一个地方就和那里的群众打成一片，不是高居群众之上，而是深入于群众之中，根据群众的觉悟程度，去启发和提高群众的觉悟，在群众出于内心自愿的原则之下，帮助群众逐步地组织起来……。"即使我们的红卫兵有些地方不对，难道就应该采取不理不睬冷淡的态度吗？

四、中学革命小将在文化革命中，遵循主席教导，做出了巨大贡献，是他们最先掀起了社会上的扫四旧，是他们最先成立了红卫兵，是他们首先批判揭发工作组；是他们首先打破了校与校之间的界限，搞起了大串联；是他们坚决贯彻党的方针政策，提出了很多好的倡议……在中学小将们大干特干，大闯特闯之时，中央文革小组的一些同志，你们支持了没有？你们鼓励了没有？是我们最最敬爱的伟大领袖毛主席第一个承认红卫兵，支持红卫兵，赞成红卫兵（那时的红卫兵绝大多数都是中学小将）当运动中中学小将在一些具体做法上出现了一些这样或那样的不足之处时，有些人借此大骂小将们是"保皇派"，"镇压革命的工具"，"刽子手"等等，中央文革小组的同志为什么不出来支持革命小将，帮助他们克服缺点，更高地毛泽东思想伟大红旗，鼓励他们更好地干革命？甚至还听说中央文革小组中的某些同志也骂中学小将是"大棒子""宪兵队"，并建议在运动中做出巨大贡献的首都红卫兵纠察队西城分队解散，这是什么原因呢？

五、十一月八日有一些军事院校的学生及北航红旗部分战士冲入国防部一事引起了军委的重视，于是在十一月十三日下午中央军委召开在京军事院校革命师生大会，当时周总理，陶铸同志，军委四位副主席及许多军队首长都出席了大会，然而中央文革小组却为什么没有一个人参加？还有些人冲进国务院，中南海，直接威胁到主席安全，中央文革小组的同志为什么对此事不表示态度？而是由陶铸、李富春、陈毅、谭震林、谢富治等副总理出面表态？

可能有些人读了我们的文章后，会大骂我们是炮轰无产阶级革命的司令部。我们说，绝不是这个目的，我们的确有许多问题不明白不理解，心里有话，不能不讲，说出来总比闷在肚里强。讲对了很好，讲错了，我们会从错误中吸取教训，改正错误，坏事也可以变成好事的！只要是对革命事业有利，我们是在所不惜的！

最后，让我们一起学习一段主席语录："共产党人必须随时准备坚持真理，因为任何真理都是符合于人民利益的；共产党人必须随时准备修正错误，因为任何错误都是不符合人民利益的"。

（选自《中国民间异议思想文献原始文献选：1966-1976》）

二问中央文革小组

北航八一纵队

1966年11月29日

毛主席语录

人民,只有人民,才是创造历史的动力。

群众是真正的英雄,而我们自己则往往是幼稚可笑的,不了解这一点,就不能得到起码的知识。

十一月二十四日我们贴出了《一问中央文革小组》的大字报,在这个大字报中,我们向中央文革小组提出了几个问题。现在我们再向中央文革小组提几个我们所不理解不明白的问题,不对之处,热情地欢迎中央文革小组和广大革命群众批评指正。

一、十月六日第三司令部在北京工人体育场召开了《批判资产阶级反动路线誓师大会》,中央文革小组全体同志都参加了大会。十月八日第二司令部和第一司令部的部分院校在北京也召开了《批判资产阶级反动路线》的誓师大会,中央文革小组却没有一个同志参加。同样都是红卫兵,为什么中央文革小组对第三司令部特别重视呢?而对第一司令部和第二司令部如此冷淡呢?难道只有第三司令部才有资格批判资产阶级反动路线吗?林副主席说过:"红卫兵战士们,革命同学们,你们斗争的大方向始终是正确的,毛主席和党中央坚决支持你们!"那么中央文革小组的某些同志为什么不支持第一司令部还第二司令部的红卫兵大造资产阶级反动路线的反呢?为什么不相信第一司令部和第二司令部的几万红卫兵也是要革命的,也是坚决站在毛主席这一边,为捍卫以毛主席为代表的无产阶级革命路线而奋斗终生呢?

二、中央曾一再指示,对所有的革命组织都要一视同仁,那么为什么中央文革的某些同志对红卫兵却不一视同仁呢?为什么对航院

《红旗》更是特别宠爱,多次单独接见他们呢?如十一月十八日中央文革小组就单独接见《红旗》,有些其他战斗队的人要求进场时却被拒之门外,而且会议一律不许做记录,一律不准外传。如果宣传的是毛泽东思想,是党的方针政策,为什么不敢拿出来交给群众,为什么害怕与群众见面呢?在我院《红旗》战斗队也没有联络员,有问题随时都可以找中央文革小组,而中央文革小组有指示随时召见《红旗》战斗队,而其他一些战斗队,尤其被人称为多数派的战斗队,却往往等好几天也见不到中央文革小组的同志。毛主席一再教导我们,要相信群众。难道就只有《红旗》是革命组织是左派吗?而我院其他战斗队和其他院校的许多战斗队就不是革命组织,就没有左派吗?

三、大连海运学院打响了红卫兵长征的头一炮。这是红卫兵熟悉社会了解群众进行艰苦锻炼的伟大创举,中央文革的某些同志,当你们听到大连海运学院长征队的消息后。你们的态度是怎样呢?你们支持了吗?你们鼓励了吗?是我们最最敬爱的领袖毛主席首先发现了这种新生事物,支持红卫兵去长征,首先鼓励红卫兵到社会实践的大风大浪中锻炼成长。

四、十月二十二日《人民日报》发表了社论《红卫兵不怕远征难》后,有一些人不相信毛主席会支持长征,甚至于认为鼓励长征是阴谋。于是就到陶铸那里去讯问,陶铸同志告诉他们主席是很支持长征,周总理也认为这篇社论讲得不错,他们仍不相信,却指名要求戚本禹同志接见。为什么这些人不相信陶铸同志而相信戚本禹同志?为什么呢?

五、由于前一段实行了一条资产阶级反动路线,派了工作组,实行白色恐怖,镇压了轰轰烈烈的无产阶级文化大革命。广大群众在毛主席领导下很快认清了这条资产阶级反动路线,对工作组的错误进行了彻底的批判。然而有一些人现在还揪着工作组不放,不断叫他们写检查,还有叫他们劳改……难道广大工作组的同志就不愿意革命吗?难道这部分同志就不愿意捍卫以毛主席为代表的无产阶级革命路线吗?为什么不把他们解放出来参加无产阶级文化大革命呢?十六条中明确指出,要鼓励那些有错误而愿意改正的同志放下包袱参加战斗。那么对于目前情况中央文革小组的同志表示了什么态度？难道还允许这种现象继续下去吗？

文化大革命自始至终，时时处处都是坚决贯彻执行以毛主席为代表的无产阶级革命路线，都要认真地相信群众，真正的依靠群众，真正的放手发动群众，相信95％以上的群众是要革命的，如果不是这样就是违背毛泽东思想，就是执行了资产阶级反动路线，就是错误的！

最后让我们学习一段毛主席语录："共产党员是不怕批评的，因为我们是马克思主义者，真理是在我们方面，工农基本群众是在我们方面。"（选自《中国民间异议思想文献原始文献选：1966-1976》）

革命少数派向何处去

北航红旗红风战斗组

1966年11月30日（注）

主流和支流

一个多月来，从资产阶级反动路线迫害下解放出来的航院和北京革命小将，并没有停止自己的脚步。

他们立足本校，胸怀祖国，放眼世界，在逐步进行本单位夺权斗争的同时，把革命造反的火种带往长城内外，大江南北，他们和当地的革命小将一起点起了全国范围批判资产阶级反动路线的熊熊烈火。他们在斗争第一个回合的胜利之后，沿着已经揭发出来的线索，狠打"落水狗"，向上猛追，大造上级领导机关中走资本主义道路的当权派的反，揭开了上级领导机关惊心动魄的阶级斗争盖子。他们继续关心国家大事，密切注视党内两条路线斗争的现状，研究两条路线斗争的历史。大揭发，大批判，把那些资产阶级代表人物搞得威风扫地,声名狼藉。与此同时,他们又同来自右的和极"左"的势力进行了坚决的搏斗,在极其尖锐复杂的阶级斗争中,勇敢地捍卫了无产阶级革命的司令部。他们深入工厂,同工人同志结合,向工人同志学习,宣传毛泽东思想,宣传十六条,宣传毛主席的革命路线,推动了厂矿企业两条路线斗争的开展。他们闻风而动,积极响应毛主席的伟大号召,沿着毛主席走过的道路,踏着当年红军的脚印,去熟悉社会,熟悉群众,熟悉阶级斗争,经风雨,见世面,沿途播下毛泽东思想的种子。……

这就是一个多月来健康的主流。无产阶级文化大革命,正在沿着这个大方向继续前进。

然而,革命的道路是不平坦的。十月初以来革命形势的急剧变化,使每个革命小将经受了新的考验。这些考验,比之在反革命的围攻之下坚持真理不是比较容易,而是更加严峻了。

就是有那么一些战友,他们不曾被反革命的重重围攻征服过,但是却在这些新的考验面前,不知不觉地碰了一些钉子,或是走了一些弯路。

有的人,只善于猛打猛冲,东砸一下,西抢一把,对争取群众的艰苦的思想工作,却十分害怕。

有的人,以"老战士"自居,对那些认识了错误,决心改正,希望参加战斗的阶级兄弟,看作"危险人物""投机分子",声称"不招降纳叛"一脚踢在大门之外。

有的人,扩大了打击面,打击了一些维护过反对路线的群众,而不是集中火力打击一小撮挑动群众斗群众的元凶及其忠实走狗。

其结果如何呢?事物走到了自己愿望的反面。有的"老少数派"就是不能发展壮大,反而是那些被视为"和稀泥"的"中间派"赢得了群众;有的"少数派"夺了权,翻了身,却又把权丢了,重新失去群众;有的地方就是夺不了权,那里的"保皇派"出奇的"顽固"。

上面所说的是对待群众的"左"倾关门主义。与此相反,有的人在团结大多数,特别是在对顽固派及其幕后策划者的斗争中,又表现出严重的右倾情绪。

有的人，不是在马列主义、毛泽东思想的原则基础上团结原来受蒙蔽、犯过错误的同志，而是把一些对自己错误毫无认识，甚至仍坚持错误立场的同志也不分青红皂白地拉入自己的战斗队，大大地破坏了革命队伍的组织性，严重地削弱了战斗力。

有的人，错误地理解了"掌握政策和策略"的真实含意，当一小撮别有用心的顽固派炮打我们的无产阶级司令部时，他们被"你们执行资产阶级反动路线的新形式""你们挑动群众斗群众"的叫嚣捆住了手脚，瞻前顾后，不敢反击。有的人甚至转而同顽固派站在一起，攻击对顽固派进行坚决反击的革命派，不自觉地充当了顽固派的同盟军。

有的人，在揪出了一、两个党内走资本主义道路的当权派以后，在批判资产阶级反动路线中取得了初步的胜利以后，缺乏将革命进行到底的决心，想保住现得的荣誉，他们感到差不多了，他们的大无畏革命精神逐渐少了，在他们眼里，这个也像无产阶级革命司令部，那也像无产阶级司令部，这也不能轰，那也不能轰，这也该保，那个也该保，他们抛弃了原来自己坚持的无产阶级的"怀疑一切"和"先别肯定"的口号，开始向"保"的方向转化。

其结果如何呢？你越是无原则的团结群众，越是团结不了群众，反而使自己被人家团结过去了；你越是不敢同顽固派斗争，顽固派就越猖狂，你就越失去群众；你越是想保，你就什么也保不住，你就将变成革命的绊脚石，最后被群众一脚踢开。

除了上述两种表现以外，与此有关的，还表现在有些革命少数派的领导骨干的官僚主义和宗派主义作风。

革命少数派的领导骨干，是在反抗资产阶级反动路线的大搏斗中涌现出来的最坚决、最英勇的优秀分子。但是，在取得了一些胜利之后，个别人开始变了，暴露出一些小资产阶级知识分子所固有的缺点。

有的领导骨干开始树立自己个人的威信，热衷于当"司令"，坐办公室，脱离了曾经和自己并肩作战的广大战士。

有的领导骨干虽然曾经领导广大革命群众，运用无产阶级的大民主取得了批判资产阶级反动路线的胜利,但是却不善于甚至害怕在自己的队伍内部实行这种大民主,习惯少数人一研究就发号施令,运动群众。

有的领导骨干,以为自己总是比别人正确,听不进不同的意见,不作认真的自我批评,高居于群众之上,而不是深入到群众之中,不是当人民的勤务员,而是当"父母官"。其结果如何呢?事物仍然走到自己愿望的反面。由于脱离群众,高高在上,指挥就会失灵,战机就会贻误,斗争的矛头就会搞错,战斗就会失败,普通战士的革命积极性和创造性就发挥不出来,甚至会引起内部的分裂和宗派活动的发生。

对待犯过错误的群众是关门主义,对待新的阶级斗争形势是右倾机会主义,领导干部的官僚主义和宗派主义,这些就是当前一股不健康的,极其危险的支流。

主流和支流代表了两个结果,两种前途。

现在,我们要问,这条支流的出现,有没有它的必然性呢?主流和支流的分歧,其实质是什么呢?

有人说:这只是工作方法和策略上的小问题,不要太多地指责吧!我们坚决不同意这种观点。

无产阶级革命家和资产阶级革命家的分水岭

为了考察这个问题,我们必须回忆历史。

古今中外,除了我们伟大的领袖毛主席,和用毛泽东思想武装起来的中国共产党所领导的伟大的中国人民革命,其他阶级、其他政党,从来不能将革命进行到底。历代的剥削阶级领导的革命是这样,苏联和东欧的社会主义革命也是这样。他们的阶级局限性决定了他们无法摆脱这一历史的可悲结局。

文化大革命中犯了方向、路线错误的老干部,他们过去曾经为了人民的解放而浴血奋战过,有的甚至本身受过黑帮分子长期的打击和压制。那么为什么在今天又反过来压制群众呢?这是不是也有某种历史的必然性呢?

更近一些，我们来看一看文化革命的初期发扬了大无畏的革命造反精神，勇敢地同党内走资本主义道路的当权派进行战斗并在以毛主席为首的无产阶级司令部的支持下，较早取得了胜利的革命左派，他们当中不是也有人在翻身之后又变成了维护资产阶级反动路线的打手了吗？写出三论"革命造反精神万岁"的清华附中小将们，后来不是变成"对联路线"的积极推行者，到处灭火保皇，声言要"三个月铲平井冈山红卫兵"吗？这是不是又有某种历史的必然性呢？

再联系到上面说的新形势下出现的支流，这是不是还有某种历史的必然性呢？

不要以为这些都是偶然现象啊！亲爱的同志，认真思考一下文化大革命中的种种教训，认真思考一下文化大革命反修防修的根本任务，我们不能不对这些现象抱有高度的警惕！这些支流所反映出来的问题，和历史上一切碰了钉子的革命者一样，归根到底，还是一个对待群众的立场和态度问题！是一个"公"与"私"的问题！

这是世界观的斗争！

无产阶级革命路线是什么？就是毛主席的群众路线，它的灵魂就是一个"公"字。

资产阶级反动路线是什么？就是害怕群众，镇压群众的路线，它的灵魂就是"私"字。有没有彻底的群众观点，是不是彻底地信任群众、依靠群众，全心全意地为人民服务，能不能虚心地做人民群众的小学生，是无产阶级革命家和资产阶级革命家的分水岭，是决定两条路线的斗争能否取得最后胜利的关键，是决定夺权之后，能否将革命进行到底之关键！

历史上任何无产阶级革命家以外的革命家，不可能解决这个问题。他们在一个时期为了自身的解放，可以利用一下群众的力量，但当他们取得了政权之后，他们就必然反过来压制群众。现在，那些党内的当权派，只要世界观还没有改造好，就起码还是一个"糊涂"人，也不可能解决这个问题！

这个问题，对我们革命青年说来，的确离彻底解决也还差得太远。因此，出现那些支流，就不是偶然的，而是必然的了。

革命少数派思想建设的新问题

现在，在毛泽东思想的光辉照耀下，在以毛主席为首的无产阶级革命司令部的大力支持下，革命的少数派开始翻身了。一些修字号的筹委会、红卫兵之类的组织，直到一些顽固推行反动路线的当权派，被强大的革命群众运动轰倒了，谭力夫之流的讲话给搞臭了，少数派头上的直接压力开始解除。

革命的少数派，由于曾经坚决捍卫了无产阶级革命路线，曾无愧地代表着党的正确路线，代表了运动中的左派力量，在打垮了原来执行资产阶级反动路线的当权派之后，就在夺权斗争中处于极其有利的地位。有些比较强大的革命派队伍，已经成了实际上的新当权派。对资产阶级反动路线的批判，正在转入挖掘它的社会基础，揪出一些尚未暴露的反革命修正主义分子，粉碎它的反扑，肃清它的影响夺取新的胜利的阶段。

革命的少数派战斗组织，是为了反抗资产阶级反动路线的迫害而产生的，是两条路线斗争的必然产物。很自然，在资产阶级反动路线宣告破产之后，树立起无产阶级革命路线的绝对统治，团结广大群众沿着正确路线夺取新的胜利的伟大任务，就首先历史地落到了革命少数派的肩上。革命的少数派在这方面理应作比较大的贡献。这是革命少数派的莫大光荣。

这是长期而艰巨的任务。前一段时间大造资产阶级反动路线的反的斗争，和完成这个任务相比，只不过是一个小小的序幕，序幕还不是高潮。真正的高潮还在后头。万里长征只走完了第一步。

轰掉执行资产阶级反动路线的一些组织和个人，相对来说是比较容易的；然而，要挖掘它的社会基础，同它更隐蔽的种种形式作斗争，则要复杂得多，深刻得多。只有站在毛泽东思想的高水平上，真正掌握了毛主席的群众路线，才可能完成这一任务。

一般地，批判资产阶级反动路线，相对来说也是比较容易的；然而，要牢牢树立无产阶级革命路线的绝对统治，则要艰巨得多，困难得多，只有彻底的无产阶级革命者，只有非常无产阶级化非常战斗化的革命左派队伍，才可能完成这一任务。

如果说，在造反胜利以前，革命少数派队伍内部还可能容纳了一些"打土豪、分田地"的思想，容纳了一些暗藏的极"左"派，容纳了一些其他小资产阶级的脏东西，那么，在今天，一切非无产阶级思想都会显示出它们同无产阶级革命路线水火不相容！

"打土豪、分田地"的思想同无产阶级革命路线水火不相容，这种思想，抱着个人翻身，出气，泄私愤，找出路的目的和革命少数派站到一起，在个人得到小小的解放之后，就必然会"三十亩地一头牛"，丧失了继续革命的动力。

极"左"派同无产阶级革命路线水火不相容。他们从来就狂妄自大、目空一切，从不把党和群众放在眼里，对党和毛主席，对群众毫无无产阶级的感情，他们把无产阶级的"怀疑一切"变成资产阶级的"否定一切"，尽管他们也曾可能受资产阶级反动路线的迫害，但他们在翻身之后，不相信党、不相信群众的面目就暴露无遗。他们继续以"少数派"自居，别人都是"阿斗""机会主义"，"右倾"，唯独自己是"最彻底的革命者"。他们这样做的结果，必然滑到躲在暗角里炮打无产阶级司令部的地步。他们从极"左"（实右）的一端来"批判"资产阶级反动路线，根本就谈不上树立无产阶级革命路线。

狭隘的报复主义和无产阶级革命路线水火不相容。"你既然整了我，我就得整你，而且一定要整个痛快，非让你出出丑不可"。恨不得一棍子把人打死，不是惩前毖后，治病救人，不是着重挖掘其根源，不是把矛头对准一小撮走资本主义道路的当权派，而是着重于个别同志的个人责任。这种思想是小私有者的思想，是关门主义的根源，实质上站到了无产阶级革命路线的对立面。

个人英雄主义和骄傲自满同无产阶级革命路线水火不相容。个人主义和骄傲自满，本来就是忽视群众力量的产物，只要稍微忽视一些群众的力量，就会骄傲。革命的少数派取得了一些胜利就总有人会冲昏头脑，骄傲起来，只有老子最革命，中间群众都是机会主义。盛气凌人，沙文主义，指手画脚，包办代替，老虎屁股摸不得，当了"官"，再加上一条官僚主义，而无产级革命路线需要的是毛主席再三强调的谦虚，是"孺子牛"，是团结广大群众，是建立统一战线。

自由主义、极端民主化、非组织观点、小集团体主义、宗派主义、流寇思想、盲动主义等等，这一切都同无产阶级革命路线水火不相容。无产阶级革命路线要求在毛泽东思想的旗帜下把广大群众紧紧地团结起来，有效地组织起来，去完成一斗、二批、三改的伟大任务，而上述思想却主张各行其是，东打一拳，西踢一脚，放任自流，一盘散沙，把无产阶级专政下的大民主变成资产阶级的大自由，不是革命大局利益第一，而是自己的组织利益第一，左派队伍联合不起来，更不要说团结中间群众。……

这一切同无产阶级革命路线水火不相容的思想归根到底，不是别的，就是"一口观"，就是一个"私"字。有了"私"字，就无法摆正个人和群众的关系，无法摆正个人和集体的关系。实质上这正是资产阶级反动路线的社会基础，原来的"多数派"之所以犯错误，归根结底也还是一个"私"字，如果不向"私"字开火，那就不管你过去多么正确，有多大功劳，也根本谈不上贯彻无产阶级革命路线，根本谈不上彻底批判资产阶级反动路线，那就只有重蹈"多数派"的覆辙，重新失去群众，失去"权"，支流就会变成主流，使革命经受新的挫折。

总之，在新的形势之下，在继续狠打"落水狗"的同时，更高地举起毛泽东思想的伟大红旗，在革命队伍内部开展世界观的斗争，进行触及灵魂的自我革命，破私立公，认真学习，认真执行毛主席的革命路线，就变得更加必要了。

哪个人，如果没有决心努力进行灵魂深处的刻苦改造，争取成为彻底的无产阶级革命者；哪个革命少数派的战斗队，如果不认真抓好队伍内部的整风和政治思想工作，争取建设成为非常无产阶级化，非常战斗化，具有毛主席指出的三大作风的战斗队，并且努力建设一个广泛的革命统一战线，团结广大群众，那么，这个人或这个战斗队，就必然经不住面临的新的考验，以至于最后丧失作为革命派的资格。

这就是新的斗争形势，向我们提出的更加艰巨的革命造反任务！这也是无产阶级文化大革命中培养千百万无产阶级革命接班人的一项根本任务！

成绩只能代表过去，一切都要从零开始。革命的少数派向何处去？是更高地举起毛泽东思想伟大红旗，坚决贯彻执行无产阶级革命路线，还是任各种非无产阶级思想自由泛滥，倒退回去？现在在每个革命少数派面前，就是摆着这样两种前途，而不是一种前途！

建设非常无产阶级化、非常战斗化的革命左派队伍

革命学生的造反派队伍内部存在各种非无产阶级思想，有的人对毛主席的无产阶级革命路线体会不深，这种现象是难免的，"多数派"更不例外。

毛主席说："红军第四军的共产党内存在着各种非无产阶级的思想，这对于执行党的正确路线，妨碍极大。若不彻底纠正，则中国伟大革命斗争给予红军第四军的任务，是必然担负不起来的。四军党内种种不正确思想的来源，自然是由于党的组织基础的最大部分是由农民和其他小资产阶级出身的成分所构成的，但是党的领导机关对于这些不正确的思想缺乏一致的坚决的斗争，缺乏对党员作正确路线的教育，也是使这些不正确思想存在和发展的重要原因。"

这段话简直就是对我们讲。青年学生的革命造反派尽管由于身受资产阶级反动路线的残酷迫害，对其种种表现看得清，恨得深，但是由于接触社会少，接触群众少，对毛主席的群众路线，对如何按照毛主席历来的教导来进行两条路线的斗争，难以有深刻的体会。显然单以自己受压制这一点来认识两条路线的斗争，还是远远不够的。青年学生十几年关在学校里，总要多少受到知识分子一套脏东西的污染，有的读了几句书，自以为了不起，尾巴已经向上翘了，开始脱离了广大群众。出身不好的，就带有更多的剥削阶级烙印，都和毛主席的群众观点是格格不入的。这些社会和阶级的根源，决定了那些同无产阶级革命路线水火不相容的思想，不可避免地要存在于革命学生队伍中。如果对这些思想缺乏一致的坚决斗争，这些思想自然就会泛滥起来。

谁也不是天生的无产阶级革命者。"自来红"是没有的事。是将

革命进行到底，还是半途而废？根本的问题在于用毛泽东思想真正武装我们的头脑，把革命的造反派组织建设成非常无产阶级化、非常战斗化的队伍！

革命少数派，向何处去？

我们一定要在斗争中把"老三篇"作为座右铭，反复学习，开展触及灵魂的自我革命，大破"私"字，大立"公"字。无私才能无畏，只有真正大公无私的共产主义战士，才具有彻底的无产阶级革命造反精神，毫无"怕"字，从不满足，不断革命，永远革命。只有真正大公无私的共产主义战士才具有最彻底的群众观点，才能掌握以毛主席为代表的革命路线，最能坚持革命的原则，又最善于团结广大群众，组织起浩浩荡荡的革命造反大军，孤立和打击一小撮阶级敌人。

我们一定要大学解放军。《关于纠正党内错误思想》《反对自由主义》《中国人民解放军总部关于重新颁发三大纪律八项注意的训令》等三篇文章是我们的基本教材。我们一定要突出政治，坚持四个第一，大抓基层战斗组织（连队，战斗组）的思想建设工作和组织建设工作，建立健全的政治工作系统，加强领导核心力量。这样，无论在任何场合，无论我们的队伍怎样发展扩大，我们都会是一支拖不垮、打不烂的坚强集体，既能对付敌人"硬"的一手，又能对付敌人"软"的一手，就不会被任何敌人所压倒。

千百万革命的青少年，学习毛主席的伟大思想和伟大实践，掌握以毛主席为代表的无产阶级革命路线，掌握毛主席彻底的群众观点，这不仅是当前文化大革命的需要，而且是我国进行无产阶级革命和巩固无产阶级专政的百年大计，千年大计，万年大计，是让资产阶级反动路线在我国断子绝孙，后继无人的根本措施。这是国际共产主义运动史上了不起的大事。今天，那些牢牢掌握了毛主席的革命路线，彻底批判了资产阶级反动路线的千百万革命小将，明天就将成长为千百万彻底的无产阶级革命家，沿着毛主席走过的光辉道路，和亿万革命群众在一起，发动一场又一场轰轰烈烈的革命群众运动，彻底埋葬资本主义体系，迎接共产主义在全世界的最后胜利！

（注：据宋永毅等编的《文革资料文库》说，此文原载北京航空学院红旗战斗队《红旗》1967年1月8日，文章的题目是《革命少数派，向何处去——四谈两条路线的斗争》查北航《红旗》报，1月1日出版第三期，1月9日出版第四期，1月8日无报。）

三问中央文革小组

北航八一纵队

1966年12月7日

毛主席语录

你们要关心国家大事，要把无产阶级文化大革命进行到底！

十一月二十四日以来，我们给中央文革小组写了两张大字报，《一问中央文革小组》《二问中央文革小组》。遵循毛主席的教导："一个共产党员应该是襟怀坦白、忠实、积极，以革命利益为第一生命，以个人利益服从革命利益；无论何时何地，坚持正确的原则，同一切不正确的思想和行为做不疲倦的斗争……。"我们继续向中央文革小组提出以下的问题：

无产阶级文化大革命在我们最敬爱的领袖毛主席的亲自发动下，势如暴风骤雨，迅猛异常，磅礴于全中国，震撼了整个世界。但是前一阶段由于执行了一条资产阶级反动路线使运动走了一段弯路，是我们敬爱的领袖毛主席及时扭转了这一局面。运动本应当更健康、更迅速地向前发展，但是目前的情况是不是这样呢？

一、如果运动沿着毛主席指出的道路正常地、健康地向前发展，广大的革命青少年和革命群众是应该而且能够随着批判资产阶级反动路线的步步深入，逐渐地团结在毛泽东思想的伟大红旗的周围，向同一目标共同奋斗的。但是为什么现阶段运动的发展却恰恰相反呢？为什么群众之间的隔阂不是在逐渐地消除，而是在逐步地加深，对立情绪逐渐严重呢？

二、一些在执行资产阶级反动路线曾被压制的人，今天翻过身来，本来应该与大多数人团结在一起共同战斗。但他们却反过来去压另一部分同志，并且搞得与前一阶段相比是有过之而无不及。是谁支持他们这样做的呢？

三、在阶级社会中阶级斗争是无处不在，无时不有的。因此在所谓的"多数派"和"少数派"中都同样存在着两条路线的斗争，"多数派"和"少数派"大都是资产阶级反动路线的受害者。难道资产阶级反动路线是"多数派"提出来的吗？不是！是当时在北京的某些中央负责同志提出来的。难道批判资产阶级反动路线是"少数派"们发起的吗？也不是，是我们最最敬爱的领袖毛主席发起的。既然如此，那么是谁把"少数派"定为"左派"，把"多数派"打成"保皇派"，修正主义的呢？为什么允许"少数派"中某些人借批判资产阶级之名去斗争"多数派"呢？现阶段全国性的群众斗群众的局面不正是由此而引起的吗？这难道执行的不是资产阶级反动路线吗？这个责任究竟要谁来负呢？

四、十六条明确指出："在目前我们的目的是斗垮走资本主义道路的当权派，批判资产阶级的反动学术权威，批判资产阶级和一切剥削阶级的意识形态，改革教育，改革文艺，改革一切不适应社会主义经济基础的上层建筑，以利于巩固和发展社会主义制度。"这次运动的重点是整党内那些走资本主义道路的当权派。然而，目前的情况是不是这样呢？有相当一部分人对一斗二批三改不感兴趣，他们根本不区别你是无产阶级司令部，还是资产阶级司令部，反正只要是"当权派"就当作资产阶级司令部来"轰"，来"烧"，来"打"。十六条中早已指出："在一般情况下，前两种人（好的，比较好的）是大多数。"但目前却如何体现呢？那还有什么好的和比较好的呢？中央文革小组的某些同志，这样的做法难道是符合伟大的毛泽东思想吗？符合十六条吗？你们对这种做法表示了什么态度呢？是大力支持了呢？还是坚决反对了呢？

相反，以彭、罗、陆、杨为首的百分之几的党内走资本主义道路的当权派不是逍遥法外，躲在一边，舒舒服服，就是混在我们的好干部中企图浑水摸鱼蒙混过关。毛主席一再教导我们："谁是我们的敌人，谁是我们的朋友？这个问题是革命的首要问题。"像目前这样既不摆事实讲道理，以理服人的方法，也不用大字报、大辩论、大鸣、大放的方法，能分出哪些是无产阶级司令部？哪些是资产阶级司令部吗？这样的方向和方法对头吗？

五、目前相当一部分人被压得喘不过气来，他们根本不能发表自己的看法。一发表，一顶顶大帽子就连续不断地扣上来。他们根本不能写大字报，一写出来就篇篇被骂成"大毒草"。这种人的处境与工作组在时被压制的那些人的处境又有什么区别呢？还有一部分人整天无事可干，东游游，西逛逛，除了吃饭就是睡觉，根本不参加运动，目前这种人在日益增多，这种现象是由什么原因引起的呢？这样一些现象难道还不普遍吗？中央文革小组的一些同志们！你们看到了吗？你们认为这种现象好吗？你们采取了什么措施呢？

总之，我们认为目前的运动不是健康地，深入地向前发展，而是在停止不前，很难进行下去的危险。中央文革小组的同志们！你们作为这场史无前例的无产阶级文化大革命的最高领导应该负多大责任呢？

在这场史无前例的无产阶级文化大革命中，只能有两条路线，一条是以毛主席为代表的无产阶级革命路线，一条是资产阶级反动路线。你不站在这条路线上，就必然站在那条路线上。凡是高举了毛泽东思想伟大红旗的，就一定能够使运动不断向前发展，否则就必然导致运动停止不前，或走弯路。那么，中央文革的某些同志们你们是站在哪一条路线上呢？你们贯彻执行的是哪一条路线呢？

最后再让我们共同学习一段毛主席语录："彻底的唯物主义者是无所畏惧的，我们希望一切同我们共同奋斗的人能够勇敢地负起责任，克服困难，不要怕挫折，不要怕有人议论讥笑，也不要怕向我们共产党人提批评建议。'舍得一身剐，敢把皇帝拉下马'，我们在为社会主义、共产主义而斗争的时候，必须有这种大无畏的精神。"

(清华939战斗小组翻印)(选自《中国民间异议思想文献原始文献选:1966-1976》)

批评和监督中央文革的典型意义

北航红卫兵纵队

1966年12月9日

八一纵队的同志们最近贴出了一问二问三问中央文革的大字报,有支持的,也有谩骂的,什么"八一纵队的混蛋们、先生们"呀,什么"炮打无产阶级司令部"呀,什么"资产阶级的徒子、徒孙们"呀,什么"保皇死党"呀,等等。还有同志最近批判了戚本禹同志11月12日的讲话,对此事出现了"戚本禹同志最坚定的革命左派"等标语。

我们认为,对八一纵队同志们的大字报,对批评戚本禹同志11月12日讲话的大字报,每个人有可以自己不同的看法,而且必然会有不同的看法。但是我们认为,向中央文革提问题,批判中央文革某些成员不符合毛泽东思想的讲话,贴他们的大字报却有典型的意义,对这样的大字报抱有什么态度,却有着典型意义。

我院红旗战斗队的《谈两条路线的斗争》(一论)是相当闻名的,但是看来其中最精华的一节,正在被某些同志遗忘(或者本来就没有看过,没有理解,没有深思)。下面我们全文摘引这一节,以备忘和重新引起某些同志的深思。

意味深长的变更

让我们再从一个意味深长的变更说起吧。

六月二日人民日报刊登了聂元梓同志的大字报,并发表了评论员文章《欢呼北大的一张大字报》其中有如下一段:

"对于无产阶级革命派来说,我们遵守的是中国共产党的纪律,我们无条件接受的,是以毛主席为首的党中央的领导,毛泽东思想,是我们各项工作的最高指示。"

在八届十一中全会以后,《红旗》杂志第十一期重新发表了这篇文章,但对这段话做了意味深长的变更:

"对于无产阶级革命派来说,我们遵守的中国共产党的纪律。我们无条件接受的,是以毛主席为首的党中央的正确领导。对一切危害革命的错误领导,不应当无条件地接受,而应当坚决抵制。毛泽东思想是我们各项工作的最高指示。"

这段意味深长的修改告诉了我们什么?亲爱的同志们,你可曾深思过吗?(引自《东方红》报,着重点是原有的)

亲爱的同志,你真的深思过这段意味深长的变更吗?

我们认为,必须深刻理解毛主席亲自发动的这场无产阶级文化大革命的伟大战略意义。只有这样才能用严肃的政治态度来进行这场无产阶级文化大革命,才能真正把无产阶级文化大革命进行到底。

关于这场文化大革命的伟大意义,军委叶剑英副主席曾经说过这样一段话:

"如果将来真个有个地区,某个省、某个中央局,甚至中央出现了修正主义,那么,你们青年一代经过这样一场大演习,经过防修反修的大演习,也就有了胆量、有了闯劲,就可以把它砸掉。青年们敢不敢砸掉那些修正主义,就要看这场文化大革命……锻炼青年一代成为这么一个力量:敢大破大立、敢讲敢闯,无论将来在学校里头,还是在机关中间、社会中间以至于在党的领导机关,甚至在党中央出现了这个东西就靠你们。我认为这是毛主席的最大希望,最殷切的希望。"(根据讲话记录)

我们说,给中央文革贴大字报有典型的意义。对这样的大字报抱什么态度,也有着典型的意义,正是从这一点出发的。

现在问题就是这样明摆着:到了中央文革这一级,如果认为它的工作中有缺点和错误,它的某些成员的讲话不符合毛泽东思想,还能不能批评,还敢不敢造反。对于文化大革命中某些问题不理解,能不能向中央文革提出问题？

我们认为：凡是不符合毛泽东思想的，就必须坚决造反，一造到底，而不管它是哪一级，不管他是谁。只有这样才能彻底挖掉修正主义的根子，才能保证我国千秋万代永不变色！

另一方面，从中央文革来说，它要坚持正确的领导，必须走群众路线，必须听取广大群众对它提出的意见、批评和问题。

给八一纵队的同志们扣上"炮打无产阶级司令部"的大帽子，在批判戚本禹同志的大字报上贴上"戚本禹同志是坚定的革命左派"这是什么意思呢？说穿了，就是要压服不同的意见。

无产阶级司令部，它的缺点和错误就批评不得吗？坚定的左派就没有缺点、错误吗？他们的缺点、错误就批评不得吗？他们过去是坚定的左派革命，就永远是坚定的革命左派吗？否也，这乃是形而上学的观点。

我们已经对资产阶级反动路线进行批判，我们绝对不应该忘记历史的教训，绝对不应该再去犯过去的错误。曾记否，在我院批判工作组时，提出"工作组是革命的"这一口号曾起了什么作用？我们认为，必须真正按十六条办事。

"要充分运用大字报，大辩论这种形式，进行大鸣大放，以便群众阐明正确的观点，批判错误的意见，揭露一切牛鬼蛇神。这样，不尽能使广大群众在斗争中提高觉悟，增长才干，辨别是非，分清敌我。"在辩论中"必须采取摆事实、讲道理，以理服人的方法。""在辩论中，每个革命者要善于独立思考，发扬敢想、敢说、敢做的共产主义风格。"那种不讲道理，不摆事实，只是谩骂，采取一棒子打死的态度，绝对不是革命者的态度，必须反对党八股、反对装腔作势，借以吓人。

毛主席早就一针见血地指出："空话连篇，言之无物还可以说是幼稚，装腔作势，借以吓人，则不但是幼稚，简直是无赖了。这种东西，生怕人家反驳，非常胆怯，于是就靠这种装腔作势的东西一吓，人家就会闭口，自己就可以得胜回朝了。这种装腔作势的东西，不能反映真理，而是妨碍真理的，""这种吓人的战术是剥削阶级以及流氓无产者惯用的手段。无产阶级的最尖锐最有效的武器只有一个,那就是严肃的,战斗的科学态度。共产党人不靠吓人吃饭,而是靠马克思列宁主义的真理吃饭,靠实事求是吃饭,靠科学吃饭。"

我们的态度很明确的:一要"敢"字当头,二要摆事实,讲道理。

最后让我们共同来学习林彪同志 11 月 3 日的重要讲话中的一段话:"在毛主席正确路线指引下,我国广大革命群众,创造了无产阶级当政下发展大民主的新经验,这种大民主,就是党无所畏惧地让广大群众运用大鸣大放、大字报、大辩论、大串联的形式,批评和监督党和国家的各级领导机关和各级领导人。同时按照巴黎公社的原则,充分实现民主权利。没有这种大民主,不可能把无产阶级文化大革命,不可能实现人们灵魂深处的大革命,不可能把无产阶级文化大革命搞深搞透,不可能挖掉修正主义的根子,不可能巩固无产阶级专政,不可能保证我们国家沿着社会主义、共产主义道路前进。国际无产阶级专政的历史经验证明,没有进行这样彻底的无产阶级文化大革命,没有实行这样的大民主专政,无产阶级专政就会削弱,资本主义就会复辟,因各种形式复辟,剥削阶级就会重新骑在人民头上。"

无产阶级专政下的大民主万岁!

战无不胜的毛泽东思想万岁!

我们最最伟大的领袖毛主席万岁!万万岁!

也问中央文革小组(一)

北航八一纵队

1966 年 12 月 13 日

毛主席说:"因为我们是为人民服务的,所以如果我们有缺点就不怕别人批评指出,不管是什么人,谁向我们指出都行。只要你说得对,我们就改正,你说的办法对人民有好处,我们就照你的办"。

从十一月二十五日开始,我们陆续贴出了《一问中央文革小组》

《二问中央文革小组》《三问中央文革小组》的大字报。毛主席教导我们："你们要关心国家大事，要把无产阶级文化大革命进行到底！"对中央文革小组中符合毛泽东思想的正确领导，我们坚决支持。同样，对运动中存在的一些问题，不能不说；对不符合毛泽东思想的东西，就要坚决抵制！

我们是运动的实践者，是一个群众，对身边的事清楚，体会深。我们对中央文革小组提出问题、批评和监督，正是我们对党对人民负责，忠于毛主席，忠于无产阶级革命事业，忠于毛泽东思想。当然，我们还很年轻，主席思想还没有学好，甚至有错误。但我们决心紧跟毛主席，坚信真理，修正错误，坚信以毛主席为代表的无产阶级革命路线一定会取得彻底胜利！

在我们《三问中央文革小组》贴出以后，引起了一些反响，但也出现了一些不正常的现象。错误的思潮。针对这些情况，我们再向中央文革小组提出以下问题：

一、我们在一二三问中提出的问题，是不是当前运动中存在的一些实际问题？提出这些问题是不正确的吗？为什么中央文革小组的某些同志直到现在对这些问题不回答不表态？是真正准备采取共产党人的态度欢迎来自群众的批评监督呢还是反对呢？

二、在我们《一问中央文革小组》刚刚贴出以后，马上遭到猛烈的围攻，在《二问》《三问》相继贴出以后，现在又有更大规模的围攻现象，把我们诚恳地向中央文革小组提意见诬蔑为"炮轰无产阶级司令部"。写出各种各样的大标语，什么"砸烂你们的狗头"呀，"你们是反革命"呀，"八一纵队的一小撮混蛋们，你们没有好下场。"有的甚至叫嚣："抽他们的筋，扒他们的皮，宰了他王八羔子"……满城皆是。总之，开动了大量宣传机器，大骂八一纵队……

扬言要"抄"我们，要"砸"我们，跟踪我们，绑架我们……我们刚贴出大字报，马上有人用大标语覆盖上，有的甚至刚贴出不久，便被撕得干干净净。

有人还造我们谣，把各种莫须有的罪名加在我们头上。

中央文革小组的同志们，那些人为什么这样惧怕我们的大字报？这些现象你们看到了吗？了解了吗？这是正常的吗？你们是默许、支持还是准备制止反对这种现象呢？

三、目前出现这种不正常的现象，是不是有人又在以新的形式执行了资产阶级反动路线？如果我们大字报有错误，欢迎批判。但目前的做法不是用毛泽东思想，不是用"四大"作武器，而是围攻、压制、用简单粗暴的手法，在批判资产阶级反动路线时，又出现这种大量的围攻现象是谁的责任呢？

四、出现了这种大量的围攻现象，搞得最激烈最凶的是以第三司令部和北航红旗为代表的"少数派"。难道中央文革小组的某些同志最支持最关怀的所谓"左派"就是这个样子吗？他们又一次把矛头指向群众，这种做法又说明了什么问题呢？

五、毛主席教导我们："解决人民内部矛盾，不能用咒骂，也不能用拳头，更不能用刀枪，只能用讨论的方法，说理的方法，批评和自我批评的方法，一句话只能用民主的方法，让群众讲话的方法。"群众对领导机关的批评监督，下级批评上级，这是贯彻民主集中制，巩固无产阶级专政，使我国永不变色的及其重要的保证。难道中央文革小组的某些同志就没有缺点，就没有错误，就没有一点不符合毛泽东思想的东西吗？就批判不得吗？"不负责任，怕负责任，不许人家讲话，老虎屁股摸不得，凡是采取这种态度的人，十个有十个要失败。人家话总是要讲的，你老虎屁股真是摸不得吗？偏要摸！"（毛泽东）为了更好地领导文化大革命，中央文革小组不是更应当热情地欢迎来自群众的批评吗？

十六条中指出："当选的文化革命小组，文化革命委员会的成员和文化革命代表大会的代表，可以由群众随时提出批评……"现在这种不正常现象，正是说明了运动的确存在着许多问题。中央文革小组应当广泛地听取群众的批评和意见，这样才会把运动领导得更好。

最后让我们再一起学习毛主席的指示："共产党人必须随时准备坚持真理，因为任何真理都是符合于人民利益的；共产党人必须随时准备修正错误，因为任何错误都是不符合于人民利益的。"

中国共产党万岁！

战无不胜的毛泽东思想万岁!
以毛主席为代表的无产阶级革命路线万岁!
毛主席万岁!万岁!万万岁!

(选自《中国民间异议思想文献原始文献选:1966-1976》)

也问中央文革(二)
——无产阶级大民主万岁

北航红卫兵八一野战兵团

1966年12月12日(注)

最高指示

马克思主义的道理,千条万绪,归根结底就是一句话,造反有理,……于是就反抗,就斗争,就干社会主义。

红旗,红书,红袖章,红人,红心,红思想,我们是毛主席的红小兵,是顶天立地的红卫兵。

红卫兵是革命造反大军,大造帝国主义的反,大造资本主义的反,大造修正主义的反,大造旧意识形态的反,大造一切不适合社会主义经济基础的上层建筑的反。

今天,我们就要大造旧民主的反,因为它不适应阶级斗争的发展,因为它已不适应社会主义社会的发展,因为它更不适应人民群众的思想觉悟的提高,它势必削弱了无产阶级专政,它限制了人民群众的积极性和创造性。我们要大破旧民主,大立无产阶级大民主。无产阶级大民主就是在毛泽东思想指导下的大民主。这种民主是充分相信群众的。是放手发动群众的,是相信群众自己教育自己,自己解放自己的。这种民主比其他任何民主更为民主。人们完全有各种行动、言论（除反革命的）自由，甚至有组织政治团体，批评各级领导的自由。最大的民主，必定有最高的集中，这就是战无不胜的伟大的毛泽东思想。不管什么人，不管他的职位再高，官衔再大，谁要违反毛泽东思想，不按毛主席的教导办事，就要批判，就要斗争！谁要反对毛泽东思想，我们就砸烂他的狗头！

今天阶级斗争的特点，是资产阶级"和平演变"与无产阶级反"和平演变"的斗争，是阶级敌人"宫廷政变"与我们镇压"宫廷政变"的斗争。今天的阶级敌人的特点是"挂羊头，卖狗肉，打着红旗反红旗。"这样就必须发扬无产阶级大民主，像毛主席说的那样："应该使士兵群众对于干部中的坏分子有揭发其错误和罪恶的权力。"这样就使一切牛鬼蛇神陷入"人民战争的汪洋大海之中，一个也逃不掉。"

今天，是人民群众直接掌握毛泽东思想的时代，是工农兵群众直接走上政治、军事、经济、文化舞台的时代，时代要求我们进一步消除资产阶级法权残余，铲除产生官老爷的社会基础，使每一个干部都成为焦裕禄式的真正的普通"中央工作人员""国家工作人员"，而不是什么首长之类，使群众的每一个人都关心国家大事，管理国家大事。只有给予群众无产阶级大民主，并在群众中发扬无产阶级大民主，才能发挥人民群众的积极性和创造性，才能解放生产力，继续推动社会发展。

人民群众只有在思想上得到彻底解放，才有可能在政治上、经济上，文化上得到永远彻底的翻身，正如林彪同志所指示的一样："中国人民需要一个统一的思想。这就是毛泽东思想。"只有当人民群众真正树立了毛主席的"为人民服务的世界观""革命造反精神万岁"和"辩证唯物主义的观点"才能算是思想上得到了彻底的解放。而只有充分发扬了无产阶级的大民主，才有可能把全国人民的思想，集中到毛泽东思想的旗帜下。

在六个月的无产阶级文化大革命中，毛主席一直领导着我们为争取无产阶级大民主而奋斗。毛主席支持了北京大学七位革命同志的"北京公社宣言，"给予了人民群众对于干部中的坏分子有揭发其错误的权力。毛主席撤走了工作组，给予了人民群众自己教育自己，自己解放自己，自己闹革命的权力。毛主席戴上了红袖章，接见了串联的革命师生，给予革命师生群众拉起队伍南征北战干革命的权力。

我们红卫兵要为伟大的统帅毛主席所交给我们的光荣任务——争无产阶级大民主而决一死战！

无产阶级民主得到最充分的发扬吗？没有！没有！现在我们没有保卫无产阶级专政的民主，没有保卫党的生命——政策和策略的民主，没有捍卫伟大的毛泽东思想的民主。动不动就给你冠以"保皇派"的帽子，动不动就给你封上"修正主义"的头衔，中央文革小组的某些同志又总是尊称你为"受蒙蔽的保守派"。"保皇"在我们身上挂不上号！谁对牛鬼蛇神最仇恨？是我们！谁对旧教育制度最仇恨？是我们！不畏冰封雪压英勇不屈斗黑帮的是我们！不畏风浪大，揭竿而起竖起《红卫兵》大旗的是我们！横扫四旧，大立四新，最先走向社会上的斗批改的是我们！对资产阶级当权派，我们要把他们砸个稀巴烂！对无产阶级当权派，我们就支持他们，帮助他们改正错误。对于未分清性质的当权派，我们就主张先揭发，后定案。我们坚持的是实事求是的无产阶级造反精神，我们反对的是主观盲动的小资产阶级的造反兴趣，这样才能防止阶级敌人炮打无产阶级司令部，才能集中火力打击一小撮党内走资本主义道路的当权派。

造反，造反，你脱离了毛泽东思想就造反无理。所以工农兵群众，革命师生就要反对，就要批评，就要指正。我们要求无产阶级民主，就是要加强无产阶级专政。

今天我们还没有向上级汇报情况的民主，没有坚持真理修正错误的民主，还没有批评和监督上级领导的民主。一给中央文革小组提意见，就被打成"炮打无产阶级司令部"牛鬼蛇神，就被视为"资产阶级反动路线的大反扑"，各级领导必须接受人民群众的监督，有不符合毛泽东思想的就应该批判，这样才能防止干部蜕化变质"和平演变"才能彻底防止资本主义复辟，我们要求无产阶级大民主是无产阶级革命事业的千年大计，万年大计。

我们要向中央文革小组，你们要坚持无产阶级领导思想——毛泽东思想指导下的大民主呢？还是要坚持小资产阶级的思想指引下的小宗派的民主呢？

中央文革小组过去一直高举毛泽东思想伟大红旗，然而某些同在这段时间里实质上树立了小资产阶级的指导思想。"怀疑一切"（实质上是否定一切）是小资产阶级的领导观思想，"一切权力归左派"（多数就无权了吗？）是小资产阶级狂妄自大自私自利思想，"红色恐怖万岁"（是指向群众的，而不是像前阶段指向地主、资本家）是小资产阶级狭隘报仇主义思想，也正是中央文革小组某些人所欣赏的"革命造反精神"。

真正的红卫兵战士们！

我们能眼睁睁地看着小资产阶级的造反精神替换无产阶级的革命造反精神吗？

我们能眼睁睁地看着毛泽东思想任人偷梁换柱，任意篡改吗？

我们能眼睁睁地看着无产阶级文化大革命半途而废，被人断送吗？不能！不能，一千个不能！一万个不能！

我们要争取无产阶级大民主。

只有无产阶级大民主才能树立起无产阶级的革命造反精神，才能捍卫伟大的毛泽东思想，才能挽救无产阶级文化大革命。

红卫兵战士们，勇敢地战斗吧！我们争取无产阶级大民主正是为无产阶级事业开山劈岭，铺筑大道！

风暴险关学闯道，冰山绝顶要开花。

火旗飞舞冲天笑，赤遍全球是我家。

无产阶级专政万岁！

无产阶级大民主万岁！

战无不胜的毛泽东思想万岁！

我们伟大的导师毛主席万岁！万岁！万万岁！

（注：《也问中央文革小组》的写作日期是1966年12月13日，此篇以《也问》之二为篇名，但写作时期却在第一篇《也问》之前。兹保留原貌，并以说明。）

第二辑

通讯与报道

中央文革小组是无产阶级司令部，我们坚决支持，支持到底

北航红教工《小学生》战斗组

《红旗》第 1 期，1966 年 12 月 19 日

十六条明确指出，"文化革命小组、文化革命委员会和文化革命代表大会是群众在共产党领导下自己教育自己的最好的新组织形式。它是我们党同群众密切联系的最好桥梁，它是无产阶级文化大革命的权力机构"。

中央文革小组就是毛主席与广大群众密切联系的最可靠桥梁。

以陈伯达、江青同志为首的中央文革，一直是高举毛泽东思想伟大红旗始终站在运动的最前列，是文化革命的急先锋。早在两年前，他们就和文艺界、文学界中的反动学术"权威"展开了针锋相对的大搏斗，同广大革命群众一起揪出了"三家村""四家店"。吹响了无产阶级文化大革命的进军号。

中央文革小组的无产阶级立场最坚定，坚持真理的旗帜最鲜明，对错误的东西从不妥协、从不折中。他们不怕冷处的暗箭，不怕恶毒的中伤，他们迎着阻力勇敢地前进。为捍卫毛泽东思想，为祖国江山永不变色，他们的誓言气吞山河：头可断、血可流，不把无产阶级文化大革命进行到底誓不罢休！

中央文革小组的同志坚决站在毛主席一边，最坚决地捍卫和执行以毛主席为代表的革命路线。在他们的引导下广大革命群众向资产阶级反动路线展开了猛烈的进攻，把资产阶级反动路线的代表人物打得落花流水、威风扫地。

中央文革小组的同志密切联系群众，始终同革命群众站在一起，与群众同呼吸共患难。

当他们看到革命小将发扬了革命大无畏精神大造资产阶级，修

正主义的反时，他们无不拍手称快，大力支持。并与之并肩战斗。

当他们听说革命群众受资产阶级反动路线的残酷迫害时，他们心里是多么焦急和难受，他们坚决地支持革命派。

中央文革小组遵循主席的教导，最谦虚，甘当群众的小学生，他们是我们的亲密战友和同志，他们同革命群众心连心。他们最关心革命左派队伍的成长和壮大，热情地教给革命左派的斗争艺术，诚恳地帮助革命左派修正错误，他们常对革命左派说："你们要在斗争中逐步壮大左派队伍，注意团结大多数，包括那些受蒙蔽而真正愿意改正错误的人，帮助他们走向正确的道路"

因此，中央文革小组是一个非常无产阶级化、非常战斗化的领导核心。中央文革是"党中央，毛主席和林副主席指定的，是经过半年多考验过来的。中央文革是党中央、毛主席、中央政治局常委领导的，是毛主席、林副主席信任的"。中央文革就是无产阶级革命司令部。没有这样一个司令部，毛主席同广大群众的联系就切断了，资产阶级反动路线就不能迅速地被冲垮，以毛主席为代表的革命路线就不能迅速地被贯彻执行，没有这样一个司令部，被压制被打击的革命群众就不能迅速地得到解放。一句话，没有这样一个司令部，无产阶级文化大革命就不可能取得彻底的胜利！所以，我们要坚决拥护中央文革小组的正确领导，高举毛泽东思想伟大红旗，沿着毛主席的革命路线奋勇前进！

对于这样的司令部，谁亲？革命群众！谁恨？党内走资本主义道路的当权派和一小撮资产阶级右派分子。凡是敌人拥护的我们就要反对，凡是敌人反对的我们就要拥护。

现在，有那么一小撮人，恶毒地攻击中央文革小组，炮轰无产阶级司令部，叫喊什么"解散中央文革""罢戚本禹的官"，扬言要"砸烂中央文革"等等。简直猖狂到极点。我们严正警告这群亡命之徒：你们要炮打无产阶级革命司令部吗？真是有眼不识泰山、不自量力，其结果只能受到广大群众的惩罚，碰得头破血流，统统没有好下场！

坚决拥护中央文革小组的正确领导！

将无产阶级文化大革命进行到底！

打倒彭罗陆杨反革命修正主义集团

《红旗》第 1 期，1966 年 12 月 19 日

【本报讯】十二月十二日下午一点，于北京工人体育场进行了《批判、斗争彭、陆、罗、杨反革命修正主义集团誓师大会》。于下午三点半胜利结束。

彭真大黑帮及其帮凶刘仁、万里、郑天翔、张洁清被群众拉来了！十几万群众怒视罪恶滔天的牛鬼蛇神，无不愤怒振臂高呼"打倒彭真……"，牛鬼蛇神狼狈不堪，革命群众大快人心，拍手称快！

大会首先由北航红旗战斗队代表井岗山同志发言。代表们愤怒声讨了彭真之流反党、反社会主义、反毛主席的滔天罪行，决心将这伙反革命修正主义分子斗倒、斗臭、斗垮。

最后由北京市委吴德同志发言，表示坚决支持这次大会的召开。

这次大会，是高举毛泽东思想的大会！革命群众爱憎分明、立场坚定。自始至终大学语录、高呼革命口号。

参加这次大会的除北京各工矿企业、机关、学校等各部门群众外，还有外地革命师生。中央文革小组关锋、戚本禹、姚文元、穆欣等同志参加了这次大会。

彻底批判、斗争彭、陆、罗、杨反革命修正主义集团大会今后将继续召开，请大家注意。

北京航空学院革命造反委员会成立（摘选）

《红旗》第 2 期，1966 年 12 月 26 日

【本报讯】12 月 23 日北京航空学院革命造反委员会宣告成立。它是由红旗东方红、红工兵、红教工、复原转业军人红卫兵、毛泽东

红卫兵、八一八红卫兵、红卫兵造反兵团,继红军九个单位发起的。下午1点多钟,大会主席致开会辞后,北航红旗战斗队红星战斗组的代表做了长篇发言。北航、东方红等战斗队的代表也在大会上做了口头儿发言或书面发言。会议在一片团结战斗的气氛中结束。大会收到了首都红卫兵第三司令部、首都大专院校红卫兵总部革命造反联络站、国防工业高等院校红卫兵联络总部、毛泽东思想红卫兵武汉工人总部、红卫兵成都部队驻京联络站、西军电文革临委会赴京造反团三分团、东风战斗团及华东工程学院、八一红卫军驻京联络站等30多个单位的贺信。

向真理投降

红旗战士　金长江(原赤卫队员)

《红旗》第3期,1967年1月1日

我是贫农家庭出身的一个青年教师,是老团员,老"积极分子"。原来是北航赤卫队动态组成员之一。文化大革命以来,当了四个月的保皇派,当了二个月的革命造反派。在转变的过程中把我们的灵魂完全给翻了个个。

六月初,在毛主席的伟大号召下,革命师生开始揭发院党委的问题。以王恒、周天行为首的院党委对革命师生进行了反革命大围攻;六月八日以来,以赵如璋为首的国防科委工作组来到我院,他们执行了一条资产阶级反动路线,组织了对革命师生的反动围攻。这两次围攻中,我充当了围攻革命师生的干将和"铲毒草"的急先锋。后来又做了筹委会手下的反《红旗》的"打手",赤卫队员们称我为"铁杆赤卫队",而红旗战士对我却反感极了。

十月份以前的我,就是这样一个不折不扣的资产阶级保皇派。

十月三日,《红旗》杂志十三期社论发表以后,我反复学习,总觉得不对我的口味。我渐渐地认识到，前两月，我不是把斗争的矛头指向党内一小撮走资本主义道路的当权派，而是指向革命左派。我已不自觉地站在资产阶级反动立场上，打击了自己的阶级兄弟。要否定自己四个月的工作是很痛苦的，那几天我如坐针毡坐立不安，饭吃不好，觉睡不着。

十月八日，我听了 32111 钻井队的报告。英雄们血战火海的伟大形象和不怕死的革命大无畏精神，给了我巨大的鼓舞。我一边听着英雄的伟绩，一边在流眼泪……。我是一个在红旗下长大的青年教师，我无比热爱我们伟大的党，无比热爱我们伟大的领袖毛主席，真正想跟着毛主席他老人家好好地干革命。可是，我认敌为友，混淆是非，围攻革命的同志，成了一小撮走资本主义道路当权派的工具。低头看看身上的毛主席像。毛主席啊，我辜负了您老人家对我的期望，我干的事情不是在保卫您，而是保了走资本主义道路的当权派。我沉痛地打开了鲜红的《毛主席语录》："无数革命先烈为了人民的利益牺牲了他们的生命，使我们每个活着的人想起他们就心里难过，难道我们还有什么个人利益不能牺牲，还有什么错误不能抛弃吗？"毛主席的话，给了我跌倒爬起来再前进的勇气！心里虽然很痛苦，但是，一股力量在心底里升起来了。我下决心承认错误，修正错误。

但是每前进一步，都要经过无产阶级和资产阶级两种思想的激烈搏斗。一想到个人的面子，我就失去了承认错误的勇气。

怎么办？我又想，要是人人都像我那样为资产阶级反动路线卖力气，走资本主义道路的当权派就会在一边坐山观虎斗，文化大革命就要流产，资本主义复辟就不可避免，而一旦资本主义复辟，我们广大工农兵又要回到水深火热的旧社会，我们的父兄就要还去做牛马，我父亲又会被人捉去当劳工。我意识到，敢不敢承认错误，敢不敢起来揭发资产阶级反动路线的罪恶，是要不要革命，走什么道路的大是大非问题，是个原则问题。这才是我要的最大的面子。我必须把自己灵魂中最肮脏的东西，拿到光天化日之下。六月二日我曾写了院党委的大字报，但吓回去了，怕当右派，为了"立功赎罪"，拼命围攻革命学生。对工作组有意见，也写了大字报，但也被"铲毒草"给压回去了，反而拼命围攻别人。十六条公布，我觉得自己错了，看了八月二十三日《人民日报》社论更觉得自己错了。但是，那时没有下狠心去改，都是这个"面子"害得我把错误放过去了。使自己一错再错，直到背离毛主席的正确路线很远很远。想到这里，毛主席的话在我耳边响起来："共产党人必须随时准备坚持真理，因为任何真理都是符合于人民利益的；共产党人必须随时准备修正错误，因为任何错误都是不符合于人民利益的。"于是我暗自警告自己：这次不能掺半点假，决心同个人主义来个短兵相接，刺刀见红，来个脱裤子割尾巴！

当晚，我就写了"向红旗战士学习；向红旗战士致敬！"的大标语，找红旗战士赔礼道歉。但是，红旗战士对我十分冷淡。这时，思想上又翻腾了起来。再上赤卫队里干下去，就会滑到与党和人民对立的立场上去。我不能走这条路。可是向《红旗》靠拢又十分困难。这时我想，我围攻《红旗》那么厉害，红旗战士对我冷淡是可以理解的。我保得那么狠，这点行动根本不能说明我彻底背叛资产阶级反动路线。对了，原因就在于我没有行动。

但是，从有认识到行动还有十万八千里。罗舜初、赵如璋、筹委会狼狈为奸，所干的罪恶勾当我知道，赤卫队、红卫兵所干的卑鄙事情我了解。要革命就要揭出来。可是，如果我揭出去，赤卫队，筹委会的人会恨我，其中有我熟悉的同学和老师，这样做会得罪他们的。于是我又犹豫起来，笔杆子像有千斤重，提不起来。我抬头看看墙上挂着的毛主席，看见了毛主席他老人家和蔼慈祥的面孔，耳边又想起了毛主席的声言："你们青年人朝气蓬勃，正在兴旺时期，好像早晨八、九点钟的太阳。希望寄托在你们身上。……世界是属于你们的。中国的前途是属于你们的。"顿时，有一股暖流流过全身，我要听毛主席的话，毛主席一定支持我的，广大的革命群众也一定会支持我的。这时，我心里感到豁亮了，浑身有了力量，当天晚上就写出了《一揭罗舜初》（国防科委副主任）的大字报，第二天又写了《二揭》《三揭》。我揭竿而起——造反了。

三张大字报贴出之后，振动了全院。红旗战上支持我，鼓励我。他们说："支持你的革命行动，从今天起革命到底，造反到底！"多少双陌生的手伸向我，多少热情鼓励的语言听在耳中，暖在心里，眼泪就止不住流了下来。我虽然失去了少数保皇派的欢心，但我却得到了广大革命派的支持，我真正体会到了阶级友爱的温暖，真是河深海深不如阶级友爱深。

不出我的意料之外，果然，遭到了赤卫队中少数人的谩骂和攻击，他们明里不说暗里说，明枪暗箭。有的让我吃白眼珠，有的背地骂我："金长江这小子怕了，软骨子，是叛徒，是投机分子。"

我想，我是"叛徒"。我背叛了赤卫队，背叛了筹委会，背叛了罗舜初、赵如璋这些家伙。我背叛的是资产阶级反动路线，但没有背叛无产阶级革命路线！我没有背叛毛主席他老人家！我没有背叛毛泽东思想！想到这里，我一拳头砸下去，我就要当这样的叛徒，光荣！

我"怕"了，是"软骨头"。我想，我怕的是像罗舜初这些混蛋，再蒙蔽广大赤卫队员！我怕的是不能彻底批判资产阶级反动路线！我怕的是挖不掉修正主义的根子！我怕的是中国要改变颜色！有毛主席给我撑腰，有广大革命群众的支持，我什么都不怕！

他们骂我是"投机分子"。我想起了毛主席的教导："犯了错误则要求改正，改正的越迅速，越彻底，越好"。林彪同志说："一个聪明的人，应当尽快丢掉包袱，不要骗人，你骗不了人。你不能一手遮天。聪明的人错误几天或者几个钟头就改正过来了，蠢家伙错误半年也许几年一直错误下去。聪明的人犯了错误改得快，这叫好汉，因为他先发现问题快，不然就是蠢家伙，而且是没有勇气的蠢家伙，不敢承认错误。"我已经当了四个多月的蠢蛋了，我不能再蠢下去，我要当一个聪明人，我要当一个修正错误的好汉。

这样一想，心里就踏实了，决心更坚定了。毛主席号召我们在游泳中学会游泳，我只不过在游泳中吃了几口水，还没有灌死，只要还有一口气，我就要游到共产主义的彼岸去。"敌军围困万千重，我自岿然不动。"任凭你骂去，想堵我的嘴，办不到。我再也不跟罗舜初、赵如璋一小撮人跑了，再也不当他们的打手了。滚他的蛋！我要杀个回马枪！这样我又写出了《四揭罗舜初》的大字报。

揭发的过程就是一个思想斗争的过程。我老是琢磨为什么当了四个月的保皇派呢？我反复思考、斗争，在灵魂深处大闹了一场革命，写出了《奴隶主义种种》的一张大字报，这是我触及灵魂的一个汇报。我之所以犯错误，不是由于别的，是奴隶主义思想在作怪，而奴隶主义思想的根源又是一个"私"字。

我是个老"积极分子"，一直迫切要求入党。为了入党，我坚信的是党支部、党员，对党支部的话完全言听计从，对工作组百依百顺，靠抱大腿过日子，看眼色行事，把这看作入党的阶梯。我手里拿着毛主席的书，可就是不照毛主席的话去做，不敢问一个为什么。奴隶主义思想禁锢得我喘不过气来。为了入党，我才保党委，保工作组，保科委，保支部，其实，根本还不是保自己入党吗？！我这个保皇派，保的是"我"，保的是"私"！毛主席是不会要我这样的党员的！他老人家要的是用毛泽东思想武装起来的有革命造反精神的党员。毛主席说："舍得一身剐，敢把皇帝拉下马，我们在为社会主义共产主义而斗争的时候，必须有这样大无畏的精神。"直到这时，我才理解此话的真正含意，要做到这一点，根本的问题是无私！

列宁说："偏见比无知离真理更远。"我一向认为自己表现不错，是个老积极分子，一向是党支部眼前的红人，左派是当定了。十六条上发展壮大左派队伍，我想也要以我为核心。看到红旗战斗队的同志，尤其是我认识的几个教师，平时表现不怎么样，他们走在我前面，心里不服气。可当我认识到，正是我这个老"积极分子"执行了资产阶级反动路线，而我认为"落后"的一些同志，恰恰是按毛主席正确路线前进的时候，我服了。我要向真理投降，向毛泽东思想投降。十二月初我毅然决定申请加入红旗战斗队。红旗战斗队批准了我的申请，我成为了一个光荣的红旗战士，戴上了鲜红的《红旗》袖章，心情非常激动。我从摘下保皇派赤卫队的袖章到戴上象征造反的《红旗》袖章，那是经过了多少复杂激烈的思想斗争，冲破了多少外来的压力啊！这是无产阶级思想战胜资产阶级思想，破私立公的象征和标志。一句话，这是毛泽东思想的伟大胜利。

从我亲身的经历中，我深深体会到，在无产阶级文化大革命更加深入发展，社会主义革命更加深入发展的今天，为公还是为私的问题,越来越尖锐地摆在我们每个同志的面前。不彻底破私,就不能坚定地站到以毛主席为代表的革命路线上来。只要我们老老实实听毛主席的话,"只要我们为人民的利益坚持好的,为人民的利益改正错误,我们这个队伍就一定会兴旺起来"。由资产阶级反动路线的毒害而造成的群众之间的隔阂,就会逐渐消除,革命左派队伍就一定会一天一天发展壮大,就会组织起浩浩荡荡的无产阶级文化革命大军!

"雄关漫道真如铁,而今迈步从头越。"这仅仅是开始,今后还要一切从零开始。今后我要有高度的革命自觉性,活学活用毛主席著作,把"老三篇"当作座右铭来学,把自己从"我"字里彻底解放出来,跟着毛主席在大风大浪里前进,干一辈子革命!

在中南局一小撮人策划下广州发生武斗流血事件

《红旗》第 3 期,1967 年 1 月 1 日

死伤惨重,我红旗宣传车被砸,九名红旗战士被打,我红旗战士坚持文斗,从未还手。

【本报广州 25 日急电】最近,广州市革命造反派和外地赴穗革命师生采取了联合革命行动,查封了《红卫报》(前《羊城晚报》),这个革命行动,大长了无产阶级革命派的志气,大灭了资产阶级反动势力的威风。可是,一小撮党内走资本主义道路的当权派,和顽固坚持资产阶级反动路线的人,却怀恨在心,疯狂地进行反扑。在中南局一小撮人的指使和幕后策划下,成立了个"广州市反封《红卫报》联合委员会",专门对付革命造反派。

十二月二十三日,广州市一万多名不明真相的工人围攻住在中南局大楼的武汉地区赴穗革命师生,整整一天,不准他们吃饭,不准他们进出,甚至连大小便也受限制。这些人还行凶打人,制造大规模

的武斗，打死打伤革命学生多人，大批受重伤的革命同学被送进医院。

同日晚九时许，北航红旗的宣传车在广州市内宣传毛泽东思想，宣传查封《红卫报》。我们的宣传车开到"人民大厦"时遇上了"反封《红卫报》总司令部"组织的近三千人的游行队伍。我们的红旗战士摆事实，讲道理，阐明我们的观点。但是，那些游行的人无理包围了我们的车。他们向车里吐唾沫，用手抓司机的脸，用拳头打司机的头，还拉扯司机的腿。有些人还拆汽车零件，用它打宣传车上的红旗战士，我九名红旗战士全部挨打，东西也被抢走。司机同志（红旗战士）受伤最重，十七处外伤，一自动保卫我们红旗战士的工人的钱包被抢。一广州人跳到车上用广州话高喊："广州人联合起来，打倒这群外地人！"与此同时，武汉革命造反派的宣传车也遭同样命运。整个事件发生的过程中，我红旗战士一直按毛主席的教导，坚持文斗，从未还手。我们的红旗战士高呼"要文斗，不要武斗！""誓死捍卫十六条！""毛主席万岁！"

我们认为，这个事件不是偶然发生的，是由中南局在幕后操纵的。中南局的两个干部甚至也参与了武斗。

我们正密切地注视着事态的发展。

陈伯达同志又一次接见我部分红旗战士

《红旗》第 4 期，1967 年 1 月 9 日

【本报讯】一九六七年元月五日晚当我院部分红旗战士在业余航校体育馆与科委负责人辩论时，陈伯达同志接见了我红旗战士，并做了重要讲话。同时，聂荣臻同志也就科委问题表了态。

造"红海洋"的反

《红旗》第 4 期，1967 年 1 月 9 日

【本报讯】一九六七年元月三日，根据中央指示，我院红旗战士采取了坚决的行动，大造红海洋的反。同时也呼吁全体革命同志行动起来，彻底粉碎阶级敌人的阴诡计。

开展军政训练活动

《红旗》第 4 期，1967 年 1 月 9 日

【本报讯】我院、清华、北大等大中学校即将开始军训。负责军训的解放军于元月六日后已陆续来我院。军政训练约半个月。

四十一名英雄的华侨青少年应邀与我红旗战士座谈

《红旗》第 4 期，1967 年 1 月 9 日

【本报讯】元月一日，在印度尼西亚进行英勇斗争而胜利地回到祖国怀抱，回到首都北京，回到敬爱领袖毛主席身边的四十一名华侨少年应我红旗战斗队邀请到我院与红旗战士座谈联欢。

这些华侨青少年受到广大红旗战士最热烈的欢迎。余亚周等同志给我们做了他们在印度尼西亚时如何和印度尼西亚反动派、美帝、苏修英勇斗争的报告，广大红旗战士表示一定要学习他们那种大无畏的爱国主义精神。同时，红旗战士也向他们介绍了我院及北京市开

展文化大革命的情况。他们说:"我们一定要积极参加文化大革命,和你们一道把无产阶级文化大革命进行到底"。

晚上举行了联欢会。

坚决支持,热烈欢呼

《红旗》第5期,1967年1月11日

【本报讯】中央人民广播电台广播了《人民日报》一月九日发表的上海工人革命造反总司令部等十一个革命群众组织的《告上海全市人民书》。当我红旗战士听到广播后,个个欢欣鼓舞,热烈欢呼又一张马列主义的大字报的诞生,热烈地欢呼上海市革命工人及革命群众批判资产阶级反动路线所取得的新胜利。

上午十一时,一百五十多名红旗战士高举伟大领袖毛主席的画像,敲锣打鼓,高呼"毛主席万岁""抓革命促生产""彻底粉碎资产阶级路线的新反扑"等口号前往国务院接待站贺喜。国务院接待站的工作人员接待了前往贺喜的全体红旗战士。

同时,部分红旗战士在城里张贴大字标语,坚决支持上海革命工人抓革命促生产的革命行动。

全体红旗战士一致认为"告上海全市人民书"是一个高举毛主席的革命路线大旗的极其重要的文件。它对资产阶级反动路线的新反扑,看得最清,抓得最准,打得最狠。它大灭资产阶级的威风,大长无产阶级的志气。这张大字报对今年的文化大革命有着极其重要的指导意义,真是好得很!我们坚决支持这张马列主义的大字报。我们红旗战士向上海的革命造反派的工人学习,向他们致敬!决心与全国革命人民一道打垮资产阶级反动路线的新反扑!夺取无产阶级文化大革命的新胜利!

满怀激情迎亲人，决心大学解放军

本报记者

《红旗》第 6 期，1967 年 1 月 18 日

一月十一日下午，北京航空学院红旗招展锣鼓喧天。全体红旗战士和广大革命师生挥动着红光闪闪的《毛主席语录》，夹道热烈欢迎毛主席派来的亲人——英雄的人民解放军。

航院内一片节日的气氛。"向解放军学习，向解放军致敬！""热烈欢迎解放军！"一条条巨幅标语贴遍校园。红旗广播站和红卫兵革命造反兵团广播站联合广播"欢迎解放军"专题节目，伴随着雄壮嘹亮的《解放军进行曲》，播音员以激昂的语调，播出一篇又一篇迎亲人的稿子，激情满怀，热情洋溢，充分表现出了航院广大革命师生对解放军的无限热爱和大学解放军的决心！

来啦！解放军同志来啦！

排列在大路两旁的革命师生的队伍，欢腾起来！

解放军同志排着整齐的队伍，走了过来。他们高举着毛主席像，身背语录牌，雄赳赳气昂昂，唱着嘹亮的革命歌曲，真是一支钢铁的队伍！解放军不愧为全国人民学习的榜样！

"向解放军学习！向解放军致敬！""热烈欢迎解放军！""毛主席万岁！"雄壮的口号声此起彼伏、经久不息。

此刻，航院成了沸腾的海洋！

是啊，我们怎能不激动呢！是毛主席他老人家，最关心青年一代的成长。他老人家派出了解放军，帮助我们搞军政训练，向解放军学政治，学军事，学四个第一，学三八作风，学三大纪律八项注意，加强组织纪律性。这是毛主席的又一伟大创举，具有伟大的战略意义。

航院革命师生满怀激情地迎来了解放军。解放军刚到住处，一放下背包，就立即打扫卫生，使航院面貌焕然一新。解放军同志以身作则，不辞辛苦，为我们树立了光辉的榜样。

军政训练就要正式开始了。让我们大学解放军,活学活用毛主席著作,边训练,边战斗,把两条路线的斗争进行到底,把无产阶级文化大革命搞得更好!

大造旧毕业分配制度的反

《红旗》第 7 期,1967 年 1 月 19 日

当前开展的无产阶级文化大革命,是一场触及人们灵魂的大革命。是防修反修、防止资本主义在我国复辟、保证我们党和国家不变颜色的具有世界意义的一场史无前例的大革命。

现在,毕业分配是摆在应届毕业生面前的重大问题。我们基于对党、对革命、对人民的高度责任感,我们最强烈要求:应届毕业生不能草草分配,必须深刻地触及灵魂。

在毕业前夕,我们提出以下强烈要求和建议:

一,应届毕业生党员必须重新登记。用毛泽东思想进行全面的考查和衡量党员,根据一贯表现,特别是文化革命中的表现,经过革命群众评议,坚决把那些不符合党员标准的钢杆、铁杆保皇分子,阴一套,阳一套,两面三刀的修正主义苗子清除出党。把一贯高举毛泽东思想伟大红旗的同志吸收入党。这是能否彻底清除刘、邓路线影响、把无产阶级文化大革命进行到底的关键问题之一,是关系到我党和国家命运的生死存亡的重大问题。

二,坚决废除原毕业分配方案。原分配方案是在原修正主义的院党委一手操纵下搞出来的,它是刘、邓路线在毕业分配上的集中反映。我们必须彻底砸烂它,决不允许那些唯唯诺诺、吹吹拍拍、两面三刀、政治投机的危险人物钻进我们党政科研等重要部门。我们强烈要求,按毛主席的接班人五条和林彪同志的三条为标准衡量干部选拔分配毕业生。一定把经过文化大革命运动考验,确实高举毛泽东思

想伟大红旗的优秀同志选拔、分配到我们党、政、科研等重要部门。

三,坚决废除原毕业鉴定。无产阶级文化大革命触及和暴露了每个人的灵魂,是对每个人最客观最深刻的鉴定。我们最坚决的要求废除原来那一套重在表面、自欺欺人的毕业鉴定。

四,顽固坚持站在资产阶级反动路线上的钢杆、铁杆保皇分子,不认错、不悔改、不触及灵魂一律不予毕业。

主席说:阶级斗争是你们的一门主课……。阶级斗争都不知道,怎么能算大学毕业呢?那些拒不认错、顽固地站在资产阶级反动立场上的人决不能毕业!

五,设在北大的"保皇"派的北京市高等学校应届毕业生联络站是违背毛泽东思想的,他根本不能代表北京市的广大革命应届毕业生,我们是不承认他的!他们是"私"字当头,钞票挂帅,他们怕触及灵魂,企图假借毕业为名逃之夭夭,溜之大吉。望红旗战士和广大革命师生切切注意,随时戳穿他们的阴谋!

全体红旗战士,应届革命的毕业生同志们,严重尖锐的问题已经提到议事日程上来了,现在不造反,更待何时?!

行动起来吧!让我们在毛泽东思想的基础上,来个大串联,大造反,砸烂旧制度、旧世界,创立一个崭新的新世界!

北航红旗东彪支队

春雷一声响云霄,毛主席发出新号召

本报记者

《红旗》第 8 期,1967 年 1 月 27 日

红灯照,红旗飘,伟大领袖发号召。革命左派长志气,欲与鬼魔试比高。

一月二十四日凌晨,当一轮火红火红的太阳从东方冉冉升起的

时候，红旗广播站播出了一个最最激动人心的消息——我们最最敬爱的伟大领袖毛主席又发出了最新的伟大号召："人民解放军应该支持左派广大群众。以后，凡有真正革命派要找军队支持、援助，都应当满足他们的要求。所谓'不介入'，是假的，早已介入了。问题不是介入不介入的问题，而是站在哪一边的问题，是支持革命派还是支持保守派甚至右派的问题。人民解放军应当积极支持革命左派。"

听！这是震撼宇宙的声音！

这是毛主席对我们革命造反派最大的关怀最大的鼓舞、最大的信任、最大的支持！

航院春来早！毛主席的伟大号召如同春雷全体红旗战士和解放军同志以无比巨大的鼓舞，带来了难以形容的欢乐！

广播声刚落，解放军战士就挥笔写出了很多巨幅标语："最最坚决地执行毛主席的最新指示！""最最坚决支持北航红旗的一切革命动！"……解放军跟毛主席跟得最紧，执行最高指示最坚决，毛主席怎么说的，就怎么干。解放军不愧是我们的好榜样！

来航院指导我们军政训练的解放军指战员说："这是最高指示，英明的决策，战斗的命令，胜利的号角！这是毛主席对我们的最大信任、最大关怀、最大支持、最大鼓舞！我们向伟大统帅毛主席宣誓：坚决执行您的最新最高指示！我们刀山敢上，火海敢闯！我们最最坚决地支持北航红旗！无产阶级革命派联合起来，向资产阶级反动路线发起总攻！敌人不投降，就叫它灭亡！"

红旗战士满怀无限激动的心情说："毛主席最最坚决地支持我们革命造反派。毛主席的这一伟大的战斗号召，大长了革命左派的志气大灭了敌人的威风。这一伟大指示将有力地保证文化大革命取得彻底胜利。如果哪个混蛋不自量力，死心塌地干反革命勾当，就对它实行无产阶级专政！"他们表示："我们决心大学解放军，把红旗战斗队办成毛泽东思想的大学校。我们红卫兵是解放军的后备军，我们要同解放军战斗在一起，胜利在一起！"

院内外革命造反派齐声欢呼：毛主席的这一最新指示，给我们撑了腰，长了志气，对一切牛鬼蛇神是当头一棒。解放军介入了文化大革命,是把文化大革命进行到底的有力的保证!

伟大的领袖毛主席啊,您最关怀我们,最支持我们,同我们心连心。我们对您无限敬仰、无限热爱。蓝天作纸,海水当墨,也写不完我们对您的无限敬仰,也写不尽我们对您的无限热爱!

敬爱的毛主席,我们誓死保卫您!毛主席万岁!万岁!!万万岁!!

念念不忘阶级斗争
——分歧从何而来(摘录)

屠海鹰

《红旗》第9期,1967年2月2日

……大家想一想:为什么北京市的几个老左派队伍中,一直没有大分化过的只有北航"红旗"?大民主发扬得较好的也是北航"红旗"?现在拼命反对我们,并扬言:"北航'红旗'是左派大联合的阻力""北航'红旗'比'联动'还坏""和北航'红旗'干到底""非让北航'红旗'分化成两派不可"的人们,其内部却产生了大动荡、大分化、大瓦解、大改组,这一切难道很奇怪吗?难道不可思议吗?

对于某些同志来说,也许是这样,他们看不到自己的主流是正确的,他们失去了当年的锐气,变得谨小慎微起来,他们怀疑自己犯了天大的、不可饶恕的错误。他们被"四面楚歌"吓慌了,生怕别人说自己"山头主义""不谦虚",于是垂头丧气,惶惶不可终日,要道歉,要检讨,却不向对方问几个为什么?。但是,对于绝大多数牢牢记住了"念念不忘阶级斗争"的同志,在一片叫骂面前,都是心明眼亮、充满战斗的激情。

有这样一个不为重视的事实:在北京所有学生老左派队伍中,工人、贫下中农子弟比例最大的是北航"红旗"战斗队。然而,产生如上"怪"现象的根源就在这里！这一点，保证了北航"红旗"比其它左派队伍在阶级意识上要纯洁得多，使得北航红旗战斗队的小资产阶级成份比其他战斗队都少得多（但不是没有，因为毕竟是学生阶层），因而红旗战士的思想意识和战斗作风的特点是：坚强而又纯朴。这就是为什么红旗战斗队大民主发揭得较好的原因，这就是为什么非无产阶级的思潮始终不能操纵和分化红旗战斗队的原因。

毛主席的大民主，使北航"红旗"团结得像一个人，使北航"红旗"始终保持了正确的航向。而在有的左派队伍中，由于大民主开展得不好，给右倾机会主义者和个人野心家掌握领导权大开了方便之门。他们在战略上贯彻的右倾机会主义路线，使一些老左派队伍产生了走上邪路的危险；而组织发展上的忽左忽右的机会主义路线，则使这些左派队伍产生了严重的不纯，由量变产生了质变。目前有些老左派队伍出现了严重的分化，就是右倾机会主义路线产生的恶劣后果。这些沉痛的教训，是值得每一个革命同志认真吸取的。……

法文版《毛主席语录》抢购一空

《红旗》第 10、11 期，1967 年 2 月 10 日

法国人民，特别是青年人，特别关心中国的文化大革命。他们通过专题讲座、组织辩论等各种方式了解中国，学习和宣传伟大的毛泽东思想。在斗争中，他们更加体会到伟大的毛泽东思想的无比威力。他们都渴望能够得到一本著名的红色宝书——《毛主席语录》。一天，巴黎"凤凰书店"运来六万册法文版《毛主席语录》，当天上午就一购而空，人们都把它送给自己最亲密的战友。更多的人争先恐后地向店员办理了预购。

苏联人民热爱毛主席

《红旗》第 10、11 期，1967 年 2 月 10 日

近几年来，苏修集团对我驻苏使馆严加封锁，企图使我使馆与苏联人民隔绝。许多苏联朋友冒生命危险半夜翻墙进使馆。苏联人民不顾一切用各种方式表达对我们的友谊。在我们路经莫斯科时，有一天，我们几个人在我驻苏使馆门边的新闻橱窗前看照片。这时，走来一位苏联老太太，她先左右环顾了一下，然后微笑着热情地向我们问好，她说："斯大林和毛泽东是友好的"。接着她激动地指了指太阳，又指了指我们胸前的毛主席像纪念章，最后放在自己的胸口上，我们立即明白了她的意思：伟大的毛泽东思想是苏联人民心中最红最红的红太阳。因为彼此语言不通，我们只能用手势表明中苏人民的友谊是牢不可破的，老人会意地笑了，然后，她匆匆地说了声"再见"！就快步离开我们。这时万恶的苏修军警立刻尾随而上。就在距我们 20 米左右的地方，这位老太婆被抓上了囚车。我们当时气愤极了，这是什么混蛋世道！苏联人民一定会起来造苏修的反！一小撮苏修混蛋们的狗命不长了！毛泽东思想的伟大红旗一定会高高地飘扬在苏维埃大地上！（留法学生供稿）

法国人民热爱毛主席

《红旗》第 12 期，1967 年 2 月 18 日

巴黎博览会中国馆人山人海，馆内毛主席绒绣像前更是围得水泄不通。参观中国馆的法国人仔细地端详着世界人民心中的红太阳毛主席的绣像，情不自禁地竖起了大拇指，口中连声高呼："毛主席万岁！中国万岁！"许多法国朋友向在场的中国工作人员要求转达他

们对伟大的导师,伟大的领袖,伟大的统帅,伟大的舵手毛主席的无限热爱和崇高敬意,并祝毛主席万寿无疆。他们看到工作人员胸前的金光闪闪的毛主席纪念章,深情地凝视着,请求给他一枚毛主席的纪念章。当他们的要求得到满足后,连声道谢,并表示:"永远带着这珍贵的纪念品。"

有一次,工作人员解说时说:"中国人民的伟大领袖毛主席",话未落音,一位法国朋友马上纠正说:"毛主席也是我们法国人民的伟大领袖,是世界革命人民的伟大领袖。"

有一位法国老工人带着他儿子特意从很远的地方赶来看中国馆。他把孩子带到毛主席像前,脱下帽子十分恭敬地向毛主席像敬礼,并再三嘱咐他的孩子说:"这是毛主席,你一定要好好听毛主席话!"(留法学生供稿)

外国友人热烈欢呼我革命的艺术搬上舞台

《红旗》第12期,1967年2月18日

在1966年巴黎"世界大学生联欢节"演出中,我国学生代表团的节目最受欢迎。许多观众对我们说:他们就是为了看中国的节目才赶来的。

那次演出,我学生代表团带来了祖国无产阶级文化大革命的东风,精神面貌焕然一新,充满革命气息,用毛主席语录作报幕词。每当报幕员用毛主席语录报幕时,立即激起一片暴风雨般的掌声,热烈的气氛达到最高峰。

充满着无产阶级文化大革命战斗气氛的演出,深深地吸引了观众。他们不停地赞叹:"好""好极了!"活生生的事实告诉我们,世界人民多么热爱毛主席,多么热爱毛泽东思想啊!

人民,永远是要革命,要斗争的。他们需要战斗的文艺。

一个外国朋友对我们说：以前，你们也有艺术代表团来，演的尽是才子佳人、帝王将相，那时我们会经常疑问"这是从社会主义国家来的艺术吗？"而那些自称为"共产主义者"的却拼命鼓掌，拍手称好，今天，你们把枪杆子也搬上了舞台，我们看了非常高兴，而那些混蛋们却破口大骂说没"艺术性"啦。

　　毛主席教导我们"凡是敌人反对的，我们就要拥护，凡是敌人拥护的，我们就要反对"。敌人反对我们，正说明我们做对了。今天，我们革命造反派占领了舞台，工农兵上了舞台，枪杆子搬上了舞台，这个舞台，我们占定了！我们的文艺应该为工农兵服务，为世界革命人民服务，我们要让毛泽东思想红旗永远永远地飘扬在革命的艺术舞台上。（留法学生供稿）

毛主席、中央文革小组和我们战斗在一起，胜利在一起！

《红旗报》通讯员

《红旗》第 13、14 期，1967 年 2 月 18 日

　　已经是第二十八个昼夜了，赵如璋、罗舜初还在顽抗。

　　已经是第二十八个昼夜了，红旗战士怀着对党、对毛主席的无限忠心，怀着捍卫真理、捍卫毛泽东思想的壮志豪情，不怕疲劳、不怕牺牲，昼夜不停，不惜一切代价地工作着、战斗着。简陋的手推油印机，永无休止地吐出成千成万张传单……。

　　整整二十八天二十八夜呵！饥饿动摇不了我们的意志，困难挫折不了我们胜利的信心，我们面对"赵"卫兵"赠送"的"骑虎难下"的对联，笑着说："未来的航院，必将是红旗的天下"。我们就是"骑虎不下，气死保皇"！我们坚信：黑暗即将过去，曙光就在前头，党中央毛主席就在我们身边！

　　第二十八夜，多么难忘的第二十八夜呵！一声喜讯像春雷激荡着业余航校。陈伯达、王力、关锋等同志带着毛主席和中央文革小组对红旗战士的无限关怀和亲切问候,看望我们来了!多少双手高举着红彤彤的《毛主席语录》,多少双眼睛饱含着热泪,多少声激动的声音高呼:"毛主席万岁!毛主席万岁!毛主席万万岁!"

在反动势力的疯狂围剿下,红旗战士没有流过泪;在谩骂和攻击面前,在误解和屈辱面前,我们红旗战士,胸怀如蓝天一样开阔,意志如钢铁一般坚强。没有眼泪,没有悲伤,只有革命豪情满胸膛!然而今天,在毛主席派来的亲人面前,多少红旗战士流下了热泪……

二十八天二十八夜,我们被反动势力打成"反动学生";听到的是"反革命""反军委""反中央"的冷酷无情的斥责和谩骂;受到的是各种卑劣手段的折磨——不给水喝、不给饭吃、不给车坐。他们骂我们:"大无畏精神没有你们的份,中央不支持你们。""你们等一年赵如璋也不会出来。"然而今天,毛主席派亲人来了!中央文革支持我们:毛主席支持我们!回忆过去的战斗,怎能不热泪盈眶!

亲爱的战友,你可曾记得,这天晚上,带病来看望我们的陈伯达同志是何等亲切地对我们说:"二十八天二十八夜了,听说赵如璋还没有出来,我们很不放心,来看看大家。""你们是少数,少数是优秀的、先进的。""我们来就表示一种态度,你们懂吗?"

你可曾记得,我们是怎样紧紧地挨在毛主席派来的亲人身边,给他们带上我们心爱的红旗袖章?

爹亲娘亲不如毛主席亲,毛主席是最喜欢革命的硬骨头,毛主席最关怀革命的硬骨头,毛主席最支持革命的硬骨头!在那最艰苦的日子里呵,毛主席、中央文革小组始终和我们战斗在一起!

亲爱的战友,你是否知道:毛主席八月底就知道了我们的斗争,当时毛主席就做了指示:"不要怕,不要让学生席地而坐,搭起棚子来,让学生闹上三个月。"这就是那些"赵"卫兵、赤卫队、筹委会老爷们"奉旨"软拉硬逼,要把在科委门口坚持斗争的红旗战士拉回航院的时候,这就是钟赤兵等混蛋操纵喽啰声色俱厉地大骂我们:"违反军委警卫制度,别有用心"的时候,毛主席的指示,是对红旗战士何等的信任和关怀呵!

九月五日，正是钟赤兵、罗舜初玩弄花招，企图让"赵"卫兵、赤卫队也混进"澄清问题"行列为赵保驾时，正是坚持"单独澄清问题"原则的红旗战士进行着不屈不挠的斗争时，江青同志、总理同志向科委指示：要赵如璋向红旗战士单独澄清问题。

九月二十日，毛主席再一次指示要赵如璋出来和红旗战士澄清问题，陈伯达同志立下军令状，用生命担保，叫赵如璋出来。

亲爱的战友啊：你可曾想过，我们取得的每一个胜利渗透着毛主席和中央文革的多少心血，我们每迈出一步都肩负着毛主席和中央文革的多大的期望。

敬爱的毛主席呵！是您教导我们："不破不立，不塞不流，不止不行。"这个光辉真理，在重重迷雾中给我们照亮了万里航程！

是您教导我们："下定决心，不怕牺牲，排除万难，去争取胜利。"

是您的豪迈的诗句："无限风光在险峰"，使我们充满了与旧势力搏斗的壮志豪情！

亲爱的战友们！你可曾记得：江青同志在政协礼堂单独接见红旗战士时含着热泪对我们讲：听说你们在那里坐了二十八天，我心里很难过，如果不是工作忙，我就要去和你们坐在一起。虽然我不能到那里去，可是我的心和你们在一起。

亲爱的战友们，你可曾记得，为了支持北航红旗，中央文革小组的同志遭受了何等猖狂的围攻。"大毒草""挑动群众斗群众""新的资产阶级反动路线"……所有最恶毒的字眼都扣在中央文革的头上。旗帜鲜明的戚本禹同志由于坚决支持北航红旗造二司的反，遭到了最疯狂的攻击！

然而，高举毛泽东思想伟大红旗的中央文革小组呵，顶住了恶风逆浪，战胜了险滩激流。在最艰苦的时候坚定地站在毛主席的革命路线一边，坚定地站在革命造反派一边。中央文革是无产阶级革命司令部，我们对中央文革小组的深厚的阶级感情是在艰苦斗争中凝成的，经历了暴风雨的考验，永远也不会改变！红旗战士是中央文革的亲骨肉，是毛主席的亲生儿女，我们永远在一起，同呼吸、共命运、同生共死、休戚相关。

亲爱的战友们，我们永远不能忘记过去，忘记过去就意味着背叛！我们永远站在中央文革小组一边，站在毛主席一边，海枯石烂心不变！

在红旗战士不断取得胜利的今天，阶级敌人并没有死亡，两条路线的斗争还没有结束，前面还有恶浪险滩，那一小撮穷凶极恶的牛鬼蛇神，利用各种机会进行疯狂的反扑。今天，他们又抓住群众运动中某些方式方法的缺点、错误把矛头指向中央文革小组，指向林副主席，指向我们最最敬爱的伟大领袖毛主席。红旗战士们！我们能让他们的罪恶阴谋得逞吗？我们能让他们炮打我们无产阶级革命的司令部吗？我们能让他们攻击我们亲爱的中央文革小组吗？我们能让他们攻击我们最最敬爱的领袖毛主席和他的亲密战友林副统帅吗？不能，绝对不能："一千个不能，一万个不能：我们永远和毛主席、林副主席、中央文革小组战斗在一起、胜利在一起。"

撼山易，撼红旗难，红旗战士钢铁汉！

最高统帅是毛主席，一片忠心永向党！

1967.2.23.

红代会召开以后……

《红旗》报记者，《井冈山》报记者

清华井冈山、北航红旗联合版，1967年3月3日

在一月革命的暴风骤雨中召开的"首都大专院校红卫兵代表大会"在清华大学、北京航空学院等院校里激起了强烈的回响。人们奔走相告，热烈地欢呼这个红卫兵的大喜事、革命学生的大喜事。在庆祝红代会的时候，红旗杂志第四期社论发表了，真是喜上加喜，广播喇叭里不断地播送着《大海航行靠舵手》《语录歌》等乐曲，欢呼声和歌声响彻云霄。

在这无产阶级革命派大联合的大好形势下,清华大学井冈山兵团于二十三日晚召开了全兵团大会。在大会上,天安门纵队、28团等战士纷纷上台发言,一致表示要听毛主席的话,坚决消除左派队伍内部的分歧,共同对敌,迎接两条路线的大决战,用鲜血和生命誓死保卫毛主席,誓死保卫中央文革小组。

会上,由28团、31团、天安门级队、八八纵队、毛泽东思想纵队、东方红纵队、北京纵队、中南海纵队、毛主席警卫团等十五个单位发起联合倡议,号召全体兵团战士以及全校革命师生员工积极行动起来,宣传红代会的胜利,宣传毛主席的革命路线,坚决反击资产阶级反动路线的新反扑;坚决反击刘、邓、陶的新反扑。会上,全体兵团战士举着红彤彤的《毛主席语录》对着我们最最敬爱的领袖毛主席庄严宣誓:"生,为党的事业而奋斗,死,为人民的利益而献身。无论前面遇到多大的惊涛骇浪,无论前面有着多少的悬崖峭壁,我们绝对保证站在以毛主席为代表的革命路线一边,哪怕是上刀山,下火海,我们也要用鲜血和生命誓死保卫毛主席!毛主席,我们无限忠于您,坚决跟着您老人家,誓将无产阶级文化大革命进行到底!"

会后,大批兵团战士立即行动起来,热烈响应十五单位的联合倡议,连夜上街刷出"用鲜血和生命保卫毛主席和中央文革!""誓死保卫毛主席!""谁反对中央文革谁就是反革命!""刘、邓、陶不投降就叫他灭亡"等巨幅标语。以革命精神欢呼红卫兵的大联合。

北航红旗战斗队的战士在红代会后的第一天(23日)上午,就召开了全体会议,庆祝红卫兵的大联合。会上,分析了当前阶级斗争的形势,响应中央首长的号召,决心彻底批判资产阶级反动路线,彻底粉碎刘、邓、陶的新反扑。当天全体战士进城贴大标语进行广泛宣传。红旗战士战斗在城区的大街小巷,战斗在各个院校,刷出"不许把群众运动的缺点强加于中央文革!""用鲜血和生命保卫中央文革!""和中央文革战斗在一起,胜利在一起!""欢呼红旗杂志第四期社论的发表""庆祝红代会召开"等巨幅标语。

23日,首都大专院校革命红卫兵,一方面欢呼大联合的伟大胜利,一方面又在认真地研究阶级斗争的形势,积极为促进首都无产阶级革命派的大联合、建立起"三结合"的临时权力机构而努力。他们正在加强和巩固革命派的大联合,准备迎接新的伟大决战。他们还认真地对待斗争方法上的缺点,学习毛泽东思想,提高斗争艺术,坚决粉碎敌人企图抓住群众运动中自发产生的、不可避免的一些缺点,攻击无产阶级文化大革命的阴谋,彻底粉碎敌人的新反扑,大家一致表示:誓死保卫文化大革命,用热血和生命保卫毛主席、林副主席和中央文革小组!高举毛泽东思想的伟大红旗,把无产阶级文化大革命进行到底。

数千红旗战士和全院革命师生员工隆重集会
热烈欢迎威尔科克斯同志

《红旗》第 18 期,1967 年 3 月 15 日

【本报讯】三月十日 北京航空学院校园内红旗招展、锣鼓喧天。我全体红旗战士及革命师生员工、革命干部,高举红旗,抬着全世界无产阶级的伟大导师毛主席的巨幅画像,聚集在校门口,热烈欢迎我们亲密的朋友、坚定的马克思列宁主义者——新西兰共产党总书记维·乔·威尔科克斯同志和他的战友。

九点十五分,人群沸腾起来,威尔科克斯同志和他的战友史密斯、凯西同志,在中共中央书记处书记刘宁一等同志的陪同下来到我院。顿时,全场欢声雷动,军乐队奏起了雄壮的乐曲《我们走在大路上》。人们手举《毛主席语录》不断高呼:"中国共产党和新西兰共产党的战斗友谊万岁!""战无不胜的马列主义、毛泽东思想万岁!"

在热烈的掌声中,刘宁一同志首先发言,他说:"新西兰共产党是光荣的、伟大的、革命的党,是坚持马克思列宁主义、毛泽东思想的党。"接着,威尔科克斯同志在热烈的掌声中讲话:"同志们,革命造反派、红卫兵同志们:我代表新西兰共产党向你们致以革命的敬

礼!"他说,毛泽东同志是当代最伟大的马克思列宁主义者,他不仅继承了马克思列宁主义,而且在帝国主义最终灭亡的时代创造性地发展了马克思列宁主义。毛泽东思想不仅是中国革命胜利的保证,也是世界革命取得胜利的保证。威尔科克斯同志热情赞扬中国无产阶级文化大革命。他说,你们在毛主席亲自领导下进行无产阶级文化大革命,将保证社会主义取得胜利,防止修正主义,防止资本主义复辟。你们正在建设一个强大的社会主义国家,你们这样做实际上是帮助了我们在新西兰进行的打倒帝国主义的斗争。威尔科克斯同志最后高呼:"毛泽东主席万岁!""革命造反派和红卫兵万岁!""打倒以苏共领导为首的现代修正主义!""打倒美帝国主义!"

史密斯同志在讲话中引用了我们伟大的领袖毛主席的一段话:"世界是你们的,也是我们的,但是归根结底是你们的。"她说:"你们今天的斗争,也使我们得到了很大的鼓舞。"接着,凯西同志也在欢迎会上讲了话,热情赞扬中国的红卫兵。

在庄严的国际歌声中,红旗战士给威尔科克斯同志和他的战友戴上了光芒四射的毛主席像纪念章,并献了《红旗》袖章。

贵宾们还和红旗战士进行了亲切友好的座谈。韩爱晶同志首先说:"我们都是一家人"。威尔科克斯等同志和红旗战士一起唱起了《国际歌》《大海航行靠舵手》,一起学习了毛主席语录。近两个小时,我们始终沉浸在激动和欢乐之中。红旗战士们介绍了自己在文化大革命中的亲身经历,从北京公社宣言谈到两条路线的斗争,谈到难忘的廿八天廿八夜……谈到在艰苦的斗争岁月中,毛主席和中央文革小组的同志如何关怀我们,和我们心连着心。

威尔科克斯同志最后说:"我们相信,胜利一定是属于你们的!"

在一片热烈的掌声中,我们献给贵宾们三幅珍贵的塑料贴面主席像。这是光华木材厂的红色造反者送给我们的最新产品。威尔科克斯同志手捧光彩夺目的毛主席像,激动地说:"我一定很好地带回新西兰去。"

贵宾们在离别之前,观看了我院的大字报。十二点左右,数千名红旗战士和全院革命师生,挥动着《毛主席语录》,在一片欢呼声中,送走了威尔科克斯同志和他的战友。

同日本反修战士欢聚一堂

《红旗》第 19、20 期，1967 年 3 月 21 日

【本报讯】三月十三日，这是继十日威尔科克斯同志来航院后，又一个令人难忘的日子。这天晚上八点左右，数千红旗战士聚集在俱乐部，忽然传来一个振奋人心的喜讯：前日共总书记德田球一的夫人——德田多津等十名坚强的日本反修战士，将和我们欢聚一堂！

来了！七十高龄的德田球一夫人精神矍铄、容光焕发，挥动红彤彤的《毛主席语录》，稳步登上了主席台。"起来，饥寒交迫的奴隶；起来，全世界受苦的人！满腔的热血已经沸腾……"不同的语言，同一个音符。雄壮的国际歌声，把我们的心紧紧地连在一起。

德田球一夫人高兴地说："不久前，我们十个人到北航和红旗战斗队的同学举行了座谈，给我们介绍了很多情况。今天到会的十位同志曾经发表了声明，同宫本显治集团决裂。对于我们的声明，北航红旗给了我们很大的支持，为了表示对你们的感谢，我们又到这里来了。"

之后，在外文出版局工作的横川次郎同志提议，由日本朋友带领，大家满怀着对我们伟大领袖毛主席无比爱戴、无比信仰的心情，集体学习了最高指示。

白发苍苍的横川次郎做了精彩的讲演，他热情洋溢地歌颂伟大的毛泽东思想，称赞中国的文化大革命和红卫兵，给每个红旗战士上了一堂极其生动、形象的政治课。他说："我们今天到这儿来，能同大家见面，感到非常的光荣。你们《北航红旗》，这个英勇的红卫兵的名字，不仅全国知道，而且全世界都知道。你们高举毛泽东思想伟大红旗，这对全世界革命人民是莫大的鼓舞，而帝国主义、修正主义却吓破了胆!最近在你们的机关报《红旗》上面,发表了一篇批判日本宫本显治的文章,因此日共《赤旗报》——我们叫它《黑旗报》,用了整整的一版,对你们进行了疯狂的反扑。他们竭尽谩骂之能事,对你们进行攻击。刚才我们学习了毛主席语录:'如若敌人起劲地反对我们,把我们说得一塌糊涂,一无是处,那就更好了,那就证明我们不但同敌人划清了界线,而且证明我们的工作是很有成绩的了。'所以,你们的工作取得了很大的成绩!"(热烈地鼓掌)

"今年二月底,我们十个人曾经就日修集团对中国红卫兵进行恶毒的攻击,进行了谴责。而《赤旗报》,就是《黑旗报》,长篇累牍地发表文章,不仅对我们这十几个人,而且对北航红旗,对我们敬爱的领袖毛主席,进行恶毒的诽谤,这恰恰说明我们的工作是很有成绩的。现在,日本真正的马列主义者,对窃据日共领导的修正主义集团,我们已经造反了!(雷鸣般掌声、欢呼声)我们树起了'反'旗。正因为如此,他们把我们开除出党。《黑旗报》几乎每天都在报道开除的党员名单。在开除我们时,《黑旗报》还附了一篇攻击我们的长文章,这还是第一次。这恰恰说明他们是多么害怕伟大的毛泽东思想,多么害怕中国的红卫兵,多么害怕在伟大领袖毛主席领导下的中国的文化大革命!"(欢呼声)

"我今天看到北航红旗的同学们,你们都很年轻,(亲切地笑声)正如毛主席所说的,好像是早晨八、九点钟的太阳,你们朝气蓬勃。今天我们这些老年人来,你们可能感到奇怪,这没有什么可奇怪的:因为信仰毛泽东思想的人,永远是保持年轻的!(长时间热烈掌声)他们的思想永远是革命化了的!"

横川次郎的讲话,不时被热烈的掌声和口号声打断,自始至终激动着每个红旗战士的心。红旗战士代表说得好:"虽然我们语言不同,国籍不同,但是,我们的心脏,是为着同一个目的而跳动,这就是——在全世界实现共产主义!"

"大海航行靠舵手,万物生长靠太阳。"在一片嘹亮的歌声中,红旗战士给日本朋友戴上了光芒四射的毛主席像纪念章和经过战斗洗礼的红旗袖章。

中国的红卫兵小将，日本的反修老英雄，手挽手，肩并肩，心连心，他们坚信："今天，我们相会在北京，但总有一天，我们会相会在日本人民的东京。"

在毛泽东思想伟大红旗下乘胜前进

北航红旗首届战士代表大会胜利召开

《红旗》第 21、22 期，1967 年 3 月 28 日

【本报讯】千钧霹雳开新宇，万里东风扫残云。在一片凯歌声中，在毛主席革命路线取得决定性胜利，资产阶级反动路线节节败退的大好形势下，"北航红旗首届战士代表大会"光荣地诞生了。它是毛主席革命路线的伟大胜利！它是我院文化大革命向纵深发展的里程碑！它标志着我们红旗战斗队进入了一个发展的新阶段！我们热烈欢呼出现在航院的这一新生事物！

三月二十五日下午二时三十分，大会在庄严的《国际歌》声中胜利地开幕了。这庄严的歌声和布置在会场上的"誓死保卫毛主席、林副主席和中央文革""撼山易撼红旗难"等标语，表达了我们红旗战士的不可动摇的信念和决心，它是我们红旗战士不怕反革命围攻、战胜一切险滩恶浪的力量的源泉。

在热烈的掌声中，大会主席致开幕词。他无限自豪地宣告：我们久已渴望的红旗战士代表大会光荣地诞生了！在那艰苦的斗争岁月里，我们充满信心地预言——"试看将来之航院，必是'红旗'的天下"，如今已成了不可辩驳的事实！

他指出，战士代表大会是红旗战斗队的最高权力机构；战士代表大会是各级勤务员经常地、密切地联系群众的纽带，是贯彻民主集中制的良好组织形式；战士代表大会是红旗战斗队中最先进的左派力量的集中。

大会主席还号召全体代表、全体红旗战士及全院革命同志努力地刻苦地活学活用毛主席著作，努力改造世界观，永远做人民的好儿女，永远高举毛泽东思想伟大红旗，跟着伟大领袖毛主席干一辈子革命！

会上，近千名代表为选举好勤务班子投了郑重的一票。这一票代表着广大红旗战士的心愿；这一票是我们斗争的结晶，它告诉我们永远不要忘记艰苦斗争的过去；这一票是关系到我们红旗战斗队能否永远沿着毛主席开辟的红航道胜利前进的关键的一票。

下午五点，大会在《大海航行靠舵手》的雄壮歌声中暂时闭幕。会后，代表们将就总勤务站的"政治工作条例""目前形势和我们的任务"及下一阶段"斗、批、改"方案进行充分讨论。

要革命的干部快杀出来！
——本报编辑部举行干部座谈会纪要

《红旗》第 23 期，1967 年 3 月 30 日

为了进一步动员全院干部和群众，开展更深刻的对于资产阶级反动路线的群众性的批判，本报编辑部于二十二日召集部分干部进行座谈。参加座谈的包括我院中、上层干部和基层干部三十多人。

座谈会在毛泽东思想指导下开得很好。这次座谈，对于广大革命的干部是一个很大的触动和启发，是一次生动的毛主席革命路线的教育。

参加座谈的绝大多数干部，是在"红旗"夺权之后才被解放出来参加运动的。

不少干部通过两条路线斗争的严酷事实清楚地认识到：资产阶级代表人物为了保护资产阶级、保存修正主义旧秩序，制定了资产阶级反动路线。他们一方面疯狂镇压革命群众运动，把革命群众打成

"反革命"；另一方面，企图把水搅浑，借以保护党内走资本主义道路的当权派，他们对干部一概排斥、一概打倒。刘、邓、陶等党内一小撮资产阶级代表人物历来都是这样干的，我院的工作组以及后来的筹委会、"红卫兵""赤卫队"也是这样干的。

运动初期，由于党委内一小撮走资本主义道路当权派的操纵和蒙蔽，不少干部执行过资产阶级反动路线。正当群众发动起来，向党委内一小撮走资本主义道路当权派进攻时，工作组来到我院。工作组顽固地推行资产阶级反动路线，除了残酷镇压群众外，还用各种手腕，压制革命干部起来造反。

他们开始总是划框框，定调子，来束缚干部的手脚。当他们感到革命洪流不可阻挡，再也保不住的时候，又变换手法，提出"全面开花"的口号，叫嚷什么"谁有问题就揭谁的问题，有什么问题就揭什么问题。"直接把斗争矛头指向一般干部。他们还暗地搞干部分类排队，按照他们的意图，拉拢一批人，把黑手伸向基层，组织一部分群众，打击另一批干部。

当一小撮走资本主义道路当权派面目已经暴露的时候，他们又以极"左"的面目出现，把所有的干部都打成"黑帮"。工作组就是原来的上级，因此，他们总是竭力保护自己。原来党委贯彻的那些修正主义的东西，干部都是知情人，他们把干部都打成"黑帮"，说话就没有人信了。如果这些干部起来揭发问题，就说是"别有用心"，就立刻会被打下去，就要把你搞臭。所以，一些干部一直"怕"字当头，不敢起来革命。

资产阶级反动路线排斥一切干部，把干部与群众完全隔离开来。干部要到群众中去，就说是"探听风声"，就是"大阴谋"，群众要与干部有接触，就是与"黑帮"划不清界限。后来，筹委会和"赤卫队""红卫兵"也继承了工作组的衣钵，成立了"中、上层干部管理小组"，对干部不分青红皂白，集中起来进行"劳动改造"，不准参加运动。在两条路线斗争激烈时，有的干部偷偷地出来看大字报，被抓住也要训斥一顿，有时甚至要挨斗。

工作组打倒一切干部，是使用软硬兼施的手法，压一下，再拉一把，企图借此来控制干部，保自己。一位干部揭露说："我把过去的工作笔记和过去上边发下来的黑指示拿去同学生一起研究批判时，他们说我是大阴谋；当我坐在办公室里按工作组的意图、避开与工作组有关的线索来揭发问题时，马上又受到工作组的表扬。"这就完全暴露了他们"保"的实质。

一位干部由于不满工作组的威胁和压制，在一次会上说："一个共产党员，就是开除党籍，也要为党的事业而斗争！"工作组就抓住这句话，说他"对党不满"，是"反党言论"，因而遭到有组织的围攻。这位干部一直被排斥，不让参加运动，被迫劳动改造，剥夺了人身自由和看大字报、开会等政治权利，直到红旗夺权后才获得解放。当红旗战斗队通知他去参加中央工作会议传达会议时，他十分激动地说："要不是毛主席的革命路线，我哪能得解放啊！这件事也教育了我，坚持毛主席革命路线的无产阶级革命派，是最能按毛泽东思想办事的。"

许多革命的干部指出，当前在我院干部中，存在着一种不正确的思想。一些干部只把自己当成革命的对象，没有把自己当成革命的一份动力，这是干部站不起来的主观上的重要原因。这是由于一些干部头脑中资产阶级反动路线的余毒尚未彻底肃清，还有听任上级"定案""罢官"，"作结论"的思想；同时，也由于某些干部看待问题，看工作，看自己不是像毛主席说的那样采取分析的态度，而是爱作绝对肯定和绝对否定的结论。在批判资本主义，修正主义的东西时，却否定了党的全部工作，在批判错误时，却又否定了成绩，在批判自己时，连自己都全盘加以否定。这种思想状态和方法，无论对党的事业，对于我们的工作，对于革命干部自己继续革命，都是极其错误的、极其有害的。必须迅速加以清除。

革命的干部还谈到，对犯错误的干部是"靠边站"，还是让他们"在游泳中学会游泳"，资产阶级反动路线与毛主席的革命路线是根本对立的。干部犯了错误就排斥，就要打倒，这是王明、博古的做法，是刘少奇、邓小平的做法。而毛主席一贯主张"惩前毖后，治病救人"，让犯错误的干部在大风大浪中锻炼，在游泳中学会游泳。

许多革命的干部清楚地认识到。当前,一小撮走资本主义道路的当权派和极少数坚持资产阶级反动路线的顽固分子,正在掀起一股复辟资本主义的逆流。这股逆流的一个重要特点,就是妄图把"排斥一切干部,打倒一切干部"的罪名,加在无产阶级革命派头上,向无产阶级革命派进行反攻倒算,向无产阶级革命路线反扑,妄图否定无产阶级文化大革命,这是绝对不能容许的!打倒一切干部,是刘、邓资产阶级反动路线的典型表现,是资产阶级反动路线的罪过,绝不容许加在无产阶级革命派头上!不少干部还用许多事实证明,刘少奇等党内一小撮资产阶级代表人物,一贯形"左"实右,一贯是排斥一切干部、打倒一切干部,打击无产阶级革命派,保护一小撮走资本主义道路的当权派。

革命的干部还强调指出,几个月来,对资产阶级反动路线把群众打成"反革命",镇压革命群众的罪恶进行了比较充分的揭露和批判;但是,对于资产阶级反动路线排斥一切干部,打倒一切干部的罪恶,还没有进行深刻的揭露和批判。一些同志,没有把它提高到两条路线的水平上去认识,因而反击资产阶级反动路线的反扑十分不力;甚至有的同志,当敌人把这一罪名加在革命派头上时,看不到两条路线斗争的实质,把自己斗争方法上出现的、正在逐步克服的缺点,与形"左"实右的反动路线混为一谈,感到似乎是自己犯了错误,因而使自己处于被动的地位。

到会革命干部一致认为,当前摆在我们面前的一个迫切任务,就是要从干部政策上去充分揭露和彻底批判资产阶级反动路线,要进一步动员愿意革命的干部,动员广大群众,掀起群众性的批判资产阶级反动路线的高潮,把两条路线斗争进行到底。

到会革命干部还指出:毛主席号召我们"要关心国家大事",要"到群众里边去,和群众在一起,把无产阶级文化大革命搞得更好。"但是资产阶级反动路线叫我们只关心个人,等着给自己"划类""定性",不让我们到群众中去,不准我们革命,把我们束缚在个人的小圈子里。他们愤怒地控诉资产阶级反动路线的罪恶。长期以来,他们打着"红旗"反红旗,贩卖修正主义私货,在干部中培养奴隶主义,为他们复辟资本主义做准备；在文化大革命中，他们控制和蒙蔽干部，把广大革命干部当作他们的牺牲品。所有革命干部都一致痛心地谈到：我们都是在毛主席亲自培养和领导下的干部，我们都有一颗为党的事业终身奋斗的决心，虽然我们有这样或那样的错误，但是，是坚定地要跟着毛主席干一辈子革命的。在资产阶级反动路线的迫害下，使我们跟不上形势，跟不上毛主席思想，没有站到毛主席的革命路线上，是革命小将教育了我们，我们一定要虚心向革命小将学习，坚决站在无产阶级革命派一边，坚决站在毛主席的革命路线一边，勇敢接受群众的批判，认真改造世界观，立志做无产阶级革命派，为革命做出新贡献。

会后，许多革命干部纷纷到学生中去，到群众中去与群众同吃、同住、同战斗，认真听取群众批评，狠狠触及灵魂，破"私"立公，他们表示要从头做起，和群众一道进一步深入批判资产阶级反动路线，在毛泽东思想伟大红旗指引下，将无产阶级文化大革命进行到底。

彻底批判资产阶级反动路线，坚决搞好斗批改

全院革命师生员工举行誓师大会

《红旗》第 24 期，1967 年 4 月 4 日

【本报讯】四月三日上午，我院隆重举行"彻底批判资产阶级反动路线，坚决搞好斗批改誓师大会"。吹响了彻底粉碎刘邓黑司令部的进军号。

全院革命同志决心在向资产阶级及其在党内的代理人发动全面总攻击的一片大好形势下，热烈响应毛主席的伟大号召，拿起笔，作刀枪，彻底批判刘、邓资产阶级反动路线，彻底批判中国的赫鲁晓夫——刘少奇，掀起一个斗批改的新高潮。

国防科委副主任刘华清同志出席了大会并讲了话。他在发言中：北航红旗所取得的胜利就是毛泽东思想的胜利。他代表国防科委领导干部向大家表决心，决心和北航革命师生员工生活在一起，战斗在一起，胜利在一起，完成斗批改的伟大任务。

会上，红旗战士代表、工人代表、革命干部代表、革命教职员工代表及其他革命同志相继发言。他们在发言中认真地分析了当前的形势，表示积极响应红旗总勤务站关于掀起斗批改高潮的决定。工人代表带着接受了新的国防生产任务的附属工厂工人师傅的决心，在会上提出了"做革命的尖兵，生产的闯将"的响亮口号。革命干部代表以亲身的经历控诉了资产阶级反动路线的罪恶。大会发言得到了全场的热烈欢迎。

我们最亲密的战友清华井冈山的数百名战士以及北大校文革代表也到会表示热烈祝贺。他们在发言中一致强调，坚决把资产阶级反动路线批倒批臭，把党内最大的走资本主义道路当权派斗倒斗垮，胜利地完成斗批改的伟大历史使命。战友们还回顾了我们在暴风雨中结下的战斗友谊，坚信我们将永远团结在一起，战斗在一起，胜利在一起！

"六月天兵征腐恶，万丈长缨要把鲲鹏缚。"红旗总勤务站在大会上号召全体红旗战士和革命师生员工，进一步掀起活学活用毛主席著作的高潮，放开眼界看未来，坚定不移向前进，继续发扬"敢"字当头的革命精神，投入对资产阶级及其在党内代理人的大批判、大决战中去；进一步批判在干部问题上的资产阶级反动路线，解放革命干部，逐步实现革命的"三结合"；动员全院革命同志，把刘氏黑《修养》批倒批臭，彻底摧毁刘、邓黑司令部。总勤务站号召全院革命同志在毛泽东思想伟大红旗下团结起来，坚决贯彻毛主席的革命路线，掀起一个斗批改的高潮！

今天的大会，是一个团结的大会，投入新战斗的誓师大会。全院革命同志意气风发，斗志昂扬，他们决心在新的战斗号召下迅速地行动起来，夺取文化大革命的最后胜利，把无产阶级文化大革命进行到底！

这样才有出路

小钢炮

《红旗》第 25 期，1967 年 4 月 6 日

最近，王恒相继贴出揭发刘少奇、揭发邓小平、揭发王大昌、揭发陶铸等大字报。对于这一行动我们表示支持。对于一切真诚愿意起来革命的人，我们一定像毛主席教导的那样，只要不是反党反社会主义分子而又坚持不改和累教不改的，就要允许他们改过，鼓励他们将功赎罪。

王恒敢于出来写大字报，这是好的。但这还远远地不够！必须继续努力，彻底揭发交代自己在政治上，思想上和组织上的一切罪恶行为，并以实际行动将功赎罪。缴械投降、悔过自新，这才是唯一的出路！如果在党和人民面前玩弄花招，将咎由自取！

一切犯了错误的干部，应该勇敢地站出来革命，认真彻底检讨和改正错误，坚定地站到毛主席革命路线这边来！

必须永远牢记"群众是真正的英雄"这一伟大的真理！

毛泽东的巴黎公社万岁

欢呼北京市革命委员会成立

本报编辑部

《红旗》第 31 期，1967 年 4 月 29 日

战鼓咚咚，捷报频传，在向党内头号走资本主义道路的当权派刘少奇发动总攻击的决战时刻，一声震撼全世界的春雷爆炸了！

东方的巴黎公社，毛泽东的巴黎公社——北京市革命委员会成

立了！她的成立和巴黎公社一样，打开了无产阶级革命的又一个崭新的天地，开创了国际共产主义运动最新的篇章，比巴黎公社具有更伟大更深刻的意义！她的成立如同第一个巴黎公社宣告了无产阶级必须而且只能用革命的暴力推翻资产阶级一样，向全世界宣告了帝国主义、现代修正主义以及一切反动派复辟资本主义的美梦必然彻底破产！这是毛泽东思想的伟大胜利！毛泽东的巴黎公社万岁！

四月二十日，这是多么难忘的一天，北京城又一次沉浸在一片欢乐的海洋里。到处张灯结彩，红旗飘舞，"毛主席万岁"的欢呼声响彻云霄，锣鼓声和革命歌声整日不绝。从清晨起首都的无产阶级革命派就从四面八方，从工厂、从人民公社、从军队驻地、从学校、从机关涌向巨大的北京工人体育场，参加在这里举行的北京市革命委员会成立和庆祝大会。

万里晴空，霞光万道。下午二时三十分，北京市革命委员会成立庆祝大会在庄严的《东方红》歌声中开始、大会主席聂元梓同志代表首都无产阶级革命派向全中国、全世界庄严宣告：北京市革命委员会成立了！党内最大的走资本主义道路的当权派倒台了！以彭真为首的旧市委反革命修正主义集团倒台了！这震天撼地的声音是多么激动人心！毛主席呀毛主席，在您的亲切关怀下，我们无产阶级革命派日夜盼望的这一伟大时刻终于来到了！我们要千百遍地高呼："毛主席万岁！万岁！万万岁！"

我们敬爱的周总理和江青同志在暴风雨般的掌声和欢呼声中讲话，他们带来了毛主席、林副主席的热情关怀和最新指示，他们的讲话使我们信心百倍，斗志昂扬，浑身增添了无穷力量。

北京市革命委员会主任谢富治同志的讲话，大会给毛主席的致敬信及工人、贫下中农、红卫兵、解放军代表的发言说出了我们首都无产阶级革命派的心里话。毛主席呀毛主席，我们一定不辜负您的期望，一定要"宜将剩勇追穷寇"，把党内最大的走资本主义道路的当权派彻底批倒批臭，完成您交给我们的一斗二批三改的伟大历史使命。把您的所在地，世界革命人民的心脏——北京，建成红彤彤的毛泽东思想的大学校，让毛泽东思想伟大红旗在北京城头高高飘扬，永远飘扬!

四月二十日,在我院又是我们红旗战斗队成立八周月的日子。胜利的喜悦,战斗的回忆,交织在心头。广播里,会场上,出自肺腑的千言万语、万语千言汇成一阵阵响彻云霄的口号:毛主席万岁!千言万语、万语千言,表达出一个心声:敬祝我们伟大领袖毛主席万寿无疆!万寿无疆!

晚上,全体红旗战士和革命师生汇集在主楼前,隆重举行集会,热烈庆祝北京市革命委员会成立和红旗战斗队成立八周月。全场张灯结彩,红灯高照,"毛主席万岁"的欢呼声和锣鼓声交织在一起,直冲云霄。

红旗战斗队代表的发言,充满着革命豪情,他说:"今天他们被赶下台了,我们上台了,今天的首都,已经是无产阶级革命派的天下!这是战无不胜的毛泽东思想的伟大胜利!在这欢庆胜利的时刻,我们怎能忘记严酷的阶级斗争历史?怎能忘记毛主席和中央文革带领我们走过的战斗历程?又怎能忘记肩上担负的重大历史使命?我们一定要再接再厉,彻底肃清党内最大走资本主义道路当权派的毒雾迷尘,让光焰无际的毛泽东思想的灿烂光辉照耀祖国每一寸土地!"

红旗总勤务站代表在发言中,号召全体战士和革命师生,乘革命委员会成立之东风,把我院目前正在进行的批判党内最大走资本主义道路当权派的斗争推向一个更深入更广阔的新阶段。

清华井冈山的战友,高举着毛主席的画像和红旗来到会场,共叙战斗友谊,共庆北京革命委员会的成立。

专程赶来参加我院庆祝活动的天津曲艺团的革命造反派战友,做了精彩的表演。

会场自始至终,洋溢着革命的战斗友谊,充满了革命的战斗激情。毛主席呀毛主席,我们向您宣誓,我们一定要把党内头号走资本主义道路当权派和一小撮修正主义分子斗倒斗臭!跟着您,把无产阶级文化大革命进行到底!

张有瑛亮相

《红旗》第 32、33 期,1967 年 4 月 27 日

【院内通讯】二十三日晚召开了关于张有瑛(原党委宣传部长)问题的辩论会,大部分中上层干部都参加了。开始由宣传部李长喜介绍情况,会议后半部,着重讨论了关于张有瑛的政治品质问题。

六系总支书记赵锐谈到,张有瑛忽左忽右,摆动极大,使人跟都跟不上,因此即使三结合也不能做第一把手。

与会者赵欲李(九系副主任)谈到,三月份他同意张作为三结合对象,但张在亮相中的表现实在令人遗憾,对缺点躲躲闪闪,一再表白自己,而对优点则谈得很多。特别是在二十一日辩论中,张说在武光问题上自己是在高压下压出来的,不是真心话,赵欲李指出,这就是不折不扣的叛徒哲学。对此,张有瑛必须触及灵魂。

政治部办公室副主任吴葆朴说,过去张有瑛曾吹捧王恒是我院唯一不是家长式独断专行的干部,又吹捧周天行是我院又红又专的干部,而现在调子又比谁都高。吴葆朴指出,革命是有反复的,这次如不触及灵魂,将来很难说你跟谁跑。

最后大家一致认为,张有瑛基本上还是二类干部,但政治品质仍需考查,张必须做触及灵魂的检查。

大兴调查研究,坚持阶级分析
周天行是黑帮吗?

《红旗》第 32、33 期,1967 年 4 月 27 日

下午二点三十分在主三四七召开了周行(原党委副书记)问题辩论会,会上意见、观点明显分歧,两军对垒,争论很大。会上,岳全

瑜首先发言（与他的大字报同），张文龙抛出了"五万字"中的一小部分，方复之支持岳全瑜；"久闻惊人"的陆志芳的调查材料终于抛出来了，说明周与吴子牧等没有特殊关系，不是黑线人物。最后教务处一同志慷慨激昂地说：即使周在组织上不是黑线（前市委）中的人物，但周的思想体系是刘、邓司令部的人，拿出了有力证据，到会者大多数热烈鼓掌。

高举红旗，铁骑无敌

《红旗》第 34 期，1967 年 4 月 29 日

  航院摩托队是由六名红旗战士组成，在文化大革命期间，他们担任繁重的交通联络工作，高举毛泽东思想伟大红旗，所向无敌，克服重重困难，出色地完成任务，不愧为一支无坚不摧的"红铁骑"。

  在文化大革命的初期，正当红旗战斗队处在资产阶级反动路线的高压之下，在科委奋战二十八天二十八夜去"钓大鱼"的时候，是他们举起"革命无罪，造反有理"的旗帜，突破筹委会的黑纪律，给红旗战士送衣，送饭。当摩托车被附中红卫兵偷去骑，损坏以后，是他们，自己动手，把它修理好！

  在那时是一些无畏的战士，如今保持了那时的锐气，知难而进，勇于挑重担，在长期的战斗中磨炼出来的一个特点就是不怕苦不怕累。张铭仁赶到房山回来后又出东城；张序平为了给下乡的红旗宣传队送宣传品，在昌平车子坏了，照样推着车子爬山道，克服重重困难，一定要把任务完成。到那儿就战斗在那儿，在昌平、房山他们就和那儿的红旗战士一起，共同战斗，一块宣传。人家称之为"能走善战的红铁骑"。

唤起工农千百万，同心干

北航红旗赴昌平地区毛泽东思想宣传队

《红旗》第 34 期，1967 年 4 月 29 日

在我们伟大祖国的首都——金色的北京城百里之外的西北郊垣横着巍峨险峻的西山山脉，它给我们雄伟的首都筑成了一道道天然的钢铁般的屏障。

我们北京航空学院红旗战斗队赴昌平地区毛泽东思想宣传队战斗在这古老的山区。我们翻山越岭，跨河涉水，披星戴月，日夜战斗，给山区的贫下中农送来了毛主席的声音，传播着毛泽东思想。宣传队的红旗插在大队院场的大槐树上，迎着晚风飘扬，欢乐的锣鼓声在山谷里回荡。"毛主席的宣传队来咱庄演节目来啦！"乡亲们欣喜奔走来到院场。大哥大嫂，大爷大娘，还有那小孙女扶着七十高龄的老奶奶都来啦。平静的山村顿时掀起了欢闹的波涛。宣传队的战士们赶忙扶着老奶奶坐在凳子上。演出开始了，山村变得鸦雀无声，只有那宣传队的红旗战士回忆那悲惨的童年的歌声像阵阵苦水侵袭着山里人的心。歌声刚落，演员已泣不成声。老奶奶满眼的泪水从心坎里涌出，战士们上前扶着老奶奶，给老人揩着眼泪。老人噙满泪水的眼睛瞧着毛主席派来的红卫兵，好半天才开了口："咱们热泪流成一线，咱们的心贴着心。你们是毛主席的好孩子，句句话儿暖咱穷人的心。"乡亲们也上前拉着宣传队的年轻人的手，激动地说："过去旧北京市委一小撮黑帮害得我们山里的贫下中农好苦啊，我们听不到毛主席他老人家的声音。如今你们送来了毛主席他老人家的声音，好比给咱山庄送来雨露和阳光，咱穷哥儿们浑身添劲喜在心。"

我们这支年轻的宣传队像矫健的战鹰展翅飞翔在春色满谷的山区。毛泽东思想的阳光照耀着我们在阶级斗争的大风浪中锻炼、战斗、成长。

突出政治，掌握斗争的大方向

我们这支宣传队刚刚成立的时候，可以说是一穷二白。临行前还没有准备好一个文艺节目，队员中大多是新手，从未登台表演过，擅长文艺和能跳会唱的也很少。但困难没有吓倒我们。同志们学习了毛主席著作。"穷则思变，要干，要革命。一张白纸，没有负担，好写最新最美的文字，好画最新最美的画图。""革命战争是民众的事，常常不是先学好了再干，而是干起来再学习，干就是学习。"我们组织大家学习"老三篇"。同志们发扬了愚公移山的精神，自力更生，艰苦奋斗，不怕牺牲，排除万难，边战斗，边准备。一方面组织部分同志做社会调查，了解和熟悉当地两条路线斗争的实际情况，为宣传提供丰富的活的材料，以便更好地把握宣传的方向。一方面组织人力迅速投入编写排练工作中。这样，在不到三天的时间，我们编制的一套幻灯、洋片、大字报和编排的文艺节目就开始和当地的革命造反派见面了，受到了他们的热烈欢迎和支持。

但是在这紧张的几天中，有的同志为了赶任务，产生了单纯的军事观点，追求起节目的数量来了。如何更紧地把握节目的政治内容这个大方向就有些放松了。根据同志们的意见，我们又及时组织大家学习毛主席的《在延安文艺座谈会上的讲话》和《红旗》杂志、《人民日报》社论，并在队里展开了对党内最大的走资本主义道路当权派及其黑《修养》的批判。同时我们还组织全队的同志活学活用"老三篇"，破私立公，在灵魂深处闹革命，加强思想革命化，提高保卫、执行和宣传毛主席的革命路线的自觉性。两条路线斗争的教育进一步激发了同志们的革命干劲和斗争意志。按照毛主席的教导，我们集中力量更多地编绘和排练了揭露党内最大的一小撮走资本主义道路当权派的反革命丑恶嘴脸，团结、教育、鼓动、帮助革命群众同心同德地和党内最大的一小撮走资本主义道路当权派作斗争的幻灯、洋片和文艺节目。这就使得我们每次演出政治内容鲜明，斗争目标集中，突出了斗争的大方向。由于我们宣传队的同志按照毛主席的教导，学习白求恩同志精益求精的精神，这就使得我们演出的每一个节目,在群众中产生了强烈的反响。不少贫下中农社员对我们说:"你们这么一宣传,刘少奇这个大坏蛋非搞得臭臭的不可,就像老鼠过街,人人喊打,他的骨子里藏着什么,我们贫下中农都看得清清楚楚!"

加强政治工作,掌握思想教育

毛主席教导我们:"……人民解放军建立了自己的强有力的革命的政治工作,这是我们战胜敌人的重大因素。"他还教导我们,"政治工作是一切经济工作的生命线。"受旧市委一小撮反革命修正主义集团长期封锁的山区人多么渴求听到我们心中最红最红的红太阳、敬爱领袖毛主席的声音啊!对毛主席有着无限深厚的阶级感情的山区人民把毛主席的声音比做雨露和阳光!是啊,把毛主席他老人家的声音迅速地传播到山区人民心中去,这是我们毛主席忠实的红小兵义不容辞的责任。毛主席教导我们:"什么叫工作,工作就是斗争。那些地方有困难、有问题,需要我们去解决。我们是为着解决困难去工作、去斗争的。越是困难的地方越是要去,这才是好同志。"同志们纷纷表示要忠实地执行最高指示,勇敢地挑起这副艰苦的担子。

参加我们这支宣传队的同志来自不同的系、不同的班,有高年级的也有低年级的,有在科委门前共同战斗的老战友,也有素不相识的新同志。结合我们这个新集体的特点,我们全队同志又一块学习了《为人民服务》,使每个同志都认识到,"我们都是来自五湖四海,为了一个共同的革命目标,走到一起来了。……我们的干部要关心每一个战士,一切革命队伍的人都要互相关心,互相爱护,互相帮助。"这样,每一个同志都觉得自己就是这个新集体的战斗一员了,开始热爱这个新集体。同志们在思想上有了共同的革命目标。

但是,参加这支宣传队的每个同志思想状况并不都是一致的。目的并不都那么明确,认识并不都那么清楚。随着时间、地点等条件的变化,每个人的思想情绪也是在不断变化的。

毛主席教导我们:"掌握思想教育,是团结全党进行伟大政治斗争的中心环节。如果这个任务不解决,党的一切政治任务是不能完成的。"因此,发动群众,人人抓活的思想,随时解决各种思想问题,是加强我们宣传队的团结,提高它的战斗力的重要工作。

当我们的演出受到了工人、贫下中农夸奖和赞扬,工作取得了一点成绩的时候,有的同志就露出了骄傲自满情绪,放松了严格要求,排练就抓得不紧了,纪律松懈了,缺乏镇定而有秩序的工做了,这就使得我们演出中慌张忙乱,影响了宣传效果。在这种情况下,我们又通过学习毛主席的语录,使同志们懂得,"夺取全国胜利,这只是万里长征走完了第一步。""激发了革命的干劲"继续地保持谦虚、谨慎、不骄、不躁的作风,继续地保持艰苦奋斗的作风。这样每一个同志都能在演出前后开动机器,放下包袱,继续不断地挖掘潜力。宣传工作呈现出天天向上的趋势。

又如有一次因为爬山很累,刚下山,在地头干活的社员就要求我们演出。这时有的同志就强调累了,不愿给老乡地头演出。回来后,同志们对这个问题展开了讨论,通过学习"老三篇"使不少同志认识到自己怕累不愿为贫下中农地头演出的思想是一种缺乏全心全意为人民服务的思想,是不正确的。表示要学习贫下中农的革命干劲,树立"完全""彻底"为人民服务的思想。连同志们都一致认识到我们要宣传好毛泽东思想,自己必须突出毛泽东思想,在改造客观世界的同时要改造主观世界,加强思想革命化。我们还不断地通过大家摆形势,谈任务,定计划的座谈会,使每个同志都清楚地认识到我们宣传战斗的重大意义。因此我们宣传队的同志不仅能在台上为较多的社员演出,也能在地头路边为社员演出,受到了山区贫下中农的称赞。不少社员看了我们在地头给他们演出后激动地说:"你们听毛主席的话,为人民服务不怕苦,我们贫下中农一定要更好地抓革命,促生产,感谢你们对我们的支持,报答毛主席他老人家对我们山区的关怀。"

联系实际,联系群众

人的正确思想是从哪里来的?毛主席教导我们:"人的正确思想,只能从社会实践中来,只能从社会的生产斗争、阶级斗争和科学实验这三项实践中来。"

我们宣传队的计划要想得到预想的成功，必须联系实际，联系群众。一切从实际出发，一切从人民群众的利益出发。

联系实际，就是说我们不是为宣传而宣传，为演出而演出。而是我们要通过宣传达到团结、教育、帮助人民，打击和消灭敌人的政治目的。具体些说，就是通过我们的宣传提高当地革命群众的勇气，打击阶级敌人的威风，推动当地文化大革命的前进。这就要求我们预先对我们要去战斗的地方的两条路线斗争实际情况有一定的了解和熟悉。因此在去那个地方之前，我们先派出同志前去了解联系，到了那个地方也要抽出一定的人力进一步了解和熟悉那个地方的阶级斗争情形。根据我们了解的情况具体分析，确定我们宣传的内容、方向、战斗的部署，这样我们的工作才能比较顺利地进行。由于我们宣传队比较注重了调查研究，总结工作，因此我们宣传的内容使当地革命造反派看了眉开眼笑，拍手称快，摩拳擦掌，干劲倍增，他们说："你们替我们造反派讲出了心里话，抓革命，促生产，劲头越来越大了，那些地富反坏右、四不清下台干部一听见你们敲锣鼓就怕得捂着耳朵溜走了！"

联系实际，还必须联系群众。我们是人民的儿子。我们要当群众的学生。同志们反复学习了毛主席《在延安文艺座谈会上的讲话》，认识到我们到山区宣传要为贫下中农服务，我们必须到贫下中农里面去，同他们打成一片，我们要学习他们的语言，学习他们的感情。因此我们宣传队不能整天只忙于演出的事务中，大家还同贫下中农一道参加劳动，在劳动中了解他们，熟悉他们，学习他们。这样，我们的宣传就会得到源源不断的充足的养分，显示越来越大的威力。在这个过程中使我们每个同志得到思想教育和锻炼。

到了一个寨子村庄，我们不仅宣传群众，而且帮助群众。我们把宣传材料印发给他们，帮助他们组织宣传队伍。教村里青年唱歌、演剧，帮他们整理编排文艺节目。每走一个地方，我们都播下毛泽东思想的种子，让它生根开花。此外，我们还帮助革命造反派组织阶级教育展览，加强阶级教育宣传，同时提高宣传队同志们的阶级觉悟。

不怕牺牲，排除万难

我们宣传队战斗在古老的山区，经常翻山越岭，跨沟涉水，披星戴月，日夜演出，工作比较艰苦。而我们的同志大多是第一次到山区，缺乏这方面的锻炼。疲劳对每个同志都是一个考验。但是当我们想起山区的人民把毛主席的声音比做雨露和阳光的时候，我们就加快了脚步，恨不得让山区的人民很快听到毛主席的声音。我们高声朗诵毛主席的语录："下定决心，不怕牺牲，排除万难，去争取胜利。""发扬勇敢战斗、不怕牺牲、不怕疲劳和连续作战的作风。"就浑身是劲，身上行李也轻了，路长有头，山高有顶，困难再大也压不倒毛主席的红卫兵！我们有时一天连演三场也不觉得累，当我们看到贫下中农社员看完我们的演出眉开眼笑，眼里噙着激动的泪花的时候，我们的每个同志无不尝到斗争的幸福。

"雄关漫道真如铁，而今迈步从头越。"

一支年轻的北航红旗毛泽东思想宣传队在茁壮的成长，在毛泽东思想的大道上前进！

站起来，干革命

原党委副书记 程九柯

《红旗》第 36 期，1967 年 5 月 6 日

在干部"亮相"过程中，我是力求亮出真思想，讲真心话的。自己估计到，由于思想落后于形势，可能认识上有错误，但我认为，还是应当说真话，错了就批判，可以得到提高。不说真话，就是怕字当头，不是实事求是，就不是无产阶级的党性。特别看了《红旗》杂志第四、五期社论以后，感到自己有一定的责任，不积极起来革命，就对不起党，对不起毛主席，对不起革命小将。目前，不少同志提出让我做三结合对象，一方面，我愿意三结合，好为党多做一些工作，尽

自己的一分力量，但另一方面，又感到自己思想落后、能力差，怕结合以后起不到应有的作用，还可能给运动造成损失，自己又犯新的错误。看来我的私心杂念还没有完全克服，还要增强群众观点，相信群众相信党，提高觉悟，大胆起来革命。

现在，看到还有不少干部和我一样，既想起来革命，又前怕狼后怕虎，顾虑重重。红旗战斗队根据毛主席的指示，给我们创造了这样好的条件，起来吧，砸碎刘邓反动路线的枷锁，和革命小将一起，保卫毛主席，保卫无产阶级专政，把无产阶级文化大革命进行到底，把我院办成一个红彤彤的毛泽东思想的大学校。

一九六七年五月五日

以血还血，以命抵命！

《红旗》第 37 期，1967 年 5 月 9 日

最近，以李井泉为首的四川党内一小撮走资本主义道路当权派，操纵老保"产业军"，在成都一再挑起武斗，疯狂地使用武器屠杀革命造反派的战士，造成大规模的流血惨案。

五月六日，成都 132 厂"产业军"用冲锋枪、手榴弹杀害革命造反派多人，打伤不计其数。其中有解放军战士，有首都红卫兵，有成都的革命造反派。

五月七日和八日，又有许多革命造反派战士惨遭杀害。

这是一个严重的反革命事件，这说明以李井泉为首的党内一小撮走资本主义道路的当权派已到日暮途穷的境地，这说明他们不甘心自己灭亡的命运，他们正在作垂死的挣扎。

无产阶级革命派是吓不倒的，杀不绝的。四川无产阶级革命派正和以李井泉为首的党内一小撮走资本主义道路当权派浴血搏斗，他们坚信，黑暗即将过去，曙光即在前头。

我们首都无产阶级革命派坚决支持四川无产阶级革命派的斗

争，一致愤怒声讨"产业军"一小撮反革命分子的法西斯暴行。坚决要求严惩杀人凶手。打倒李井泉，血债要用血来还！

毛主席教导我们："我们对于反动派和反动阶级的反动行为，决不施仁政。我们仅仅施仁政于人民内部，而不施于人民外部的反动派和反动阶级的反动行为。"对于成都"产业军"一小撮屠杀革命造反派的杀人凶手，我们必须给以有力的反击，坚决镇压。唯有如此，岂有他哉！

对于这样一个反革命事件，某些人不是站在无产阶级的立场上，不是积极地支持四川无产阶级革命派，而是站在"产业军"一方，他们对反革命行为不闻不问，他们对反革命行为施行仁政，这些人实际上已经站到敌人那一边去了。必须严正指出，不对阶级敌人实行无产阶级专政，就是极大的犯罪。我们劝告这些人回头是岸，不要离开革命道路太远了。

无产阶级专政是马克思列宁主义、毛泽东思想的精髓。当前，在批判党内头号走资本主义道路当权派刘少奇背叛无产阶级专政的时候，我们一定要和伟大的中国人民解放军一道，不断巩固和加强无产阶级专政，坚决镇压反革命，保卫无产阶级文化大革命所取得的成果，保卫社会主义的铁打江山。

鸡毛就是要上天

——革命的"三结合"必须为过去受压抑的革命干部开大门

红旗红风评论员

《红旗》第 38 期，1967 年 5 月 13 日

方向性问题

到那里去找"三结合"的对象呢？这是一个原则问题。有人认为

院级"三结合"对象只能在院党委常委中去找。这种眼睛只向上不向下的方针是错误的,是违背《红旗》杂志社论精神的。

《红旗》杂志第五期明确指出:"各个地方,各个部门,各个企业事业单位,都有大批的革命干部。就是在被走资本主义道路当权派所盘踞的一些地方和一些部门,也是这样,不过那里的革命干部长期受到压抑罢了。"

这一段话写得何等好呵!好在它给我们指出了选择"三结合"对象的正确方向,好在它告诉我们在挑选"三结合"对象时要打破那些级别、资格等框框。这个方向就是正确!

认真学习毛主席的精辟分析

以王恒、周天行为首的党内一小撮走资本主义道路当权派盘踞的航空学院,是资产阶级知识分子统治的学校。在这里,坚持毛主席革命路线的干部、保持革命本色的老干部、有造反精神的革命干部,不受到压抑是不可能的。王秀波就是这样的革命干部。他们过去倍受排挤、打击,这并不奇怪。问题是这些人现在仍然没有受到应有的重视。这是为什么呢?

我们的伟大导师毛主席在一九五五年写的《谁说鸡毛不能上天》一文按语中有一段精辟的分析:"首先是鸡毛能不能上天的舆论问题。这当然是一个严重的问题。几千年以来,谁人看见过鸡毛能够上天呢?这似乎是一个真理。如果党不给以批评,它就会使许多贫农和下中农感到迷惑。……还没有明确地指出'鸡毛不能上天'这个古代的真理,在社会主义时代,它已经不是真理了。穷人要翻身了。旧制度要灭亡,新制度要出世了。鸡毛确实要上天了。"

在群众中,比如一些工农子弟,他们对资产阶级知识分子统治学校的现象不满意,爱唱反调,被一些《修养》式的人物视为"落后分子"。现在这个案翻过来了,"落后"变成了先进。鸡毛确实上天了。

但是,在干部中,"鸡毛不能上天"这个古代的真理还在起作用,似乎"落后"就是"落后",受压抑者活该。这正是在干部问题上资产阶级反动路线流毒的真正所在。像王秀波这样的同志的形象是真正被歪曲了。首先要解放的应该是这些人！首先要结合的也应该是这些人！

"能力差""干劲不足"的理论可以休矣！

坚持鸡毛不能上天的人想把过去受修正主义压抑的革命干部永远置于受压抑的地位，他们有两张王牌，一曰像王秀波这样的干部"能力差"，一曰这样的干部"干劲不足。"

这是一种歪曲。这是绅士的理论，不是无产阶级的理论，这是资产阶级反动路线的理论，不是无产阶级革命路线的理论，对此，必须痛加驳斥。

就拿王秀波说吧！她是世代贫农出身，一九三九年参加革命，一九四九年就是县委宣传部长，试问，能力差，能够在阶级斗争极其复杂的年代胜任这个职务吗？

再看她在航院附中工作时，又是以何等的智慧戳穿了混入党内的投机分子安丰钧的伪保长的真面目。

安说："我是我方的地下保长。"

王问："你给敌人送过公粮没有？"

安答："送过。"

王问："送过几次。"

"好多次。""报告我方组织没有？""没有。""那你不是什么我方地下保长，而是地地道道的拉锯保长。"安丰钧在义正词严的质问下不得不低头承认。试问能力差，能够有她这样的智慧吗？

再说"干劲不足"吧！王秀波调到工厂担任总支副书记以后，就下到劳动条件最差的热加工车间参加劳动，一蹲就是几个月。这难道是干劲不足的表现吗？

在最近××任务的突击战斗中，她组织了火线后勤组，亲自带头搞卫生，刷痰盂，送饭送水，搞临时托儿所等等，夜以继日地奋战。这难道是干劲不足的表现吗？

说到"能力"，也不能离开阶级分析，像王秀波这样的同志，对于修正主义的黑货，对于刘、邓黑司令部的反动路线，她长期以来是抵制的。因此在做某些工作时就必然会表现出不够顺从，完成的不够

"出色"。这在党内一小撮走资本主义道路当权派看来就是"能力差",但是,她在阶级斗争中所表现出的能力,他们却看不见。

能力,有无产阶级的能力,有资产阶级的能力,而那些抵制修正主义路线,在贩卖资本主义黑货上被认为是没有能力的干部,却很有干社会主义的能力。干劲,也是这样。

把被颠倒的历史再颠倒过来

有一些人说,王秀波这样的干部倒也挺好,但是他们是中层干部,怎么能做院一级"三结合"对象呢?

这种论调对不对呢?不对!过去坚持毛主席革命路线的好干部长期得不到提拔,甚至被"贬了官"。那是资产阶级反动路线对他们的政治迫害。林彪同志说过,通过文化大革命要提一批干部,保一批干部,还要罢掉一批干部,像王秀波这样忠于毛主席的好干部就是要提到关键性的岗位上来!

就拿王秀波说吧!她在平原省工作时,是一个县的宣传部长,到北京后,曾担任一一一中学党支部书记兼副校长。十多年来从未提级,到航院后经常调动工作,屡遭迫害。这点在我院的、过去和她一起工作过的同志是很清楚的。

今天我们要让被颠倒的历史再颠倒过来!把被歪曲了的革命干部的形象纠正过来!让鸡毛飞上天!让王秀波同志首先进入革命委员会!当然,像王秀波这样的同志也是有缺点,有错误的,但是我们应该历史地全面地正确地看待他们。他们无限忠于党,忠于毛主席,有深厚的无产阶级感情,坚持社会主义道路,对修正主义有本能的抵制,这正是他们的主流。首先要帮助的,要寄予满腔无产阶级感情的正是这样的人,要知道,这样的同志一旦从被压抑的状况下解放出来就会发挥出巨大的力量!

首先结合两种人,暂时观察一种人

搞革命的"三结合",应该首先结合两种人:

过去长期受压抑的,有革命造反精神的干部。

2. 过去曾参与推行修正主义路线,犯有错误,但革命中敢造反,能与"一小撮"划清界限,与资产阶级反动路线划清界限的干部。

有一种人,过去积极参与推行修正主义路线,至今不能与"一小撮"划清界限,对群众以教育者自居,对反革命修正主义分于温情脉脉。对这种人应该暂时把他们关在"三结合"大门之外,观察一个阶段。

无产阶级的敌人希望我们的文化革命最好停下来,如果前进也要带上温和的色彩,现在结合上述这种人,正是适应了这种需要。王、周之流也把这个希望寄托在这种人身上。同志们!结合谁的问题是阶级斗争的严重问题!是一个能否巩固无产阶级专政的严重问题!切切不可等闲视之!

让前两种人首先进入"三结合"的临时权力机构!让后一种人先等一等!

全国各地革命派战友热烈祝贺我院革命委员会成立

革命的战斗友谊万岁

《红旗》第39期,1967年5月21日

"海内存知己,天涯若比邻"

全国各地和我们并肩战斗过的无产阶级革命派战友们听到我院革命委员会成立的消息后,无不为之欢欣鼓舞,一份份的书面发言稿,一封封的贺信,一个个的贺电,像雪片一样由远方飞来,封封充满了革命的激情,封封充满了战斗的友谊!

红旗战士们,全院革命同志们,在我们欢庆胜利的时候,千万不要忘记战斗在各地的革命派战士,千万不要忘记我们身上的重担!

正在资产阶级反动路线的白色恐怖下为捍卫毛主席的革命路线而浴血奋战的湖北、四川、河南、新疆革命造反派战友在今天的大会上做了联合发言,他们在发言中谈道:我们四省的革命造反派和北航红旗战士,都是从刘邓资产阶级反动路线的白色恐怖中杀出来的,并肩战斗的战友。

"六月天兵征腐恶",我们永远不会忘记去年夏天,红旗战士不远千里来到湖北、四川、河南、新疆,和我们一起同党内一小撮走资本主义道路的当权派进行英勇斗争的峥嵘岁月,我们永远不会忘记今年三四月间,在资本主义逆流之滥成灾,"黑云压城城欲摧"的日子里,还是红旗战士和我们在一起坚持斗争,力挽狂澜,我们之间结下的革命的,经过急风暴雨考验过的战斗友谊,比山高,比水长,万古长青。

他接着说,我们湖北、河南、四川、新疆的革命任务很艰巨,党内一小撮走资本主义道路的当权派人还在,心不死,他们必然还要做垂死的挣扎,他们必然还要利用他们暂时窃据的一切权力同我们作拼死的斗争。在今年二、三月间,在无产阶级革命派夺权的关键时刻,为了夺回他们即将失去的"天堂",党内一小撮走资本主义道路的当权派掀起一股自上而下的资本主义复辟逆流,再一次把革命群众打成"反革命"。历史的车轮不会倒转,富有英勇斗争传统的四省革命造反派的人民,在伟大的统帅毛主席的英明领导下,必将排除前进道路上的一切障碍,夺取无产阶级文化大革命的彻底胜利!

一月风暴的诞生地——上海地区的无产阶级革命派代表说:每当我们上海革命造反派回顾过去,在那"峥嵘岁月稠"的战斗日子里;在炮打以陈丕显、曹荻秋为首的旧上海市委的日子里;在"安亭事件"时;在伟大的一月风暴中;北航红旗战友和首都的革命派高举了"革命无罪、造反有理"的大旗,和上海的工人阶级、革命的红卫兵小将和革命干部心连心,肩并肩地战斗在一起,为上海的无产阶级文化大革命,为中国的无产阶级文化大革命立下了不可磨灭的功绩,做出了很大的贡献,这些将深深地印在我们的心中。

在去年七、八月份和我们共同战斗的国防科委所属八所院校的革命造反派战友,在大会上向我们全体同志致以最热烈的祝贺!

他们谈到,你们和我们在一起度过了难忘的战斗的岁月。你们是我们真正的同志和朋友,我们也是你们真正的同志和朋友。我们将一如既往，永远和你们团结在一起，战斗在一起，胜利在一起！我们祝愿北航的革命战友牢记毛主席"宜将剩勇追穷寇，不可沽名学霸王"的教导，在革委会的直接领导下取得更大的胜利！愿红旗举得更高，愿红旗永远飘扬！永远飘扬！

战斗在东海沿岸的山东代表刚下飞机就赶到我们会场，他们首先向我们表示最热烈的祝贺，最坚决的支持！他说，在今后的斗争中，无论有许多反复曲折，无论碰到什么样的艰难险阻，我们将永远同你们团结在一起，战斗在一起，胜利在一起！完成毛主席、党中央和全国人民所赋予我们的斗批改的战斗任务，把文化大革命进行到底！让党内一小撮走资本主义道路当权派和那些大大小小的跳梁小丑们在我们胜利面前发抖吧！哭泣吧！胜利永远属于我们无产阶级革命造反派！胜利永远属于伟大的毛泽东思想！

曾经和青海反革命分子赵永夫坚决斗争的、无限忠于毛主席的青海省"八一八"革命造反派联合委员会得知我院革命委员会成立的消息后，二十日特意拍来贺电，贺电说："我青海省'八·一八'革命造反派全体战士向你们表示最热烈的祝贺！最坚决地支持你们！革命委员会的成立是战无不胜的毛泽东思想的伟大胜利，是你们艰苦卓绝斗争的结果。"

战斗在河南的革命造反派战友开封师院"八·二四"，和河南"二·七"公社战友在我院革委会成立前发来贺信、贺电。"二·七"公社的贺电全文如下：

"我们河南'二·七'公社全体战斗员高举双手最最热烈祝贺北航革委会的成立。这是毛泽东思想的又一伟大胜利。敬祝我们心中最红最红的红太阳毛主席万寿无疆！万寿无疆！"

在反对经济主义的战斗中曾和我们共同战斗过的唐山铁道学院红旗战斗队来电说：在铁道部打倒吕正操的艰苦斗争岁月里，为了捍卫毛主席的革命路线，我们并肩战斗，生死同舟，结下了永生的友谊。目前，战火仍在燃烧，同志们还在流血奋斗。我们唐院红旗下定决心，在同刘邓路线血战到底的殊死斗争中，誓同你们战斗在一起，胜利在一起。

战斗在祖国东北的齐齐哈尔市的红代会战友也拍来近六百字的贺电，向我们的大会表示最热烈的祝贺。

我们的文艺大军浩浩荡荡谁能敌

北航红旗文艺口联络站

《红旗》第 40 期，1967 年 5 月 23 日

这次大会是由首都工代会、农代会、解放军文艺团体革命派、文艺界的革命派、大专院校红代会清华井冈山、北航红旗、新北大公社、矿院东方红等院校红卫兵和中学红代会共同发起的。广大的首都革命文艺工作者和工农兵革命群众、红卫兵小将们满怀着对我们心中最红最红的红太阳、我们最伟大的领袖毛主席，对光焰无际的毛泽东思想的无限敬仰和无限热爱的激情，纪念毛主席这篇光辉的划时代的伟大文献《讲话》发表二十五周年，庆祝中共中央一九六六年五月十六日《通知》的发表。大家也怀着对以周扬、夏衍、林默涵所代表的、以刘少奇为总后台的反革命修正主义文艺路线的无比仇恨，愤怒声讨这一小撮反革命修正主义分子十七年来盘踞文艺阵地所犯下的滔天罪行。会上，大家群情激昂，充分地表现了工农兵要掌握文艺大权，彻底砸烂旧北京市委、旧中宣部、旧文化部，彻底砸烂反革命修正主义文艺黑线的决心。

上午十点，大会在庄严雄壮的《东方红》和《国际歌》声中开始。到会的革命群众共同敬祝我们心中最红最红的红太阳毛主席万寿无疆，祝林彪副统帅身体永远健康。接着，大会主席宣读了大会宣言，宣言中说："在二十五年前的今天，我们伟大的领袖毛主席发表了《在延安文艺座谈会上的讲话》这一伟大的马克思列宁主义的具有划时代意义的光辉著作。它是马克思列宁主义世界观和形形色色的资产阶级思想作斗争的最强大的武器，是我们文化艺术工作的最高指示，

是指导当前无产阶级文化大革命纲领性的文献。"宣言中指出:"十七年来,我国党内最大的走资本主义道路的当权派,反革命修正主义黑线的总根子刘少奇以及在他包庇下的一小撮反革命修正主义分子彭真、陆定一、周扬、夏衍、林默涵等人篡夺了旧北京市委、旧中宣部、旧文化部的大权,在这些部门实行资产阶级专政。他们结党营私、招降纳叛,残酷打击革命派,疯狂抵制毛主席的文艺路线,拒不执行毛主席的指示,把他们所盘踞的部门变为他们大搞资本主义复辟的前沿阵地,使整个文艺界跌到了修正主义的边沿。"宣言明确指出:"十七年来文艺界的阶级斗争,集中到一点,还是政权问题。""在文艺界必须真正地、全面地、彻底地实行无产阶级专政,并不断地巩固这个专政,这就是我们'砸三旧'观点的全部实质。"北京电影制片厂革命造反联络总部代表接着发言,他用大量的事实控诉了这一小撮反革命修正主义分子把北影变成大肆排毒草影片,大肆贩卖腐朽臭货,把银幕变成向党向社会主义进攻的阵地的滔天罪行。北京芭蕾舞剧团井冈山的代表在发言中对现代革命戏剧的奠基者江青同志表示了崇高的敬意,对江青同志在现代革命芭蕾舞剧《红色娘子军》《白毛女》的排练、改编中所作的巨大工作表示高度的赞扬。这时,到会群众都高呼:"向江青同志学习!""向江青同志致敬!"首都工代会、红代会、中学红代会的代表也先后在会上发了言,大家一致表示要高举毛主席革命文艺路线的大旗,彻底砸烂"三旧",摧毁反革命修正主义文艺黑线,要工农兵永远掌握大权,工农兵的形象永远统治舞台。最后到会全体革命同志高举红彤彤的《毛主席语录》,向毛主席庄严宣誓:"我们无产阶级革命派,决心按照您的教导,高举革命的批判旗帜,砸烂反革命修正主义文艺黑线,把帝王将相、才子佳人的旧戏舞台砸碎砸烂,把裴多菲式的旧文艺界砸碎砸烂!向三旧夺权!向资产阶级夺权!向党内最大的走资本主义道路当权派夺权!"

  大会最后在《大海航行靠舵手》的歌声中胜利结束。会后,东方歌舞团和东方红京剧团等单位演出了无产阶级文化大革命造反精神很强的表现火热工农兵群众斗争的节目。各文艺单位的革命造反派也派出街头演出小分队到天安门、王府井、火车站,为广大革命群众演出。

欢呼清华、矿院革命委员会成立

《红旗》第 42 期，1967 年 5 月 30 日

　　春雷滚滚，凯歌阵阵。矿院、清华革命委员会先后于五月二十九日和三十日胜利诞生。这是毛主席革命路线的伟大胜利！我们北航红旗的同志们向我们最最亲密的战友们表示最热烈的衷心祝贺！

　　清华井冈山、矿院东方红的战友们是当之无愧的革命造反派。我们一起从刘邓资产阶级反动路线的迫害下冲杀出来，造反！造反！横扫修正主义党委领导；又挥戈直捣刘、邓黑司令部，把一个又一个黑帮，叛徒，反革命，打翻在地踏上一只脚，我们一起奔向各地、走遍全国，把文化革命的火种燃遍每一寸土地；我们在一起勇敢地击退了来自各方面形形色色反革命的进攻与反扑，坚决捍卫毛主席的革命路线……

　　伟大的理想，共同的目标，战斗的生活把我们紧紧地联结在一起，我们是风雨同舟，患难与共的最最亲密的同志和战友。我们将永远铭记毛主席的伟大教导："你们要关心国家大事，要把无产阶级文化大革命进行到底！"

　　我们欢庆胜利的时刻要永远保持清醒的革命头脑，万万不可糊涂起来。我们始终坚持团结，反对分裂，坚决捍卫我们的红色政权。我们要永远活学活用毛主席的光辉思想、英明指示，掌好权，用好权，永远跟着毛主席，林副主席，中央文革小组，乘风破浪向前进。

　　无产阶级革命派联合起来！向战友们学习！向战友们祝贺！

《砸三旧》革命战旗在风暴中前进

北航红旗文艺口联络站

《红旗》第 43 期，1967 年 6 月 3 日

目前文艺界正在进行着一场尖锐的砸"三旧"和反砸"三旧"的大论战，这场大辩论好得很，好极了！

基于对毛主席批示，林彪同志、江青同志有关文艺界讲话的认真学习和理解，今年二月，深入首都文艺界进行社会调查的我北航红旗战士提出了《砸三旧》的彻底革命观点，对文艺界阶级斗争的历史和现状做了正确的政治估量和阶级分析。然而，近来那些专靠造谣、诽谤吃饭的人，对我"砸三旧"的观点大肆歪曲和攻击。他们说什么："砸三旧就是砸一切犯错误的干部"！什么"砸三旧就是要打倒一切三名三高人物"！什么"三十元比四十元的革命"呀！等等，真是无奇不有，荒谬透顶。列宁说过："政治上采取诚实的态度，是有力量的表现，政治上采取欺骗的态度，是软弱的表现。"他们捏造的一堆鬼话，只能充分暴露了他们政治上的软弱。我们坚持的"砸三旧"观点全然没错，北航红旗"狠砸三旧"兵团的大方向绝对正确。

（一）夺权

当前文艺界"砸三旧"与反"砸三旧"的斗争，是围绕着复辟和反复辟，夺权和反夺权进行的，最后归结一点是个"权"字。

毛主席教导我们说，革命的根本问题是政权问题。我们砸三旧的根本就是两个字：夺权！要把十七年来被反革命修正主义分子所篡夺的文艺大权彻底地夺回到无产阶级革命派手中。我们决不允许反革命修正主义分子复辟，也决不能让大权落在叶向真，刘诗昆那样的打着造反旗号的政治投机商手中，落在那些改头换面的地富反坏右分子、叛徒，国民党官僚，那些拒绝改造的和黑线有千丝万缕联系的资产阶级分子手里。

政权是无产阶级的根本利益所在,我们一寸不让!一分也不让!不把文艺界大权夺到真正的无产阶级革命派手里,我们誓不罢休!

(二) 文艺界的特殊性

毛主席教导我们说:"尤其重要的,成为我们认识事物的基础的东西,则是必须注意它的特殊点。"文艺界的阶级斗争形势有没有特殊性?有!那就是毛主席在六三年、六四年对文艺界的两次严厉的批评。一句话就是《红旗》第八期社论指出的:十七年来文艺界的反革命修正主义分子"专了我们的政"。

有人跳出来企图抹杀文艺界阶级斗争的严重性、特殊性,他们学着周扬的调子,说什么"十七年来文艺界的成绩也是主要的""十七年来毛主席的革命路线在文艺界也是占统治地位",甚至有人为旧文化部翻案,提出什么"文化部是烂掉的单位吗?"近来又有人说什么"文艺界的特殊性是反革命修正主义路线贯彻可能比别的部门严重一些",这是明目张胆地对抗毛主席的指示,这是企图为反革命修正主义分子涂脂抹粉。

如何对待主席对文艺界的批示,将直接决定我们的立场和作战方针,政策及策略,将直接决定文艺界的革命是彻底的还是改良的,将直接决定文艺界文化大革命的命运。这是个根本的原则性的问题!

(三) 五十天与十七年

在这个问题上我们一贯坚持的观点和戚本禹同志讲话精神是完全一致的。"批判十七年的反革命修正主义文艺黑线同批判无产阶级文化大革命中的资产阶级反动路线是应该而且可以结合起来的。"我们也始终是这样做的。最痛恨反革命修正主义文艺黑线的革命造反派也是最痛恨保护它的反动路线的,看一个人是否是真正的革命派,既要看对待五十天的态度,也要看对十七年的态度,这是十分清楚的道理。现在却有些人想把不愿意批判资产阶级反动路线的帽子扣到我们头上,真是颠倒是非,贼喊捉贼!把五十天和十七年割裂开来的不是我们,正是那些口头上叫得比谁都响,而实际上既没有真正批判资产阶级反动路线，又是最害怕批判反革命修正主义文艺黑线的家伙，他们明明是钻入革命队伍里的投机商，是资产阶级代言人，他们跟反革命文艺黑线有千丝万缕的联系，这些人对文化大革命怕得要死，恨得要命。前一段他们借口批判资产阶级反动路线把矛头指向革命群众，现在他们又跳出来，疯狂地阻挠对反革命修正主义文艺黑线的大批判，他们必将遭到可耻的失败！

（四）矛头所向

我们就是要彻底批判党内最大的一小撮走资本主义道路的当权派，就是要彻底砸烂以周、夏、林为代表的以刘少奇为总后台的反革命修正主义文艺黑线并肃清其流毒，就是要彻底砸烂旧北京市委、旧中宣部、旧文化部。

我们坚持"十六条"指出的"在目前，我们的目的是斗垮走资本主义道路的当权派，批判资产阶级的反动学术'权威'，批判资产阶级和一切剥削阶级的意识形态，改革教育，改革文艺，改革一切不适应社会主义经济基础的上层建筑，以利于巩固和发展社会主义制度。"

对于一般犯有错误的干部和有一般资产阶级思想的人，我们将采取"惩前毖后，治病救人""团结——批评——团结"的方针，斗争的矛头不应该指向他们，但对于他们的错误，对于他们的坏思想和坏作品必须进行批判，这是对他们的帮助和挽救，而绝不是打击一大片，否则，实际上就是对资产阶级思想的妥协和投降！

（五）阶级分析

在阶级队伍严重不纯，阶级阵线十分混乱的文艺界，必须时刻不忘毛主席的阶级分析。

我们不仅要正确地区分两类不同性质的矛盾，而且要善于区分左、中、右，坚决依靠革命的左派，争取中间派，彻底孤立、打击右派。我们既反对反动的血统论，也反对彭真的"重在表现"，更反对反动的"出身论"。

过去在反动的统治下敢于坚持毛主席的革命路线，长期受到压制和打击的，在文化大革命中敢于冲锋陷阵的革命干部，革命文艺工作者和广大的工人群众，尽管他们有这样或那样的缺点，甚至犯过错误，但他们仍不愧为文化大革命的闯将，这些人就是依靠力量。

我们绝不能颠倒黑白，去依靠那些反革命修正主义分子、阶级异己分子和反动的学术"权威"。对他们坚决斗倒、斗臭。也不能依靠那些十多年放了大量的毒和"三旧"黑线有千丝万缕联系，却不认真改造自己，和反革命文艺黑线不划清界限的人，不管他们以"反动路线的受害者"，还是以"造反派"的面目出现。

（六）大批判，大联合，三结合

每个单位都要在斗争中逐步形成坚强的左派队伍。只有在大批判中，才能锻炼、考验和逐步地形成坚强的左派队伍，才能使左、中、右营垒分明，才能造成团结中间群众的条件，才能使干部亮相，才能真正地做到解放一大片，打击一小撮。必须在大批判中促进大联合、三结合。

大联合必须旗帜鲜明，必须是革命派的联合，绝不是革命派和保守派的联合。这个大联合的领导权必须是掌握在真正的革命左派手里。

抵制革命的大批判，单纯强调大联合、三结合的人，不是别有用心，就是糊涂虫。

（七）与工农兵相结合，为工农兵服务

革命文艺工作者必须坚持《讲话》中指出的文艺为工农兵服务的根本方向，投身到工农兵中去，投身到火热的革命洪流中去。同工农兵一道大破反革命修正主义文艺黑线，在实际斗争中向工农兵学习，彻底改造自己的世界观，把立足点移到工农兵这方面来，移到无产阶级这方面来。逐渐实现革命派的大联合，逐渐形成一支无产阶级革命文艺大军。创造闪烁着毛泽东思想光辉的高大的工农兵英雄形象，创造无产阶级的新文艺。但是，正如姚文元同志所讲的，"如果不把各

单位文化革命搞好，不把反革命修正主义文艺黑线，不把资产阶级反动路线揭深批透，不把一小撮走资本主义道路当权派批倒斗垮，不对文艺队伍进行一番整顿和清理，阶级阵线就不能分明，同工农兵结合就没有保证。"所以，文艺工作者必须脚踏实地地把文化大革命进行到底。

我们北航红旗既然敢于举起"砸三旧"的战旗，我们就敢于而且一定能把她举到底！任何企图阻挠我们砸烂反革命修正主义文艺黑线的人都会被滚滚向前的文化大革命的巨轮辗得粉碎！

无产阶级革命派同志们！让我们用斗争迎接一个红彤彤的毛泽东思想的文艺新天地吧！

分清敌我，明辨是非

本报编辑部

《红旗》第 44 期，1967 年 6 月 6 日

正确认识和正确处理两类不同性质的矛盾，牢牢掌握斗争的大方向，这是当前一个十分重要而又迫切需要解决的问题。毛主席《关于正确处理人民内部矛盾的问题》这部有伟大历史意义的光辉文献，早已全面深刻地分析和解决了这个问题，今天我们重温这部伟大的著作，有着十分重大的意义。

我国的无产阶级文化大革命，是无产阶级专政条件下的一场激烈的阶级斗争。这场斗争是异常错综复杂的。毛主席教导我们："研究任何过程，如果是存在着两个以上矛盾的复杂过程的话，就要用全力找出它的主要矛盾。捉住了这个主要矛盾，一切问题就迎刃而解了。"在文化大革命中，主要矛盾是什么呢？就是无产阶级同党内一小撮走资本主义道路当权派的矛盾。这种矛盾是对抗性矛盾，是敌我矛盾。

在革命队伍中，存在着左派群众组织和受蒙蔽而参加保守组织

的群众之间的矛盾，存在着左派群众组织之间的矛盾。这些矛盾是人民内部矛盾，是次要的矛盾。

钻进党内的一小撮走资本主义道路当权派，集中地代表了资产阶级的利益，他们以"党政领导人"自居，实际替资产阶级说话，为复辟资本主义服务。两个阶级、两条道路的矛盾，就集中表现为无产阶级和党内一小撮走资本主义道路当权派的矛盾。因此，明确地、尖锐地、毫不犹豫地把矛头指向以中国的赫鲁晓夫刘少奇为首的黑司令部，把它的一套修正主义黑货批深，批透，把这个黑司令部的反革命修正主义分子挖出来，这就是抓住主要矛盾，就像水找到了源，树挖到了根，就是符合斗争的大方向。这样做了，就能发展壮大左派队伍，就能把受蒙蔽的群众解放出来，就能团结大多数，孤立打击一小撮走资本主义道路的当权派。

毛主席教导我们："不同质的矛盾，只有用不同质的方法才能解决。"在无产阶级专政条件下，无产阶级和党内一小撮走资本主义道路当权派的矛盾，只有用无产阶级文化大革命的方法才能解决。只有彻底揭露这一小撮，罢他们的官，撤他们的职，我们的无产阶级政权才能巩固。而对于我们人民内部的矛盾，只能用民主的方法，用"团结——批评——团结"的方法才能解决。

我们不但要学会正确处理敌我矛盾，在当前，还要学会正确处理人民内部矛盾。

团结起千百万群众，结成浩浩荡荡的革命大军，是我们无产阶级革命派的重要任务。过去受资产阶级反动路线毒害的群众，他们大多数都是我们的阶级弟兄。在毛主席的革命路线的指引下，他们正在认识错误，改正错误。我们应当本着革命不分先后的原则，以满腔的热忱帮助他们，他们每前进一步都应当给以热情的支持和鼓励。我们要学会做深入细致的思想工作，充分运用批评和自我批评的武器，帮助他们放下包袱，回到正确的立场上来。

应该认识到这种工作的重大意义，我们的工作做好了，我们就能团结千百万群众，阶级敌人就会被彻底孤立。相反，如果处理得不好，如果我们把犯错误的人一律看作敌人，乱打一顿，那么就要犯极大的错误，就要走向自己的反面。人民内部矛盾就会变成对抗性矛盾，这样做，对革命事业是有害的。

对于保守组织的人来说，应该看到，如果一味坚持错误，也是很危险的。

我们革命左派队伍之间的矛盾，更应该采取民主的方法，批评和自我批评的方法来解决。分歧总是难免的，我们要在大方向一致的基础上，原则问题求同，枝节问题存异，共同把矛头对准党内一小撮走资本主义道路当权派。这绝不是什么无原则，绝不是什么和稀泥。相反，热衷打内战，把枝节问题看得比天还大，什么问题都是不可调和，这样做恰恰是没有原则性，这样做，正是背离了斗争的大方向。

左派队伍之间的矛盾，往往是与一些同志头脑中的"私"字分不开的。有些同志无政府主义思想很严重，他们无视革命的权威，在夺权斗争过程中，往往为小团体、为个人争权争利，在夺权以后，搞独立王国。有些同志占山为王，自己拉起一班人马，与革命权威机构相对抗，他们为了扩大自己的山头，到处拉一派打一派。这些人的做法，实际上为资产阶级服务。必须指出，这些人即使闹得一时满城风雨，不可一世，但那也只不过是一个肥皂泡，是会破灭的，搞分裂最厉害的人，是一定会跌大跤的。

要解决左派队伍中的矛盾，必须大反特反无政府主义，打倒"私"字，要多作自我批评，特别要维护无产阶级革命的权威。把革命利益放在第一位，矛盾就容易解决了。

伟大的无产阶级文化大革命，是一场严肃的政治斗争，不是儿戏，不是赌博，不是押宝。主观主义、唯心主义都是要不得的。

有些同志，他们不是从客观存在的事实出发，不善于作深入细致的调查研究，而是凭主观唯心主义胡乱推测，分不清哪些是无产阶级司令部的人，哪些是资产阶级司令部的人，不加分析地乱揪乱轰，结果会使自己滑到极"左"的方面去。

也有那样一小撮人，经常以极"左"的姿态出现来掩盖他的本来面目，这些人就像一个孤注一掷的大赌棍，他们总是以小资产阶级的狂热性代替无产阶级的革命性。这种人从来就不是真正的革命者。必须防止这种人从极"左"的方面来动摇党中央的领导,动摇无产阶级政权。对这些人缺乏警惕,会给革命事业带来不可弥补的危害,我们千万要注意这一点。

必须看到,人民内部矛盾和敌我之间矛盾是经常交织在一起不容易分清的,阶级敌人也就正利用了这一点。那些至今还没有揭露出来的走资本主义道路的当权派正在采取以攻为守的策略,窥测方向,以求一逞。他们往往钻进到革命队伍中来,自诩为坚定的革命左派。为了达到分裂革命阵营,搅乱阶级阵线的罪恶目的,他们不惜吹捧一部分人,攻击一部分人;抓住无产阶级革命派的一些错误,大肆攻击,不及其余。有些革命组织由于私字作怪,也容易上当。因此,我们无产阶级革命派必须紧密团结起来,排除私心,我们要谨防扒手,不要受坏人挑动,要把那些分裂革命队伍的罪魁揪出来示众。

毛主席教导我们,谁是我们的敌人?谁是我们的朋友?这个问题是革命的首要问题。也是文化大革命的首要问题。一年以来,我们广大红旗战士遵照毛主席的教导,分清敌友我。我们高举坚持团结反对分裂的大旗,维护了革命权威,为彻底揭露党内最大的一小撮走资本主义道路当权派尽了一份力量。今后,我们将一如既往,坚决按照毛主席的指示办事,和与我们在长期斗争中同甘苦共患难的革命战友团结在一起,战斗在一起,在新的一年中,做出新的贡献。

永远忠于毛主席

红旗总勤务站常委韩爱晶、井岗山、田东、
屠海鹰、侯玉山、仇北秦

《红旗》第 45 期,1967 年 6 月 10 日

无产阶级革命派在掌权以后,面临着一个新的更加严峻的考验,即能不能很好地改造自己头脑中的资产阶级世界观,永远忠于和坚

持毛主席的革命路线，为无产阶级掌好权、用好权。

在我们的头脑里，存在着无产阶级和资产阶级两种世界观的激烈斗争。毛主席说："无产阶级要按照自己的世界观改造世界，资产阶级也要按照自己的世界观改造世界。在这一方面，社会主义和资本主义之间谁胜谁负的问题还没有真正解决。"如果我们以资产阶级世界观看待问题，就不能正确地对待党，对待群众和对待自己，就不能坚持毛主席的革命路线，在掌权以后，就有滑向资产阶级的道路的危险。

我们从过去受压制的地位，变成为掌权的地位，是一个根本的变化。在这种情况下，我们头脑中资产阶级的"私"字有可能扩张。

抱着一个"私"字，就不能做到百分之百地听毛主席的话，对毛主席、林副主席和中央文革小组的指示就会打折扣，就会打乱我们伟大的领袖毛主席的战略部署，甚至去胡思乱想，把革命当儿戏、当赌博、当押宝，用资产阶级政客式的猜测决定自己的方针；就会被阶级敌人所利用，炮打无产阶级司令部，从右的或者极"左"的方面动摇无产阶级专政，动摇以毛主席为首的党中央的领导。

抱着一个"私"字，就会错误地对待群众，尤其是错误地对待参加保守组织的群众，就会错误地对待与自己有不同意见的人或者组织，就会压制民主，就不能正确地执行毛主席的革命路线，而滑入刘邓路线的泥坑。

抱着一个"私"字，就会为个人或者小集团的利益，而不是为无产阶级去夺权、掌权，那样就会在革命派内部进行无原则的事权夺利的斗事，使无政府主义、小团体主义、山头主义、个人主义泛滥，那就是资产阶级向无产阶级夺权。

抱着一个"私"字，就不能正确对待与自己有某些意见分歧的革命战友和同盟者，就不能掌握和正确运用批评与自我批评这个武器，本着"求大同，存小异"的原则，联合起来，而是相反，制造所谓"左派分化"等理论来分裂革命队伍，破坏革命的大联合。

革命队伍中的"私"字，是无产阶级的大敌，是革命的大敌。无产阶级革命派在掌权以后，如果不把夺自己头脑中"私"字的权的任务摆在更重要的位置,就不能牢牢掌握斗争的大方向,就会受敌人的煽动,受自己头脑中坏的意识的煽动,从各个方面削弱和破坏我们的无产阶级专政。

这样做,就是走资产阶级的道路,就辜负了党中央和毛主席的期望,毁掉了自己的荣誉。中国历史上历代的农民起义领袖,在成功之后,就走上剥削者的道路,回过头来压迫老百姓。党内一小撮走资本主义道路当权派,除了那些混进党内的阶级异己分子、变节自首分子以外,也都是在取得领导地位以后,逐渐变坏,逐渐走上资本主义道路的。我们无产阶级革命派是在毛泽东思想的光辉照耀下成长起来的,我们决不能蹈前人和党内一小撮走资本主义道路当权派的覆辙,步入邪路,而要永远跟着毛主席,走无产阶级的光明大道。

毛主席教导我们:"我们应当相信群众,我们应当相信党,这是两条根本的原理,如果怀疑这两条原理,那就什么事情也做不成了。"

我们伟大的导师、伟大的领袖、伟大的统帅、伟大的舵手毛主席是我们心中最红最红的红太阳。毛主席为我们指明了方向、开辟了道路,我们对毛主席和毛泽东思想无限热爱、无限信仰、无限崇拜,我们对伟大领袖的无限热爱和信赖比山还高,比海还深。过去,我们受压制的时候,最听毛主席的话,最听林副主席和中央文革小组的话。是毛主席、是林副主席和中央文革小组指引我们走上革命的道路,使我们取得了胜利。今天,在我们胜利的时候,我们更要听毛主席的话,更要听林副主席和中央文革小组的话。这样,我们就能永不迷失方向,永不变质,永远走革命的道路。无产阶级革命派能否继续高举革命的大旗,继续前进,就看能否无限忠于毛主席,忠于林副主席和中央文革小组,能否活学活用毛主席著作,紧跟毛主席,紧跟林副主席,紧跟中央文革。大海航行靠舵手,万物生长靠太阳,党和毛主席是我们的亲爹娘。我们无产阶级革命派对党对毛主席的无限忠心,对中央文革小组的无限信任,是我们胜利的最可靠的保证!

毛主席教导我们:"必须明白:群众是真正的英雄,而我们自己则往往是幼稚可笑的,不了解这一点,就不能得到起码的知识。"我们是工人阶级、劳动人民的儿子。我们过去为他们服务,为他们战斗，为他们夺权，我们掌权以后，仍然要为他们服务，为他们战斗，要为他们掌好权、用好权，而不能为个人或小团体的利益去夺权，掌权。我们要做人民的勤务员，不做"骑在人民头上的老爷"。群众是我们的先生，我们是老百姓的小学生。"横眉冷对千夫指，俯首甘为孺子牛"，为人民"鞠躬尽瘁，死而后已"。二十六年前我们伟大的领袖就立下了这样的誓言："和全党同志共同一起向群众学习，继续当一个小学生，这就是我的志愿。"毛主席的伟大榜样是我们终生学习的楷模！

只有正确地对待党，正确地对待群众，才能正确地对待自己。我们在掌权以后，只要紧跟毛主席。甘当群众小学生，我们头脑中的资产阶级世界观就会在实际斗争中不断地得到改造。

在当前尖锐复杂的阶级斗争中，各种各样的思潮都登台表演。没有对党对毛主席对毛泽东思想的坚定信念，没有对中央文革的坚定信念，最终是站不住的，敌人会利用青年中间动摇不定的情绪，使之走上邪路。我们要做挺拔耸立于高山之巅的松柏，我们要做傲然开放在漫天冰雪之中的梅花，不怕风吹雨打，在暴风雨中成长。无论从哪里吹来的冷风，都不能动摇我们的信念，相反，我们要吹十二级的台风，摧垮一切动摇我们革命信念的靡靡之音和"香风"臭气，用我们对党对毛主席对中央文革的赤胆忠心，用我们对敌人满腔的阶级仇恨，永远跟着毛主席，牢牢掌握和捍卫斗争的大方向，把斗争的锋芒始终指向党内一小撮走资本主义道路的当权派！

毛主席对我们寄予了无限的希望，他说："世界是你们的，也是我们的，但是归根结底是你们的。你们青年人朝气蓬勃，正在兴旺时期，好像早晨八、九点钟的太阳。希望寄托在你们身上。……世界是属于你们的。中国的前途是属于你们的。"我们一定不辜负毛主席的期望，永远忠于毛主席，永远忠于毛主席的革命路线，用毛泽东思想武装自己，不断地改造自己的资产阶级世界观，走无产阶级的路，在群众斗争的大风大浪中千锤百炼，顶天立地，把自己锻炼成为无产阶级革命事业坚强可靠的接班人！

突出政治　开门整风　掌握方向　整出干劲

《红旗》第 46 期，1967 年 6 月 13 日

【本报讯】无产阶级革命派掌权以后，地位变化了。如果不注意改造自己的资产阶级世界观，不把夺自己头脑中"私"字的权的任务摆到更重要的位置上来，就不能正确地执行毛主席的无产阶级革命路线，就不能掌握好斗争的大方向，就有可能重犯方向和路线的错误，就有可能被阶级敌人所利用，从右的方面，或者从极"左"的方面，来削弱甚至破坏我们的无产阶级专政。

毛主席教导我们："整风运动是一个'普遍的马克思主义的教育运动。'"今天，掌了权的无产阶级革命派尤其有必要进行一场整风运动，通过整风，学习马列主义、毛泽东思想，肃清革命队伍中各种非无产阶级思想，才能不断排除外来的各种干扰，紧跟毛主席的伟大战略部署，牢牢掌握斗争大方向。

几种活思想

为了迎接新的严峻考验，我院最近进行开门整风。

开门整风是我们红旗战斗队的优良传统。可是这次开门整风一开始却遇到很大阻力。

最近中央首长从爱护我们出发，从革命利益出发，对我们红旗战斗队提出了极其严厉而又极其中肯亲切的批评。开始，许多红旗战士心情很沉痛，他们吃不下饭，睡不着觉，觉得辜负了中央的希望；接着坐下来，思考一些问题，检查究竟犯了哪些错误。可是有些人由于缺乏自我批评精神，总以为自己很正确，没有什么错误，因此对中央首长的批评很不理解，甚至感到委屈，以为是中央首长不了解我们。一些非红旗战士、一些兄弟院校的革命战友给我们红旗战斗队贴大字报，提批评意见，就看不顺眼，认为是"老保翻天""有人想分裂、整垮我们"，生怕别人否认了我们的大方向。

另外有一部分红旗战士听了首长批评以后，则缺乏冷静的阶级分析头脑，他们怀疑自己的一切，甚至连正确的东西也给否定了，在一些重大原则问题上不敢再坚持斗争。

这些归根结底都是一个"私"字，如不铲除这个"私"字，开门整风就将无法进行，就不能找到错在哪里、错误的原因、错误的危害以及纠正错误的办法来，以后就可能继续犯类似的错误，就会给革命带来更大损失。

针对这些活思想，红旗总勤务站及时组织大家认真学习、讨论了有关毛主席教导和《人民日报》社论等文件，使广大红旗战士认识到，无产阶级革命事业接班人"必须谦虚谨慎，戒骄戒躁，富于自我批评精神，勇于改正自己工作中的缺点和错误。而绝不能像赫鲁晓夫那样，文过饰非，把一切功劳归于自己，把一切错误归于别人。""彻底的唯物主义者是无所畏惧的"，我们无产阶级革命造反派既"要把自己当作革命的一份力量，同时又要不断地把自己当作革命的对象。"

遵照毛主席的"我们应当相信群众"和"多作自我批评"的教导，在全院充分发扬了无产阶级专政下的大民主，运用了四大武器，多次召开了全体红旗战士大会和全院革命师生员工大会，进行开门整风。同时，广大红旗战士主动去兄弟院校征求革命战友对我们各方面的意见，并敲锣打鼓，成群结队，到各兄弟单位贴出海报，热情邀请革命组织、革命战友来我院帮助整风。这次大张旗鼓地开门整风是一场突出政治、群众自己教育自己的活学活用毛泽东思想的教育运动，整个整风运动过程中，高举了"坚持团结，反对分裂""坚持进步，反对倒退"的大旗，肯定了成绩，找到了问题，掌握了方向，整出了干劲。

誓与"私"字血战到底

红旗战士永远忘不了在斗争最艰苦的时刻，我们心中最红最红的红太阳毛主席对我们的无限关怀，中央文革小组对我们的巨大支持。那时，我们对中央文革小组的每一句话甚至每一个表情、动作都仔细研究，反复琢磨，对中央文革的指示坚决执行，坚决照办。

今天，翻了身，掌了权，地位变了，思想感情也起了变化。红旗战斗队是从与资产阶级反动路线的大搏斗中冲杀出来的一支坚强的左派队伍。可是由于队伍中的成员主要是知识分子，我们的世界观还不完全是无产阶级的，隐藏在头脑中的"私"字成了我们队伍中当前最危险的敌人。

由于"私"字作怪，就可能不为无产阶级夺权，而是为个人或小团体夺权；

由于"私"字作怪，就不能正确对待群众，特别是对待参加过保守组织的群众，就不能正确坚持毛主席的革命路线，而滑进刘邓路线的泥坑；

由于"私"字作怪，就会容易受阶级敌人所利用，干扰斗争大方向，打乱毛主席的战略部署，就不能巩固无产阶级专政，相反削弱无产阶级专政；

由于"私"字作怪，就不能正确对待自己，骄傲自大，唯我独左，无政府主义的思潮就会淡薄我们同无产阶级司令部的深厚感情，妨碍我们紧跟中央。

不打倒"私"字，就有可能成为昙花一现的人物，不打倒"私"字，就不能将无产阶级文化大革命进行到底，完成"一斗二批三改"的伟大历史使命。不打倒"私"字，就有可能重新丧失已经夺取的胜利果实。

总结所犯的错误，无一不来源于"私"字。广大红旗战士深深地感到肩负的责任是多么重大，在今后的阶级斗争的大风大浪中决心更高举起毛泽东思想伟大红旗，把活学活用毛主席著作放在首位，不但要做大造党内一小撮走资本主义道路当权派反的英雄，而且要做与头脑中"私"字拼刺刀的模范。我们要向革命的主力军工农兵学习，走与工农兵结合的道路，誓与"私"字血战到底，在头脑中大立起毛泽东思想的绝对权威，实现思想革命化，誓做彻底革命者。永远忠于毛主席，永远忠于中央文革小组，永远忠于无产阶级司令部！

唤起民众千百万

毛主席教导我们:"组织千千万万的民众,调动浩浩荡荡的革命军,是今天的革命向反革命进攻的需要。"

过去,许多同志受蒙蔽参加了保守组织,但他们绝大多数是我们的阶级弟兄,他们仇恨刘少奇,他们热爱毛主席,只要他们把斗争矛头真正指向党内一小撮走资本主义道路的当权派,就是我们的新战友,我们就要团结他们,联合他们,再不应歧视他们,排斥他们。

革命不分先后,造反不分早晚。事实证明,我院许多参加过保守组织的同志现在已经真正认识到自己的错误,已经与资产阶级反动路线划清界限,已经回到毛主席的革命路线上来了。而某些红旗战士看不清这一点,还把他们看成"老保",这样,就会变成"赵太爷""假洋鬼子",就会把浩浩荡荡的革命大军赶到敌人一边去了,这样只会使敌人高兴,使我们孤立。

通过整风,大家还认识到,革命小将必须充分重视革命干部在革命的"三结合"中的作用,充分发挥革命干部的特长,才能胜利完成斗批改的光荣任务。

红旗战士要有解放全人类的伟大胸怀,只有团结起"一大片"才能彻底孤立、打击"一小撮"。

而今迈步从头越

夺取政权这只是万里长征走完了第一步,如何掌好年青的红色政权,对我们无产阶级革命派来说是一个新课题。但是,"我们中华民族有同自己的敌人血战到底的气概,有在自力更生的基础上光复旧物的决心,有自立于世界民族之林的能力。"毛主席给我们撑腰,我们替毛主席争气!让那些以为我们离开了他们就会活不下去的资产阶级老爷们躲到阴暗角落里哭泣去吧,没有他们,我们只会活得更好!我们无产阶级革命派不但能够把权从资产阶级代理人的手中夺过来,而且有革命的胆略、无穷的力量为无产阶级掌好权,用好权。

"我们这一代青年人,将亲手把我们一穷二白的祖国建设成为伟大的社会主义强国,将亲手参加埋葬帝国主义的战斗,任重而道远。有志气有抱负的中国青年,一定要为完成我们的伟大历史使命而奋斗终生!"

红旗战士们,无产阶级革命造反派的战友们,我们决不辜负以毛主席为首的党中央对我们的巨大希望,决不毁掉自己的荣誉,通过整风,在毛泽东思想的伟大红旗下,更加紧密地团结起来,联合起来,牢牢掌握斗争大方向,"宜将剩勇追穷寇,不可沽名学霸王"。放开眼界看未来,坚定不移向前进!

不当逍遥派,起来闹革命

五系 王芬

《红旗》第 47 期,1967 年 6 月 17 日

文化大革命进行整整一年了,这一年是多么不平凡的一年啊!一年的跌、打、摔、爬,给我们留下了多少难忘的回忆,尤其是给跌过大跟斗的我们更是留下了多少沉痛的教训,呛了多少口水,走过多少弯路,一幕幕,一件件,历历在目。

回顾这一年走过的里程,心情是沉痛的,深深感到辜负了毛主席和中央首长对我的关怀和希望。在文化大革命的关键时刻,没有坚定地站在毛主席的革命路线上,把矛头对准党内一小撮走资本主义道路的当权派,却充当了资产阶级反动路线的打手,把矛头指向自己的阶级弟兄,想到这里,越发感到对不起党和毛主席对我二十年的苦心培养,对不起中央文革的首长们,也对不起自己的阶级弟兄。

然而,在开始的时候,我还认识不到自己的错误,对"红旗"不服气,对首长讲话不理解,对两条路线斗争不认识,心里总是想,反正我热爱党,热爱毛主席,我不会反党、反毛主席的。就在这样思想指导下,我拒绝了同志们的帮助,拒绝了思想改造,虽然自己一步步

远离毛主席的革命路线,却还不认识,还不觉悟。现在回过头来想一想,是多么危险啊!是毛主席再一次挽救了我,是工人师傅和红旗战士的帮助,才使我逐步认识自己所犯的错误。

在我下厂回来后,班上开了一次批判会,会上,红旗战士严厉地批判了我过去所犯的错误,指出了错误的严重性。他们说:同学们批判你的错误是为了使你更好地回到毛主席的革命路线上来,同时帮助我分析了主观上和客观上的原因,而且提到两条路线斗争上去认识,谈他们自己受资产阶级反动路线的迫害,谈红旗战士二十八天二十八夜的艰苦斗争。在一次批判会上,一个红旗战士满怀激情地说:"半年前,刘邓资产阶级反动路线把我们拆散,今天,毛主席的革命路线使我们又重新团结在一起了。"短短的几句话,说得我热泪盈眶。通过共同的战斗,共同的生活,我的心和红旗战士的心渐渐地贴近了。我认识到,千条错,万条错,归根结底就是一条,没有好好地学习主席著作,"私"字没除掉,让"私"字当家,就没法正确认识和正确理解毛主席的革命路线,当然就谈不上正确执行毛主席的革命路线了。认不清大方向,就必然会犯方向、路线的错误。不论在任何时候,任何情况下,都要用毛泽东思想来衡量和检查我们所执行的政治路线,相信群众相信党,把稳大方向,这就是最最深刻的教训呵!

然而,从认识到错误到坚决地改正错误到站起来再前进,这又是几个转折的地方,在这关头,是因为跌了几个大跤,喝了几口水,就望而生畏,再也不敢前进,再也不敢下水了呢?还是爬起来,总结跌跤的教训,坚定不移地前进,重新投入战斗呢?这实质上也是"公"与"私"的斗争。

有时候想:算了,干脆退出"政治界"。现在想起来,这实际上是骗人又骗己的鬼话。说是退出政治界,似乎进入了"真空",实质上是退出无产阶级政治界,而进入资产阶级政治界,残酷的阶级斗争难道没告诉我们这一点吗?毛主席说:"在知识分子和青年学生中间,最近一个时期,思想政治工作减弱了,出现了一些偏向。在一些人的眼中,好像什么政治,什么祖国的前途,人类的理想,都没有关心的必要。好像马克思主义行时了一阵,现在就不那么行时了。针对着这种情况,现在需要加强思想政治工作。"这是多么深切的教导呵!对我们难道不是一针见血的批评吗?你想到退出政治界,想马马虎虎地混过文化大革命的时候,你想过国家的兴亡,世界的去向,想过自己一生和人类的解放紧紧联系在一起吗?没有,没有,没有;想到的只是自己,自己,还是自己。这难道还不是"公"和"私"的斗争吗?过去犯了错误,决不可不吸取教训,再犯"对国家大事漠不关心、麻木不仁"的更大错误,要知道这是对人民的犯罪呵!不能当逍遥派,要当革命派。

有时候也想:干,别人说你老保翻天怎么办?这实际又是"私"字当头,不相信群众,不相信造反派的同志们。在这里,对我们来讲,首先要相信广大红旗战士,看其大方向,虚心向红旗战士学习,诚恳地把自己的心里话、想不通的问题和意见谈出来,取得红旗战士的批评和帮助。这样才能更好地投入战斗。

在思想斗争最激烈的时候,我就想到最敬爱的毛主席那语重心长的教导:"今后的几十年,对祖国的前途和人类的命运,是多么宝贵而重要的时间啊!现在二十来岁的青年,再过二、三十年,正是四、五十岁的人,我们这一代青年,将亲手把我们'一穷二白'的祖国建设成为伟大的社会主义强国!将亲手参加埋葬帝国主义的战斗,任重而道远,有志气、有抱负的中国青年,一定要为完成我们伟大的历史使命而奋斗终生,为了完成我们伟大的历史使命,我们这一代要下定决心,一辈子艰苦奋斗。"每当我想到这些话时,心情就特别激动,任重而道远,面对亲爱的毛主席,面对几十年浴血为下一代牺牲的烈士们,面对抚养我长大了的人民,我能躺倒不干吗?不能,决不能!因为我不是属于我自己的,我是属于敬爱的毛主席、属于无产阶级的!要为毛主席而战斗,为毛主席的革命路线而战斗,为无产阶级而战斗!

要敢于正视错误,承认错误,因为这是向人民负责。挫折和失败算不了什么,这是前进中不可避免的、正常的,关键在于认真地读毛主席的书,总结沉痛的教训,这才是万万需要的啊!跤,不能白跌,水,不能白喝。跌了跤,学走路,喝了水,要学会游泳。我要跟着毛主席在大风大浪中更迅速地前进。

犯了错误的同志们，起来战斗吧！紧紧地团结在红旗战斗队的周围，把无产阶级文化大革命进行到底！

毛主席在看着我们，全中国人民在看着我们，全世界人民也在看着我们，要奋力前进啊！

一九六七年六月十三日

我院一、五、七、九系成立革命委员会

《红旗》第 48 期，1967 年 6 月 20 日

【本报讯】在战无不胜的毛泽东思想的光辉照耀下，继院革命委员会成立之后，九系和一、五、七系革命委员会于十九日、二十日相继成立。这是毛主席革命路线的新胜利！这是无产阶级文化大革命的新胜利！

我院广大红旗战士和革命师生高举毛泽东思想伟大红旗，在大联合的基础上努力实现"三结合"，狠批"打击一大片，保护一小撮"的资产阶级反动路线，为了帮助革命干部"亮相"做了不少工作。

对有些干部，群众中有不同意见，革命小将带着遇到的问题学习毛主席对干部问题的教导，大家认识到党内走资本主义道路当权派只是一小撮，大多数干部是好的和比较好的。"不但要看干部的一时一事，而且要看干部的全部历史和全部工作。"革命的领导干部是党的宝贵财富，革命小将就是敢于"解放一大片"，大胆地让他们进入"三结合"中来。

解放犯有一般性质错误的干部和犯有较严重错误但不是坚持不改和累教不改的干部，热情帮助他们尽快地回到毛主席革命路线上来。七系革命小将多次举行"干部亮相会"；干部问题专题"串联会""辩论会"，热忱地欢迎干部下班来三同，和他们共同组成战斗小组，

使他们在群众斗争风浪中"亮活相",触及灵魂,接受革命群众的考验。斗争的实践,使他们对毛主席的革命路线有了进一步领会,对自己的错误有了比较深刻的认识,有的已经成为系"三结合"对象。如九系原总支书记梁兴德,七系原总支组织委员康玉林,原五系总支书记隋哲民,原一系总支副书记祁秀云都成为该系革命委员会领导成员。

有些系的干部,运动初期就"杀"出来了。原五九三班政治指导员,老红旗战士王等,从运动以来一直和革命小将站在一起,坚决站在毛主席革命路线一边,这样的好干部也被选入了"三结合"临时权力机构。

"我们不但善于破坏一个旧世界,我们还将善于创造一个新世界。"要掌好权,用好权,活学活用毛主席著作是最最重要的第一件大事,各系革命委员会成立后,都把这个工作放在高于一切,大于一切,重于一切的地位,结合目前形势,大学《通知》,大学《关于正确处理人民内部矛盾的问题》等光辉著作,在全院掀起一个活学活用毛主席著作的新高潮。革命小将敢于和党内走资本主义道路当权派斗,敢于和头脑中的"私"字斗,掌好无产阶级的印把子,誓将无产阶级文化大革命进行到底!"雄关漫道真如铁,而今迈步从头越。"革命小将个个热血沸腾,欢呼基层革命委员会的成立,满怀革命壮志,誓把新生的大学办成毛泽东思想大学校!

我院各系革命委员会宣告成立(摘录)

《红旗》第 50 期,1967 年 7 月 1 日

在大联合、大批判的大好形势下,我院各系革命委员会已先后全部成立了。它的成立,意味着我院的无产阶级文化大革命已经进入到又一个新的阶段;它的成立,是毛泽东思想的又一曲凯歌。……活学

活用毛主席著作,这是各系革命委员会成立以后的头等大事,必须把她放在高于一切,大于一切,重于一切的位置。狠夺自己头脑中"私"字的权,掌好无产阶级印把子,把无产阶级文化大革命进行到底!

向毛主席报喜

《红旗》第 51 期,1967 年 7 月 4 日

【本报讯】七月三日,在纪念毛主席"七三批示"二周年的日子里,数百名红旗战士和革命师生,怀着对党对毛主席无比热爱的心情,分乘着三辆彩车,到毛主席居住的地方——中南海和中央军委门前报喜。向毛主席汇报,在今天这个不平凡的日子,我们开始复课闹革命了!向毛主席表达我们领到军委颁发的毛主席像章、毛主席语录章和《毛主席论党的建设》以后的万分喜悦的心情,表示我们要做一名毛主席的好战士的坚定信心。

彩车在马路上徐徐向前,一路上锣鼓喧天。

在中南海和中央军委门前,红旗战士和革命师生,高举着毛主席的画像,高悬着红灯,手持着五彩缤纷的彩绸,时而高歌《大海航行靠舵手》,时而翩翩起舞,歌颂我们的党,歌颂我们心中最红最红的红太阳。

红旗战士和革命师生的代表在一片欢腾声中,朗读了我们给中共中央、国务院、中央军委、中央文革小组的信。军委及其他的一些领导同志接见了我们,讲了话,祝贺我们革命的首创精神。

亲切的关怀，巨大的鼓舞
欢呼《人民日报》发表我院复课闹革命消息（摘录）

《红旗》第 52 期，1967 年 7 月 8 日

【本报五日讯】"大海航行靠舵手，万物长靠太阳"。毛主席他老人家特别关心我院化大革命，当复课闹革命刚迈出勇敢探索的一步，《人民日报》就向全中国、全世界报了这一可喜的消息。……

当天，大家载歌载舞到国务院、中央军委、《人民日报》报喜，向毛主席表示我们坚持复课闹革命，为完成毛主席交给我们的一斗二批三改的伟大任务而奋斗到底的决心。

近几天来我们的亲密战友师大井冈山、轻工红鹰、邮电东方红、清华井冈山、矿院东方红、人大三红等也先后来到我院祝贺。我们将和各兄弟院校的革命战友团结在一起，战斗在一起，誓把无产阶级文化大革命进行到底！

苏修电台攻击我校复课闹革命

《红旗》第 53 期，1967 年 7 月 15 日

【本报讯】苏修喉舌——莫斯科电台七月九日对华广播节目中，有一篇叫做《光靠语录不会得到什么结果》的短评，以北航为例，就我校复课闹革命的问题进行恶毒攻击，并诽谤我文化大革命和学习毛主席著作的群众运动。

短评疯狂地攻击我们伟大的党"已经连续好几个月徒劳无益地企图迫使中国学生回到学校里去继续学习。"

"……通过在政治上还不成熟、容易受骗和容易迫使盲目地执

行自己意志的青年去进行这个目的。"

"……这批青年得到了完全自由……惨无人道的行动,自然会引起人民群众的不满,开始发生冲突。"

他们还攻击以毛主席为首的党中央"要暂时地制服已不受管制的青年,从而也减少人民群众的不满情绪。"

"但是,让我们用北京航空学院做个例子来看看在那里怎样上课。那里的学习日是这样安排的:用两个半小时的时间学习毛泽东的著作,还用两个半小时的时间去进行所谓文化革命。"

"在高院里认为专业课程是次要的事,并漫不经心地讨论这些课程。可以认为,这不是航空学院,而是培养所谓毛泽东思想宣传工作者的学校。也许是培养具有高等专门知识的航空技术人员的新方法。但是要知道,没有专门的知识光用毛泽东的语录是飞不到空中去的,飞机也建造不成。……中国青年现在被迫把自己的精力和时间浪费在没有前途的啃毛泽东语录方面,而用这些语录不会得到什么结果"。

喜讯传来

戚本禹同志的来信广播以后

《红旗》第 55 期,1967 年 7 月 29 日

【本报讯】二十四日晚,红旗广播站广播了戚本禹同志给"北航 4511 班并转王芬同志"的信以后,全院红旗战士和革命师生激动地奔走相告,传送着这个喜讯。

喜讯传到 4511 班以后,顿时,教室里一片欢腾。大家满怀激情地畅叙着中央首长的热情关怀和巨大鼓舞。红旗战士们激动地说:"当我们按着毛主席的教导,在团结大多数的方面做了一点工作刚

刚迈出一步时，戚本禹同志就在百忙中给我们写来了充满革命激情的信，这是中央文革对我们最大的关怀，最大的鼓舞和最有力的鞭策，我们一定不辜负中央文革的期望。在伟大的毛泽东思想哺育下，迅速地成长起来，把无产阶级文化大革命进行到底。"曾经不止一次帮助过王芬同志的红旗战士，看看王芬同志在伟大的毛泽东思想光辉照耀下，迈出了革命的步子，现在读着戚本禹同志的信，他们的感受多么深刻，心情是多么激动啊！

王芬同志拿着戚本禹同志的信，一字字，一句句地读着，读着，她的心久久不能平静。首长的关怀和勉励给了她无穷的力量。她说："当我在红旗战士帮助下起来跨出第一步时，当我第一次写出《不当逍遥派，起来闹革命》的大字报时，也有个别过去和我一起犯过错误的同学对我起来造反不服气，甚至讽刺、挖苦常常向我袭来，在这种情况下，能不能顶住，敢不敢和能不能作一个红旗战士也是对我的考验。戚本禹同志这次来信说：'我相信，像王芬这样的同志，改正了错误以后，一定能同北航红旗战士一起，沿着革命道路胜利前进。'首长的教导给了我斗争的勇气和最大的支持，我一定要继续前进，我一定能做一个无限忠于毛主席的革命路线的光荣的红旗战士，把革命进行到底。"

戚本禹同志的信在人们手中传来传去，有几个原来参加过保守组织的同志一字一字地把它抄在自己的日记本上，勉励着自己前进。4511附近的教研室的同志们也集拢来了，他们说：听到了广播和看到戚本禹同志的信以后，我们和你们感到一样高兴。这不仅是给你们的，也是给我们的，给全院、给全国革命造反派的一封信，我们一定向你们学习，在革命的大批判中活学活用毛主席著作。

一夜间，全院红旗战士以及过去犯过错误的同志写出很多大字报，大标语，表示绝不辜负中央的期望，以实际行动感谢中央文革的关怀。

二系革委会政治部及时组织了过去参加保守派的部分同学进行座谈。会上，他们畅所欲言，激动地说："戚本禹同志的来信表达了中央文革对我们犯错误同志的极大关怀，我们一定要像王芬那样，从灵魂深处总结自己犯错误的原因，在当前捍卫毛主席的革命路线的大批判中积极战斗"有的还说："必须像王芬那样，虚心向红旗战士学习，破私立公，才能真正从立场感情上回到毛主席的革命路线上来，和红旗战士一起把文化革命进行到底。"

4511革命小组组织大家学习了"即使我们的工作取得了极其伟大的成绩，也没有任何值得骄傲自大的理由"的毛主席语录，向红旗战士提出了一定戒骄戒躁，永远前进。大家一致表示要把4511办成一个活学活用毛主席著作的战斗集体！

中央文革的亲切关怀和巨大支持将使我院大联合出现更加崭新的局面。

首长的关怀激励着我

四五一一　王芬

《红旗》第55期，1967年7月29日

戚本禹同志充满革命激情的信，带来了毛主席的声音，带来了中央文革的首长们对我们最殷切的希望，最亲切的关怀和最大的鞭策。拿着信激动的心情久久不能平静下来，多少往事涌上心头，心里有多少话要对亲爱的毛主席倾诉，又有多少话要对敬爱的首长讲啊！

读着戚本禹同志的来信，心里确实感到很惭愧。对于像我这样一个犯过严重错误的人，而且觉悟得这么晚，首长还是这样地信任我们，这样热情地鼓励我们前进，我们还有什么理由，不放下包袱，勇敢地投入战斗呢？可是前一阶段，当受到一些压力、冲击，听到原红卫兵中某些人议论："她就是那么一套，还不是对红旗吹吹拍拍的。""哈哈，你成了红旗的统战对象了。"心里真不是滋味，上下翻腾，"私"字又跑出来了，想："唉，我还不如不提申请呢，反正自己好好干，对得起毛主席就行了。"我们班红旗战士和勤务员发现了我这活思想后,找我谈心,指出,这对我是个新的考验。他们说,林总不是常讲吗,阶级和阶级斗争是所有阶级社会的现象的总根源,咱们千万不能忘记这一点。你以为你加入红旗是你个人之事吗?不,这实质上是两个司令部进行搏斗在你身上的体现。你想想,去年是刘、邓把你拉下去,蒙蔽你,使你背离了毛主席的革命路线。今天,是毛主席,是同志们把你拉了回来。你回到毛主席革命路线上来的每一步,都标志着毛主席革命路线的胜利,刘、邓黑司令部的破产。过去受蒙蔽犯了错误的同志回到毛主席革命路线上来之时,也就是刘、邓黑司令部彻底垮台之日。听了他们的话,心里豁亮了。是啊,过去我只停留在自己这个小圈子里,横看是我,竖看还是我,当然认识不清,上不到两条路线的纲上去,受到冲击时,就必然会摇摆起来。戚本禹同志要我克服个人主义的私心杂念,提高认识,真是对我一针见血的批评啊!

　　首长在信中还谈到:相信在改正错误后,一定能同北航红旗的战士一起沿着革命的道路胜利前进。通过前一段和红旗战士的共同战斗,我体会到首长讲的是完全正确的。能否和"红旗"共同投入大批判,共同战斗,是检验我们改正错误的一个重要标志。如何对待"红旗"战斗队的问题,实质上是你如何对待毛主席革命路线的问题,是犯过错误的同志不能回避的一个问题。有的人对红旗战斗队不服气,不愿"寄人屋下",要当"硬汉子",当"顶天立地"的人,这完全是腐烂了的资产阶级的东西。怎么能让这些东西来统治我们,制服我们呢?有了错误坚决地改,对革命的左派队伍真正的"服气",当这样一个无产阶级的硬汉子,一个无产阶级的顶天立地的人。我们必须敢于去正视这个问题,触及灵魂,和"红旗"战士共同投入大批判,共同战斗,这才是首长的希望和要求。

　　读着首长的信,我深深体会到敬爱的毛主席和中央首长是多么关怀我们下一代的成长啊!我下定决心,一辈子忠于毛主席,跟随毛主席去实践伟大的共产主义,干一辈子无产阶级专政下的大革命,艰苦奋斗,拼力向前。

　　读着首长的信,我更感到敬爱的毛主席和中央文革的首长们给我们提出了更高的要求，我下定决心，继续破私立公，努力争取加入红旗战斗队，努力争取成为一名真正的毛主席的红卫兵——优秀的红旗战士。

【附】戚本禹同志的信

《红旗》第 54 期，1967 年 7 月 29 日

北航红旗四五一一班战士并转王芬同志：

我在六月十七日的北航《红旗》上看到了四五一一班红旗战士《热情帮助犯过严重错误的同志，投入战斗》的报道，也看到了六月二十七日北航《红旗》刊登王芬同志写的《毛泽东思想的光辉》的文章，最近，又收到了王芬同志的来信。我同四五一一班的红旗战士一样，看到了一个犯过错误的同志在同志们耐心的热情的帮助下，改正了自己的错误，决心起来革命，心里感到很高兴。

毛主席教导我们说："错误和挫折教训了我们，使我们比较的聪明起来了，我们的事情就办得好一些。""犯了错误则要求改正，改正得越迅速，越彻底，越好。"王芬同志虽然在运动中犯了一些错误，但通过学习毛主席著作，克服了个人主义的私心杂念，迅速地认真地改正错误，提高认识，站到毛主席的无产阶级革命路线这一边来，同革命的同志们并肩战斗。我相信，像王芬这样的同志，改正了错误以后，一定能同北航红旗的战士一起沿着革命道路胜利前进。

祝北航四五一一班红旗战士在伟大的毛泽东思想的哺育下，迅速地成长起来，把无产阶级文化大革命进行到底！

希望通过王芬同志转告去年下半年因不同意北航红旗的观点而同我进行过辩论的北航红卫兵同志们，能够抛弃过去的错误观点，纠正自己的不正确认识，努力投入当前的大批判运动，为捍卫毛主席的无产阶级革命路线而战斗。（七月二十二日）

斗争反革命分子陈再道

《红旗》第 56 期，1967 年 8 月 1 日

【本报讯】七月二十六日十二时——二十一时由在京中央委员、军委常委、各大军区负责同志参加的中共中央扩大会议的同志，斗争了徐向前的巴儿狗陈再道。真是大快人心！

在这次斗争大会上很多人都揭发和谴责陈再道反对中央的罪行。

当中央知道陈再道之流在武汉围攻、绑架谢富治、王力同志时，总理亲自到武汉。但陈大麻子别有用心地在机场附近埋伏二十五辆满载"百万雄师"的人和战士，逼得总理不得不在另一机场降机。并且说什么"周总理来了怎么样，还不是和王力一样。"真是嚣张已极，混账透顶。

据揭发，陈再道一贯对中央不满，在八届二中全会上，没选上他为中央委员，就怀恨在心。对中央精神不传达，搞的完全是张国焘的一套。当谢富治和王力同志指出"百万雄师"是保守组织，军区支左犯了方向路线错误，就跳起来指责谢副总理和王力同志的牛师长是广州军区不要的，而陈大麻子却拉去任独立师师长。

这次武汉事件是反革命事件，会上已定陈大麻子为反革命分子。

在此我们警告军内一小撮走资派，包括徐向前、叶剑英，如果继续顽抗，绝没好下场。

敌人不投降，就叫他灭亡！

战斗在揪刘火线上

《红旗》第 57 期，1967 年 8 月 5 日

【本报讯】继建工八一战斗团之后，我北航红旗战士与首都无产阶级革命派战友在中南海西门愤怒声讨刘贼，勒令刘贼在五日内交出认罪书。刘贼负隅顽抗，坚持反动立场，对首都革命派的一再警告、勒令，熟视无睹。我们毛主席的红旗战士，毛主席的忠实红小兵，岂能容得刘贼如此猖狂，纷纷立下誓言，杀上火线，二十六日在中南海西门外安营扎寨，誓与刘贼决一死战。

王前、刘涛、刘允真三同志七月二十二日写了一张题为《坚决打退刘少奇的新反扑！坚决支持北京建筑工业学院八一战斗团揪斗刘少奇的革命行动》的大字报，并于当天上午由刘涛、刘允真送到揪刘现场。

七月三十日在天安门广场召开了"首都无产阶级革命派火线揪批刘大会"。工代会、红代会、中国人民解放军七百多革命组织，三十万人参加了大会。蒯大富致开幕词，光华木材厂红色造反者等组织的代表都做了发言，会上宣读了《呼吁书》，再次强调"批揪刘贼是我们革命造反派的一致任务，在大方向一致的前提下，应该求大同、存小异，联合起来，促成市革委会之下的四代会来领导这个战役，共同努力，誓把刘贼揪出中南海斗倒斗臭。"大会勒令刘贼向毛主席、中央文革和全国革命派低头认罪，马上滚出中南海，听候审判。其妻王妖婆在八月五日滚出来听候处理。

七月三十一日晚，首都无产阶级革命派批揪斗刘火线指挥部七百多单位，六千余人，分别在中南海四周各大门，召开盛大集会，愤怒声讨刘贼的滔天罪行，迎头痛击刘贼的又一次新反扑。

八月二日，我们敬爱的谢副总理亲临火线，给了火线上战斗的战士以极大的鼓舞。

近日来揪刘火线红旗如海，人如潮涌，战鼓齐鸣，杀声震天，各

路揪刘大军源源而来，安营扎寨，早已扎寨的工矿企业、院校不断补充兵员，增加兵力，一个更大规模、更加广泛的揪斗刘贼战役打响了，刘少奇被揪出中南海的日子不远了。同志们，努力奋斗啊！

"首都五一六兵团"混蛋透顶

《红旗》第 57 期，1967 年 8 月 5 日

【本报讯】由北京各单位中一小撮坏家伙串联成的"首都五一六兵团"配合社会上一股反革命的逆流，恶毒地攻击周总理。把矛头对准无产阶级的司令部，其用心何其毒也！

我们警告那一小撮坏家伙，必须立即收起你们反革命的勾当。如果要继续与人民为敌，必自食其果，绝没好下场。

游斗刘志坚

《红旗》第 57 期，1967 年 8 月 5 日

刘志坚是彭黄漏网分子，是刘少奇的忠实门徒，是彭德怀、罗瑞卿资产阶级修正主义军事路线的狂热鼓吹者。文化大革命中，刘志坚是疯狂镇压部队无产阶级革命派的刽子手。

继斗彭德怀以后，八月三日下午，我院又斗争了彭贼的巴儿狗、反革命修正主义分子刘志坚。到会群众愤怒揭发了刘志坚一贯反党反毛主席反毛泽东思想的滔天罪行，振臂高呼"打倒军内一小撮走资派""打倒彭德怀""打倒贺龙""打倒徐向前""打倒刘志坚"，充分表达了坚决揪出党内军内一小撮走资派，把无产阶级文化大革命进

行到底的决心。

会后,把反革命修正主义分子刘志坚游了街、示了众,大快人心。

地院、北航革命小将联合举行斗争反革命修正主义分子彭德怀大会
七万余人振臂高呼"打倒刘邓陶!""斗臭彭德怀!"
奋起革命千钧棒,批倒斗臭彭德怀

《红旗》第58、59期,1967年8月5日

【本报讯】在全国一片向党内最大的一小撮走资本主义道路当权派进行革命大批判的隆隆炮声中,北京地质学院东方红革委会和北京航空学院革委会,于七月二十六日下午在北航联合举行批判斗争大会,向反革命修正主义分子彭德怀展开了一次猛烈的总攻击。全国各省市六百多个革命组织共七万余人参加了大会。

四点钟,大会开始,会场上红旗飘飘,口号如雷,呈现出一派火热的战斗气氛。几个英姿勃勃的红旗战士把反革命修正主义分子彭德怀拉出来示众,另一个反革命修正主义分子张闻天被押出来陪斗。这时,广大群众义愤填膺,挥舞着铁拳,愤怒高呼:"打倒党内最大的一小撮走资本主义道路的当权派!""打倒刘邓陶!""打倒彭德怀!""打倒张闻天"。革命的口号声震天动地,吓破了这两个反革命分子的狗胆。

北航红旗战士和地院东方红战士分别在大会上发言,揭发批判彭德怀反党、反社会主义、反毛泽东思想的滔天罪行。他们一致指出:反革命修正主义分子彭德怀是一个混进党里的资产阶级代表人物,一贯站在反动立场上,反对毛主席,反对无产阶级专政,搞资本主义复辟,妄图改变中国的颜色。对于这样的大野心家,阴谋家,必须坚决打倒,必须用毛泽东思想的千钧棒,把他从政治、思想、理论上彻底批倒,批臭,不达目的,绝不罢休!

彭德怀是刘邓黑司令部的一员干将，对他的大批判大斗争，就是向以刘少奇为首的一小撮反革命修正主义分子大批判，大斗争的一个重要组成部分，是痛打落水癞皮狗刘少奇的重要组成部分，这是一个大战役，一定要打好。

会后，广大革命群众把彭德怀、张闻天两个反革命修正主义分子押上街游斗。沿路上，到处是愤怒的口号声，喊打声，这两个一贯猖狂进行反革命活动的小丑，成了过街老鼠，现出了纸老虎的原形。真是大长了革命群众的志气，大灭了反革命分子的威风。

这次大会，充分显示了用毛泽东思想武装起来的广大革命群众的强大威力，一切反动派总归要在这种强大的力量面前粉身碎骨。

沧海横流，方显出英雄本色
——向武汉地区的无产阶级革命派战友致敬

本报编辑部

北航《红旗》 清华《井冈山》 师大《井冈山》 矿院《东方红》
联合版，1967年8月6日

长江在怒吼，汉水在咆哮，江城在沸腾。武汉三镇无产阶级文化大革命的新形势，如狂风骤起，似怒涛澎湃。一场从古未有的大变动，正排山倒海，劈面而来！一场攻坚战！一场白刃战！一场歼灭战！

全国无产阶级革命派，无不拍手欢呼：好得很！好得很！好得很！

"沧海横流，方显出英雄本色"。一年来，无产阶级文化大革命的惊涛骇浪，阶级斗争的急风暴雨，严峻地考验了武汉地区的无产阶级革命派。阶级斗争的实践表明，以"钢工总""钢二司"等为代表的武汉地区的无产阶级革命派，不愧为毛主席最最忠实的红卫兵。当他们冲破资产阶级长期的白色恐怖，在政治舞台上初试锋芒的时候，就以自己战斗的英姿，崭新的风貌，博得了全国人民的赞扬。

是他们，天不怕，地不怕，敢革命，敢造反，挺枪跃马，冲杀向前，高举"造反有理"的大旗，砸烂了王任重之流的阎王殿。

是他们，不怕牺牲，披肝沥胆，以革命的大无畏精神，大造了资产阶级反动路线的反，用鲜血和生命保卫毛主席的革命路线。

是他们，不畏强暴，勇往直前，以雷霆万钧之势、横扫群魔、力挽狂澜，把反动组织"百万雄师"打得落花流水，为武汉地区的无产阶级文化大革命杀出了新威风，打出了新局面！……

当然，他们的革命壮举，必然会引起阶级敌人的百般仇恨。中国的赫鲁晓夫在武汉地区的代理人王任重、陈再道之流曾经一度张牙舞爪，杀气腾腾，妄图把他们一口吞掉。但是，革命的辩证法是无情的！腐朽透顶的"庞然大物"王、陈之流，最后还是被革命的"小人物"揪了出来！

他们这种气壮山河的英雄气概，惊天动地的不朽功勋，使得长江大川，放声讴歌；龟山蛇岭，肃然起敬！

如果有人要问，他们为什么会取得胜利？

武汉地区的无产阶级革命派响亮地回答：胜利来自战无不胜的毛泽东思想，来自以毛主席为首的无产阶级司令部。

历史证明：以毛主席为首的无产阶级司令部，是世界上最有权威、最有威望、最正确的马克思列宁主义的司令部。它代表着无产阶级的革命真理，代表着广大群众的根本利益，代表着历史前进的方向。它举世无双、天下无敌，是世界革命的中流砥柱。在它面前，无产阶级的敌人一个一个地惨败了。蒋介石惨败了，赫鲁晓夫惨败了，刘少奇惨败了！王任重、陈再道又一次地惨败了。现在，还有个把"何再道""赵再道"，他们不顾前车之鉴，仍然躲躲闪闪地向这个司令部进攻。可以断言，如果他们老是不听劝告，老是执迷不悟，那么，他们的下场决不会比陈大麻子好一些。时代的尖兵，挥笔作枪，枪挑旧世界！历史的巨匠，插笔为梁，梁撑新宇宙！在一片大好形势的鼓舞下，武汉地区的无产阶级革命派正纵横驰骋，大刀阔斧地一边破坏旧世界，同时创建新江山。马克思说得好："暴力是一切旧社会在孕育新社会时的产婆"。毫无疑问,无产阶级文化大革命的暴力,必将大大加速历史的进程!一个红彤彤的毛泽东思想光辉普照的新武汉,就要光荣地诞生在扬子江畔。

　　常青的松柏根盘根,无产阶级革命派心连心。共同的斗争,把首都、河南的无产阶级革命派和武汉地区的无产阶级革命派紧紧地连在一起,使我们同呼吸、共命运、息息相通、休戚相关。我们将永远在毛泽东思想的伟大红旗下,团结在一起,战斗在一起,胜利在一起!

　　毛主席豪迈地告诉我们:"大风大浪也不可怕。""人类社会就是从大风大浪中发展起来的。""长江水深流急,可以锻炼身体,锻炼意志。"武汉地区无产阶级革命派的战友们,让我们永远沿着伟大舵手毛主席开辟的革命航道,乘风破浪,奋勇前进!

热烈欢呼中央武装北航红旗的英明决定

北航红旗武装部队宣告成立

李钟奇副司令员代表卫戍区司令部向我武装部队授枪

《红旗》第 62 期,1967 年 8 月 19 日

　　【本报讯】本报记者报道:我们怀着万分激动的心情,向全国无产阶级革命派、向全世界庄严宣告:根据中央决定,北航红旗武装部队宣告成立了!

　　这是我们的红司令毛主席对我们北航红旗、也是对全国红卫兵的最大信任、最大关怀、最大支持、最大鼓舞!这是战无不胜的毛泽东思想的又一曲响彻云霄的凯歌!

　　八月十六日,武装红旗战士和全院革命师生隆重集会,热烈欢呼中央武装北航红旗的英明决定。北京卫戍区副司令员李钟奇同志、政

治部主任周林清同志、刘光甫参谋长、警卫师李振东同志、国防科委政治部副主任李新沅同志、北京空军参谋长米志高同志等首长出席了大会。

下午四点,大会开始。在雄壮的《国际歌》声中,北航红旗武装部队宣告成立了!全场一片欢腾,掌声不息,口号震天,"毛主席万岁!万万岁!"的欢呼声响彻云霄!

在热烈的掌声中,周林清同志宣读了卫戍区司令员、市革委会副主任傅崇碧同志的贺信。傅崇碧司令员热烈祝贺北航红旗武装部队成立。他指出:"正当我国无产阶级文化大革命进入两个阶级、两条道路、两条路线决战的关键时刻,中央决定武装北航红旗战士,成立民兵师,这是非常正确,非常适时,非常英明的重大战略措施。我代表北京卫戍区党委、领导机关和全体指战员,表示最坚决的拥护,最热烈的支持,最衷心的祝贺。"傅司令员指出:"武器掌握在北航红旗战士的手中,大长了无产阶级革命派的志气,大灭了党内一小撮走资派和国内外一切阶级敌人的威风。对加强无产阶级专政,保卫首都的安全,保障无产阶级文化大革命的顺利进行,具有重大的意义。"傅司令员还指出:"我们北京卫戍部队全体指战员,决心在毛泽东思想的伟大旗帜下,最坚决地支持你们,依靠你们,保卫你们,紧紧地和你们团结在一起,战斗在一起,胜利在一起。"他最后勉励我们共同遵照林副主席的指示:"高举毛泽东思想伟大红旗,在无产阶级文化大革命运动中立新功。"

此刻,两千五百多名持枪红旗战士紧握着手中的枪,挥动着红彤彤的毛主席语录和全院革命师生一起不断地高呼:"向解放军学习!""向解放军致敬!""誓死保卫党中央!""誓死保卫毛主席!""誓死保卫林副主席!""誓死保卫中央文革!""誓死捍卫毛主席的革命路线!"

在一片欢腾声中,北京卫戍区副司令员李钟奇向我院武装部队赠送了林副主席给北京卫戍区的题词:"高举毛泽东思想伟大红旗,在无产阶级文化大革命运动中立新功。"

李钟奇副司令员代表傅崇碧同志、黄作珍同志和北京卫戍区领导机关向北航红旗武装部队授枪,并致以最热烈的祝贺!李副司令员在讲话中热烈赞扬全世界无产阶级和被压迫人民在毛主席的"枪杆子里面出政权""整个世界只有用枪杆子才可能改造"的光辉思想照耀下，正在拿起武器，开展轰轰烈烈的人民战争，给帝修反以迎头痛击，取得节节胜利！我们热烈欢呼世界无产阶级革命派的伟大胜利，坚决支持他们的一切革命行动，誓做世界无产阶级革命派的坚强后盾。他还讲到无产阶级必须牢牢掌握枪杆子，在取得政权前是这样，在取得政权后也是这样。资产阶级要推翻无产阶级专政，总是要通过党内一小撮走资派拼命抓枪杆子。苏修赫鲁晓夫反革命修正主义集团抓枪杆子篡军，搞反革命政变，就是一个严重的教训。刘少奇、邓小平、陶铸、彭真等党内最大的一小撮走资派十七年来勾结大野心家、大军阀彭德怀、罗瑞卿拼命抓枪杆子，疯狂进行篡党篡军的阴谋活动。他们就是妄图把枪杆子作为他们实行资本主义复辟的工具。今天，我们把这一小撮反革命分子揪出来了，把他们埋葬于人民战争的汪洋大海，把枪杆子牢牢掌握在无产阶级革命派手中。最后李副司令员还谈到："林副主席最近为卫戌区的题词是最新的号召，战斗的动员令，解放军战士决心把毛主席的拥军爱民的号召和林副主席的题词化为巨大的动力。高举毛泽东思想伟大红旗和北航红旗战友、首都和全国以及全世界无产阶级革命派战斗在一起，团结在一起，胜利在一起，为把无产阶级文化大革命进行到底，为把首都和全国以及全世界都办成红彤彤的毛泽东思想大学校，贡献一切力量！"

韩爱晶同志代表院革委会讲话。他说，我们北航红旗武装部队永远忠于毛主席，忠于林副主席，忠于中央文革！我们要向解放军学习，学习解放军活学活用毛主席著作，突出政治，突出四个第一，大兴三八作风，把北航红旗建成一支无产阶级化战斗化的钢铁红卫兵部队。他还表示，我们要向全国正在浴血奋战的无产阶级革命派学习、致敬，和他们永远团结在一起，战斗在一起，胜利在一起。我们坚决执行中央文革关于"文攻武卫"的重要指示，坚决保卫无产阶级文化大革命，保卫无产阶级革命派战友。

会上，我们的亲密战友武汉钢工总、钢二司、钢九一三、三司革联、红卫兵革联代表以及清华井冈山、体院毛泽东思想兵团、机院东方红、北外红旗、京工红旗、轻工红鹰、人大三红、光华木材厂红色造反者、红卫兵总部的代表发言，表示热烈祝贺。大会还收到我院警卫连、北京及外地造反派战友的许多贺信。

院革命军事委员会李启光同志还做了长篇发言。

最后全体武装战士在伟大领袖毛主席像前，在《红旗》战旗下，举枪向党和毛主席宣誓。一句句庄严的誓词表达了我们永远跟着毛主席革命到底的钢铁般的决心，"生，为毛泽东思想终生战斗；死，为毛泽东思想英勇献身。为了保卫毛主席，为了捍卫毛泽东思想，哪怕前面有刀山火海，我们也高举红旗，紧握枪杆，毫不畏惧，杀向前去！"一句句战斗的豪言是射向刘邓资产阶级司令部的投枪和匕首。不管是什么"刘克思"，还是"彭海瑞"，是刘志坚还是徐向前，我们都要把他打翻在地，叫他永世不得翻身！

北京航空学院革委会，北航红旗总勤务站

讣 告

《红旗》第 63 期，1967 年 8 月 22 日

北京航空学院革命委员会、北航红旗总勤务站沉痛地发出讣告：

我北京航空学院红旗战斗队的优秀红旗战士刘天章同志为捍卫毛主席的革命路线，于一九六七年八月十八日在河南开封壮烈牺牲。在被无数凶残的敌人包围的情况下，刘天章同志挺身而出，留守后路，掩护战友撤退。在弹雨之中，一颗罪恶的子弹击中了英雄的身躯，弹从右侧进，从左前胸出。烈士牺牲时，年仅二十三岁。

刘天章同志是我红旗战斗队最优秀的战士，是毛主席最忠实的红小兵，他的一生是伟大的一生，光荣的一生，战斗的一生。他同修正主义的教育路线、同黑修养及其流毒做了不屈不挠的斗争。

他，面对资产阶级反动路线的白色恐怖，呼啸着，呐喊着冲杀过去，第一批加入了红旗战斗队。

他，在两条路线的生死决战中，始终高举毛泽东思想伟大红旗，活学活用毛主席著作，为无产阶级文化大革命立下了不朽的功勋。

刘天章同志是在毛泽东思想的抚育下，在中央文革的亲切关怀和引导下，在阶级斗争的大风浪中成长起来的红卫兵的光辉典范。刘天章同志英雄的事迹是对刘邓资产阶级反动路线、对修正主义教育路线、对党政军内一小撮走资派的一记响亮的耳光，也是对那些至今仍认为刘天章是"痞子"的人一记响亮的耳光！

刘天章同志为捍卫毛主席的革命路线献出了自己年轻的生命。他实现了自己用鲜血和生命保卫毛主席的战斗誓言。他是为人民的利益而死的。他的死比泰山还重！

为有牺牲多壮志，敢教日月换新天。

我们号召全体红旗战士和全院革命师生员工同志们：继承刘天章同志的革命遗志，学习刘天章同志的彻底革命精神，像他那样无限忠于毛主席，忠于毛主席的革命路线，继续高举毛泽东思想伟大红旗，沿着毛主席开辟的革命航道乘风破浪，永远前进。

向刘邓讨还血债！一九六七年八月十八日
为刘天章同志报仇雪恨！
刘天章烈士永垂不朽！

以革命的两手，反对反革命的两手

《红旗》《新疆红卫兵》联合版，1967年8月29日

当前无产阶级文化大革命进入了一个决战的新阶段。

广大的无产阶级革命派紧跟毛主席的战略部署，掀起了一个彻底摧毁刘邓资产阶级司令部的新的革命高潮。

但是，正如毛主席所说："阶级敌人是一定要寻找机会表现他们自己的。""这些人中的最死硬分子是永远不会承认他们的失败的。"

最近以来，党内一小撮走资派利用他们所能掌握的专政工具，操纵一些保守组织中的一小撮坏头头，向无产阶级革命派进行猖狂反扑。他们使用了各种武器，大肆屠杀革命造反派，妄图再次把轰轰烈烈的无产阶级文化大革命镇压下去。

敌人的疯狂，只能说明他们的虚弱，历史将无情地证明，这一小撮反动家伙的挣扎，不过是鸡蛋碰石头，它们的失败是注定了的。

一切反动派都是使用反革命的武装镇压和和平欺骗的两手来对付革命人民的，王恩茂、张希钦之流更是老牌的两面三刀的资产阶级政客。

一方面，他们利用各种方法，寻找种种借口，操纵"八野""联总"等组织中的一小撮坏头头，网罗和雇用社会上的牛鬼蛇神和受蒙蔽的农牧民，疯狂地围剿革命造反派，攻占革命造反大派所在地，对革命造反派进行惨无人道的烧杀抢抓，破坏无产阶级专政，破坏无产阶级专政下的大民主，制造资产阶级的白色恐怖。

另一方面，他们又假借中央的名义，造谣言放暗箭，蒙蔽群众，颠倒是非，混淆黑白，把挑起武斗的罪责推给革命造反派，他们还玩弄各种各样的阴谋诡计，对革命群众进行和平欺骗，七·二七新医事件后出现的暂时平静，就是王、张之流玩弄的一个鬼把戏。

但是，一年多的斗争经验，无数次血的教训，早就告诉了我们，王恩茂、张希钦之流是吃人的豺狼，豺狼的本性是决不会改变的，他们对于革命造反派怀有刻骨的仇恨，他们无时无刻不想把革命造反派镇压下去，和平的假象是暂时的，一旦和平欺骗达不到目的时，他们又会露出狰狞的面目，又会使出更残暴的手段，来镇压革命造反派。

面对王、张之流的反革命两手政策，我们的方针是什么？"针锋相对"，以革命的两手反对反革命的两手。

江青同志七月二十二日提出的"文攻武卫"，是我们今后斗争的战略方针。

文攻：就是要我们展开更广泛的政治攻势，对王恩茂、张希钦之流的反革命修正主义罪行进行更广泛、更深入的大揭发、大批判，发动群众、教育群众，特别是教育受蒙蔽的农牧民，使他们认清王、张之流的阴谋诡计。只要我们工作做得好，就能争取更多的中间群众起来与王、张之流作斗争，就能争取更多的受蒙蔽的群众觉悟过来，反戈一击。当全疆人民觉醒之时，就是王、张之流灭亡之日。

　　武卫：就是要我们组织起群众，拿起武器奋起自卫，保卫我们的红色根据地，保卫我们的四大自由，只要王、张之流敢于挑起武斗，我们就坚决彻底地给他们以有力的回击。"人不犯我，我不犯人，人若犯我，我必犯人。"

　　对于王、张之流的一切残暴手段，我们要有所准备，切不可天真烂漫，切不可书生气十足，切不可以庸人的观点来对待严酷的阶级斗争，他们不放下武器，我们也决不放下武器！

　　应当扫除在我们自己队伍中出现的动摇、胆怯和厌战的不良情绪，应当坚定不移地相信，我们手中握有毛泽东思想的真理之旗，群众在我们这一边。党中央支持我们，首都的革命造反派支持我们，全国的革命造反派支持我们，只要我们有勇气，学习革命老前辈的英雄气概，敢于斗争，不怕困难，前赴后继，那么最后的胜利一定是属于我们的！王、张之流，只不过是秋后的蚂蚱，兔子的尾巴，长不了！

　　去年九月，在北航红旗斗争最艰苦的时候，中央文革小组的同志给了我们一段毛主席语录："我们的方针要放在什么基点上？放在自己力量的基点上，叫做自力更生。"这段语录，对当前新疆的文化大革命同样有着重要的意义。革命靠自己，新疆的文化大革命，需要依靠全体新疆革命造反派，用毛泽东思想武装自己："下定决心，不怕牺牲，排除万难，去争取胜利。"

　　历史在飞跃，革命在前进。

　　让我们伸开双手，迎接阶级斗争的新的暴风雨吧！

　　王恩茂、张希钦之流的末日就要来临了！胜利一定属于用毛泽东思想武装起来的新疆革命造反派！

向工人阶级学习，誓作革命大联合的模范
北航红旗、地质东方红召开团结联合大会
喜 报

北航《红旗》地质《东方红报》联合刊，1967年9月24日

向我们最最敬爱的伟大的领袖、我们心中最红最红的红太阳——毛主席报喜！

向党中央报喜！向中央文革报喜！向全国人民报喜！向北京市革命委员会报喜！

北京航空学院红旗战斗队、北京地质学院东方红公社，遵照我们伟大领袖毛主席的教导，更加巩固和加强了我们的革命大联合，这是毛泽东思想的伟大胜利！

这是对党内最大的一小撮走资本主义道路当权派当头一棒，这是对陶铸式的反革命两面派、阴谋家的迎头痛击，让国内外的阶级敌人，在我们的革命大联合面前发抖吧！

"雄关漫道真如铁，而今迈步从头越"。我们一定要更高地举起毛泽东思想伟大红旗，永远紧跟毛主席的伟大战略部署，在无产阶级文化大革命中不断立新功、创新劳！

万川归海奔腾急，千军万马战犹酣。让革命大联合风暴更猛烈些吧！

我们一定乘着这股强劲的革命大联合的东风，再接再厉，奋勇前进！向全市和全国无产阶级革命派学习！无产阶级革命派联合起来！

北京航空学院红旗战斗队革命委员会
北京地质学院东方红公社革命委员会
一九六七年是九月二十二日

【本报讯】在革命大联合的伟大历史潮流中，北航红旗和北地东

方红这一对在无产阶级文化大革命的暴风雨中诞生，在同资产阶级反动路线的殊死搏斗中并肩冲杀出来的无比亲密的战友，在毛泽东思想的伟大红旗下，又走到一起来了！

二十二日晚，北航红旗和北地东方红在北航南操场召开了团结、联合的大会。

傍晚，数千名北航红旗战士列队到北京地质学院大门口，最热烈地夹道欢迎亲密战友北地东方红来北航参加大会。战士们说，阶级敌人的黑手把我们分裂开来，毛主席的伟大教导又使我们走到一起来了，我们一定要紧跟毛主席的伟大战略部署，把无产阶级文化大革命进行到底！

七点许，大会在雄壮的国际歌和东方红歌声中宣布开始。首先，大家一起学习毛主席的最新最高指示："在工人阶级内部，没有根本的利害冲突。在无产阶级专政下的工人阶级内部，更没有理由一定要分裂成为势不两立的两大派组织。"然后，大会宣读了给毛主席的报喜信。在一阵又一阵热烈的掌声中，地质学院革命委员会主任王大宾同志和北航革命委员会主任韩爱晶同志先后讲了话（全文另发），他们一致表示要高举毛泽东思想伟大红旗，用战无不胜的毛泽东思想来增强自己的无产阶级觉悟，克服小资产阶级派性，要紧跟再紧跟毛主席的伟大战略部署，搞好革命的大批判，搞好本单位的斗批改，在无产阶级文化大革命中立新功。

接着，韩爱晶同志和王大宾同志，井岗山同志和李贵同志相互交换了自己臂上的袖章，顿时台上台下，一片欢腾。

地质东方红和北航红旗战友共叙战斗的友谊，回忆了我们并肩战斗的历史，大家都深深认识到：越是我们紧密团结战斗，党内一小撮走资本主义道路的当权派和那些反革命两面派就越害怕。

我们一定要遵照毛主席的伟大指示，更紧密地团结起来！不算老账，不要派性，削平山头，联合起来是我们北地东方红和北航红旗的共同愿望，谁如果要再破坏我们的战斗友谊，我们就要跟他作坚决的斗争，如果头头们阳奉阴违，还打内战，我们就一定叫他靠边站！

大会还宣读了"给首都大专院校无产阶级革命派一封信"，提出了我们双方对首都大联合的看法和意见。国防科委、军事院校及其他兄弟院校革命派战友也参加了今天的大会。

革命大联合的香风吹遍了北京城，令人振奋的消息到处在传颂。大会正在进行，台下传来了钢院大联合的喜讯，大家无不为之欢欣鼓舞，为战友的联合表示热烈的庆贺！

会上，三军无产阶级革命派代表和兄弟院校代表讲了话，最后大会在《大海航行靠舵手》的雄壮乐曲中胜利结束。

院毛泽东思想学习班一期胜利结束

《红旗》第 77 期，1967 年 11 月 14 日

【本报讯】我院第一期毛泽东思想学习班经过两周学习，于十一月十二日胜利结束。这期学习班以毛主席的最新指示和老五篇为主要学习内容，以"斗私，批修"为纲，采用自我批评、自我教育的方法，革命干部、革命小将和解放军代表共同学习，取得了很大的成绩。

全体学员通过两周学习，进一步认清了当前我国无产阶级文化大革命的一片大好形势。进一步理解和掌握了毛主席的干部政策，在总结一年来文化大革命经验教训的同时，亮了"私"心，斗了"私"字。通过学习，普遍地提高了学员们的政治思想觉悟，增强了无产阶级革命责任感，革命干部和革命小将更进一步在毛主席的革命路线上团结起来，为我院巩固革命大联合，搞好革命的"三结合"和我院斗批改创造了更有利的条件。

第一期学习班为以后续办的学习班在方法上也提供了许多成功的经验。参加学习班领导工作的解放军同志起了核心和骨干作用。

全体学员决心更积极地投入运动，决心把我院无产阶级文化大革命进行到底。

我院第二期毛泽东思想学习班开学

《红旗》第 80 期,1967 年 12 月 5 日

【本报讯】在林彪同志的英明题词"大海航行靠舵手,干革命靠毛泽东思想"的鼓舞下,在全国人民响应林副主席的伟大号召,掀起一个新的更大的活学活用毛主席著作群众运动的高潮的大好形势下,我院第二期毛泽东思想学习班于上周正式举行开学典礼。

这次开学典礼,也是一个在我院大树特树毛主席和毛泽东思想绝对权威的新的誓师大会。会上广大红旗战士代表和党员同志精神振奋,斗志高昂,他们反复地学习毛主席的指示,一遍又一遍地高唱《东方红》和《大海航行靠舵手》。

大会由田东同志主持。韩爱晶同志在大会上讲话,他在讲话中特别强调了这次学习班的中心任务,就是像空军党委会议指出的那样,以林副主席为光辉榜样,大树特树伟大舵手毛主席的绝对权威,大树特树伟大的毛泽东思想的绝对权威。要大树特树林彪同志的崇高威望,要无限忠于毛主席,永远忠于毛泽东思想。这是我们学习班的最高的任务,最根本的方向。

张有瑛同志在大会上简单地谈了院毛泽东思想学习班领导小组对这期学习班的初步安排意见。

大会在雄壮的《大海航行靠舵手》的歌声中结束。

永远向群众学习

北航革委会主任韩爱晶,副主任井岗山

《红旗》第 82 期,1967 年 12 月 19 日

我们伟大的领袖毛主席谆谆教导我们:"群众是真正的英雄,而

我们自己则往往是幼稚可笑的,不了解这一点,就不能得到起码的知识。"最近,毛主席又指出:"在某种意义上来说,最聪明、最有才能的是最有实践经验的战士。""军队办学习班要有战士参加。"毛主席的指示,指出了干部教育的方向。就是要我们虚心向群众学习,做群众的小学生。

毛主席的指示对于干部,尤其是在无产阶级文化大革命运动中冲杀出来的新干部来讲,真是场及时雨!

我们从一个普通的群众的地位,变到了掌权的地位,这是一个很大的变化。掌权以后,能不能继续保持同群众的联系,以普通一兵的身份,继续向群众学习,这是一个严峻的考验。事实证明,许多人没有经受住这场考验。我们自己也脱离群众好远。

为什么呢?无非是自以为了不起,把个人摆在群众之上,认为自己最聪明、最能干,产生了骄傲自满情绪。

骄傲自满,就不能遇事同群众商量,甘当群众的小学生,有了事自己闭门一想,就下令照办。这样,就越来距群众越远。

骄傲自满,就听不进群众的批评,就不能虚心地检查自己、解剖自己、改造自己。这样,缺点、错误就会越积越多、越来越大,同群众搞对立,弄到不可收拾的地步。

骄傲自满,就会夜郎自大,故步自封,"老子天下第一",总想压倒人家,就不能不断地向别人、外单位学习,自己也就越来越跟不上形势,落在了后边。

骄傲自满,就会看不到敌人,丧失阶级和阶级斗争观点。这样,在斗争中就会晕头转向,分不清敌、我、友,执行错误的路线和政策。

骄傲自满,就会好大喜功,而没想到,一切功劳是必须经过群众的批准才算的,就会突出自己,而不突出群众、突出政治、突出毛泽东思想。这样,就不会树立我们伟大领袖毛主席和伟大的毛泽东思想的绝对权威,因而,就不可能永远忠于毛主席、永远忠于毛泽东思想、永远忠于毛主席的无产阶级革命路线。

骄傲,从本质上讲,就是资产阶级个人主义,就是"私"字。革命的小将、革命的新干部在取得了一些成绩之后,如果不注意,头脑里的"私"字就会发作,就容易骄傲起来。而如果骄傲了,就会被资产阶级的糖衣炮弹所击中,就会像毛主席所批评的那样,"架子大了,遇事不同群众商量,喜欢骂人,不同等对待下级,对待群众,重蹈过去老干部犯错误的覆辙,就会逐渐被群众所抛弃,成为历史上昙花一现的人物。"

历史是人民群众创造的。是群众的力量、群众的智慧、群众的斗争把我们推上了政治舞台。人民群众有无限的创造力。只要我们真实的、谦逊地和群众商量,听取群众意见,并善于启发,那么群众的智慧和创造力就会不断地、无限地涌现出来。相反,一旦我们脱离了群众,不向群众学习了,我们就丧失了对群众创造性的敏感和对群众革命热情的理解力,也就失去了力量、失去了智慧,我们自己也就显得可怜而渺小。我们有什么理由骄傲呢?又有什么理由不虚心向群众学习呢?

对待群众和群众运动的态度,是毛主席的无产阶级革命路线同刘邓资产阶级反动路线、无产阶级世界观同资产阶级世界观斗争的焦点,树立群众观点不是什么方法、能力问题,而是脱胎换骨的思想大革命。我们必须改造世界观,时刻警惕由脱离群众、到不相信群众、到害怕群众到压制群众的危险道路。

人民群众最热爱毛主席。我们经常受到群众的教育和监督,不断得到群众的帮助,就可以随时克服身上的缺点、错误,就可以不犯或少犯那些可以避免的错误,就可以使我们同群众一样,无限忠于毛主席、无限忠于毛泽东思想、无限忠于毛主席的革命路线。一些号称"群众领袖"的人,不是因为他们脱离党和群众的监督,个人主义发展,炮打无产阶级司令部,闹到反党、反革命的地步了吗?

我们生活在群众之中,就会发现群众的切身利益,就更能体会到党的方针、路线、政策是真正代表无产阶级和人民群众的最高利益的。这样,我们就不会背叛无产阶级,就不会脱离党的方针政策,而去自己另搞一套所谓全民都能接受的东西。

做群众的小学生,向群众学习,从群众中来,到群众中去,是毛主席一贯的伟大思想。

当前，我们就是要响应我们伟大领袖毛主席的号召，以"斗私，批修"为纲，大办毛泽东思想学习班，与群众共同学习、共同生活、共同战斗，敢于亮思想，勇于斗私心，促进自己的思想改造。这对于我们打掉官气，克服骄傲自满情绪，增强干群团结，搞好上、下级关系，反修、防修，巩固和加强无产阶级专政具有重大意义。

"卑贱者最聪明，高贵者最愚蠢。""最聪明、最有才能的，是最有实践经验的战士"。我们一定永远记住这个真理。

我们伟大的领袖毛主席二十六年前说："和全党同志共同一起向群众学习，继续当一个小学生，这就是我的志愿。"毛主席以自己伟大的实践给我们树立了光辉的典范。我们一定要以我们伟大领袖毛主席为榜样，在改造主观世界和客观世界的斗争实践中，把自己置于群众之中，永远向群众学习，恭恭敬敬地做一辈子人民群众的小学生。

我院首届毛著学习积极分子大会即将召开

《红旗》第 84 期，1968 年 1 月 16 日

【本刊讯】在夺取无产阶级文化大革命全面胜利的凯歌声中，我院红旗战士和广大革命师生，为迎接全军和国防科委毛著学习积极分子大会，为响应北京市革委会关于在全市进行检查、总结毛著学习情况的号召，定于一月十七日召开我院首届活学活用毛主席著作积极分子大会。大会期间将听取一批活学活用毛主席著作先进集体及积极分子的典型发言，并根据元旦社论提出的五项任务，订出全面落实毛主席最新指示的具体措施。

我院活学活用毛主席著作积极分子大会的召开，是全院革命师生政治生活中一件大喜事。突出无产阶级政治，搞好总结，是将无产阶级文化大革命推向前进的重要措施，通过这次大总结，大学习，大

讲用,大提高,狠抓一个对毛泽东思想的"忠"字,突出一个"用"字,必将使我院活学活用毛主席著作运动形成一个新高潮。

在全院大会召开之前,各部、系及专业连队将广泛召开活学活用毛著讲用会。

以最高度的革命自觉宣传和全面落实最新指示
以最大的忠诚和勇敢捍卫马列主义第三里程碑
我院首届活学活用毛主席著作积极分子大会
胜利闭幕

《红旗》第85、86期合刊 1968年1月23日

大会发出倡议:立即开展"三忠于"运动,永远无限绝对忠于毛主席,忠于毛泽东思想,忠于毛主席革命路线;把我院活学活用毛主席著作,条条落实、全面落实毛主席最新指示的群众运动推进到崭新阶段,学出用出新水平,创造新经验,出现新局面,以整党为中心,推动各条战线斗批改,把无产阶级文化大革命进行到底

【本报讯】红灯高照,喜讯频传。在全国革命人民意气风发,斗志昂扬地夺取无产阶级文化大革命全面胜利的战鼓声中,我院首届活学活用毛主席著作积极分子大会于昨天胜利闭幕。在历时五天的大会上,全体积极分子和全院革命师生,高举毛泽东思想伟大红旗,以无比忠诚的心情向我们最高红司令毛主席汇报了读毛主席的书,听毛主席的话,照毛主席的指示办事,在一年多来的无产阶级文化大革命的惊涛骇浪里奋勇前进的历程。

这次大会是一个最好的集体总结,最好的经验交流,它把全院无产阶级革命派的颗颗红心紧紧联结在一起,团结在一个思想——毛

泽东思想基础上。

这次大会,是一次庄严的宣誓,革命战士永远无限绝对忠于毛主席,忠于毛泽东思想,忠于毛主席革命路线,坚决地毫不动摇地把革命进行到底!

大会号召广大红旗战士和全院革命师生以林副主席为光辉榜样,向英雄四排和李文忠同志学习,以最高度的革命自觉,条条落实、全面落实毛主席的最新指示,以最大的忠诚和勇敢捍卫马列主义第三里程碑,在用字上狠下功夫,彻底打倒资产阶级、小资产阶级派性,大立无产阶级党性,在我院立即掀起一个活学活用毛主席著作的新高潮,以整党为中心,推动各条战线斗批改,把无产阶级文化大革命进行到底。

这次大会是新生的航院决心把毛泽东思想伟大红旗举得更高的又一个新的起点,是我院一九六八年夺取无产阶级文化大革命全面胜利的良好开端。

这次大会的圆满成功是我院紧跟毛主席伟大战略部署、无产阶级文化大革命形势空前大好的重要标志,是对中国赫鲁晓夫及其航院代理人的又一次沉重打击,是毛泽东思想的又一曲响彻云霄的凯歌,是毛主席革命路线的又一伟大胜利!

大会奖给了先进集体及个人毛主席像和红彤彤的《毛主席语录》。

大会闭幕式上,全体同志以热烈掌声一致通过了《给毛主席的致敬信》和《倡议书》。

国防科委有关负责同志,北京市革委会常委丁国钰、蒯大富等同志应邀出席了大会并讲了话。应邀出席大会的还有首都大专院校红代会、光华木材厂革委会、清华井冈山兵团、地院革委会、北大校文革、师大革委会、矿院革委会、北邮革委会以及北京医学院、新北影等二十个兄弟单位的代表。

永远 无限 绝对忠于毛主席
——活学活用毛主席著作积极分子

院革委会委员 徐鹏飞

《红旗》第 85、86 期合刊，1968 年 1 月 23 日

我是无产阶级文化大革命中很普通的一名红旗战士。在以前修正主义统治下，我被剥夺了政治生命，被修正主义院党委定成在大学里不能入团的"反动学生"。我在这里讲的，不是讲我个人。我要愤怒地控诉修正主义路线几乎杀害了我和像我这样的上百上千万的工农子弟。是毛主席挽救了我，是无产阶级文化大革命挽救了我。毛主席给了我第二次生命。毛主席、无产阶级文化大革命挽救了多少像我这样的人啊！毛主席挽救了整个世界革命，毛主席是全世界被压迫民族和被压迫人民的大救星，大恩人，是我们心中最红最红的红太阳，让我们千遍万遍地衷心祝毛主席万寿无疆！万寿无疆！

（一）资产阶级专政的大学毒杀着无数的革命青年

我父亲是一个有四十多年工龄的老工人。我们家曾被日本鬼子烧得片瓦不剩！在重建家园的斗争中，由于对日本鬼子的仇恨，由于繁重的体力劳动，母亲得下了心脏病和其他疾病。解放了，毛主席和共产党救了我们全家，在我年少的心灵里，种下了对毛主席、对党朴素的阶级感情。

我从小生活在农村，母亲给我灌输了民族仇恨的阶级教育和劳动锻炼。在长期的农村劳动的锻炼中，结下了对劳动人民深厚的阶级感情。我上了六年小学，同时放了六年牛、拾了六年牛粪，对耕牛和肥料的感情特别深，看见牛粪就像看到宝贝一样，用手捧。小学六年级，父亲对我拾牛粪的犒劳是一件大衣，我一直穿到大学三年级，已经小的破得不能再穿了，我舍不得丢掉，就自己改做了一件小棉袄，现在还穿着。

考上了航院，我是很高兴的。本来，母亲有病，妹妹又小，家里没有劳力，不想考大学，在父亲的鼓动下，考了一下，想不到考取了，那就上吧。到北京，到毛主席的身边上学，尽管有某些困难，毕竟还是挺高兴的。但是遗憾得很，进航院的第一天，资产阶级知识分子统治着的旧航院的资产阶级臭风就向着我这个风尘仆仆的农村人吹来。拿着行李包一边走，一边就看见树林里一对一对的人，感到心里很不痛快。过了几天，上课了，教室里被业务塞得满满的，人人钻业务，那些来自大城市，见多识广功课基础又好，自由自在。业务好，红帽子也飞到头上，可谓"双喜临门"。那些来自农村、忠厚老实的广大工农子弟，功课基础差，整天辛辛苦苦，政治上也没有人过问，一到考试，可谓祸星下凡，专门整你。在资产阶级知识分子统治的旧航院，那些家庭出身并不好的，政治也并不好，就是能钻业务的人青云直上，又是"典型"，又是"入党"，又是"毛著学习积极分子"，喜事真多啊！而广大的工农子弟，对党和毛主席有深厚感情，就是业务差些，于是留级、退学、遭受种种打击、歧视。对这些，我痛恨透了！修正主义的政治思想工作，也对我这个人格格不入！恐怕总是戴着"有色眼镜"看人吧？我对有些所谓靠近团党组织的积极分子，总是有意见。因为总有这样人，很会"汇报""总结"，习惯于《修养》，吹吹拍拍、唯唯诺诺。可是真的做起来，就差劲，劳动更是差劲，但是劳动后一总结，又是他在行，"典型""积极分子"得来了，好不轻松，而对这样一些人，在修正主义建党路线下偏偏有人看得上！我看不惯这些人，经常发牢骚："中国将来坏事，就坏在这些人身上！"记得有一次，大班指导员把我找去，我和他吵了一通，一直吵到晚上十二点。"反正是不可救药"了，从这以后，这个指导员再也没有找过我。

"这个鬼地方，我真不想呆了！"我不止一次地想不念书、回家种地去。小时候一边放牛一边用手捧牛粪的情景，广大贫下中农在烈日下辛勤劳动的情景，母亲拖着有病的身体为生产队养牛的情景，大妹妹为了我上学念到小学四年级就参加了农业生产的情景，我父亲十几岁就一个人到上海当学徒的情景，日本鬼子杀人放火的情景，有时候像电影一样,一幕一幕地在脑海里翻腾,激动的晚上好久也睡不着,是党和毛主席才使我有上大学的机会,千百万知识青年,选我作为代表来上人民的大学,可是这不是我待下去的地方啊!"不能被这个鬼地方把我给坑了!"我警惕起来。那么,怎么办呢?回家吧,又不甘心就这样走了!我心里想,赶快毕业吧,离开这个鬼地方,下工厂当工人去。在学校里的这段时间怎么熬呢?我想,艰苦朴素是劳动人民的品质,我决不能丢了!丢了这个,就等于投降了这个鬼地方,忘记了劳动人民。我时刻注意着保持自己劳动人民艰苦朴素的本色。我对食堂里的严重浪费现象尤其痛恨,就又对那些"红人"带上了"有色眼镜",吃油饼,桌上掉了好多碴,多可惜啊,我捡起来吃了。但是这有什么用呢?浪费照样发生,我的"有色眼镜"的颜色也加深了。

这个知识分子成堆的地方,这个修正主义专了我们政的地方,确实是太可怕了!这几年来,我虽然努力抵制了,有意识地保持了劳动人民艰苦朴素的本色。可是,拿我现在和刚进航院时比起来,还是走了样子,在我身上,劳动人民的东西少了,资产阶级的东西多了起来。这个资产阶级知识分子专政的鬼地方,非彻底砸烂不可!

修正主义的教育路线和修正主义的政治思想工作,我实在习惯不了,又不愿意甘心当奴隶,就反抗。但是,由于没有好好学习毛主席著作,只是自发地消极地反抗。那时,我拼命地看小说,我想借小说来消磨我的不满,另外也想借小说来了解世界,不管哪朝哪代哪国的都看。礼拜天就去郊外散步,一走就是一天。每当假期,也不管功课及格不及格,都回家,埋头下地劳动。

对修正主义的自发反抗,引来了资产阶级对我的专政,"五年内大学期间,不能入团",我这个人就这样被定了"性"。班里同学在团支部、党支部的压力下都不敢理我,自然而然地和我划清了"界限"。对修正主义的自发的反抗,滋长了我的自由散漫流氓无产者的习气,在资产阶级专政下的罗网里,我这个还没有用毛泽东思想很好武装起来的人在斜路上走着啊!

那时候,我走那一条路,都将是"牺牲品",一是修正主义迫害下的"殉葬品",二是在资产阶级专政的同时,自由主义的自我"埋葬"。在伟大的"四清"运动中,我开始认真地学习了毛著,受到了毛泽东思想的哺育,思想有了很大的提高,阶级斗争观念,反修防修的观念,政权观念,无产阶级专政的观念都大大地加强了。离开了死气沉沉的资产阶级专政的旧航院,回到了抚育我长大的农村,参加到轰轰烈烈的阶级斗争的火线上,我是多么高兴啊!我拼命地工作着,劳动着。八个月,我劳动了七百多任务分,是全工作队,全班劳动最多的一个。二三个人集体完成的阶级成份登记表我靠了两个农村青年帮助,一个人负责搞,在全工作队里第一个完成了任务。教民兵唱歌,组织社员学毛选,审问地富,原来在班上非常不活跃的我,现在换成了另外一个人。严冬的一个夜晚,大雪下着,生产队打的新井坏了,下面是流沙。我没有犹豫,赤身下到十几来深的井下的泥水里,想法挽救这口井。在四清中,我和另一个同学主动住到条件很差的贫农老大爷家里,为老大爷担水扫院子,和贫下中农结下了深厚的阶级感情,平时在班上老是吵嘴的我在四清中,小孩都非常愿和我接近。

但是,尽管我在广大贫下中农中获得好评,在工作队队长眼里,却是一个不可救药的顽固分子,因为我有时在工作队会议上当面向他提意见、触犯了他的"尊严""反党支部"。直到这次文化大革命中才听说当时是捞了个"四类工作队员"。修正主义路线就是这样颠倒是非,混淆黑白,对不听他们指挥的人实行资产阶级专政!

工作队为我定了"性",我是不知道的,相反我受到伟大的"四清"运动的教育,决心回校后进一步提高自己,努力进步。但是在四清中,我也看了《修养》,尽管只看了一遍,却中了毒,"屈辱、委曲求全、牺牲个人"等等鸦片开始来争取我了,"政治落实于业务"也开始争取我了,可想而知,一个政治上被修正主义早已定了"性"的人,而他不知道,却又吸上了《修养》的鸦片,搞"委曲求全,政治落实于业务",那么,这个人越"努力奋斗",所演的悲剧将越惨,这不是显而易见的吗!

资产阶级专政下的大学,杀害了多少革命青年啊,这笔血债是要彻底清算的:

最大的救星是共产党,最亲的恩人是毛主席!

毛主席亲自发动和领导了无产阶级文化大革命。是毛主席挽救了我;是无产阶级文化大革命挽救了我!是毛泽东思想哺育我在阶级斗争的大风大浪里成长!毛主席万岁!毛主席万万岁!

(二)毛泽东思想哺育我成长

毛主席亲自点燃了无产阶级文化大革命的通红烈火,看着专我们政的修正主义法权在革命的群众运动中摇摇欲坠,我的内心痛快极了!造修正主义院党委的反,造工作组的反,真恨不得点一把火,把旧世界烧个干净。但是,运动初期的造反,是带着很大的自发性和盲目性的,真正用毛泽东思想统帅我的行动的,还是发生在下面的一次教训以后。

前年六月二十七日,工作组组长在全院大会上把《一条无头黑线》打成了大毒草,发起了全面的反革命大围攻,革命烈火被扑灭了。我心中压足了火,咽不下这口气,出了一张《抓住××——这个探雷器》的大字报,遭到了小小的围攻。围攻并没有吓住我。班上一个同学拿了毛主席关于毒草的六条标准来和我辩论。当时,我一直认为毒草是反毛泽东思想的(这实际上是对的),而语录上写的六条,明明都是"利于不利于"。一个是"反",一个是"利于不利于",一时给我弄糊涂了,稀里糊涂地就认了输。事后,阶级斗争的残酷现实教训了我,要革命,就必须认真地深刻地学习毛主席著作,否则,光凭勇敢,光凭造反精神,是要迷失方向失去信心的,必然败在阶级斗争的战场上。从此后,我认真地学习毛主席著作,自觉地用毛主席的话指导自己的行动。在残酷斗争的实践中,我真正认识到,脑子里记着毛主席的教导,行动起来就有了根据,说起话来也理直气壮,在斗争的关键时刻能方向明确,遇到困难时,心里很镇静,不会像以前那样胸中无数,光凭勇敢了。下面,拿几个事例来说一说这方面的体会。

一个体会是,在斗争的关键时刻,只有自觉地用毛泽东思想去调查阶级斗争的形势,分析出阶级斗争的本质,才会方向明确,立场坚定,遇到再大的困难,也不会动摇。

六六年十二月到六七年一月,向党内走资派展开夺权斗争的革命风暴席卷全国。在这个斗争的关键时刻,武汉地区的斗争矛头从王任重身上转移到了钢工总和钢二司身上,"工人总部的头头修了""工人总部是武汉的湘江风雷""二司的头头修了",几天之内,武汉三镇风云突变,夺权斗争变成了"肃反"运动,无产阶级文化大革命处在严重关头。这时我们长江游击队的同志认真地学习了毛主席著作。毛主席教导我们:"我们看事情必须要看它的本质,而把它的现象只看作入门的向导,一进门就要抓住它的实质,这才是可靠的科学的分析方法。"什么是当前武汉地区运动的现象呢?①无产阶级革命派要夺党内走资派的权,②十二月份以前,工人总部和二司还是武汉地区无产阶级文化大革命的工人运动的主力军和学生运动的主力军,③刚要夺权,这两支文化大革命的主力军就"修"了,这些现象说明什么本质呢?毛主席教导我们说:"世界上一切革命斗争都是为了夺取政权,巩固政权。而反革命的拼死同革命势力斗争,也完全是为着维持他们的政权。"毛主席的话把我们的心照得通亮。我们清醒地认识到,资产阶级反动路线的新反扑已经开始,一场阶级斗争的更大风暴就要到来,这是一场无产阶级和资产阶级夺权的生死决战。有毛泽东思想的光辉照耀,尽管我们是少数,遭到了围攻,但我们和钢工总、钢二司战斗在一起的决心始终没有动摇过。二月十八日,陈再道抛出了镇压工人总部的"2.18声明",在这关键时刻,我们顶住了。二月二十二日,由三钢为主起草的"无产阶级夺权和资产阶级反夺权"的长文在《长江日报》发表了,这篇闪耀着毛泽东思想光辉的反击资本主义复辟逆流的檄文,为武汉地区夺权斗争的最后胜利起了重大作用。

再一个体会就是,在运动发展的关键时刻,只有自觉地用毛泽东思想去发动群众,依靠群众,打人民战争,才能取得斗争的胜利。六六年十月底,我和盛径铭、张鹏举等几个同学来到武汉串联。当时,武汉地区的文化大革命刚刚被王任重镇压下去,保守势力猖獗,造反派受压,运动冷冷清清。我们根据毛主席要抓主要矛盾的教导,认真分析了武汉地区的各种矛盾,挑起了《湖北日报》之战。战斗打响以后，我们没有注意发动群众，只是几个人找《湖北日报》的总编辑辩论，然后把总编辑揪到洪山礼堂，在洪山礼堂找张体学谈判。由于没有发动群众，当时武汉地区的保守势力又很强，因此张体学很硬，斗争处于僵持阶段。怎么办？我们认真地学习毛主席著作，分析了形势。毛主席说："革命战争是群众的战争，只有动员群众，才能进行战争，只有依靠群众，才能进行战争。"学习了毛主席的书，我们有多激动啊！我们当即决定，一方面继续和张体学谈判，张体学想磨时间，我们就来个将计就计。更重要的一方面，我们出动人力，和钢二司各大学联系，组织队伍，同时印发几十万份传单，出动宣传车，在武汉三镇日夜宣传，发动群众。待一切就绪之后，我们毅然抛开了谈判桌，出动队伍，封闭了《湖北日报》，又经过三天激烈搏斗，不惜血的代价，坚决守住了红旗大楼。从此，我们以红旗大楼为根据地，组织大量的宣传队，下到各厂矿企业。武汉地区学生运动和工人运动的两大洪流结合到一起了，无产阶级文化大革命，掀起了新的高潮。

还有一个体会就是，只有自觉地用毛泽东思想去熏陶自己的世界观深处，牢记着毛主席的教导，紧紧地把自己和毛主席联结在一起，和人民联结在一起，才会在残酷的阶级斗争面前，做到！脸不变色心不跳。

去年六月份，是武汉地区阶级斗争最激烈最残酷的一个月。当时，设立在各交通要道处大楼上的广播台，是百匪最害怕也最痛恨的地方。他们疯狂地砸了许多三钢的广播台。我们外地在武汉串联的战士也在中山大道上设立了一个钢工总五湖四海广播台，每天出海报，每天晚上有人讲演，吸引着成千上万的听众。一天，广播台的同志把由北航红旗主讲的海报贴了出去。当时，埋藏在世界观深处的资产阶级贪生怕死的念头浮了上来，"还是推故不去吧"。这个念头一出来，我就想起了毛主席的教导："要奋斗，就会有牺牲，死人的事是经常发生的。但是我们想到人民的利益，想到大多数人民的痛苦，我们为人民而死，就是死得其所。"三钢战友和百匪浴血奋战的场面在鞭策着我，日夜战斗在广播台上的战友在鞭策着我，"用鲜血和生命保卫毛主席"的誓言在鞭策着我，去！我毅然在傍晚赶到了广播台。正要讲话，江汉路口发生武斗的消息传来了，撤，还是坚持把话讲完再撤，战友向我提出了发问。下面黑压压一片的听众千百双眼睛在看着我，战友们"在需要牺牲的时候要敢于牺牲"的悲壮战歌在耳旁震响，有人民在，有战友在，我抬头看着毛主席像的慈祥脸容，看着迎风呼呼的鲜红战旗，看着周围战友们坚毅的脸容，我跳动的心镇静了，坚决地回答："讲完再走！"我拿着话筒，面对群众，讲完了最后一句话。

（三）武汉市革命人民激励我前进

毛主席说："人民，只有人民，才是创造世界历史的动力。"英雄的武汉市革命人民，最最真切，最最深刻地教育了我，阶级斗争的实践使我真正懂得了这个最伟大的真理。人民最热爱毛主席，热爱毛泽东思想，最关心国家大事，用毛泽东思想武装起来的革命人民是不可战胜的。

下面，我可以讲几个异常激动人心的场面。

《湖北日报》封闭不久的一天下午，我们在红旗楼前组织讲演会。会开不久，下起了大雨，我心想，"这老天太不作美了，会开不成了。"一个红雨伞撑了起来，又一个绿雨伞也撑了起来，不一会儿，红红绿绿的雨伞连成了一片，人不但没有走，相反逐渐在增多，周围静静的，只有雨声和讲演声。从红旗大楼上往下一看，细雨蒙蒙，红红绿绿的雨伞宽达几十米，长达一百米，构成了一幅异常激动人心的画面。我心里想，"人民关心无产阶级文化大革命，人民关心国家大事，有人民的力量，我们一定胜利"！

去年四月初，被陈再道残酷镇压下去的钢工总又起来战斗了！"反革命"的帽子还戴着，回厂还要遭受围攻，工资也被扣掉好久不发了。但这一切都没有吓倒无限忠于毛主席的钢工总战士。夜晚一队队红旗飘扬，锣鼓震天，高举通红火把的钢工总队伍上街了！你看吧，一条条火龙在飞舞着，钢工总战士一个个威严的脸膛，钢水沸腾般的人群，宽广繁华的中山大道，被革命的火把烧得通红通红。看着这激动人心的场面，工人运动即将沸腾的钢水在我的脑海里翻腾着。

我想，工人运动不可抗御地起来了，革命由工人阶级领导，任何资本主义复辟反革命逆流都不在话下！

在抗暴斗争的日子里，群众自动地起来保护钢二司革命小将，慷慨捐款捐粮，我游泳在抗暴中的汪洋大海中，人民战争的烽火熏红了我的心。我真正懂得了，人民热爱和平，但是人民更热爱真理，中国人民是好斗的，用毛泽东思想武装起来的七亿中国人民，可以把世界上任何一个角落里的反动堡垒打平！

武汉市革命人民用他们的英雄行为，使我懂得了这个真理："知识分子在其未和群众的革命斗争打成一片，在其未下决心为群众利益服务并与群众相结合的时候，往往带有主观主义和个人主义的倾向，他们的思想往往是空虚的，他们的行动往往是动摇的。因此，中国的广大的革命知识分子虽然有先锋的和桥梁的作用，但不是所有这些知识分子都能革命到底的。其中一部分，到了革命的紧急关头，就会脱离革命队伍，采取消极态度；其中少数人，就会变成革命的敌人。知识分子的这种缺点，只有在长期的群众斗争中才能克服。"我异常清楚，战斗的生活刚刚开始，要把革命进行到底，就必须按照毛主席的教导，走和工农相结合的道路。我时时刻刻牢记着，人民是我的亲生父母，是世界历史的创造者，我永远人民的儿子，是人民的小学生。我决不能离开人民。离开了人民，就没有了依靠，就没有力量，就要被历史无情地淘汰而去！

（四）资本主义制度必然灭亡

毛主席说："社会主义制度终究要代替资本主义制度，这是一个不以人们自己的意志为转移的客观规律。不管反动派怎样企图阻止历史车轮的前进，革命或迟或早总会发生，并且将必然取得胜利。"残酷的阶级斗争实践使我越来越认清了这一伟大真理。

法西斯专政是极其残酷极其野蛮的，无辜的孕妇被杀害，天真烂漫的幼童被长矛戳死，大批的革命工人和学生被关在"百匪"的集中营里惨遭迫害。氧气瓶、高压水龙头、硫酸、大吊车、土坦克把大楼一座座地攻下来。这一切说明了，如果政权被反动派篡夺了，千万颗人头落地就会马上变成事实，这就教育了我们为什么必须念念不忘阶级斗争，念念不忘无产阶级专政的真理。但是，反动派对待人民的一切残酷野蛮行为，还告诉了我们一条真理：他们是极其腐败透顶的，不过是纸老虎。因为他们代表反动，他们反对人民，所以他们必然要在地球上灭亡！六月十七日汉口抗暴自卫战，使我明确地认清了这个真理。

摆在我们面前的是二十世纪六十年代现代化大城市中的"古代战场"。大街的南头是百匪群，矛枪林立，可是身后没有一个群众，周围早关门闭户，只是远处高楼窗口处，群众在那里记下了法西斯匪徒的罪证！大街的北头，连着宽广的中山大道，是钢工总钢二司的队伍。整个大道挤满了人，人人自动地组织起来，参加到抗暴队伍的行列，整个是一幅激动人心的人民战争的场面。战争教育了人民，人民必将赢得战争。毛主席教导我们："我说一切号称强大的反动派统统不过是纸老虎。原因是他们脱离人民。你看希特勒是不是纸老虎？希特勒不是被打倒了吗？……美帝国主义没有倒，还有原子弹，我看也是要倒的，也是纸老虎。"我从汉口抗暴自卫战中看到了美帝苏修即将灭亡的日子！从思想里真正地确立起资本主义必然灭亡，社会主义必然胜利的信心是推动自己革命到底的强大动力，没有这样的信心，革命是很难革到底的。

（五）誓作第三个里程碑的忠诚战士

伟大的无产阶级文化大革命，告诉我们，在全人类实现共产主义以前，在无产阶级夺取政权建立了无产阶级专政以后，无产阶级和资产阶级谁胜谁负的问题，还没有真正解决，资产阶级有随时复辟的可能性。这就有一个在无产阶级专政下要不要继续革命和怎样进行革命的问题，这是列宁所没有来得及解决和斯大林没有能够解决的。

伟大的无产阶级文化大革命也给了我们这样一个事实，在国际共产主义运动发展的严重关头，是我们最最伟大的领袖毛主席站了出来，全面继承、捍卫、发展了马克思列宁主义，把马列主义提高到一个崭新的阶段，创立了马列主义光辉的第三个里程碑。一切帝修反所渴望的苏修叛徒集团导演的历史悲剧在中国重演的美梦破灭了，一场人类的大倒退避免了，毛主席拯救了国际共产主义运动，毛主席拯救了全人类！

无产阶级文化大革命教给我们的事实，在一年半阶级斗争实践中，我逐步清楚地认识了。

无产阶级文化大革命以前，目击资产阶级知识分子统治航院的现实，目击社会上某些"和平演变"的现实，我思索过，心想，人生反正就是这么回事，我也不去同流合污，当个正直人度完一生完事。但事实是，阶级斗争的墙壁，把我这个"正直人"的人生观无情地碰得头破血流。

无产阶级文化大革命中，尖锐、复杂、你死我活的阶级斗争的现实，使我越来越从内心里认识到，毛主席亲自发动和领导的这场无产阶级文化大革命不但拯救了中国，而且拯救了整个人类。但我也想过，人生太残酷了，政治斗争太残酷了，以后，还是搞业务去，平平稳稳地度过一生完事。但是，还未远去的斗争历史，记忆犹新，激烈斗争的现实摆在面前，更大规模的斗争风暴就要到来，阶级斗争的墙壁同样把我的个人主义人生观的去路堵死了。阶级斗争就是这样，你不去斗他，他就要斗你，在有阶级存在的社会内，没有真空的房子可住，你要做一个唯物主义者，在一生中，就绝不会有安稳的日子。我终于明白了这样一条伟大真理，无产阶级只有解放了全人类，才能使无产阶级自己最后的得到解放。

在这个时期，我抓紧了"老三篇"的学习。我认识到，只有用张思德、白求恩、老愚公的无产阶级彻底革命精神同自己个人主义人生观狠狠地斗，只有用"老三篇"统治自己的世界观，才能继续革命下去，其它的路是没有的。

在这个时期，我认真地通读了四卷，用毛泽东思想系统地总结了无产阶级文化大革命，越学毛选，越总结心里越亮堂，信心越充足。资本主义必然灭亡，社会主义必然胜利，我浑身充满了斗争欲望，充满了斗争必胜的信心。

跟着毛主席干一辈子革命，这就是结论，就是我现在的人生观，认准了，就铁硬了心肠，豁出命来干到底！

　　运动的深入发展教育了我，今后在国内，阶级斗争的焦点，是捍卫无产阶级文化大革命和否定无产阶级文化大革命的生死决战，是捍卫第三个里程碑和否定第三个里程碑的生死决战。革命的首要问题，是时刻警惕像赫鲁晓夫那样的大野心家，和党内走资派做坚决斗争。革命的根本问题，还是政权问题。在国际上，彻底埋葬帝修反的大决战在等待着我们。

　　毛主席在十年前就说过："世界是你们，也是我们的，但是归根结底是你们的。你们青年人朝气蓬勃，正在兴旺时期，好像早晨八、九点钟的太阳。希望寄托在你们身上。"毛主席对我们这一代抱有最大的希望，交给了最大最光荣的重任。我下定了决心，读一辈子毛主席的书、干一辈子革命，誓做捍卫毛主席创立的第三个里程碑的忠诚战士，为在全世界彻底埋葬帝国主义，为在全世界实现毛泽东思想的最后胜利，时刻准备拿生命，去殉光辉灿烂的共产主义的伟大事业！

在毛泽东思想的伟大旗帜下团结起来

韩爱晶　井岗山　田东　屠海鹰　侯玉山　仇北秦

《红旗》第 92 期，1968 年 3 月 12 日

　　"风雨送春归，飞雪迎春到。"当我们总结无产阶级文化大革命以来的经验教训、全面落实毛主席最新指示去夺取文化大革命全面胜利的时候，我们重温了伟大领袖毛主席的教导：

　　"国家的统一，人民的团结，国内各民族的团结，这是我们的事业必定要胜利的基本保证。"

　　"只有经过共产党的团结，才能达到全阶级和全民族的团结，只有经过全阶级全民族的团结，才能战胜敌人，完成民族的民主革命的任务。"

回想在同资产阶级反动路线搏斗的时候，我们面临着白色恐怖，在非常困难的条件下，一遍又一遍地学习毛主席的这两段语录，高唱《团结就是力量》，我们从毛主席的话中、从钢铁般的集体意志和群众集体的智慧中，从那豪迈庄严的歌声中汲取了无穷无尽的力量。这力量鼓舞着我们取得了夺权斗争的胜利。

领导班子的团结一致，干群的亲密无间，高度的民主和集中，形成了航院的统一意志，使我们在夺权以后的四个月里，实现了全院的按班级、按系统的革命大联合和革命三结合，一举建立了航院的红色政权——革命委员会。

革命委员会成立之后，给我们提出了许多新的问题。其中，领导核心的团结一致，新老干部的合作，干群之间的团结显得更加重要。整个革命委员会的团结和统一是我们具有战斗力、领导群众战胜阶级敌人夺取无产阶级文化大革命全面胜利的关键。经过九个多月的革命实践，我们已经开始认识到这一点并取得了一些经验教训。

毛主席教导我们："要讲团结"。回想成立革命委员会以来，我们同过去相比，这一点做得渐渐地差了。有的同志片面强调斗争，不讲团结。在领导核心内部、在新老干部之间、在群众当中，都讲团结讲得少，讲斗争讲得多，正如毛主席讲的那样，其结果弄得"严肃、紧张有余，团结、活泼不足。"我们体会到，团结的精神必须贯彻到工作的始终，否则就是一盘散沙，就不能形成拳头，就没有统一的意志和行动。我们同志之间，必须有团结的强烈愿望。没有团结的愿望，任何批评或者斗争都不可能取得应有的效果，"因为如果在主观上没有团结的愿望，一斗势必把事情斗乱，不可收拾"，其结果就必然是取消了团结和统一。在领导核心内部，这种团结的愿望充分体现在互相的谅解和支持以及建立在共产主义基础上的战斗友谊。正如毛主席说的那样，这种"谅解、支持和友谊，比什么都重要。"前一时期，我们之所以合不拢，难道不是首先缺乏这种团结的愿望、缺乏彼此谅解、支持和友谊吗？

毛主席又教导我们说："党内不同思想的对立和斗争是经常发生的，这是社会的阶级矛盾和新旧事物的矛盾在党内的反映。党内如果没有矛盾和解决矛盾的思想斗争，党的生命也就停止了。"有了分歧意见怎么办？这是搞好团结或影响团结的关键。总结以往的经验教训，航院主要有过这几方面的错误倾向：第一是"无限上纲"，第二是背后议论，第三是拉队伍、搞宗派。

由于我们的世界观基本上还是属于资产阶级的，缺乏解放全人类的无产阶级的胸怀，由于我们还缺乏斗争经验，所以，思想上会出现各种非无产阶级的倾向，有时会产生忽"左"忽右的偏向。对于这些，要像毛主席教导的那样，"必须善于把我们队伍中的小资产阶级思想引导到无产阶级革命的轨道"，按照"团结——批评和自我批评——团结"的公式加以解决。在小将内部，动不动就扣上"机会主义""资产阶级代言人"的大帽子，甚至把它拿到群众中去处理对待群众中的错误思想，是不适当的。这样就往往适得其反，造成感情上的对立，造成过火的斗争。这种风气一发展，势必破坏民主空气，使一些同志不敢讲话。除了真正的机会主义者以外，是不应该轻易无限上纲的。有时，为了使同志了解某种错误的危害，我们提倡"引导思想上纲"，也只是为了教育同志，而不是为了整人。把同志置于敌人的位置，也就使自己实际上站到敌人的立场上去了。

我们有的同志组织纪律性不好，不能遵守革命委员会的民主集中制。有了意见会上不说，会后乱议论，采取自由主义的态度。革命委员会不能健全民主生活制度，不能适时地展开批评与自我批评，这是影响团结的重要原因。

资产阶级、小资产阶级的派性在组织上的表现是宗派主义。在革命委员会成立以后，有的同志不懂得加强内部的团结和统一，而是一有不同意见就去收罗人马，"组织队伍"。这是一种非常错误的做法，航院半年来的现实已经充分证明了这一点。这样做不是有利于消除分歧，而是有利于加深分歧，甚至会造成严重的对立和分裂。极易使山头重起，破坏红旗战斗队的统一，严重地削弱革命委员会，这一点，是我院的一个严重教训。

我们是刚刚踏上政治斗争行列的新兵，我们都有一个共同的信念，即无限忠于毛主席、无限忠于毛泽东思想、无限忠于毛主席的无产阶级革命路线,这样,我们就有了坚定可靠的团结之基础。我们虽然还缺乏经验,但是,我们在同老干部的一致合作中,努力学习毛主席思想,向革命老干部学习,我们一定可以增强组织纪律性,学会正确处理不同意见、正确处理人民内部矛盾。我们希望全院革命同志批评我们的缺点错误,帮助我们改造世界观,同我们一道,坚决反对资产阶级、小资产阶级派性和无政府主义,总结各种经验教训,消除分歧,加强团结,把矛头共同指向航院一小撮叛徒、特务、死不悔改的走资派,全面落实毛主席的最新指示,夺取航院无产阶级文化大革命的全面胜利!

在毛泽东思想的伟大旗帜下团结起来!

我院师生员工隆重集会
热烈庆祝越南人民抗美救国斗争新春大捷

《红旗》第 87 期,1968 年 2 月 6 日

【本报讯】昨天,我院革命师生员工在体育馆隆重集会,热烈庆祝越南人民的伟大抗美救国斗争在今春获得的光辉胜利。在庆祝大会上,大家以极为饱满的革命热情,反复地学习《毛主席语录》和毛主席给阮友寿主席的贺电。

在庆祝大会上,革命师生员工的代表在发言中,对越南人民正在进行的抗美救国斗争表示最坚决的支持,对越南人民的伟大胜利表示衷心的祝贺。他们说,越南人民抗美救国斗争的胜利,是越南人民坚持人民战争,坚持用武装的革命反对武装的反革命,坚持反帝反修的胜利。越南人民的斗争,进一步有力地证明了毛主席关于人民战争的理论,大长了全世界无产阶级和劳动人民的志气,大灭了帝国主义、各国反动派和他们的走狗的威风。越南人民的胜利,也是中国人

民的胜利,也是全世界人民的胜利。

代表们在发言中,表达了中国人民最坚决地支持越南人民抗美斗争的决心。我们北航全体红旗战士和革命师生员工,我们七亿中国人民,将永远遵循伟大统帅毛主席的教导,发扬无产阶级崇高的国际主义精神,誓作越南人民的坚强后盾,坚决支持越南人民打到底,直到把美帝国主义赶出越南,赶出整个印度支那,直到最后彻底埋葬帝国主义。毛主席教导我们:"全世界人民团结起来,打败美国侵略者及其一切走狗!全世界人民要有勇气,敢于战斗,不怕困难,前赴后继,那么,全世界就一定是人民的。一切魔鬼通通都会被消灭。"

在全场热烈的口号声中,通过了全院革命师生员工给越南南方人民的祝贺电。

在大会的头一天晚上,我院红旗战士和革命同志还曾连夜进城贴大标语,表达我七亿人民对越南人民的最坚决支持。

院各级革委会大办毛泽东思想学习班

围剿派性 斩断黑手

迎接文化大革命的全面胜利

《红旗》第88期,1968年2月13日

【本报讯】我院广大革命师生员工和各级革命委员会紧跟毛主席的伟大战略部署,响应毛主席为首的无产阶级司令部发出的"打倒资产阶级、小资产阶级派性"的伟大战斗号召,迅速地举办了各种类型的毛泽东思想学习班,充分发动群众,对资产阶级、小资产阶级派性来一个围剿,使派性这个怪物无处藏身,原形毕露,乘全国无产阶级革命派和亿万革命人民群起围剿派性的东风,在我院把资产阶级、小资产阶级派性彻底搞臭,彻底打倒。只有彻底打倒了派性,才能不折不扣地贯彻和落实毛主席的一系列最新指示。

毛主席说："只有经过共产党的团结，才能达到全阶级和全民族的团结，只有经过全阶级全民族的团结，才能战胜敌人，完成民族和民主革命的任务。"院革委会邀请了一些班级的红旗战士，同革委会委员一起共同开办了一个学习班，通过打倒派性，增强党性，来加强革委会内部的团结，尤其是领导核心的团结。在这个学习班，革委会常委们积极带头，勇于自我革命，广泛地听取群众的意见，用毛主席的最新指示条条对照检查，亮私心，斗派性，割私字的尾巴，剥派性的伪装，誓做彻底的无产阶级革命派。为了更加广泛地听取群众的意见，接受群众的监督，院革委举办的学习班还采取请进来，走出去的办法，除了向持有不同观点的同志征求意见之外，还在全院邀请革命师生员工，特别是原来各种观点的群众组织代表一起开围剿派性的讲用会。会上革委会主要负责人韩爱晶、井岗山、田东、仇北秦等同志带头亮自己的私心，斗自己的派性、讲自己用毛主席的最新指示克服派性的体会。这种讲用会，在全院收到了很好的效果，大大地促进了领导核心的团结，推动了航院围剿派性的群众运动的发展。

私字不斗不倒，派性不剿不除。参加学习班的同志们通过学习毛主席的最新指示，进一步认清了当前无产阶级文化大革命的空前大好形势。他们说：春风已过玉门关。毛主席最新指示的东风，无产阶级文化大革命全面胜利的东风，已经吹遍全国，我们无产阶级革命派，决不能抱着资产阶级、小资产阶级派性不放，做文化大革命中的"挡风派"。我们要紧跟伟大领袖毛主席，坚决打倒资产阶级、小资产阶级派性，去迎接无产阶级文化大革命全面胜利的东风，把航院的无产阶级文化大革命推向一个崭新阶段！

独有英雄驱虎豹，更无豪杰怕熊罴
红航抓革命，促生产的动人凯歌

《红旗》第 89 期，1968 年 2 月 20 日

  毛主席教导我们："决定的因素是人不是物。"红航兵团的战士们遵照毛主席的教导，充分发挥人的积极因素，半年多来涌现出了很多可歌可泣的动人事迹，充分体现出毛泽东思想一旦被革命群众所掌握就能变成无坚不摧的物质力量。他们不愧为抓革命促生产的闯将。在此我们为他们叫好！闯将们，加油干！

（一）有毛泽东思想，我们什么也办得到

  回想早在去年四、五月间，正当中央文革要把红航一号交给北航之际，有些人就吹冷风散冷气，说什么"北航是教学单位，不能搞科研"，什么"同学要上课"，什么"把×××放在航院就是罗瑞卿的阴魂"呀等等，但是革命小将们坚定地回答："有毛泽东思想，我们什么也办得到，没有'专家''权威'我们照样干，不懂的东西，我们干中学，红航一号我们搞定了！"革命小将毅然承担了中央文革交给的政治任务，决心按毛主席的五七指示，闯出一条教学革命的道路来。

（二）给苏修一个响亮的耳光

  去年苏修广播电台像一只被打得头破血流的丧家犬一样狂吠道："北京航空学院的学生们，只能朗读毛泽东的语录，就是不能把飞机送上天"。革命小将听了后，无比愤怒，敌人骂我们，正说明我们的路子走对了，我们就是要靠朗读毛主席的语录把红航一号多快好省地送上天，用实际行动给苏修一记响亮的耳光。

  今天，红航正在胜利地前进。历史也必将再一次证明，苏修只不过是几只碰壁苍蝇，嗡嗡叫，几声凄厉，几声抽泣而已。

（三）新型的教育大军

我们这一代，豪情满胸怀！天不怕，地不怕，跟着毛主席闯天下。红航兵团是一个反帝反修的大战场。一、二、三年级的革命小将来了，革命的教师、专职人员也来了，那些资产阶级教授、权威统统靠边站，接受改造，一支新型的战斗大军拉起来了。

陈伯达同志题词道，"相信毛主席思想，相信群众的智慧，这样我们就将创造人类历史上空前的奇迹。"是的，我们就这样办，教师不够，同学自己组织起来，自己干，自己调查，自己摸索，自己实践，遇到问题全组讨论，遇到困难大家克服，互教互学，边干边学，既干出产品，又学到实际本领。

（四）大战三九天

毛主席思想放光芒，天冷人心暖洋洋，我们靠毛主席思想度过了多少日日夜夜啊！

三九天，冰冻三尺厚，北风刺骨寒，没有暖气，没有火炉，屋内屋外滴水成冰。为了抢进度，同志们加班加点突击画图。脚冻肿了，用热水烫一下又干，手冻裂了，贴块胶布又干！严寒只能冻出我们的鼻涕酸泪，但冻得我们骨头更硬，意志更坚！实在太冷了，就活动活动，念段主席语录："下定决心，不怕牺牲，排除万难，去争取胜利。""成千成万的先烈，为着人民的利益，在我们的前头英勇地牺牲了，让我们高举起他们的旗帜，踏着他们的血迹前进吧！"

（五）工人师傅的光辉榜样

主席思想放光芒，人人斗志高万丈，师傅们斗志更昂扬。有的师傅白天干一天，晚上还加班到两、三点钟，第二天清早又来了，别人劝他休息，他说：任务在这儿我睡不着啊！有的师傅吃饭时也不回去，往往是小孩把饭送用工厂来。有个师博家住在离校三十里外的东直门外，但他每天晚上加班到十点钟左右才回家，吃饭时托人捎个馒头一啃就行了，厂房大，无暖气，天气冷。怎么办？师傅们的回答是：

不怕，照样干！实在冻得撑不住了，捡几根木柴点火烤烤，继续干！

多么好的同志啊！有了这样用毛泽东思想武装起来的人，难道还有克服不了的困难吗？

老师傅给同学们树立了光辉的榜样，同学学师傅、师傅教同学，师徒一齐干，无难不可克。要问劲头哪里来？来自毛主席语录，来自对中央文革的高度的政治责任感！

（六）别人没有的，我们也要有

别人有的我们要有，别人没有的，我们也要有，为有牺牲多壮志，敢教日月换新天。

×部件方案国内尚未过关，尚无前例，有人就叫嚷："保险些，不要冒险。×方案根本不行"。而革命小将的回答是"坚决要上！"他们做了很多论证试验工作，证明完全可以干出来。他们更相信：依靠毛主席思想，一定能把它搞出来。在一场激烈的争论之后，小将们毅然地干起来，没有型材，自己跑，没有料自己配，没有炉子自己加工，没有模子自己做，没有时间，晚上加班，中午也不休息。在配料的过程中，有一种毒气熏红了眼睛，腐蚀了呼吸道，但小将们并不怕，戴上口罩、打开窗户、吸些新鲜空气继续干。摆在他们面前的困难是很多的，但是千难万难，难不住我们的革命小将，他们按主席的教导。"承认困难分析困难向困难做斗争""这个军队具有一往无前的精神，它要压倒一切敌人，而决不被敌人所屈服"。陈伯达同志题词说："突出政治，百折不回"，这些就是兵团战士的精神食粮。

（七）解放军来红旗来，红航精神大变样

军民团结如一人，试看天下谁能敌。自从解放军进红航成立了三结合的革委会后，红航的精神面貌更是焕然一新，领导狠抓斗私批修，思想革命化大大增强，政治空气非常浓厚，每天活学活用主席著作，早上向主席请示，晚上向主席汇报，人人自觉革命，大家互相帮助，思想觉悟大大提高，生产、教改蒸蒸日上，好人好事层出不穷。在解放军的领导之下，开展了思想大总结。这次总结搞得很好，总结

出方向，总结出干劲，总结得人人信心百倍，个个斗志昂扬，中央文革培育的这个新生苗苗——红航兵团——现正在茁壮地成长着，它是主席思想的又一伟大胜利！

（八）毛主席思想育英才，积极分子涌出来

一月十八日到一月二十三日全院召开了毛著学习积极分子大会，红航兵团有六十八名积极分子出席了大会，大小讲用会开了多次，件件动人事迹都是毛主席思想的凯歌，个个发言的同志都把伟大领袖来歌颂，红航兵团被评为全院出席科委积极分子大会的先进单位，还选出一名红航战士一起参加，这是主席思想的又一伟大胜利，让我们尽情地高呼：伟大的战无不胜的毛泽东思想万岁，伟大的领袖毛主席万岁！

红航正在胜利地前进！

我们的目的一定要达到，我们的目的一定能达到！

（红航供稿）

大跃进的脚步声在航院回响

《红旗》第 90 期，1968 年 2 月 27 日

自从院革委会做出了关于红航一号的三条决定，并成立了"抓革命促生产火线指挥部"以来，全院师生员工热烈响应，积极支持"红航一号"工作，一个热火朝天的抓革命促生产高潮正在形成。在北京航空学院传出了新的大跃进的脚步声。

后勤部的革命同志一马当先，院革委会的三点决定公布后，他们立即开了会。供应科同志表示要突出政治，克服困难，千方百计保证"红航一号"生产上所需要的一切物资、材料、设备，誓作"红航一号"的后勤尖兵。供应科的一位老工人虽然患有三种慢性病，但他表

示一定要尽最大努力做好工作,完成好无产阶级司令部交给我院的光荣任务。他说:"过去走资派、反动学术权威搞型号为了名利。今天,我们是为了完成无产阶级司令部的政治任务搞型号,绝对不能叫走资派看笑话"。汽车组、食堂科、财务科、工程科、行政科等单位的同志也都一一表示要全力以赴搞好红航一号的后勤工作,处处开绿灯,当促进派。

院革委会关于红航的三点决定在全院公布后,"77兵团"的同志立即贴出了大字报积极要求参加"红航一号"工作,一系加工间的工人师傅贴大字报表决心,同时主动到工厂报名,要求参加红航一号的机械加工等工作。881厂制氧车间的师傅主动要求在生产间隙时间到其它工段参加工作。一位正在全休养病的工人师傅听到红航需要人后立即要求提前上班。各系部革委会主任也很重视这项工作,为了红航任务,表示要全力以赴,"要人给人,要物给物"。红航五突击组的同志以冲天的干劲,以最快的速度,不分什么元旦、春节或星期日,夜以继日,猛攻关键。用毛泽东思想武装起来的红旗战士和革命师生员工,一定能保质保量完成各项任务。(红讯)

复课闹革命(67.10.26—68.2)

初步总结(讨论稿摘要一)

革委会斗批改办公室

《红旗》第91期,1968年3月5日

去年十月二十五日,毛主席又一次发出"复课闹革命"的伟大号令以后,我院广大革命学生、革命教员和革命工人立刻积极行动起来,掀起了复课闹革命的新高潮,使教育革命进入一个新阶段。

去年七月份,我院开始复课闹革命后,主要上毛泽东思想课和大批判课。为十月二十六日开始的复课闹革命打下了政治思想基础。

在复课闹革命发展过程中，各级革命委员会结合与使用了一大批革命干部，与革命小将一起，成立了教改组，担任了教育革命的领导与组织工作。

三个多月来，全院复课闹革命的形势是很好的，在毛主席教育革命思想的伟大召唤下，全院广大革命的学生、教员和工人已发动起来了，一支无产阶级教育革命的积极分子队伍正在形成。他们高举毛泽东思想伟大红旗，无限忠于毛主席的教育革命思想，以斗私批修为纲，狠抓两个阶级、两条路线、两种世界观的斗争，积极开展革命的教育大批判，认真进行教育革命的实践，许多用毛泽东思想培育出来的教育革命的新萌芽正在成长；红航、红旗兵团作为教育革命的突击力量正在胜利前进，全院的体制改革方案，教改方案正在酝酿，修改，渐趋成熟，许多专业的课程设置，课程体系，教学内容与教学方法等已进行了多方面的探索。为大规模更深入的教育革命做了必要的准备。

全院复课闹革命的发展情况有三个方面：

一、只有无限忠诚于毛主席的教育革命思想，以斗私批修为纲，狠抓两个阶级，两条路线和两种世界观的斗争，才能使教育革命沿着毛主席的无产阶级革命路线胜利前进。

我院广大革命师生员工在复课闹革命的实践中，深深地体会到，只有无限忠于毛泽东思想，无限忠于毛主席的教育革命思想，无限忠于毛主席的革命路线，无限忠于毛主席，大学大用毛泽东思想，教育革命才能有所发现，有所前进。在教育革命的探索过程中一定要全面落实，条条落实，反复落实毛主席的教育革命思想，毛主席的最新指示。

红航兵团的战士们，用自己的革命实践，描绘毛主席伟大的"五七批示"蓝图，提出了在三大革命运动中培养无产阶级革命事业接班人的"干中学"方案。在"干中学"方案的实践过程中，认真执行毛主席提出的"教育必须为无产阶级政治服务，必须同生产劳动相结合"的方针。

红旗兵团的成立过程充满着两个阶级，两条路线，两种世界观的斗争。坚定的兵团战士打退了刘邓反革命修正主义路线以及形形色色的资产阶级思想的袭击。当他们看到有些同学经不住严峻的考验，被拖到书堆中埋头苦啃"系统的"书本知识，紧紧抱住原封未动的"四大力学"（被一些资产阶级知识分子吹嘘为×××专业的看家本领）时，他们就学习毛主席"关于农业合作化运动"的伟大著作，透过现象看到了刘邓等一小撮走资派，资产阶级反动学术权威以及资产阶级知识分子，旧习惯势力刮起的阴风，并对此发动了猛烈的批判，同时还从"老三篇"中吸取了伟大力量，决心永远忠于毛主席，全心全意为人民服务，在三大革命运动的实践中锻炼成长。

又如三二三二班的同学，他们反复学习【毛主席的教育革命思想】并根据毛主席创办的湖南自修大学的规则组织了自学小组，批判了旧教育制度，旧教材和旧教学方法，又学习了《实践论》《矛盾论》，分析与总结所学知识，培养辩证的分析方法，学得活，收效好。这个班的同志一起斗私批修，较好地解决了闹革命与复课的关系。

许多革命同志，还体会到，只有认真地斗私，才能成为探索教育革命的无畏勇士。如红航兵团×××组的全体同志，对毛主席的教育革命思想狠抓"忠""用"二字，坚定地实践"教育必须为无产阶级政治服务"的方针，批判了修正主义教育路线的毒害，抵制了一些资产阶级权威，资产阶级知识分子，以及各种保守势力的打击，压制，刁难，讥讽，另一方面也排除了自己头脑中旧习惯势力的影响，以不怕牺牲，不怕困难，不怕苦，不怕死的革命英雄主义气概，以废寝忘食，埋头苦干，用双手研制了××部件，学到了真正的革命本领，为"干中学"方案进行了有益的探索，最重要的是锻炼了全心全意为人民服务的一片红心。

我院在五、六、七、八几个月中曾猛烈地批判了刘、邓、彭、陆、蒋等推行的反革命修正主义教育路线，刘少奇的半工半读制度，高教六十条等，并愤怒地控诉与批判了我院党内一小撮走资派、资产阶级反动学术权威、资产阶级知识分子统治学校以及迫害工农子弟的严重罪行，七七兵团的同志以强烈的革命造反精神，批判了修正主义教

辅制度以及脱离实际的修正主义实验教学法。（未完待续）

复课闹革命（67.10.26—68.2）
初步总结（讨论稿摘要二）

革委会斗批改办公室

《红旗》第 93 期，1968 年 3 月 19 日

（上接 91 期）

又如三三〇七班在复课闹革命时，曾提出课程改革方案，要删减学时，得到了年轻教师的支持，但却遭到资产阶级教授崔××等人的反对，崔××在课堂上指手画脚，对青年教师的讲课百般挑剔，其实质是反对改革，有的在上课时，不带不学毛主席语录，用五七年的旧讲稿，滥竽充数。激起了全班同学的无比愤怒，在课堂上就给以猛烈的批判，这是一堂生动的批判课，把复课闹革命推进了一大步。

二〇三专业连队开始建立时，三二三班的同志与部分教师组成了大批判战斗组，深刻地揭露与批判、控诉了资产阶级学术权威林××、孟××等对系、教研室实行资产阶级专政的罪行，从而提高了教师、同学的政治觉悟，为二〇三专业连队的建立、巩固与发展，为复课闹革命打下了政治思想基础。实践证明，革命的大批判，推动了教育革命实践。

二，边实践，边改革，认真地全面落实，条条落实毛主席的教育革命思想，探索社会主义制度下教育革命的规律，着手进行体制改革，拟订全面的教改规划，同时进行重点试验，对课程体系、教学内容与方法进行了多方面的探索。

我院广大师生员工坚定地执行了毛主席、党中央发出的"一切大、中、小学校一边进行教学，一边进行改革，在教学的实践中，贯

彻实行毛主席的教育革命思想,逐步提出教学制度和教学内容的革命方案"的指示,排除了对中央指示犹豫、疑虑的错误思想,同时也批判了埋头业务,脱离政治,只复课不闹革命的倾向,这样就使我院复课闹革命朝着正确的方向前进。

全校除了红航、红旗兵团作为重点试验单位外,还积极支持电工实验室,七系一一三突击连,三〇五专业等提出的改革方案。

从六七年三月到十月,院教改组、各系、兵团组织了调查组在校内与校外的工厂、科研单位等进行了多方面的调查,在十一月份比较广泛地发动了群众,讨论与拟定院及各系、专业、兵团的教改设想方案(初稿)。

到目前为止,各系各专业均提出了教改的初步设想方案,其共同特点是:以毛主席教育革命思想为指针,以阶级斗争为纲,用政治思想教育转变学生的思想,在三大革命运动中把培养无产阶级革命事业接班人放在首位;在教学的实施上采取教学、科研、生产劳动三结合(或加上使用部队四结合),实行革命的学生、教员与工人相结合,基础课与专业课相结合。此外,不少专业的革命师生还就本专业的专业方向、教学内容等问题采取请进来走出去的办法,在工人中,科研生产技术人员中进行了广泛深入的调查研究,以使教改方案更加充实和完善,有的专业,如九系一二专业还根据调查,对修正主义的专业设置原则,对刘、邓、彭、贺、罗的爬行主义路线进行了批判,院教改组在广大革命群众讨论与提出方案的基础上对院教改方案,体制改革方案,三结合基地建设方案等做了初步酝酿,提出了一些初步设想。

全院在课程体系,教学内容和教学方法等方面也进行了广泛的探索研究,有的已拟出改革方案,并进行了初步试验,已经见效果,有的已打开了有希望的突破口。

除了对专业课程体系进行改革外,有不少系和专业连队,已着手进行基础课、技术基础课和专业课程体系的全面改革,如一系四专业已在实践力学系统的改革方案,二系各专业在力学、机械和电子系统等课程体系方面进行较大幅度的改革实践,三、四、七、九系也有相类似的改革方案，这些课程体系的改革都具有这样的特点。

1. 用毛泽东思想统帅课程体系，用毛泽东思想统帅教学内容。把毛主席语录作为最主要的内容，最根本的原则。

2. 大立毛主席的辩证唯物主义，大破唯心主义，机械唯物论，形而上学与烦琐哲学。冲破课程体系的旧框框，尤其是那些过去认为动不得的，在十八九世纪形成的古老的体系（如物理、数学、力学、电学课程），减少了课程间的重复，缩减了大量学时（有的减少四分之三学时），为缩短学制提供了条件。

3. 比较符合理论联系实际的原则和同学的认识规律，有利于提高分析问题与解决问题能力。

4. 有利于彻底改变资产阶级知识分子统治学校的现象。

5. 是广泛发动群众后取得的成果，因而得到群众的拥护。

教学内容、教学方法的改革出现了很多新事物。同一门高等数学就出现多种改革方案，如五三三班即在微分方程部分，结合发动机喷油及其调节情况以及振动实验等，试图在数学课程中就开始培养学生分析专业工程技术方面的物理现象，并据此建立数学方程及其解算能力。有的班级将微分方程结合电子课程实行一条龙教学，五六三班的高等数学课程（振动微分方程部分）也试验由同学自己编讲义，上讲台讲课，主持自学讨论的方法。又如三二三班的同学与教师结合起来共同编写×××课程的讲义。并且由同学自己上讲台进行讲课。很多同学和教师对同学自编讲义、上台讲课的方法是很欢迎的，他们说这种方法有很多好处。

1. 突出毛泽东思想。在整个讲课过程中都是用毛主席语录教育同学们树立为无产阶级政治服务的学习目的性、自觉性，比较好地做到用毛泽东思想统帅整个教学内容。

2. 具有强烈的革命批判性。在课堂上，控诉与批判了修正主义教育路线，资产阶级知识分子对学校的统治，批判渗透到教学内容中去的资产阶级修正主义思想。有的同志说，同学上讲台讲课的本身就是对资产阶级知识分子统治学校的最有力的批判。

3. 比较好地执行了毛主席提出的"教授法"即"官教兵，兵教

兵，兵教官"的原则。同学自编的教材文字通俗易懂，讲课时语言生动，富有启发性，比较切合同学们的实际，课堂气氛活泼，有利于调动学习积极性，有利于提高分析与解决问题的能力，尤其是担任讲课的同学比较钻得深，学得活。

4.有利于调动同学参加教育革命的积极性。

此外，在一些班级还出现了现场教学法、请进来、派出去的自学方法等等。

三，进行教育革命要充分依靠革命的学生，革命的教员和革命的工人

我们伟大领袖毛主席在十一月三日发出了最新指示"进行无产阶级教育革命，要依靠学校中广大革命的学生，革命的教员，革命的工人，要依靠他们中间的积极分子，即决心把无产阶级文化大革命进行到底的无产阶级革命派。"我院全体人员当晚即集会庆祝，向伟大领袖表决心，立志做一个将无产阶级文化大革命进行到底的无产阶级革命派。

复课闹革命必须充分依靠群众，调动广大人员的革命积极性。尤其是要充分发挥革命师生员工的作用，把旧教育制度砸个稀巴烂。例如，电工实验室的革命工人和实验员同志带头和一些年轻教师、四九四一班的部分同学一起，猛烈地批判了修正主义教辅制度后，根据毛主席的"五·七批示"，提出了把电工实验室改造成为能结合生产劳动进行电工学教学，又能生产电子仪器的三结合基地的改革方案，使电工实验室成为培养无产阶级革命事业接班人的三大革命的熔炉，工人同志最听毛主席的话，积极认真地进行着教育革命的伟大实践，他们忠于毛主席的优秀品质、革命干劲、模范行动，对同学进行着深刻的阶级教育。同学们说："工人就是棒，和工人在一起干可以学到我们缺少的许多优秀品质"。由于学生、教员、工人都是为了一个共同的革命目标一起探索教育革命，共同战斗，一种新型的师生关系，教员之间，教员与工人之间的关系正在毛泽东思想的基础上逐步形成。

我院复课闹革命的发展形势还远远跟不上毛主席的要求，还存

在着不少问题。但我们决心在《毛主席论教育革命》的光辉照耀下,沿着"五七批示"的伟大航道胜利前进。

我院红航兵团活学活用毛主席著作进行教育革命探索先进事迹集锦

红彤彤宝书拿在手,战士心中有朝阳(摘录)
——记881厂铸工组争取大型铸件成功的两次英勇战斗

《红旗》第95、96期,1968年3月25日

(93期)用毛泽东思想指挥整个战斗

战斗进入到浇注阶段,关键时刻来到了。各个组的同志们怀着对毛主席无限热爱,无限忠诚的心情,纷纷列队,站在伟大领袖毛主席像前集体请示:"下定决心,不怕牺牲,排除万难,去争取胜利。"以徐洪生为首的熔化小组的十几个人,是由青年工人、革命小将、青年教员组成的三结合小组,他们驾驭炉火,迎着高温,来回穿梭,进行预演。(未完待续)

(续93期)以蔡少银为首的老师傅们,则以对技术精益求精,对工作极端负责的高度热情,全神贯注,埋头苦干,进行浇铸前的最后战斗准备。

浇铸前的最后一分钟到了。在车间的全体人员,起立望着毛主席的慈祥笑容,齐声高唱《东方红》。共同朗读最高指示:"我们中华民族有同自己的敌人血战到底的气概,有在自力更生的基础上光复旧物的决心,有自立于世界民族之林的能力。"一种无限光荣无限自豪的心情,伴随着紧张的战斗气氛,激励着每个人的斗志。正是这样,用毛泽东思想统帅着每一个战斗行动。

以毛主席最新指示为武器 向阶级敌人放火开炮

坚决把黑武光批倒斗臭

我院数千人集会，批斗黑贼武光

《红旗》第 99 期，1968 年 4 月 17 日

【本报讯】在毛主席最新指示的指引下，清理阶级队伍的十二级红色风暴席卷着航院，猛烈地冲击着一小撮叛徒、特务和死不悔改的走资派及其小爪牙们，宣告它们的末日已经来临。

战鼓震天红旗飘，子弹上膛刀出鞘。四月十日下午，全院革命师生员工在东操场集会，批斗、审判国民党骨干、假共产党员、大叛徒、大特务、右倾机会主义分子、漏网大右派、死不悔改的走资派——黑武光（前党委第一书记兼院长）。

在全场强烈的战斗气氛和震天的口号声中，全副武装的红旗战士把黑武光押到了会场。这是人民的审判！这是历史的判决！黑武光被迫低下了他的狗头。

革委会副主任井岗山同志首先发言。他说，毛主席的最新指示发表了，这是对我们最大的鼓舞，最大的鞭策，是最强劲的东风，是航院无产阶级文化大革命取得全面胜利的最锐利的武器。它必将使我院掀起一个向阶级敌人展开全面进攻的新高潮，必将把我院文化革命推向一个新阶段。

在会上发言的，还有"七七兵团"、新疆红二司等同志。他们以大量事实深刻地揭露和批判了黑武光反党反社会主义的反革命本质。发言如同投枪和匕首，打在黑武光及其在航院的死党、爪牙们的身上。

大叛徒、走资派王大昌、张仲禹，和追随黑武光的小爬虫李振秋等混蛋们也被揪到会场，低下他们的狗头。

这次大会的成功召开，展示着航院清理阶级队伍的红色风暴的

来临。一小撮阶级敌人的末日到了！

伟大的无产阶级文化大革命是无敌的
——热烈欢庆全世界无产阶级盛大的节日

本报编辑部

《红旗》第 101 期，1968 年 5 月 1 日

四海翻腾云水怒，五洲震荡风雷激。夺取无产阶级文化大革命全面胜利的战鼓越敲越紧，点点激励士气；美国黑人抗暴斗争的号角高亢雄壮，声声振奋人心；毛主席的"四一六"声明展示着革命的全球战略、人类未来的前途。在这共产主义思想体系和社会制度以排山倒海之势，雷霆万钧之力，磅礴于全世界，而资本主义的思想体系和社会制度日薄西山，气息奄奄，人命危浅，朝不虑夕的大好形势下，迎接全世界劳动人民战斗的节日——五一国际劳动节，我们的豪情胜慨，更加壮怀激烈！

"人民，只有人民，才是创造世界历史的动力。"从一八八六年美国芝加哥城工人罢工斗争到今年的美国黑人抗暴斗争；从巴黎工人起义，到十月革命及其继续中国革命，到史无前例的无产阶级文化大革命，一个多世纪以来的无产阶级与资产阶级斗争的整个现代史，都告诉我们，这是历史发展中的不可抗拒的真理！试看俄国的沙皇，东欧的资产阶级，中国的国民党、蒋介石这些逆人民意旨、历史必然而动的庞然大物，不是一个个被东去的大江之浪淘尽淹没，遗臭万年了吗？！

树欲静而风不止，无产阶级的敌人是不甘心于失败的，他们总是过高地估计自己的力量，他们是一批蠢人，看不到或不愿看到自己必亡的趋势，而要做一番死前的疯狂挣扎！新二月逆流，即右倾翻案妖

风，正是他们的复辟愿望的回光返照。

在这场第五回合的生死搏斗中，杨、余、傅的黑后台，同前四回合中被我们击败、罢官、打倒的落水之狗，麇集一起，结成反革命的神圣同盟，向以毛主席为首、林副主席为副的无产阶级司令部疯狂反扑，企图一举而否定无产阶级文化大革命，推翻伟大的第三个里程碑，两个阶级、两条道路、两条路线、两个司令部的斗争极其尖锐、激烈！

毛主席教导我们，要善于研究敌人的策略并找出击败他们的方法来。

杨余傅反党阴谋小集团的被揪出，是第五回合中的"平型关大捷"！阶级敌人更阴险、毒辣、狡猾、多变。他们放肆地攻击无产阶级司令部时，主要矛头集中到无产阶级文化大革命的英勇旗手江青同志身上，他们指使顽固不化的走资派、叛徒、特务、保守派组织的坏头目，拼凑反革命的"地下革委会"，与无产阶级的革委会明争暗斗，他们大刮"倒旗"翻案风，接过清理阶级队伍的口号，以反"派性"为幌子，大整造反派组织，扰乱我们的阵线，以便浑水摸鱼。

这些就是无产阶级文化大革命的敌手的斗争策略的一些新特点。其狼子野心，灼然可见！

但是，魔高一尺，道高一丈！伟大的无产阶级文化大革命是无敌的！因为这是我们的伟大领袖毛主席亲自发动和领导的，因为这是战无不胜的毛泽东思想所指导的，因为这是英雄的人民解放军、全国、全世界无产阶级和劳动人民所拥护的！它就像万里长江，奔腾向前，不可阻挡，顺它的生，逆它的亡！

"暮色苍茫看劲松，乱云飞渡仍从容"。江青同志是我党杰出的干部，在文化大革命中做出了独特的贡献，是无产阶级文化大革命的伟大旗手！谁胆敢反对江青同志，我们就坚决打倒他！我们无产阶级革命派誓死保卫江青同志！

新生的红色政权的巩固、成长是不可抗拒的！地下革委会，不过是一撮死灰复燃罢了！

而目前，我们应该特别注意敌人否定无产阶级革命派的种种阴谋诡计。

有些地方"倒旗"风盛起，结果革命造反派的战旗被摁倒，保守派的破旗却重新扯起来了。

有些地方"保对了"的奇谈怪论风风雨雨，纷纷纭纭。

还有些地方把清理阶级队伍的斗争矛头首先指向了群众组织，大整"右派学生"，抓"泥鳅"。

我们的伟大领袖毛主席最近指出：无产阶级文化大革命，实质上是在社会主义条件下，无产分级反对资产阶级和一切剥削阶级的政治大革命，是中国共产党及其领导下的广大革命人民群众与国民党反动派长期斗争的继续，是无产阶级和资产阶级阶级斗争的继续。

清理阶级队伍，是夺取无产阶级文化大革命全面胜制中的决定性战役。在这个战役中也必然始终贯穿着两条路线的斗争。

高举毛泽东思想伟大红旗，深刻领会和认真落实毛主席的最新指示、抓阶级斗争、强化无产阶级专政，坚定不移地依靠在文化大革命中冲杀出来的左派队伍——红旗战斗队，及广大革命师生、革命干部，把斗争矛头始终对准党内一小撮叛徒、特务、顽固不化的走资派，国民党反动派的遗老遗少，及社会上的牛鬼蛇神。这就是我院近一个月来清理阶级队伍中取得辉煌战果的主要经验。这是完全符合毛主席的无产阶级革命路线。

被清理的对象，主要混杂于干部与教师队伍之中，而不是在学生队伍中。革命学生组织中一些由于受无政府主义思潮和"怀疑一切"影响而犯了错误的人是人民内部矛盾，是教育帮助的问题。但是，对极少数恶毒攻击无产阶级文化大革命，炮打以毛主席为首，林副主席为副的无产阶级司令部的现行反革命，则必须毫不留情地实行无产阶级专政。但是即使如此，把揪"坏头头"、抓泥鳅形成运动，也是有害的，势必扰乱无产阶级革命派的队伍，它使我们的阵线混乱，敌人却有了可乘喘息之机。它本身就是否定革命造反派的右倾翻案风，是一条右倾机会主义路线。

在毛主席的最新最高指示发表之后，如果仍然坚持这种错误做法，就是和毛主席公然对抗，就犯了方向路线错误。

有些地方、有些单位，至今仍然坚持资产阶级反动路线，对革命造反派实行资产阶级专政，大搞山头主义，大肆推行"核心论"，大肆诽谤、诬蔑、打击、否定革命小将。我们正告他们："回头是岸"，否则，将自绝于毛主席的革命路线，自绝于人民，自取灭亡！

《人民日报》《解放军报》四月二十日社论"无产阶级革命派的胜利"中指出："我们希望，一切无产阶级革命派的同志，在胜利的形势下，要进一步用毛泽东思想武装自己的头脑，提高自己无产阶级的革命性。"

我们应该按照这一指示，鼓足干劲，力争上游，向阶级敌人发动猛烈的、持久的、主动的进攻，迎头痛击右倾翻案妖风，踏平否定革命造反派、否定文化革命的恶浪，击溃右倾机会主义、分裂主义、投降主义，打倒刘邓陶、彭陆罗杨、谭震林、王关戚、杨余傅！揪出新二月逆流的黑干将！打倒国民党反动派！打倒蒋介石！把反右倾的斗争进行到底！

"我国正面临着一个伟大的无产阶级文化革命的高潮。这个高潮有力地冲击着资产阶级和封建残余还保存的一切腐朽的思想阵地和文化阵地。"

雄关漫道真如铁，而今迈步从头越。让这个倒海翻江的高潮更加汹涌澎湃，奔腾直前吧！让这个摧枯拉朽的冲击来得更加威猛强烈、不可阻挡吧！我们将沿着全世界劳动人民的伟大领袖毛主席指引的革命轨道，认准方向，将历史的火车头以一天等于二十年的速度，气势磅礴、压倒一切地向着未来的共产主义前途风驰电掣般地前进！

全世界劳动人民万岁！

伟大的无产阶级文化大革命万岁！

我们的伟大领袖毛主席万岁！万岁！万万岁！

誓死捍卫毛主席为首的无产阶级司令部

——彻底揭发批判国防科委某些负责人的山头主义、右倾机会主义、右倾分裂主义、右倾投降主义

《红旗》第 102 期，1968 年 5 月 7 日

五月四日上午，晴空万里，红旗迎风招展，像一股股洪流，一队队气宇轩昂的队伍，从四面八方涌进我院南操场。在这里，我们国防科研、国防教育系统无产阶级革命派，为了响应我们伟大统帅毛主席和林副主席"三·二四"发出的战斗号召，紧跟毛主席的伟大战略部署，夺取无产阶级文化大革命第五个回合斗争的彻底胜利，为了坚决贯彻、执行周总理代表以毛主席为首、林副主席为副的无产阶级司令部所作的"四·二〇"重要指示，誓把无产阶级文化大革命进行到底，举行了"高举毛泽东思想伟大红旗，彻底揭发批判国防科委某些负责人山头主义、右倾保守主义、右倾机会主义、右倾投降主义"誓师大会。

这次大会是科委学代会内外结合的一次战斗誓师大会。反映了会内会外一片红的大好形势，对科委系统革命大联合是一个有力的推动。到会的革命造反派战士和红卫兵小将，高唱革命战歌，意气风发，斗志高昂。整个航院到处看得见"火烧聂荣臻，炮轰聂荣臻！""刘华清必须向毛主席低头认罪！"的醒目标语。操场上，一杆杆经历过革命风暴洗礼的红旗，迎着灿烂的阳光挥舞，格外鲜艳，神采飞扬！

上午十时半，誓师大会在雄壮的《东方红》乐曲声中开始了，人们挥动着红彤彤的《毛主席语录》，满怀激情，纵情欢呼"敬祝毛主席万寿无疆！万寿无疆！！万寿无疆！！！敬祝我们的林副统帅身体健康！永远健康！！永远健康！！！"

我们无产阶级革命派，每逢斗争的紧要关头、关键时刻都是毛主

席给我们撑腰。毛主席为首的无产阶级司令部总是给予极大的支持，做出英明的指示。五月四日凌晨，我们敬爱的周总理，接见了大会筹备处的代表，对大会做了三点重要指示。周总理充分肯定了这次誓师大会的大方向，并对开好大会，指出了许多应当注意的事项。到会的三万余名无产阶级革命派战士，听过了周总理指示之后，无不欢欣鼓舞，有的眼里含着热泪，欢呼"毛主席万岁！毛主席万岁！"呼声震天动地，响彻云霄。这真是革命方知北京近，造反更觉毛主席亲啊！

文化大革命两年多来，国防科委系统的阶级斗争极其尖锐激烈。国防科委某些负责人"站在反动的资产阶级立场上，实行资产阶级专政，将无产阶级轰轰烈烈的文化大革命运动打下去，颠倒是非，混淆黑白，围剿革命派，压制不同意见，实行白色恐怖"，他们妄图把国防科委系统变成针插不进、水泼不入的独立王国，与毛主席为首林副主席为副的无产阶级司令部分庭抗礼。他们利用所谓国防科委系统的"特殊性"，把国防科研战线两条路线的斗争和全国全党的两条路线斗争割裂开来，歪曲马列主义毛泽东思想，否定毛主席关于阶级、阶级斗争、无产阶级专政和无产阶级专政下继续革命的伟大学说，大树科委某个领导人的个人权威，推行反动的"山头站队论""多核心论"，颠倒历史、在国防科委系统自上而下地大刮右倾分裂主义、右倾投降主义、右倾翻案的黑风。我们有许多优秀的革命派战友，怀着对毛主席的赤胆忠心，站在无产阶级党性的立场上，严正地批判了科委某些负责人大搞山头主义的罪行，然而他们却遭到了迫害，被扣上"炮打无产阶级司令部"的罪名，被打成"五·一六反革命分子"，有的还被绑架、抄家、强迫劳动。直到周总理"四·二〇"指示之后，国防科委某些负责人，仍然执迷不悟，一意孤行，继续敌视群众运动。例如他们对今天的誓师大会，一直百般阻挠、刁难、破坏。他们利用权力，对群众施加压力，以国防单位不能串联为借口，声称大会"不合法"，拒绝派车，否定这次大会的大方向。但是，周总理五·四凌晨指示，给了他们当头一棒，大长了无产阶级革命派的志气！许多同志发扬革命精神，遵照总理指示，冲破了层层阻力，迈开双腿，步行几十里，赶到会场。学代会第三代表团四十一个单位的同志，和该团政委步行到会场一起开会。他们在大会上表示，决心和广大无产阶级革命派一道团结战斗，开好这个战斗的大会！在无产阶级文化大革命的第五个回合中立新功！他们受到大会群众热烈欢迎。

大会主席韩爱晶同志致了开幕词之后，各单位代表开始上台愤怒地揭发批判国防科委某些负责人的罪行。在大会上发言的有学代会四团，七机部九一六，九院和十院的代表，九院等单位做了书面发言。代表们从各个方面，用铁一般的事实，揭露了国防科委某些负责人大搞山头主义的丑恶脸谱。代表们发言一致指出，这次国防科委学代会上所暴露出来的严重的山头主义，绝不是偶然的。在相当长的一段时间内，科委某些负责人就在不择手段地苦心经营自己的小山头，千方百计地维护自己的私利。不彻底批判它，将会严重地分裂毛主席为首林副主席为副的无产阶级司令部，给我国的国防工业造成极为严重的恶果，整个国防科委系统的文化大革命就可能出现半途夭折的危险。

代表们的发言，像一发发重型炮弹，射向国防科委的小山头。一场火烧国防科委某些人山头主义、右倾机会主义的烈火，熊熊燃烧起来了！

在群众强烈要求下，科委副主任罗舜初同志到会，听取群众揭发和批判。大家对于科委副主任刘华清等人拒绝到会、顽固对抗群众运动，表示极大的愤慨，这样滑下去，是自己给自己加速垮台条件，而绝无什么好下场！毛主席说："一切犯有思想上和政治上错误的共产党员，在他们受到批评的时候，应当采取什么态度呢？这里有两条可供选择的道路：一条是改正错误，做一个好的党员；一条是堕落下去，甚至跌入反革命坑内。"两条道路，何去何从，由科委某些负责人自行选择。

最后，大会向全国国防科研、国防教育系统革命群众发出公开信，呼吁忠于毛主席的国防科研战士，积极行动起来，高举毛泽东思想伟大红旗，横扫国防科委万马齐喑的沉闷空气，彻底批判国防科委某些负责人的山头主义、右倾机会主义，夺取无产阶级文化大革命的全面胜利！

"奔腾急,万马战犹酣。"一场反右倾的革命新高潮,将在国防科委系统轰轰烈烈地掀起来!(大会供稿)

在反右倾的震天战鼓声中,召开活学活用毛泽东思想讲用会,欢庆革委会成立一周年(摘录)

《红旗》第 104 期,1968 年 5 月 21 日

……处在反右倾激战之中的革命的红旗战士、革命的共产党员、革命师生员工,以昂扬的战斗姿态,于五月二十日召开了活学活用毛泽东思想讲用会,这是反右倾的大总结,这是清理阶级队伍辉煌战果的大检阅。

院革委会主任韩爱晶同志在会上做了发言。他回顾了一年夺权,一年掌权的历史。他追述了两年来翻天覆地的变化、两年来惊心动魄的斗争:他说,两年来的历史就是我们跟着伟大领袖毛主席参加五个回合搏斗的历史,就是与国民党反动派的残渣余孽斗争的历史,他强调指出:我们必须用毛泽东思想去识别反革命两面派。周天行就是一个典型的反革命两面派,是响当当的,不折不扣的、顽固不化的走资派。

韩爱晶同志在谈到今后的任务时指出:要在反右倾中巩固革命委员会,要大力开展"三忠于"的活动。为把航院办成红彤彤的毛泽东思想大学校而战斗!

刘天章连二排(周天行专案组)的代表在会上生动地介绍了他们是如何用毛泽东思想同周狗天行战斗的。他们以光辉的"五·一六"《通知》为锐利武器,揭穿了周天行这个反革命两面派的画皮。工厂、红航铸工"干到底"突击队的小将在会上汇报了他们在教育革命探索中的丰硕成果。电工教研室、电工实验室、4931 支左小分队的

代表介绍了他们清理阶级队伍的经验。2231班的代表在会上做了题为"无限忠于毛主席,站好最后一班岗"的发言。

大会自始至终充满了战斗的气氛。革委会副主任井岗山同志宣读了活学活用毛泽东思想先进单位的名单。……

毛主席、林副主席接见来自全国各地的革命战士和出席科委学代会的积极分子(摘录)

《红旗》第105期,1968年5月21日

【本报二十日讯】在全国亿万军民隆重纪念伟大领袖毛主席亲自主持制定的中共中央一九六六年五月十六日《通知》发表两周年,热烈欢呼无产阶级文化大革命取得伟大胜利的时刻,我们心中最红最红的红太阳毛主席和他的亲密战友林副主席,以及周总理、陈伯达、康生、李富春、江青、姚文元、谢富治、黄永胜、吴法宪、叶群、汪东兴等中央首长,今天接见了来自全国各地的革命战士和出席国防科委学习毛主席著作积极分子大会的全体代表。这是对于正在奋勇前进夺取无产阶级文化大革命全面胜利的全国军民和我院广大红旗战士及革命师生员工的最大关怀最大鼓舞。

晚八点零九分,一轮红日从人民大会堂升起,我们伟大导师、伟大领袖毛主席神采奕奕,满面笑容,健步来到接见会场,同大家亲切见面。顿时全场一片欢腾。毛主席十分高兴地从接见会场的一端走到另一端,向大家频频招手,热烈鼓掌。

天大地大不如党的恩情大,爹亲娘亲不如毛主席亲。毛主席啊毛主席!您是我们心中最红最红的红太阳,千言万语说不尽我们对您的热爱,千歌万曲唱不完我们对您的无限敬仰。我们向您老人家庄严宣誓:永远以林副主席为光辉榜样,无限忠于毛主席,无限忠于毛泽东思想,无限忠于毛主席的无产阶级革命路线。……

共产党和国民党长期斗争的继续（一）

新生的红色政权革命委员会同航院"地下黑党委"之间的一场惊心动魄的斗争

本报编辑部

《红旗》第 106 期，1968 年 5 月 29 日

我们伟大领袖毛主席最近教导我们："无产阶级文化大革命，实质上是在社会主义条件下，无产阶级反对资产阶级和一切剥削阶级的政治大革命，是中国共产党及其领导下的广大革命人民群众和国民党反动派长期斗争的继续，是无产阶级和资产阶级阶级斗争的继续。"

这一最新指示，最透彻地指明了航院两年来空前激烈的阶级大搏斗的实质！照亮了我院无产阶级文化大革命全面胜利的道路！

长期以来，航院围绕着顽固不化的走资派周天行的问题，展开了一场又一场激烈、尖锐、复杂的斗争。这场斗争，绝不是无缘无故无原则的争论，也绝不是被某些人所歪曲的"派性之争"，而是共产党和国民党长期斗争的继续，无产阶级同资产阶级阶级斗争的继续，它是围绕着航院政权展开的一场又一场惊心动魄的政治大搏斗，是航院新生的红色政权革命委员会率领着无产阶级革命派红旗战斗队和广大革命师生在战无不胜的毛泽东思想的光辉照耀下，同刘邓陶在航院的代理人及国民党的残渣余孽围绕着复辟与反复辟展开的阶级大搏斗！

表面上看来，周天行的问题是九一六同六一九之争，是什么"红旗战斗队内部的分歧"，是"关于如何理解执行干部政策的认识问题"。因此，它迷惑了不少缺乏斗争经验的青年人和中间群众，掩盖了航院阶级斗争的实质。

在毛主席最新指示的光辉照耀下，经过声势浩大的反右倾和清

理阶级队伍的群众运动，随着一小撮叛徒、特务、顽固不化的走资派及反革命分子被揪出来，这场斗争的真相也日渐清楚了。现在已经查明，所谓"群众分歧"的后面是有黑手的，是有后台的！这个后台就是航院的"地下黑党委"。

毛主席说："一切暗藏的反革命分子必须揭露，他们的反革命罪行必须受到应有的惩处！"今天，到了彻底揭开周天行翻案的内幕的时候了！

叛徒特务为核心的地下黑党委

伟大领袖毛主席教导我们："帝国主义者和国内反动派决不甘心于他们的失败，他们还要做最后的挣扎。"

在六七年光辉的"一月风暴"革命中，我院无产阶级革命派红旗战斗队，在以毛主席为首林副主席为副的无产阶级司令部的亲切关怀下，把被一小撮阶级敌人篡夺的航院党、政、财、文大权夺回来了！这使得在航院盘踞了十几年的叛徒、特务、顽固不化的走资派恨得咬牙切齿，他们发誓要夺回已失去的"天堂"。

就在去年年初的一天夜里，四个幽灵似的鬼影在原副院长张仲禹家聚会，由原党委副书记程九柯主持，连续两天召开了秘密会议、统一口径，并暗中策划由程九柯、×××打入即将成立的新生红色政权——院革命委员会。这四人就是地下黑党委的前身。此后，这些家伙就频繁地活动。不久，由张仲禹、岳××出面，又拉上冯××、何××，成立一个新的四人秘密小组。经张、岳的上蹿下跳，这两个小组后来合并，组成七人小组，随后，方××亦正式参加。这样，航院的"地下黑党委"就粉墨登场了。成为极端仇视无产阶级革命派，阴谋破坏航院的无产阶级文化大革命、颠覆新生红色政权的"地下黑司令部"。

这个以程、张为首的"地下黑党委"，有前台指挥，有组织部长，有宣传部长、黑秀才，有办公室主任，黑高参，反革命小臭虫程曰平、陆志芳分别是他们的机要交通和情报员。而黑武光和周天行则是幕后总指挥。还有某些人同样在这个丑剧中扮演了极不光彩的角色！

这些"地下黑党委"的要员都是何许人也？现在已经查明：程九柯，这个一贯以"革命老前辈"自居，曾经骗取了不少人同情的所谓"老好人"，原来是个潜伏了二十五年的大叛徒、国民党大特务；四三年在新疆监狱中，他同大叛徒马明芳、方志纯、张子意之流一起，出卖了我们党杰出的干部毛泽民、陈潭秋二烈士和林基路同志，之后，加入国民党，发誓要忠于蒋该死，反共反人民；蒋该死的狗婆娘宋美龄和狗崽蒋匪经国还曾亲自召见他，指令这个叛徒、特务集团重新混入我革命队伍，窃据党、政、军要职。二十多年来，这伙国民党的忠实走卒，死心塌地为蒋匪卖命，犯下了滔天罪行。

张仲禹，这个富农出身的前副院长、旧党委常委，同样是个大叛徒。……

而这个"地下黑党委"的总后台武光，则是刘少奇的忠实门徒、大叛徒、国民党大特务，曾任旧航院党委书记兼院长。

"地下黑党委"就是由这样一批叛徒、特务、国民党残渣余孽所组成。

就是这个"地下黑党委"，统一口径，订立反革命攻守同盟，破坏航院无产阶级文化大革命！

就是这个"地下黑党委"，力图打入新生的红色政权、窃取重要职务，妄图在红色政权中寻找代言人！

就是这个"地下黑党委"，妄图建立反革命的"统一战线"，有组织、有计划、有领导地颠覆航院红色新政权！

武周王程张这个航院地下反革命司令部，还暗中操纵四个别动队：

第一个别动队是反动组织《经风雨》。几乎全是由前副主任级有重大问题的人组成，他们在黑武光的庇护下，十几年来窃踞航空领域的重要职务，掌握许多重要机密，叛国分子周国怀，就是其中的一个头目。这个反动组织曾多次秘密召开黑会，恶毒攻击无产阶级文化大革命，疯狂反对陈伯达、江青同志，炮打中央文革，实属罪大恶极。

第二支别动队就是旧政治部保皇势力的骨干力量"乐无穷"。这是一个由保周干将们拼凑成的由黑手和两面派操纵的保周主力。这是他们经过一番伪装，包上了一层"红纸"的地下黑党委的高级参谋部，其核心人物为他们出了不少"锦囊妙计"。由程九柯亲自出马，同其头面人物沟通；"地下黑党委"的要员冯××、何××是第二条"热线"；另一要员方××及其他神秘人物则直接多次参加其重要会议。

第三支队伍是"紧跟紧追"，由总支一级某些人物组成，里面有一大批坏人，是"地下黑党委"的"高级理论班子"，出了不少"奇文"，为保护航院一小撮、分裂无产阶级革命派立下了"汗马功劳"。

第四支就是"六一九"，这是为周翻案的"专案组"，又是用来同革命的红旗战士打仗的一支"机动部队"，其坏头头是大叛徒、大特务程九柯的弟弟、反革命分子程曰平和五七年漏网右派陆志芳。

这个以武周程王张为首的地下"黑党委"，就是这样依靠他们的旧班子，黑爪牙，以及被他们包庇的叛徒、特务、反动学术权威，控制一部分过去和黑党委有千丝万缕联系的某些人，用十分卑鄙的手法蒙蔽一部分一般干部和革命小将，一年多来，以导演一出淋漓尽致的死保周天行的丑剧为中心，开展了一系列妄图篡夺和颠覆航院新生的红色政权的阴谋活动。

为什么要死保周天行？

周天行，旧党委第二书记，顽固不化的走资派，是个在所填履历表中伪造了二十四个从一般干事到省委级职务的政治大骗子，漏网的反党分子、地方主义分子和右倾机会主义分子。那么，以武周程王张为首的地下黑司令部为什么要这样下赌注死保周天行呢？

就是因为周天行是黑武光的心腹，在航院的代理人，前北京市委彭真反革命集团的黑爪牙！

就是因为周是地下黑司令部的主帅，是"牵一线而动全局"的核心人物！

就是因为周是航院修正主义党委继黑武光之后的黑班主，是实权派，影响大，他解放了，航院的牛鬼蛇神都能解放，他结合了，其他"一小撮"终究会官复原职。周天行不解放，其他的都不牢靠，终究要露出狐狸尾巴的。这从"地下黑党委"的交代材料也看得清清楚楚。张仲禹交代说:"有一次程九柯来找我说'陆文上次大字报没起好作用,这次别再跳,应该给她打个招呼。'"于是张仲禹回家后叫他女儿叫陆文到冯××家,并写条告诉冯××何××。何把陆文送到张仲禹家,张告诉陆文:"周天行的问题是辩论的重点,分歧也最大,……你要少考虑你如何解放的问题。周天行的问题要能解决,对全院干部问题的作用很大,你的问题即使解决了,你算老几,对任何人没有影响。"

所以,解放周天行就是解放航院的所有"一小撮",一句话,保住了周天行,就是保住了航院的"一小撮",就是保住了敌人失去的天堂,就是资本主义复辟。这一点,敌人营垒清楚,我们同志的心里也很明白,正因为这样,周天行的问题就成了航院的焦点。现在的事实也已证明,揪出了周天行,"地下黑党委"精心构筑的由一小撮叛徒、特务、国民党余孽组成的反革命营垒立即全线崩溃!

黑 手

为了保住周天行,"地下黑党委"知道得很清楚,光靠他们自己出面是不行的,那样太露骨了,必须有一支学生和工人队伍,最好是红旗内部的人出来说话,周、程多次的表示:"工人说话有力量。"在"地下黑党委"的积极秘密筹划下,六一九出笼了。

还是在院革委会成立之前,有几个学生准备成立一个小组核实周天行材料,其观点偏于保守。这种情况被"地下黑党委"的情报员陆志芳知道了,立即报告了他的黑主子,程九柯很赏识,当即表示支持,于是指令陆志芳,帮助他们成立一个组织。

六一九成立之前,在冯××家,陆志芳汇报说,他已串联了几个人,进行调查工作,在场的方××、何××立即叫好,并且研究了如何组织、如何发动、如何支持等细节。冯××还提议"六一九这个名字很有意义",陆志芳也认为:"很好"。这就是"六一九"的来历。散会后,这批家伙立即紧张地进行准备工作。为此,程九柯还说:"程曰平要参加陆志芳那里边,我赞成。"七月八日下午,在访问了他们的黑主子武光之后，贴出布告，宣布六一九正式成立。

六一九出笼了，"地下黑党委"的干将们皆大欢喜，当天由冯××、何××、岳××、方××在焦××家聚会，由方起草了支持的大字报，地下黑党委的前台指挥程九柯、张仲禹亦亲自签名，随后贴出。此外，程九柯还下令给六一九找六一九成立后，"地下黑党委"是极为关心的，周天行、陆文、程九柯等通过程曰平、陆志芳对其下达了很多黑指示，六一九的活动，大体上是按"地下黑党委"的指示来进行的。六一九有些文件，文章，就是"地下黑党委"直接或间接写的。

据程曰平交代："冬天的一个晚上，我和陆志芳到周天行家去，周和陆文都在，谈话过程中陆文说，她写了个东西，供我们参考，……我看后，很喜欢，要带回六一九讨论一下，但陆看后，交给陆文了，他说不能带走，我说你写不了这么好，仍要带回去。陆志芳对陆文说：'你写这个东西不好，有随时抄家的可能，应当烧掉'。还有一次，武光问题中央点名后，周天行和陆文皆被隔离审查，这时，六一九全体成员在陆志芳家开会，决定审陆文。审问完了后，陆文拿出一张纸，她说：'写了一个东西，给你们看看。'在传着看时，记得里面有这么一句话：'北航干部中有坏人，故意把党的好干部周天行打成反革命、特务等。'她还说周天行几十年如一日干革命，她自己准备在文化革命中牺牲生命……。"这里，到底是六一九在审问陆文，还是周天行、陆文给六一九灌迷魂汤？敌人这种毒辣的手段，连叛党反革命分子程曰平也不得不承认："这是一个很能挑动人的文件。"一些"善良"的"不偏不倚"的人们，看了这段敌人的内幕，难道还不应该醒悟吗？

程九柯还曾对程曰平指出："你们人数太少，要发展一部分人，还要和观点相同的组织联系就不孤立了。"并指示程曰平："你们什么时候抛什么材料，你们要研究。"在去年秋收回来后，陆志芳告诉陆文：我们准备了一批关于干部问题的大字报，现在复课闹革命了，抛是否合适。陆文当即指示：现在同学思想很活跃，对干部问题很关心，正是时候。于是六一九为周天行翻案的大字报立即盖满航院。

以上铁一般的事实无可辩驳地证明：六一九是有后台的，是有黑手的，这个后台就是"地下黑党委"，这个直接的黑手就是周天行、程九柯！

林副主席说："阶级和阶级斗争是阶级社会所有现象的总的根源。"阶级社会里的一切现象，都是阶级和阶级斗争的表现，阶级斗争的需要，一切政治派别，都代表一定阶级的利益，不是为无产阶级服务，就是为资产阶级服务。六一九代表的，就是航院一小撮叛徒、特务、顽固不化的走资派和国民党残渣余孽的利益，这个组织之所以得到"地下黑党委"的赞赏和青睐，绝不是偶然的。一些受蒙蔽的同志，难道不应该从中得到沉痛的教训吗？！

地下黑党委的反革命策略

毛主席教导我们："各种剥削阶级的代表人物，当着他们处在不利情况的时候，为了保护他们现在的生存，以利将来的发展，他们往往采取以攻为守的策略，……或者吹捧一部分人，攻击一部分人；或者借题发挥，'冲破一些缺口'，使我们处于困难地位。总之，他们老是在研究对付我们的策略，窥测方向，以求一逞。有时他们会'装死躺下'，等待时机，'反攻过去'。……我们革命党人必须懂得他们这一套，必须研究他们的策略，以便战胜他们。切不可书生气十足，把复杂的阶级斗争看得太简单了。"

航院的阶级敌人，是一批异常顽固的、阴险的敌人，为了保住将要失去的"天堂"，他们进行了垂死的挣扎，使尽了一切阴谋手段，但终究是"机关算尽太聪明，反误了卿卿性命"！下面我们一一剖析"地下黑司令部"保周的反革命伎俩。

一、捧武保周

周天行是张带来的一员干将，又是武光走后在航院的代理人，这一点，敌人再清楚不过了。要保住周天行，首先要保住武光，这就是敌人的第一个策略。

早在六六年五月份，航院的一小撮凭着他那反革命的敏感，预计到一场大风暴即将来临,他们的末日快到了。在一次会议上,方复之汇报到武光搞的"几个号",周天行特别感兴趣,当即指示方准备武光的"红"材料,这为六月初的"武光风"留下了伏笔。

六月初,强大的革命风暴如千军卷席,把敌人冲得胆战心惊。当时,周天行、程九柯整天在统战部活动,大叛徒王大昌从市委打电话回来,问家里情况怎样,希望他们能"顶住",周天行连连表示同意,说:"要顶住,要顶住"。

但革命潮流是挡不住的,很快,周被革命师生揪住了,打得落花流水。正当革命派乘胜追击的时候,地下黑司令部前台总指挥出场了,程九柯、胡水鬼等人在主楼前和俱乐部搞了几个闪电式的飞行集会,蔡德麟和方复之合伙抛出武光的所谓"红材料",慷慨陈词、跺脚拍胸、鼻涕眼泪齐来,很卖力气地进行了一番表演,大肆吹捧大叛徒大特务武光如何好,""是红线的代表""同旧市委斗争,受迫害的英雄"。从而欺骗了不少不明真相的革命师生。武光既然是航院"红线"的代表,周又是这"红线"上的红人,则周是"好干部",这就是为后来周的翻案留下了伏笔。后来证明,陆志芳、程曰平之流死保周天行,最大的王牌就是用武光的话作依据的。(未完待续)

彻底摧毁地下黑党委,批倒批臭大特务大叛徒程九柯

《红旗》第 106 期,1968 年 5 月 29 日

学习门合同志无限忠于毛主席、无限忠于党和人民、无限忠于毛泽东思想、无限忠于毛主席的革命路线,怀着对阶级敌人的无比仇恨,全院广大红旗战士和革命群众召开誓师大会

【本报讯】在毛主席最新指示战斗号角的激励下,全院红旗战士和广大革命群众决心向门合同志学习,誓死保卫毛主席,保卫毛主席

的革命路线，意气风发，斗志昂扬，反右倾鼓干劲夺取无产阶级文化大革命全面胜利。在这大好形势下，我院清理阶级队伍运动又取得了极其重大的胜利，一个以大叛徒、大特务黑武光，顽固不化的走资派，政治大骗子周天行为黑后台，以大叛徒、大特务程九柯为总指挥的"地下黑党委"被挖了出来！

为了彻底摧毁航院对抗红色政权复辟资本主义的地下黑党委，撕下程九柯多年以来装扮的"狱中英雄""平易近人艰苦朴素的老革命""和稀泥的泥瓦匠""老好人"等形形色色光怪陆离的外衣，彻底清算他出卖陈潭秋、毛泽民、林基路烈士的叛徒罪行，二十五日晚，全院红旗战士和广大革命群众召开了《彻底摧毁地下黑党委，批斗大叛徒、大特务程九柯》大会。

大会由革委会主任韩爱晶同志主持。

会上，刘天章连一排同志做了长篇发言，他用大量确凿的事实揭露出程九柯根本不是什么"老革命"，而是一个双手沾满革命烈士鲜血的可耻叛徒。四二年新疆军阀盛世才以莫须有的"四·一二阴谋暴动案"将新疆的共产党员逮捕，程九柯第一次提审时就跪倒在敌人脚下，满口承认了"四·一二阴谋暴动案"，在记录上签了狗名，按了爪印。之后又积极给敌人效劳，做"策反"动员工作。审讯第二天，他就按照敌人准备好的"悔过提纲"写了"悔过书"，出卖了陈潭秋、毛泽民、林基路三位烈士。后来程九柯充当叛徒头子马明方、方志纯的联络员，多次发表脱党声明，参加国民党，参加特务组织。并且订立"攻守同盟"销毁狱中档案材料，到延安后欺骗党中央，欺骗毛主席，被中国赫鲁晓夫包庇下来。隐藏了几十年，窃踞了航院党政大权。在文化大革命期间，顽固站在资产阶级反动立场上，对抗文化大革命。后摇身一变混入红色政权，组织地下黑党委，大搞右倾翻案复辟活动，妄图从红旗战斗队和全院革命同志手中夺回他们失去的天堂。

大叛徒、大特务程九柯的滔天罪行激起了全院革命群众的极大愤怒，"打倒大叛徒，大特务程九柯""向程九柯讨还血债"的口号声，像大海的怒涛要把这个不齿于人类的臭狗屎堆吞没。成千上万只拳头愤怒地举起,要把这个可耻的叛徒砸个稀巴烂!在愤怒的革命人民面前,这个隐藏了二十五年之久,"算尽"了"机关",使尽了一切阴谋手段的老反革命分子,终于低下了狗头,被历史推上了断头台,接受革命人民的严正审判。

毛泽东思想和革命群众斗争实践相结合,就能变成威力无比的原子弹,一切耍阴谋,施诡计的程九柯,王九柯,张九柯终久逃脱不了覆灭的命运。

革命领导干部,革委会副主任王恒同志在会上做了重要揭发和讲话。

共产党和国民党长期斗争的继续(二)

新生的红色政权革命委员会同航院"地下黑党委"之间的一场惊心动魄的斗争

本报编辑部

《红旗》第107期,1968年6月5日

(接106期)

二、打王(恒)保周

运动初期,地下黑党委为了保护周天行,就定下了打王(恒)保周的基调。工作组时,陆文就指示吴××把航院的许多问题一股脑儿推到王恒身上,从而为周开脱。他们还通过手下的爪牙贴出不少大字报,造成假象,似乎"王问题最大,而周不太多"。

六六年十二月,王大昌、孔令闻、胡、方××等人讨论对干部的看法时,又一次订下了打王保的调子,据何××交代:"程九柯、王大昌、张仲禹等都认为王恒是四类,周天行比王恒好,程九柯是狠打王恒,死保周天行的"。这些包庇周天行的言论包括周天行自己都是这样散布的。

三、大造保周翻案的舆论

六七年四月上旬，陆志芳到处张贴为周翻案的大字报。陆的大字报说："某副院长说：'周天行跟前市委是一般关系，王恒、王大昌跑前市委比周天行还多呢'！'周天行能力强，有干劲，毛著学习抓得紧，工作细致。'当谈到三结合是否有可能结合周天行时，他说'大有可能。'"

陆的大字报还说："×××（政治部）讲：'周天行要么是黑帮，要么是一、二类，直到如今，我还没有相信周天行是前市委的黑线人物，周天行在我院干部中威信很高'"。×××干事说："周天行干劲足，工作比较慎重，作风正派，毛著学习抓得紧。"

六七年五月，周天行亮相会之前，程九柯，×××，×××，等人为了联合发言表态，在张仲禹家研究了一天，讨论是否是三类的问题，最后采用程九柯的意见，"不具体说是几类，只提不是四类。"王××代表这四人的发言就是这样讲的。这个发言由程九柯组织，方××等人分头写的。

也是在五月初，程九柯、张仲禹等人在张仲禹家开黑会，就在那次会上，定下了"如果王恒不是四类，则航院无四类……如果周天行是四类，那我们至少是五类。"

毛主席在八届十中全会上说"凡是要推翻一个政权，总要先造成舆论，总要先做意识形态方面的工作。革命的阶级是这样，反革命的阶级也是这样。"航院的"地下黑党委"为了保周夺取航院政权就是这样散布复辟舆论的。

四、拉一派，打一派妄图分裂红旗战斗队

516兵团的同志，经过调查研究，澄清了王恒的许多问题，为解放王恒做了许多工作，他们的成绩是很大的。因而引起了"地下黑党委"的注意，他们认为516能量很大，如果能拉过来，是自己一支得力部队。于是他们又是谈话，又是访问，又吹又拍，千方百计要把革

命小将拉下水。程九柯说"有个516保王恒,将来就要有个兵团保周天行。"

在三系一次斗胡孝宣那天上午,三个516同学找张仲禹谈话时,张当时就说:"希望516在干部问题上继续做工作,不要光搞个王恒问题,如果把主要干部问题都闹清了,你们对运动的贡献是很大的。"

在六七年七八月间,张仲禹、岳××、冯××,×××等人和516兵团座谈时,又向他们提出"不能光解决王恒一个人,要全面贯彻毛主席的干部路线",鼓励516兵团参与为周天行翻案。

"地下黑党委"除了拉516之外,还在革委会里寻找他们的代言人,吹捧这些同志是"群众的代言人","是毛主席干部路线的代表""地下黑党委"就是这样利用革命队伍内部在干部问题上的分歧,吹捧一部分人,打击一部分人,为航院一小撮翻案,保护他们自己过关的。

五、保王为保周,结合王为结合周

航院的一小撮阶级敌人看到王恒的问题逐渐清楚了,结合王恒已成大势所趋,于是立即改变了他们的策略,由"打王保周",变为"高唱结合王恒",他们提出,"不批就保,立即结合王恒。"一时,"立即结合"的呼声达到了十二万分的热度。

这到底是怎么一回事呢?

原来这里隐藏着一个极大的阴谋。这就是:"立即结合王恒只是一个幌子,目的是为了立即结合周天行。"

岳××交代:"程九柯说:'王恒问题解决了,周天行问题也就解决了'。"

何××交代:"到后来结合王恒的呼声很高,程九柯说也可以结合,并说,如王恒结合了,周天行的问题也就解决了。当时,我、岳、张仲禹、冯××、方××等都同意这个看法。"方复之交代:"当时我们认为王恒解放很重要,王恒对周天行的看法表态很重要,我、岳、冯、何,首先去找王恒谈过一次话,了解对周天行的看法。"同时还大造"周天行比王恒好"的舆论,还动员王恒参加他们的战斗队。

但是，敌人的阴谋并没有能够得逞。航院广大用毛泽东思想武装起来的无产阶级革命派，及时地识破"地下黑党委"的阴谋诡计，九一六的同志当即指出："毛主席对犯错误干部的政策是'一批二保'。不批判，立即结合王恒是错误的。王恒可以先使用。领导班子是政权问题，革委会决不能让有严重的问题的人进去。周天行是走资派，双方有很大分歧，先挂起来，放到以后再解决，应该先结合问题较少的，意见比较统一的干部。所谓立即结合王恒，就是要立即结合周天行、方××之流，就是航院的资本主义复辟。"后来证明，这种"先易后难"的做法，是符合林副主席指示精神的。

由于全院广大革命的红旗战士和师生员工的坚决抵制，"地下黑党委"玩弄的解放王（恒）为解放周，结合王（恒）为结合周的阴谋遭到了彻底破产。

值得注意的是，今年初全院广大革命的红旗战士和师生员工一致要求立即结合王恒同志，院革委会常委也讨论了刘天章连同志的汇报，同意立即结合王恒同志为副主任的时候，前段"结合王恒、解放周天行"高调唱得最高的某些人却来了个一百八十度大转弯："坚决不同意王恒到市革委会学习班""现在就是不能结合王恒，结合王恒就使航院派性更厉害了，就助长了极'左'思潮。"这样"地下黑党委"的"司马昭之心"，不是路人皆知了吗？

六、假批判、真包庇

"地下黑党委"保周的阴谋接二连三地破产，敌人慌了手脚。于是前台指挥程九柯急忙提出："对周天行我们不能光保不批"。方××立即把这道密令传达给陆志芳："应该批判周天行。"当时陆志芳是不愿意批判的，他说："我们这些人不会批判，上不了纲。"尽管冯、何也不止一次交代过"批判"的事。

可是陆志芳之流太不争气了，根本就没想过批判，批判的东西从何而来？黑主子下了令，只得找"地下黑党委"要稿子，敷衍一下。陆志芳一篇批判刘少奇的文章，就是由方××供给的。这点，连方也供认不讳："这是为翻案活动装装门面"。

批判放空炮，不结合本单位，这是程九柯等人的主张。×××交代："作战部提出计划公布后，程九柯在岳××家召开了一次秘密会，程说，开展大批判，是个大方向，在作战部讨论有争论，我主张从路线着手，有些'左左'先生主张从人入手，抓院内'一小撮'。"接过"大批判"这个革命口号，抽去本质和灵魂，这就是航院"地下黑党委"打着"红旗"反红旗，假批判、真包庇，抵制揪"一小撮"的典型反革命两面派手法。

敌人是很狡猾的，"狡兔三窟"，他们不知有多少窟。

去年十一月辩论干部问题正激烈时，有一张"小天兵"的大字报，谈王大昌是航院的第二把手，曾轰动航院一时。这是怎么回事呢？原来又是敌人耍的一个阴谋。

王大昌何许人也？旧院党委副书记，副院长，后代理院长，武光通过他女儿点名的航院的"好干部"，出卖革命的大叛徒。

本来，程九柯等人是一贯包庇王大昌的，他们一直采取死保。但王历史问题的铁证已掌握在革命师生手里，"地下黑党委"的干将何××从专案组那里窃来这个情报后，八月下旬，程九柯等人讨论是保还是抛时，主张抛的人说："看来会定为敌我性质"。程极力反对，他说："我们这些书记、院长说话是有分量的，不要轻易说定性的话。"但实在保不住了，于是只得抛，何当时提出："在写王大昌问题时，要提王恒不在时，主要是王大昌主持党委工作，这样别人就知道王是第二把手了，不要正面说周天行不是第二把手。""还要使人不要觉察出我们已经摸了专案组的底。""小天兵"的大字报就是在这样的背景下出笼的。

这里还有一段插曲，当时当革委会作战部提出斗争大叛徒王大昌时，马上"斗王大昌是大阴谋""你们转移目标"，"誓把周天行问题辩论到底"等大标语比比皆是。但没过两天，又是这些人贴出"打倒王大昌、解放周天行"，"王大昌迫害周天行"之类抛王保周的大字报也纷纷出笼。原来，这都是"地下黑党委"商量后定下的反革命策略。总之，"地下黑党委"千变万化，目的都只有一个，就是为了死保顽固不化的走资派周天行，最后夺取航院的政权。

以守为攻，以攻为守，猖狂进行反革命翻案篡权活动

一切阶级敌人，都是极其阴险、狡猾、毒辣的，他们有严密的组织，有灵活的对策。不利的时候，就像毒蛇一样，躲藏在阴暗的洞穴里，以守为攻；一遇到适宜的气候，就出来兴风作浪，以攻为守；打进来，拉出去是他们常用的手法，合法斗争与阴谋活动相结合是他们既定的反革命伎俩。今年"二月逆流"的时候，这批牛鬼蛇神立刻兴高采烈，利令智昏，利用社会上的逆流和小将们的弱点缺点，欺骗小将、打击小将。程曰平、陆志芳上蹿下跳，大搞反革命串联，他们借口"反派性"，把斗争矛头直指革命委员会和革命的红旗战士，猖狂地大骂红旗战斗队是"派性组织""革命委员会不如国民党""革命委员会不如蒋介石""航院是极'左'思潮统治，是派性掌权"，高叫要"解散红旗战斗队"，大整革命小将的黑材料，并且乘革委会负责同志是市学习班成员不在校之机，派遣他们的心腹打入革委会的各个机构，公开叫嚣要夺院革委会清理阶级队伍第七办公室和其他部门的权，要把新、旧政治部合并……与此同时，顽固不化的走资派周天行则公开跳出来翻案，二月十六日通过六一九贴出一封所谓"公开信"，……那时，他们是何等得意啊！真有"黑云压城城欲摧"之势。

可是，"搬起石头砸自己的脚"，历史总是无情嘲弄这帮蠢驴。曾几何时，这些蹦跳了几下的秋后蚂蚱，就一个个原形毕露了。不管他们使出三十六计也好，七十二变也好，最终都是逃不脱历史惩罚的！

不结束语

从以上可以清楚地看出，航院"地下黑党委"，最集中地代表了一小撮顽固不化的走资派、叛徒、特务、国民党残渣余孽的利益，他们是一批与人民为敌顽抗到底的反革命两面派！他们时而进攻，时而退却，时而公开的是"不要去碰""可能的地方还要顺着党和人民"，而暗中却加紧"磨我的剑，窥测方向""用孙行者钻进铁扇公主肚皮的战术"，来从事反党反人民的反革命活动。他们采用了许许多多善良人所想象不到的诡计，来进行破坏和捣乱。为了挽救他们的主子及

其自身灭亡的命运，疯狂进行垂死的挣扎。但是，无论敌人多么狡猾，终究逃不脱革命人民的法网，他们失败了！彻底地完蛋了！这场斗争，以"地下黑党委"的彻底失败，我们的完全胜利而告终！

但是，我们同阶级敌人的斗争，将不会完结，还会以新的事件，新的形式而出现，仍然潜伏下来的和新生的反革命，还会继续登台表演。但是，不管他们伪装得何等巧妙，不管他们愿意还是不愿意，最后必定是重蹈他们前任的覆辙，历史就是这样给他们规定了一条走向坟墓的道路！

毛主席说："宜将剩勇追穷寇，不可沽名学霸王。"

我们一定要牢记毛主席的教导，彻底摧毁"地下黑党委"，把航院一小撮阶级敌人完全、彻底、干净、全部消灭掉！

无产阶级专政万岁！

打倒刘邓陶！打倒黑武光！打倒周天行！

无产阶级文化大革命全面胜利万岁！

把反革命右派组织《经风雨》揪出来示众

《红旗》第 108 期，1968 年 6 月 12 日

【编者按】继挖出航院武周程王张地下黑司令部之后，它的别动队——反革命右派组织《经风雨》又被揪出来了，这是如火如荼的清理阶级队伍运动的又一重大胜利！

现已查明，《经风雨》成员绝大部分出身于剥削阶级家庭，国民党的残渣余孽，剥削阶级的孝子贤孙，是一帮历史反革命。就是他们，在"十二月黑风"和"二月逆流"中干尽了坏事，就是他们，死保刘少奇，死保航院以黑武光，周天行、程九柯为首的地下黑司令部；就是他们，竟狗胆包天破坏无产阶级文化大革命，恶毒攻击江青同志和中央文革，炮打无产阶级司令部，罪恶滔天，是可忍，孰不可忍？

可是，航院竟有那么一些人，对《经风雨》这类反革命组织，对武周程王张这个地下黑司令部，左同情，右怜悯，他们爱的是什么，恨的是什么？难道不值得人们深思吗！

我们红旗战士，永远向门合同志学习，誓死保卫毛主席，誓死保卫毛主席革命路线，誓死保卫中央文革，誓死保卫江青同志！谁反对中央文革，谁反对江青同志，就坚决打倒谁！

宜将剩勇追穷寇，不可沽名学霸王。红旗战士，革命的同志们，让我们奋起毛泽东思想千钧棒，完全、彻底、干净、全部地揪出一切潜伏在航院的叛徒、特务，走资派和国民党残渣余孽！

反革命右派组织《经风雨》是十二月黑风的产物，它与《联动》一样，是中国赫鲁晓夫的保皇军。它的成立，是与以后的二月反革命逆流密切相配合的。正当全国亿万革命群众在无产阶级司令部的号召下，掀起了批判资产阶级反动路线的高潮，这些国民党的残渣余孽，见机不妙，也打着"组织起来投入战斗"的旗号，搜罗一些国民党的残渣余孽，那些挂着党员招牌的反动教授，组成了《经风雨》。他们配合社会上的反动逆流，猖狂攻击中央文革，攻击江青同志，分裂无产阶级司令部。在以武周程王张为首的航院地下黑司令部的指挥下，与旧政治部《乐无穷》一起死保周天行。另外他们来往于清华、北大、京工、科学院之间，收集情报、科研动态，分析形势，传谣言，开黑会，上蹿下跳，十分卖力。

《经风雨》都是些什么人？我们只介绍几个就可看出它的本来面目：

周国怀：《经风雨》第一号头目，叛国分子。

赵震炎：《经风雨》三大头目之一，黑武光的高参，城工部党员，反动教授。早在三七年赵就参加了由其反动祖父国民党中将组织的"地主武装"。三八年在中学时，就参加过特务组织《牛力社》并当过中队长。四一年参加了特务外围组织《铁马体育会》。

四九年赵竟由三反分子何××和反动教授屠××拉入党内。

赵祖父是国民党中将，国民党中央参政员伪浙江省保安司令。其父是国民党少将军医，国民党中央军医署办公厅主任，伪军联合总署副署长等职。二叔是国民党中将高参，国民党反共战地视察官，伪浙江保安司令。姑夫也任过伪浙江保安司令。

赵全家主要人员十多口，除赵本人与一右派弟弟在大陆外，其余全部在台湾或美国。

赵的老婆褚××出身大地主、大资本家、大官僚。其祖父是伪浙江省临时政府副主席，其叔父、姑父均为美蒋走狗。其弟是台湾的空军驾驶员，其舅是军统特务。连赵家保姆之弟也是中美合作所特务。

叶××：《经风雨》发起人三大头目之一，周天行的小爪牙，叛国分子周国怀的"密友"。出身工商业兼地主，父亲是国民党和青年党"双料党员"、伪公安局长。

张×：《经风雨》高参，核心组成员之一，出身地主兼资本家，其父系逃亡地主资本家，右派分子。岳父是中统特务。

反对中央文革，分裂无产阶级司令部的急先锋

我院反革命组织《八一》纵队的反革命大字报四问中央文革出笼后，在我院刮起了十二月黑风，《经风雨》也跳将出来配合，大叫"有些东西好像感到问得还有道理""中央文革领导这么大的史无前例的运动，那能一点缺点错误都没有？"

六七年元旦前后，《经风雨》的一系列黑会上，借传中央决定将被捕的西纠联动分子交群众监督改造一事丧心病狂地为西纠、联动、李洪山、易振亚之流鸣冤叫屈，大叫"中学生抓了很多""抓人多了会使人不敢讲话"。不仅如此，《经风雨》这批牛鬼蛇神们竟然狗胆包天，把矛头直指我们敬爱的江青同志，分裂无产阶级司令部。他们攻击江青同志所用言词之恶毒、反动简直无法下笔。真是猖狂已极，混蛋透顶。

林副统帅说："江青同志是我们党内女同志中间很杰出的同志，也是我们党的干部中间很杰出的干部。文化革命中间树立了许多丰功伟绩"。

《经风雨》的反革命小丑们，疯狂地反对江青同志，妄图分裂无产阶级司令部，罪该万死。

刘邓黑司令部的忠实爪牙

"世上绝没有无缘无故的爱,也没有无缘无故的恨。"

《经风雨》的先生们,由于其阶级本性决定,对叛徒、特务、走资派无限同情,对群众揪斗这些牛鬼蛇神的革命行动恨得咬牙切齿。

清华揪反革命修正主义分子蒋南翔之后,《经风雨》的坏头头叶××、周国怀、张×之流十分心痛。

叶、周拿出八大委员名单,把已被我们揪出的叛徒、特务、走资派、黑帮的狗名数了又数,并抄下来说:"过去党内传达揭露的党内斗争人数都没有这次多"。张×则以介绍反革命分子易振亚大字报为名,借蒋南翔之口为蒋翻案,胡说:"蒋南翔在清华园看大字报时对《井冈山》人说:'你们的材料核实了吗?'"

清华开数十万人斗争战略情报特务、刘少的臭老婆王光美大会,张×、陆××在《经风雨》黑会上极力丑化小将,美化王光美,说什么,再三强调"王光美不是普通工作人员,而是国家主席的夫人",一句话,打在刘少奇王光美身上,痛在《经风雨》心上。

六七年元旦,首都革命群众组织游行,表示坚决打倒中国赫鲁晓夫刘少奇、邓小平的决心。对于这样的革命行动,《经风雨》经过讨论,决定不集体参加游行。叶××表面上不得不参加游行,回来后不打自招一句泄露天机:"喊这些口号时,我举了手,但嘴里没喊"。好一副反革命保皇嘴脸!好一个反革命两面派!

我院地下黑司令部的一支别动队

六七年三月,反革命组织《经风雨》本着他反革命的嗅觉,为了保存力量,企图东山再起,就改头换面,分散兵力。

"葵花向阳"是我院地下黑司令部进行反革命活动的得力别动队之一。

他们派出郭××与岳××联系,得到不少指示,以开座谈会,叫小爬虫陆志芳澄清问题为名,行反宣传黑指示之实。并与旧政治部《乐无穷》等串联,为死保周天行奔忙。叶××为岳××出谋献策。

在最紧张的时候，叶一天之间要找岳二、三次之多。在他们与旧政治部《乐无穷》公开搞联合行动时，吸收了地下黑司令部的一员大将范××，参与和领导他们的活动，他们通过范与武周程王张的另一员干将罗×密切联系，向他们请示工作，交接黑指示。在今年二、三月间反派性时，又认为机会到了，多次去曹××家了解我院学习班的情况，并与旧政治部陈××密切来往，大整红旗战斗队的黑材料。

资产阶级知识分子统治我院的马前卒

史无前例的无产阶级文化大革命彻底摧垮了刘邓黑司令部，彻底清算了刘邓修正主义教育路线的流毒，毛泽东思想红旗遍插各个领域。

《经风雨》竟公开对抗五·七指示，说："主席讲的是现象，这种现象在我院当然也存在，但并不一定就是说学校所有单位都是资产阶级知识分子统治的"。

今天，《经风雨》这个反革命右派组织终于给砸烂了，不管他们的反革命经验怎样丰富，如何阴险毒辣，他们终究不能逃脱毛泽东思想的阳光，历史已宣判了《经风雨》的死刑。

捷 报

《红旗》第 111 期 1968 年 7 月 3 日

东风浩荡，红旗飘扬。在夺取无产阶级文化大革命全面胜利的关键时刻，北京航空学院革命师生员工向毛主席、向党中央、向中央文革报喜，向党的四十七周年生日献礼！我院研制的"红航一号"第一架机体已于一九六八年六月二十八日下午制造成功了！

这是战无不胜的毛泽东思想的伟大胜利！

这是毛主席无产阶级革命路线的伟大胜利！

这是无产阶级文化大革命的丰硕成果！

让我们千遍万遍地高呼：毛主席万岁！毛主席万岁！毛主席万岁！

全体参加"红航一号"研制工作的革命学生、革命教员、革命工人怀着对伟大领袖毛主席的无限忠诚，以对中央文革负政治责任的高度革命热忱，在无产阶级司令部的亲切关怀下，一年来，狠抓革命、猛促生产，努力进行教育革命探索，取得了一个又一个胜利。

我们的胜利是对帝、修、反的沉重打击！给大搞右倾翻案的阶级敌人一记响亮的耳光！

"宜将剩勇追穷寇，不可沽名学霸王"。航院无产阶级革命派决心高举毛泽东思想伟大红旗，发扬勇敢战斗，不怕牺牲，不怕疲劳和连续作战的作风，自力更生，奋发图强，一定要按时把"红航一号"送上天，全面完成"红航一号"研制任务。

我们是教育革命的探索者，决心沿着毛主席的『五·七』指示的光辉航道奋勇前进，把无产阶级文化大革命进行到底！

无产阶级文化大革命万岁！

战无不胜的毛泽东思想万岁！

伟大的领袖毛主席万岁！万万岁！

革命委员会

北京航空学院红旗战斗队

全体革命师生员工

一九六八年七月一日

克服官僚主义的作风，建立革命化的新政权
——院革委会研究如何贯彻"精兵简政"的方针

《红旗》第 113 期，1968 年 7 月 17 日

七月十一日《人民日报》的重要编者按，传达了我们伟大领袖毛主席的声音，传达了以毛主席为首、林副主席为副的无产阶级司令部

的号令。

我院革委会紧跟毛主席的战略部署，响应无产阶级司令部的号令，于七月十二日下午召开了常委会议。会议学习了毛主席关于"精兵简政"的语录、《人民日报》七·一一编者按和《灵宝县革委会实行领导班子革命化精兵简政，密切联系群众》一文。

到会同志认为，我院前一段清理阶级队伍工作取得了巨大的成绩。毛主席在这大好形势下又给我们送来了及时雨，给组织上如何巩固和发展成果指出了明确的方向，给革命委员会进一步贯彻毛主席的无产阶级革命路线，开展对敌斗争，粉碎阶级敌人复辟资本主义的企图，克服官僚主义的旧作风，把无产阶级文化大革命进行到底指出了根本道路。这是毛主席对我们的最大关怀、最大鼓舞、最大教育、最大鞭策。我们怀着对毛主席、对毛泽东思想、对毛主席的革命路线的无限忠诚，坚决、全面落实毛主席的最新指示，实现领导班子革命化，精兵简政，密切联系群众，为"组织起一个革命化的联系群众的领导班子"而努力。

会议指出，革委会成立一年来，注意了这方面的工作，但是还很不够，还必须广泛发动群众，狠批保守主义，击破旧势力的反抗，从根本上跳出旧制度的圈子。会议还决定侯玉山、梁兴德、李乐等同志负责，在全面深入调查研究的基础上，提出我院革委会机构改革的方案。

十三日上午常委会拟了初步方案，准备提交革委会全体会议讨论。

全院各级革命委员会也分别组织学习和讨论了《人民日报》七·一一编者按等文章。

在学习中，革委会的领导成员决心向灵宝县革委会委员学习，深入基层，密切联系群众，打掉官僚主义的作风，树立无产阶级一代新风，誓做无产阶级革命接班人，更好地为人民服务，更好地干革命。他们决心将毛主席的大民主，这一红旗战斗队的光荣传统更加发扬光大。

毛主席和林副主席接见红卫兵代表

《红旗》第 115 期，1968 年 7 月 31 日

【本报讯】我们红卫兵的红司令、最敬爱的伟大领袖毛主席和他的亲密战友林副统帅，以及周总理、陈伯达、康生、江青、姚文元、谢富治、黄永胜、吴法宪、叶群、汪东兴等中央首长，于七月二十八日接见了首都大专院校红卫兵代表大会核心组成员聂元梓、蒯大富、韩爱晶、谭厚兰、王大宾等五位同志。

正当全国亿万军民和红卫兵小将在空前大好形势下，以雄伟的步伐，向着无产阶级文化大革命全面胜利挺进的时刻，在毛主席支持红卫兵的光辉信件发出两周年前夕，我们的伟大导师、伟大领袖、伟大统帅、伟大舵手毛主席和他的亲密战友林副主席接见了红卫兵代表，这是对我们最大的关怀、最大的鼓舞、最大的教育、最大的鞭策。

七月二十八日凌晨四点，人大会堂里闪烁着红太阳的光辉，毛主席和林副主席，以及其他中央首长接见了聂元梓、蒯大富、韩爱晶、谭厚兰、王大宾。毛主席亲切地和他们一一握手。一股暖流涌向全身，幸福的泪花盈眶，他们五人激动万分，一时话都说不出来。他们由衷地祝愿：毛主席啊毛主席！我们衷心祝愿您老人家万寿无疆！万寿无疆！

我们的伟大舵手、世界人民的伟大领袖毛主席，每天该有多少大事需要考虑，该有多少大事需要部署。可他老人家从百忙中，从四点到近九点，给我们红卫兵五名战士做了长达五小时的教导。这是红卫兵空前未有的最大光荣，最大幸福。

毛主席的身体这样健康，神采奕奕，这是我们的无上幸福，是世界人民的无上幸福。林副主席身体也非常健康。江青同志及其他中央首长身体都很好。

下午，当韩爱晶同志传达了接见的喜讯后，航院沸腾了！"毛主席万岁！毛主席万万岁！"的口号响彻天空，欢呼声直贯九重。几千

名红旗战士和全院革命师生纷纷表示，决心紧跟毛主席的伟大战略部署，把无产阶级文化大革命进行到底，不取得全面胜利誓不罢休。当晚他们以满腔的激情在全城刷出大标语，写上知心话：毛主席挥手我前进！毛主席指示我照办！

　　二十九日，我院及其他院校革命红卫兵浩浩荡荡，上街游行，热烈欢呼毛主席的接见，表达出他们对伟大导师毛主席的无限热爱、无限忠诚、无限信仰、无限崇拜的深厚的无产阶级感情，对毛主席、对毛泽东思想、对毛主席的革命路线的无限忠心。

　　天大地大不如党的恩情大！爹亲娘亲不如毛主席亲！毛主席啊，您老人家待我们红卫兵最亲，我们红卫兵对您老人家最爱！谁反对您，反对您的光辉思想、反对您的革命路线，我们就和他拼！谁否定以您为首、以林副主席为副的无产阶级司令部，否定伟大的无产阶级文化大革命，否定革命红卫兵运动和群众运动，我们就打倒谁！

　　毛主席啊毛主席！我们一定紧跟您的伟大战略部署，不吃老本立新功，迅速赶上亿万革命人民前进的雄伟步伐，把无产阶级文化大革命进行到底！

第三辑

公务与动态

发刊词

北京航空学院《红旗》战斗队《红旗编辑组》

《红旗》第 1 期，1966 年 12 月 19 日

炮声隆隆，刀光闪闪，无产阶级文化大革命从一个高潮推向了又一新的高潮，以毛主席为代表的无产阶级革命路线宣告胜利，资产阶级反动路线宣告失败！《红旗》第十五期社论的发表证明了无产阶级文化大革命正沿着毛主席的革命路线进一步向纵深方向发展。

广大的工农兵登上了"文化革命"的舞台，广大革命知识分子走向社会，与工农群众相结合。广大革命群众正在毛泽东思想基础上团结起来，联合起来，给目前出现的反革命阴风以致命的回击，并准备尽快转入斗批改的伟大任务。

在这大好的革命形势下，《红旗》报诞生了！这是每个红旗战士的大喜事！革命战友们对它的诞生和成长无一不关怀，无一不注视着她！

毛主席教导我们："我们党所办的报纸，我们党所进行的一切宣传工作，都应当是生动的，鲜明的，尖锐的，毫不吞吞吐吐。这是我们无产阶级应有的风格。我们要教育人民认识真理，要动员人民起来为解放自己而斗争，就需要有这种战斗风格"。

我们一定要按主席的教导，把报纸办成手榴弹、冲锋枪、刺刀和铁锤！决不做"泥瓦匠"！

《红旗》的任务就是不遗余力地宣传和捍卫十六条，宣传和捍卫以毛主席的无产阶级革命路线，宣传党的方针政策。

我们的办报方法是群策群力。

战友们，让我们共同努力把它办成一个高举毛泽东思想伟大红旗的报纸！

公 告

我们北京航空学院《红旗》战斗队是八月二十日成立的。从成立到现在，同院党委和执行了资产阶级反动路线的工作组进行了英勇顽强的大搏斗。在北京，红旗战士到工厂和工人结合，积极宣传毛泽东思想和十六条。我们的红旗战士到处煽风点火。同那里的革命群众、革命的红卫兵战友们一起战斗，炮轰走资本主义道路的当权派，批判资产阶级反动路线。在战斗中，我们冲破了来自各方面的重重阻力；在战斗中红旗战斗队逐渐发展、成长、壮大起来了。

我们取得了一些成绩，但是也存在着不少错误和缺点。毛主席教导我们："我们的责任，是向人民负责。每句话，每个行动，每项政策，都要适合人民的利益，如果有了错误，定要改正，这就叫向人民负责。我们在战斗队内开展了整风运动，检查了存在的问题。我们还衷心希望兄弟战斗队和一切革命的同志们、战友们对我们的缺点和错误提出尖锐批评。""我们有批评和自我批评这个马克思列宁主义的武器。我们能够去掉不良作风，保持优良作风。"在兄弟战斗队和革命同志、革命红卫兵战友们的帮助下，我们全体红旗战士一定努力把我队办成为活学活用毛泽东思想的大学校，办成革命化的战斗队。

最新消息

《红旗》第 1 期，1966 年 12 月 19 日

（一）现行反革命分子李洪山、赖锐锐、白晓宏、曹伟康等已陆续被我公安部依法逮捕。这些混蛋们借"大民主"之机，疯狂向毛主席、林副主席、周总理以及中央文革发起进攻，对这些现行反革命分子必须采取专政！

（二）十二月二十日将于工人体育场继续召开斗争彭、陆、罗、杨反革命修正主义集团大会。

北京航空学院革命造反委员会成立

本报讯（摘选）

《红旗》第 2 期，1966 年 12 月 26 日

12月23日北京航空学院革命造反委员会宣告成立。它是由红旗东方红、红工兵、红教工、复原转业军人红卫兵、毛泽东红卫兵、八一八红卫兵、红卫兵造反兵团，继红军九个单位发起的。下午1点多钟，大会主席致开幕辞后，北航红旗战斗队红星战斗组的代表作了长篇发言。北航、东方红等战斗队的代表也在大会上做了口头儿发言或书面发言。会议在一片团结战斗的气氛中结束。大会收到了首都红卫兵第三司令部、首都大专院校红卫兵总部革命造反联络站、国防工业高等院校红卫兵联络总部、毛泽东思想红卫兵武汉工人总部、红卫兵成都部队驻京联络站、西军电文革临委会赴京造反团三分团、东风战斗团及华东工程学院、八一红卫军驻京联络站等30多个单位的贺信。

参考消息

《红旗》第 2 期，1966 年 12 月 26 日

反党分子彭德怀已被北航红旗战士于十二月二十四日凌晨四时在成都抓住。

据可靠消息，西城区纠察队的后台老板周荣鑫与彭罗陆杨四家黑店有联系。

十二月二十日地质东方红和中学红卫兵把周荣鑫拉到地质部，叫他检查。检查了四个问题：（1）在物质上给了西纠支持问题。（2）几次使用西纠问题。（3）关于西纠十三号通令问题。（4）十一月份以后与西纠联系问题。

首都一、二、三司令部的红色造反者最近要成立统一的组织，联合战斗。现正在进行筹备组织。

西电临委会、北航红旗等国防院校的革命师生正在准备对国防科委发动大规模冬季攻势，再次向国防科委的资产阶级反动路线猛烈开火。

有迹象表明，首都革命红卫兵将举行批判揭发刘少奇、邓小平的资产阶级反动路线的大会。

参考消息

《红旗》第 3 期，1967 年 1 月 1 日

▲首都革命群众十二月二十九日于人民大会堂热烈欢迎由印度尼西亚归国的四十一名华侨青少年。出席大会的有周总理、陶铸、康生、陈毅、吴德等首长。据可靠消息，元月二日他们将来我院与红旗战士联欢，座谈文化大革命。

▲十二月二十四，北京工农兵体院毛泽东兵团和国家体委少数派于工人体育场召开批判荣高棠大会。周总理、陶铸、陈毅、贺龙等出席了大会。总理支持这一革命行动，他说：荣高棠是修正主义分子，像彭真一样玩弄两面派。陈总也表示支持。贺龙态度暧昧，体委贴了许多贺龙的大字报。

▲反党分子彭德怀已被揪回北京

▲十二月二十七日，北航革命造反委员会全体战士怒斗现行反革命分子赖锐锐。大会严厉警告"八·一"纵队中的一小撮人赶快向全院革命师生低头认罪，否则，赖秃子便是你们的榜样。会后将赖秃子游校一圈，革命师生无不拍手称快。

▲北航红旗战士誓揭国防科委阶级斗争的盖子。12 月 25 日，罗舜初（原国防科委副主任）、赵如璋（原国防科委×局副局长）在我

院做检查。勒令科委一小撮走资本主义道路的官老爷们赶快投降，不准顽抗，否则就叫他灭亡。聂荣臻好像是国防科委资产阶级当权派的头目。

▲北京批判资产阶级反动路线向纵深发展。十二月二十五日清华井冈山兵团集中行动，宣传、广播、贴标语，其中有这样口号："刘少奇必须向全国人民低头认罪""王光美是第一号大扒手"。

▲工交系统联络站抓住政治大扒手陶鲁笳押往山西。

▲最近，将在通州区等京郊斗争彭、陆、罗、杨黑帮分子。

▲政法学院贴出标语"打倒工贼时传祥"。时是刘的红人，他曾喊："刘少奇万岁！"时是捍卫团（保守派）的头头，他的后台是谁？可想而知。据说时已被捕。

西电临委会赴京造反团声明

《红旗》第 3 期，1967 年 1 月 1 日

我们西电临委会赴京造反团全体战士，坚决支持北航红旗的强烈要求。我们是国防科委的所属单位，我们是国防科委的革命群众，我们要求国防科委从国防部大院搬出来，并欢迎搬到北航。

红旗战斗队的强烈要求，是完全正当的，有理的。你们的行动好得很！我们坚决地、全力地支持你们！

在此我们表示，在国防科委未搬出国防部大院之前，我们强烈地要求，要到科委去看大字报，去和科委的革命群众交谈，向他们学习，与他们共同战斗，揭开科委阶级斗争的盖子。

我们再一次表示，我们坚决地与北航红旗战士团结在一起，战斗在一起，并与国防科委的革命群众和国防科委所属其他单位的革命群众一起，揭开科委的盖子，挖出科委中修正主义的根子，把国防科委变成一个真正的无产阶级革命的司令部！

我们强烈要求：聂老总赶快出来与我们澄清问题！

钟赤兵必须低头认罪，老实交代！

炮轰国防科委，火烧聂荣臻！

革命无罪，造反有理！

革命造反有理万岁！

西电临委会赴京造反团

强烈要求

北航红旗战斗队

《红旗》第 3 期，1967 年 1 月 1 日

（一）我们坚决要求聂荣臻来北航和我们澄清问题。

（二）我们是国防科委的所属单位，我们是国防科委的革命群众。我们坚决要求参加国防科委的文化大革命运动，坚决要求科委搬出国防部大院，并欢迎搬到北航来。1967．元旦

声讨刘邓的大集会

《红旗》第 4 期，1967 年 1 月 9 日

本报讯：一九六七年元旦，在天安门广场，由北航《红旗》，清华《井冈山》，地质《东方红》等几十个单位的革命造反派发起和组织了规模巨大的声讨刘少奇、邓小平的群众游行集会。大会庄严地宣读了《告全市人民书》及刘少奇的二十大罪状。

简明新闻

《红旗》第 4 期，1967 年 1 月 9 日

▲据总理说去年全国印发毛著三千万册，今年将印发八千万册。

▲元月四日，总理、伯达、康生、江青、王力、穆欣等同志接见了"赴广州专揪王任重革命造反团"的同志们。首长们讲，陶到中央后没有执行毛主席的革命路线，而是执行了刘、邓反动路线。中南局的后台老板是陶铸。他对"文化革命"的许多问题背着中央文革独断专行。陶铸是阴谋家、野心家，是王任重的后台老板。警告陶铸！必须向党向人民低头认罪老实交代。不然，就叫你灭亡。

▲刘志坚被军事院校的革命师生揪出来了。据说他是军事院校执行资产阶级反动路线的头目。是个两面三刀的家伙。

▲元旦，王任重在武汉被斗，真是大快人心，这个又蹦又跳的小丑近几天将被揪回北京。

▲反革命大字报《炮轰……》的起草者、李井泉之子——李明清已被我队捕获，送往公安部拘留。警告"八一纵队"及其追随者，你们放老实一点。

参考消息

《红旗》第 5 期，1967 年 1 月 11 日

▲从今年 1 月到 7 月将在全国各学校分期分批进行红卫兵短期军政训练。帮助训练的解放军已进驻北航、清华、北大、地质、矿院、二十五中、华侨三中、二十中等试点单位，训练即将开始。

▲首都红卫兵革命造反展览会已筹备数月。据说林副主席亲自

题词。有消息透露，中央文革可能迁往上海。以便更好地领导那里的文化大革命。

▲元月 9 日下午，刘少奇的随身翻译在一次座谈会上谈刘访问印度尼西亚时的许多丑恶活动。主要有：一、刘在印度尼西亚，除参加很少的会议及和我国驻印度尼西亚大使馆人员会见用去 4 小时，其余时间是参观游览，吃、喝、玩、乐。二、在巴厘岛的皇宫里刘和哈蒂妮，苏加诺和王光美跳双人舞大出丑态。三、哈蒂妮称王为姐姐，王欣然答应，大谈家庭问题，吹捧刘少奇。四、印度尼西亚航空节时刘去看表演，当场苏制米格 19 在俯冲时失事。刘对受伤驾驶员及家属表示慰问，并说这样的事在我国也常常发生。公然诬蔑我国社会主义制度和中国人民解放军。

▲资产阶级反动路线业已破产。但仍有一小撮顽固的家伙暗中捣鬼，挑拨群众斗群众。前不久，保字号的上海工人赤卫队围了张春桥同志的家，企图抄家，当工人造反团闻讯前往保护时，双方发生冲突。发生流血事件。12 月下旬，徐州发生一场大规模武斗，打死 11 人，打伤 80 余人，有 120 人失踪。另外，长沙、陕西铜川等地易发生武斗流血死人事件。

▲北京近来一系列现象表明，有一小撮混蛋在暗中活动积极组织企图东山再起。前不久。所谓联合行动委员会在一次会上高呼："坚决批判中央文革"。某些人近几天中发表的反毛泽东思想的讲话。强烈要求释放被拘捕的全体干部子弟。坚决打倒镇压中学生的刽子手第三司令部。另外，林学院出现反动标语。北化贴出"刘邓是反革命修正主义分子吗？"公开为修正主义头目辩护。7 号晚在城里发生武斗，有些骑自行车的家伙公然一起高喊反动口号，"拥护刘少奇"，科大的雄狮兵团贴出"中央文革向何处去？"的反动大字报。恶毒攻击中央文革。我院红卫兵"最爱毛主席"兵团转抄，并声称同意其观点。

▲周荣鑫是西城区纠察队的一个后台，他曾给西纠 8000 元、一辆卡车、两辆吉普、两辆摩托，不久前还从新疆买来 300 多把蒙古刀送给西纠。据说周荣鑫现已被捕。

▲彭德怀在朝鲜时的副司令员洪学智（现任吉林重工业厅厅长

及厅党组书记）被揪出。揭出许多严重问题。准备把其和彭德怀一起斗。

▲1月10号，与工人体育馆召开斗争陶铸誓师大会。大会自始至终充满了革命造反精神。

▲1月9号晚，与工人体育馆召开了斗争刘志坚的大会。

▲1月11日下午，于北京体育馆召开揭发批判反革命修正主义分子谭力夫大会。彻底肃清他在全国的流毒。

国防科委即将搬到北航来

《红旗》第6期，1967年1月18日

本报讯一月十四日下午，北航红旗代表与国防科委副主任、全军文革小组组员刘华清就北航红旗六六年十二月三十日郑重声明中，关于国防科委搬出国防部大院问题达成第一步协议。这是毛泽东思想的又一新胜利！现全文公布如下：

第一步协议书

为了贯彻毛主席的"到群众中去""把文化大革命搞得更好"的指示，为了实现机关革命化，经科委领导机关与北航红旗代表商议决定：

1. 能搬的，全部搬到北航来。

2. 第一批（包括八局，六局全部，政治部，后勤部的一部分，其余各局暂调接待的人员，上述共计百余人）立即搬出。

3. 凡因业务性质目前不能搬出的，可暂在科委办公。"文化革命"时间内，主要到北航来。

4. 马上在北航开辟大字报专栏。

5. 刘华清、朱卿云办公室搬到北航来。

6. 双方共同组成监察小组，督促实现本协议。监察小组成员：

国防科委——刘华清。北航红旗：向东、于希中。（一九六七年一月十四日）

参考消息

《红旗》第 6 期，1967 年 1 月 18 日

▲我们伟大的祖国去年成功地爆炸了三颗核弹，这是毛泽东思想的伟大胜利，据可靠消息透露，今年我国又将发射火箭和飞船。让我们庆祝我国的火箭和飞船成功地早日上天。让我国对世界革命做出更大贡献，用毛泽东思想武装起来的人民是无敌的。

▲据传朝鲜发生政变，民族保卫相（即国防部长）金光侠掌权。据说苏修表示支持。

▲有消息说邓小平剖腹自杀未遂，现已送往医院。让资产阶级反动路线陪同它的制造者一起见鬼去吧！

▲有消息说，中央首长点了贺龙的名，贺龙是个反党、反社会主义、反毛泽东思想的反革命修正主义分子。他犯有滔天罪行。

▲资产阶级反动路线阴魂不散，近来联合行动委员会经常聚众闹事，竟向无产阶级专政机关公安部提出最后通牒，限 24 小时答复他们无理要求，即释放被捕的所谓红卫兵。

▲罗瑞卿的狗党、贺龙的外甥、杨尚昆的妹夫、原国防部副部长、原北京军区政委廖汉生于八日下午被战友文工团抄家，他和他老婆一起被押送到北京卫戍司令部，他是"四家店"阴谋搞兵变的干将。

▲一月六日下午清华井冈山把王光美揪回清华。王光美做了检查，并保证：（一）支持清华井冈山的革命行动，即揪她回校检查。（二）愿意留在清华反复检查，直到革命群众通过为止。（三）愿意揭发刘少奇的各种问题，从十号起每十天交一份检查和揭发材料，决不误时。（四）她回中南海后，如清华同学要其检查、她将随叫随到。

这是毛泽东思想的又一伟大胜利。

▲资产阶级反动路线阴魂不散，近来联合行动委员会经常聚众闹事，他们竟向无产阶级专政机关公安部提出最后通牒，限24小时答复他们的无理要求。即释放被捕的所谓红卫兵，给他们平反。他们冲公安部行凶打人，齐声呼喊反动口号"拥护刘少奇"，真是反动透顶。革命的红卫兵战友们，这并没有什么了不起，狗急必然跳墙，让我们行动起来，痛击资产阶级反动路线的新反扑。

▲我院署名红旗《旌旗奋》的一小撮混蛋最近抛出了大毒草《谈谈孙悟空》，配合联合行动委员会含沙射影地攻击中央文革负责同志和我红旗战斗队，我总勤务站决定开除他们，并送交公安部。警告一小撮炮打无产阶级司令部的混蛋们，你们绝没有好下场！

▲我院红旗长征战士，高举毛泽东思想伟大红旗，实行和工农群众相结合。他们边行军边战斗，他们曾向江西某一矿山的疗养院的资产阶级当权派进行了斗争，打掉了他们的威风，长了工人阶级的志气。他们大学老红军的"万水千山只等闲"的英雄气概，创造了一天行军一百九十余里的纪录，沿着老红军走过的路向前挺进。全队战士斗志昂扬，无一掉队。让我们向长征的革命战友们致敬。

联合起来革命造反派，打垮资产阶级反动路线新反扑

《红旗》第 6 期，1967 年 1 月 18 日

我们最热烈地欢呼，最坚决地支持继"北京公社宣言"后的又一张马列主义的大字报——《告上海全市人民书》和《紧急通告》。这是一个极其重要的文件。它的诞生标志着我国无产阶级文化大革命又进入了一个新阶段。这张大字报高举以毛主席为代表的无产阶级革命路线的伟大红旗，向资产阶级反动路线的新反扑发起了最猛烈的回击，它坚决响应毛主席的"抓革命，促生产"的伟大号召，是全

国人民学习的榜样。中共中央、国务院、中央军委、中央文革小组给上海市各革命造反团体的贺电、《人民日报》《红旗》杂志社论的发表,又为资产阶级反动路线敲起丧钟,为我们坚决打退资产阶级反动路线的新反扑吹起进军号!我们革命造反派要抢起毛泽东思想的千钧棒,冲破一切束缚我们的罗网,大造资产阶级当权派的反!同志们:冲啊!坚决打退资产阶级反动路线的新反扑!

目前在毛主席的正确领导下,文化大革命已从胜利走向新的胜利,资产阶级反动路线处于全线崩溃。

毛主席教导我们"敌人是不会自行消灭的"。"捣乱,失败,再捣乱,再失败,直至灭亡——这是帝国主义和世界上一切反动派对待人民事业的逻辑。他们绝不会违背这个逻辑的。"走资本主义道路的当权派又使出新花招。他们与社会上资本主义势力相结合,以经济福利来转移斗争的大方向,挑动群众斗群众,造成工厂停工,铁路中断,公路阻塞,甚至挑动港务工人,制造事件,停止生产,破坏我国国际威望。他们组织所谓的"纠察队""联合行动委员会""捍卫团"及其形形色色的变种,镇压革命群众。铁道部一小撮走资本主义道路的当权派,顽固地坚持资产阶级反动路线,在这场大反扑中,充当了急先锋!他们祭起"经济主义"这面黑旗,妄图以此破坏伟大的无产阶级文化大革命!

同志们,我们能让他们的阴谋得逞吗?不能!绝对不能!我们必须坚决打倒资产阶级反动的经济主义!

严正警告那一小撮混蛋们:不论你们耍什么阴谋手段,都必定是死路一条。革命工人热爱毛主席的红心永不变,革命工人的硬骨头永不断。那些混蛋们听着:任何企图用破坏生产,中断交通和随意增加工资福利的反动的经济主义来扼杀文化大革命都是办不到的!同志们,警惕啊!这就是"糖衣炮弹"。这就是阶级敌人施出的软的鬼把戏。他们这些鬼把戏是骗不了我们的。我们要撕破他们的画皮看透他们的本质;这种经济主义,是反马列主义的反毛泽东思想的,是彻头彻尾的反革命修正主义货色。经济主义在资本主义制度下,是维护资本主义反动统治,反对无产阶级革命的工具,在社会主义社会是更反动的，是资产阶级反动路线向无产阶级革命路线反扑的新形式。

我们坚决响应毛主席和林彪同志的伟大号召，加强我们的革命性，科学性，组织性，把革命造反精神提高到毛泽东思想水平上来！我们革命工人、贫下中农、革命学生及一切革命同志团结在一起，形成一股巨大的无产阶级文化大革命的洪流，冲垮一切反动的东西，把无产阶级文化大革命进行到底！凡是敌人反对的我们就要拥护。敌人越反对"抓革命，促生产"，我们就越要"抓革命，促生产"。这个革命抓定了，这个生产促定了。你们还有什么鬼把戏就都施出来吧，我们坚决响应毛主席"抓革命，促生产"的伟大号召。让毛泽东思想伟大红旗插遍全中国，全世界！

上海工人是具有光荣革命传统的。在这次反击资产阶级反动路线的新反扑中，上海革命造反者干得好！干得对！顶住了这股反革命逆流，揭穿了阶级敌人的大阴谋，为了彻底粉碎经济主义，无产阶级革命左派，应当像上海市革命造反派那样，在毛泽东思想的伟大红旗下，进一步联合起来，把文化大革命的和生产的领导权紧紧掌握在自己手里。

我们革命左派一定要联合起来，而且完全可以紧密地团结起来。

革命左派只有在伟大毛泽东思想的基础上联合起来，才能完全地、不折不扣地实现毛主席"抓革命，促生产"的伟大号召，才能形成坚强的左派核心，才能团结一切可以团结的力量，组成浩浩荡荡的无产阶级"文化革命"大军，才能最大限度地孤立、打击一小撮党内走资本主义道路的当权派和顽固坚持资产阶级反动路线的人，反戈一击，至顽敌于死地。团结就是力量，只有革命左派在伟大毛泽东思想的基础上联合起来才能最有力，最迅速地打退资产阶级当权派向我们发动的反革命经济主义的进攻！要想实现革命左派在伟大毛泽东思想基础上联合起来，革命的学生、革命的知识分子就必须和工农大众相结合，有计划、有组织地到工厂去、到农村去，在改造客观世界的同时，改造主观世界。和广大的工人、广大贫下中农联合起来，变成一体，组织起几万万人的文化革命大军，攻破资产阶级反动路线的一切顽固堡垒，夺取无产阶级文化大革命的最后胜利。

革命的同志们，让我们最广泛的联合起来！让我们广大革命工人、贫下中农、革命学三生、革命知识分子、革命干部联合起来！

各民族人民联合起来，展开全国全面的阶级斗争，彻底粉碎资产阶级反动路线的新反扑！

把无产阶级文化大革命进行到底！

伟大导师、伟大领袖、伟大统帅、伟大舵手毛主席万岁！万岁！万万岁！

首都大专院校红卫兵革命造反联络站
北京航空学院红旗战斗队
首都大专院校红卫兵革命造反司令部（第三司令部）
北京医学院"八一八"红卫兵、"八一八"战斗兵团
天津大学"八一三"红卫兵驻京联络站
西北工业大学文革委员会驻京办事处
北京内燃机总厂红色造反联络总部
北京光华木材厂红卫兵总部
北京第一机床厂红色造反联络站
北京玉器厂红色联络站
《工人日报》社革命造反联络站
首都大专学院红卫兵第一司令部
清华大学井冈山兵团
新北大红旗兵团、东方红兵团、北京公社、红教工、挺进兵团、东风兵团
北京地质学院东方红公社
北京师范大学井冈山公社
北京政法学院政法公社
北京机械学院东方红公社
北京建筑工业学院"八一"战斗团
首都大专院校红教工革命造反联络委员会
北京航空学院红教工、红卫兵战斗队

北京★院校红卫兵总联络站（原文如此）
毛泽东思想红卫兵革命首都兵团
首都大专院校红卫兵革命造反联络站中学中专部
北京航空学院附中红旗战斗队
北京二中毛泽东思想红卫兵
北京二十五中毛泽东思想红卫兵
北京工业学院附中红旗战斗队
中国人民大学附中红旗战斗队
西安军事电讯工程学院文革临委会驻京办事处
南开大学卫东红卫兵、卫东战斗队驻京联络站
安徽省"八·二七"革命造反兵团安徽大学纵队驻京联络站
安徽省"八·二七"革命造反兵团合肥师范学院纵队驻京联络站
南京大学"八·二七"革命串联会驻京联络站
南京航空学院红旗战斗队驻京兵团
辽宁大学"八·三一"红卫兵、红色造反团驻京联络站
太原工学院红兵、永红战斗队驻京联络站
重庆大学"八·一五"战斗团驻京联络站
长春电影制片厂革命造反大军毛泽东思想"一一·三"红卫兵

北航的一切权利归红旗

——北京航空学院红旗战斗队夺权声明

《红旗》7期，1967年1月19日

马列主义、毛泽东思想教导我们，革命的根本问题是政权问题，有了政权就有一切，失去政权，就失掉一切！

根据这个道理，我们就要夺权！夺权！！夺一切领导权。在受围攻、遭打击、被打成"反革命"的时候是这样，在左派力量大发展，

大联合的今天更是这样。

红旗战斗队自成立以来，就牢牢记住了毛主席的这一教导，我们不怕压，不怕逼，不怕被打成"反革命""反党分子""右派分子"，始终高举毛泽东思想伟大红旗，大造修正主义院党委的反，大造刘、邓资产阶级反动路线的反，大造航院一切修字号党组织的反，大造保皇党徒的反。曾几何时，就使那些当官做老爷修字号领导班子威风扫地，身败名裂，就把那些保皇党徒及其赤卫队、红卫兵组织冲的落花流水，一败涂地，溃不成军！这是以毛主席为代表的无产阶级革命路线的伟大胜利。

但是"帝国主义与国内反动派决不甘心于他们的失败，他们还要做最后挣扎。"他们利用现掌握的一点权力给群众施加高压政策，搞经济主义等等，妄图使无产阶级文化大革命夭折，从而再夺回他们所失去的天堂，呸！真是白日做梦。

目前，全国、全市的革命造反派已经联合起来开始大夺权了，真是好得很！我们要向他们学习，也要大夺权。我们就是要夺院内的党权、政权、财权，特此声明：

一、北京航空学院的最高权力机关是北京航空学院红旗战斗队。北航的党、政、财中各重大问题不通过红旗一律无效。

二、北京航空学院原各级党团组织必须由我红旗战斗队及其他革命群众进行审查或重新登记。把那些混进党内反党反毛主席反林副主席反中央"文革"的资产阶级右派分子或阶级异己分子，那些资产阶级世界观没有改造、死抱资产阶级反动路线僵尸不放、顽固到底的人，那些阳奉阴违、口是心非、当面说得好听，背后又捣鬼的资产阶级两面派开除出党，把那些一切不够中国共产党党员资格的人一律清除出党。

三、北京航空学院原各级党团组织即日起未经红旗战斗队准许，一律不得组织活动，否则，以破坏无产阶级文化大革命论处，其他各行政部门必须在我红旗战斗队监督下进行工作。

四、以上三条自宣布时起立即生效。

北京航空学院红旗战斗队，一九六七年一月十九日

北航红教工声明

《红旗》7 期，1967 年 1 月 19 日

我们红教工战斗队全体战士坚决支持、坚决拥护一月十九日发布的"红旗战斗队总勤务站通令""红旗战斗队告全院革命师生员工书""红旗造反大队第一号通令"，以及"红旗战斗队一月十八日通令"等四个文件。这是革命的文件，好得很！

航院一切权利归红旗，这个革命的口号提得好！这是目前处在斗争激烈的关键时刻区分一个战斗队是不是真正的革命派、是不是和稀泥、是不是搞折中主义的试金石。航院的一切权利就是要归红旗！而不是归什么其他的战斗队！更不是归什么"政协"式的联合组织！

革命的根本问题是政权问题。航院的文化大革命史，教育了广大革命师生，不夺权，就不能掌握文化大革命的命运！无产阶级不夺权，就得受资产阶级、修正主义的压迫、欺侮，就会受围攻、受打击。航院的文化大革命史使人们看出红旗战斗队的确是一支左派革命队伍，的确高举了毛泽东思想伟大红旗。困难时顶得住，顺利时坐得稳。他总是不断革命、不断前进，不断与"左"右倾机会主义思潮做不调和的斗争，是一切革命队伍的核心力量，红旗是北京航空学院当然的无产阶级革命派！

我们红教工战斗队，坚决支持红旗战斗队的一切夺权的革命行动。决心紧紧团结在红旗战斗队的周围，把航院的一切权利夺过来！誓把航院的文化大革命进行到底。

坚决支持红旗战斗队的一切夺权革命行动！

我院的党权、政权、财权统统归红旗！

打倒折中主义！打倒调和主义！

北航红教工战斗队，元月十九日晚

北航红旗战斗队郑重声明

《红旗》第 8 期，1967 年 1 月 27 日

资产阶级反动路线在以毛主席为代表的革命路线的一连串打击下，正日趋走向最后灭亡。但是，他们并不甘心自己的灭亡，他们的本性决定了他们要顽抗到底。为了挽救他们必将灭亡的命运，他们一计不成，就又生一计。在目前的大好形势下，他们又采取了"以东吴人退东吴人"的手法，利用左派队伍中某些宗派情绪，挑拨离间，制造左派之间的矛盾；挑拨左派队伍与中央文革的关系；在左派队伍中找他们的代言人。隐藏在左派队伍中的一小撮混蛋，迎合了他们的需要，向中央文革发起了进攻。他们自己以为得计，其实愚蠢得很！每个真正的革命左派，必须站稳无产阶级立场，及时的戳穿他们的阴谋，并给以坚决的回击！为此，我们声明：

一、周总理、陈伯达、康生、江青、张春桥、王力、关锋、戚本禹、姚文元是久经考验的坚定的革命左派，谁反对他们，谁就是反革命！我们坚决回击，格抓勿论！不加按语地转抄攻击他们的大字报，也是严重的立场问题。

二、如红旗战斗队中，有人贴了或不加按语的转抄攻击他们的大字报者，根据情节轻重，严加处理。对顽固不化者，坚持错误者，一律开除，严加惩办。

三、我们全体红旗战士，坚决相信中央文革，坚决服从中央文革的正确领导。对中央文革的指示，坚决执行，坚决照办，坚决跟着毛主席，林副主席，中央文革，革命到底，决不回头！

四、红旗战士看到攻击中央文革的大字报、大标语，必须痛加批判，决不能让他们自由泛滥！

无产阶级文化大革命万岁！

无产阶级专政万岁！

伟大的领袖毛主席万岁！万万岁！

北京航空学院红旗战斗队，1967年1月24日

关于目前形势和任务的几点意见

北航红旗总勤务站

《红旗》第8期，1967年1月27日

一、我院夺权问题

我院的夺权，实际上贯穿于整个运动中。最根本的夺权，是坚持真理，坚决斗争，以

赢得群众；是在群众基础已成熟的基础上，在组织形式上予以体现保证，并非一朝一夕之事，要主动，大胆抓权，切实行使权力，从而巩固、发展权力。决不能"谦虚""互让"，抓而不管，反对右倾调和。

有的单位由于过去斗争性差，夺权仍是艰苦的，群众基础不成熟，更要反右倾，希其他单位去支援、去串联。应加强政治攻势，摧毁残余保皇势力，巩固、夺取政权。党员登记等工作可以暂缓。必须不断认真地总结夺权的经验。

二、北京市运动的方向

北京市夺权缺乏成熟的群众基础，目前的左派大联合，大夺权只是小资产阶级领导的"二月革命"不彻底、不可靠，必将产生真正的无产阶级革命左派领导的"十月革命"。

我们的方针应着重于："面向工农，到工厂、农村去，以工厂、农村包围上层机关。"而不以急于夺取上层机关阵地为目的。

实践表明，最先觉悟的革命知识分子，如若不和工农结合，不依靠工农，不接受工农的领导，则将停滞不前，一事无成，不可能将文

化大革命进行到底。提倡各团拉部分队伍到工厂、农村去，边战斗边军训。经验证明：小部分驻扎于一点（厂、村），再几点联合，带动一片，效果较好。不须全面开花，扎进各点。

目前，不少工厂中保皇派乘夺权之机大搞假夺权，下厂的红旗战士，就一定要擦亮眼睛，要坚决支持造反派，打退这股逆流。

三、左派内部斗争问题

北京市夺权斗争中，普遍出现左派队伍内部斗争的现象。

1. 小资产阶级的小团体主义、宗派主义、个人风头主义大暴露。每个红旗战士，必须时刻克服知识分子的这些弱点。"谦虚、谨慎、戒骄、戒躁、不为名、不为利"。永远从零开始。防止敌人利用矛盾。非原则问题主动让步，多作自我批评。

2. 革命深入发展，小资产阶级必然分化，左派队伍中必将出现考茨基式的叛徒。我们一定要站稳无产阶级立场，掌握斗争大方向，坚信中央文革，打退资产阶级反动路线的新反扑。对内部斗争也要做阶级分析，原则问题坚决斗争，决不退让。

3. 要大兴调查研究之风，善于分析，绝对不许可随便同一些来历不明的人或组织联合，或表态。防止坏人浑水摸鱼，招摇撞骗，警惕敌人拉左派下水的新阴谋。

四、军训问题

我队要由群众自发的革命组织建设成为非常无产阶级化、非常战斗化的解放军的后备军。必须在军训中突出古田会议精神，边整边改，边破边立，做出总结，同时进行建设。（如制定几条切实可行的条例、守则等）务必在军训中有所建树，防止军训走过场。

各团军训后要做出简短精辟的书面总结。

各团、连勤务员要注意依靠群众，打人民战争，反对事务主义，少数人空忙，一切立足于连队建设。

以上各问题希各团、连组织红旗战士认真讨论，切实行动起来。

红旗战士们：

让我们高举起"古田会议"的大旗，高举"青年运动的方向"的大旗，和工农结合，将无产阶级文化大革命进行到底！

北航红旗总勤务站，一月二十二日

北航红旗总勤务重要通知

《红旗》第 8 期，1967 年 1 月 27 日

1．在外地所有北京航空学院红旗联络站"总勤务站派出的或自己组成的"立即把名单报组织组备案。并每星期向总勤务站汇报工作情况。

2．驻外地联络站必须服从总勤务站的正确领导和调配，必须加强革命性，科学性，组织纪律性。

3．在外地所有红旗战士，必须严守三大纪律，八项注意，发扬艰苦朴素，艰苦奋斗的优良传统。决不允许搞经济主义，搞特殊化，违者将受到队纪律严厉处分。

4．在外红旗战士，一律不许私自进行发展工作。以前在北京参加北航红旗的外单位同志，一律不算我战斗队正式战士。

5．外单位的战斗组织一律不许用北航红旗名义进行活动，冒牌的恶意的破坏我战斗队者，我们将采取必要革命行动，一切严重后果由其自负。

一九六七年一月二十日

紧急启事

《红旗》第 8 期，1967 年 1 月 27 日

一、自红旗报创刊以来，受到了广大红旗战士红卫兵战友，以及革命工人同志们的大力支持和援助，致使红旗报在宣传毛泽东思想方面取得一定成绩，在此我们红旗报编辑部向您们致以革命的敬礼。

二、限于印刷条件不足，今决定红旗报于今日起不再予以订阅，望您谅解。

三、限于人力不足，希北京订户自己来取红旗报（每周一期）望您们大力协助。

北京航空学院红旗报编辑部
元月二十五日

参考消息

《红旗》第 8 期，1967 年 1 月 27 日

▲元月二十五日，卡博同志前往清华大学看大字报，受到清华大学及赴清华串联的广大革命群众的最热烈欢迎。它又一次表明了中阿牢不可破的亲兄弟般的友谊。

▲三反分子杨勇于元月廿五日被北京军区革命群众揪出，当天下午三点召开了斗争会。据说他曾在元月廿一日晚假传军委指示，歪曲陈伯达、江青讲话，企图搞乱军队，并攻击中央文革和革命左派，杨勇终于被揪出来了，这是毛泽东思想的又一伟大胜利。

▲元月十五日上海革命群众将特号反革命修正主义分子曹荻秋拉出游街示众，革命群众无不拍手称快。

▲最近新华社革命造反派将唐平铸、胡痴斗争游街，在斗争大会上胡痴供出了《告全军战士书》（这是他们图谋不轨的反革命宣言书）。

▲元月十八号在北航体育馆又召开了国防科委直属单位揭发批判钟赤兵大会，大会揭发了钟的许多破坏文化革命的罪行，大会始终充满了革命造反精神，昔日钟的威风扫地而尽。

▲元月廿六日我红旗战斗队召开斗争大会，愤怒声讨反革命大字报《谈谈孙悟空》的炮制者《旌旗奋》吴仙虎等的反革命罪行。我们严厉警告那一小撮企图攻击中央文革炮打无产阶级司令部的混蛋，如果不投降就叫你灭亡。

要闻简报

《红旗》第 10、11 期，1967 年 2 月 10 日

▲二月一日，我红旗战士召开大会，行使我们掌握的党权，开除十七名铁杆刘氏党员，当场焚毁他们的入党志愿书。会后将这些政治投机商中的×××游校一圈，全院革命群众无不拍手称快！我红旗战士严厉警告那些顽固坚持资产阶级反动路线的人，你们不投降，就叫你们灭亡。

▲一月廿六日晚，中南海的革命群众召开了斗争我国头号走资本主义道路的当权派刘少奇及其妖婆王光美的大会。大会充满革命造反精神，刘和王丑态百出。最使人愤怒的是，当革命群众要刘背诵毛主席语录第一条时，他竟背错了，由此也可见刘是怎样的抵制、反对毛泽东思想。打倒刘少奇！

▲王光美在桃园四清时精心培养的"贫协主任"原是国民党特务。现在，那里的贫下中农纷纷写大字报揭露王光美的罪行。王光美再不投降，就叫她完蛋！

▲前不久，西南小将去广安协兴抄了我国二号走资本主义道路当权派邓小平的家，搜出他老婆写给他地主舅舅的黑信及其他黑货。当地的贫下中农揭发的邓的许多罪行。事实证明，邓是一个地地道道的地主阶级的孝子贤孙。

▲2月2日，上海革命造反派大联合的产物"上海公社"诞生了。他宣布，上海一切权利归"上海公社"。

▲我国无产阶级文化大革命震撼着全世界，哥伦比亚的革命青年也成立了红卫兵组织。今年2月1日颁布了宣言和纲领。前几天，他们中的代表曾来我院和我红旗战士座谈。这是毛泽东思想的又一伟大胜利。祝哥伦比亚的红卫兵不断成长壮大，世界各国的革命青年组织起自己的组组织来吧。大造帝国主义、修正主义，各国反动派的反。把旧世界砸烂，让毛泽东思想红旗插遍全世界！

全市无产阶级革命造反派迅速联合起来！

《红旗》第12期，1967年2月18日

北京是世界革命的中心，是无产阶级文化大革命的策源地，是全国第一张马列主义大字报的故乡，照例，应当走在无产阶级文化大革命的最前面。可是，目前北京的形势落后于上海等地，无产阶级革命造反派还没真正地联合起来：有些单位，由于没有充分发动群众，没有做到大联合。所以，夺得的权很不巩固，甚至有个别单位的权，并非掌握在左派手里。

党内一小撮走资本主义道路的当权派，眼看要失权，要灭亡了，于是就拼命地进行反扑，散布谣言，进行诽谤，制造左派之间的隔阂。左派队伍内的资产阶级和小资产阶级思潮的泛滥，宗派主义、风头主义的漫延，起着破坏大联合的作用。

千条理，万条理，我们应迅速地联合起来！而我们没有任何一条理由再东一摊,西一摊,不联合起来。毛泽东的北京人民公社的重担,落在我们的肩上。我们有大联合的基础,这就是战无不胜的毛泽东思想!我们应当在无产阶级立场上,在毛主席的革命路线上,在夺走资本主义道路的当权派的权的大方向上,迅速地联合起来!

阻力是大的,但再大的阻力,也阻挡不了我们的大联合!

大联合、大夺权是历史潮流,是历史发展的必然趋势,任何人想搞分裂,破坏大联合,都不会有什么好下场的!

为此,我们向全市发出紧急呼吁:

(1)在阶级斗争风浪中,活学活用毛主席著作,向"私"字开火,打掉风头主义、宗派主义、无政府主义;

(2)在毛泽东思想指引下,在大方向一致的前提下,决不在枝节问题上争论不休,以便加强团结;

(3)坚持团结,反对分裂;坚持大联合,反对小联合。拉一批,打一批,实质是在搞分裂;

(4)向革命工人、贫下中农的革命造反者学习,知识青年必须与工农群众相结合,必须建立以工人阶级为领导核心的革命造反派大军;响应毛主席的号召,建立革命领导"三结合"的临时权力机构。

(5)严防阶级敌人破坏大联合。把挑起武斗,破坏生产的罪魁祸首揪出来!

(6)站稳无产阶级立场,端正态度,大力宣传大联合、大夺权的伟大意义。毛主席交给我们的历史使命,我们一定能完成!

一个崭新的北京人民公社就要展现在我们眼前,让我们举起双手迎接这个日子的到来!

毛泽东的北京人民公社万岁!

无产阶级革命造反派大联合、大夺权胜利万岁!

伟大的领袖毛主席万岁!万岁!万万岁!

北航红旗战斗队,一九六七年二月八日

造谣者可耻

《红旗》第 12 期，1967 年 2 月 18 日

最近全国各地流传着许多造谣、污蔑北航红旗的传单，流毒甚广。有些阶级敌人或保字号组织见此更是奉如珠宝，大肆渲染，满以为捞到了一根稻草。许多革命的同志纷纷来信询问我们，现就几个问题答复如下：

问："有人说：北航红旗派人参加《调查康生问题联络委员会》，整理了关锋、戚本禹等同志的材料。是吗？"

答：这纯属造谣！众所周知，北航红旗最坚决拥护中央文革的领导，中央文革是高举毛泽东思想红旗的，是党中央和毛主席的参谋部。我们是和中央文革同患难，共存亡的。

问："全国现在到处流传说，北航红旗在《北京日报》的问题上犯了错误，还说《北京日报》已停刊了，真的吗？"

答：我红旗驻《北京日报》联络站和首都许多革命造反派在《北京日报》办报路线上和个别战斗队的部分人有原则的分歧，我们认为，我们的办报路线是正确的（详情可看有关传单）。某些人为了扼杀新生的《北京日报》，不惜开动一切宣传机器污蔑、攻击，肆意夸大，矢口诡辩。另外，新生的《北京日报》从来未停刊过，由于某战斗队的某些人控制邮电局，非法禁止《北京日报》的发行，企图扼杀《北京日报》，给我们造成暂时的困难。但是，我们得到了中央文革的支持，指示邮电部门正常发行《北京日报》。我们红旗战士表示，一定尽最大努力，和其他首都革命派同志一起，把新生的《北京日报》办得更好。

另外，《北京日报》新生一号没有突出重点，即夺权斗争和反对经济主义，而偏重反映了办报问题上的两条路线斗争。对此我们负有主要责任，欢迎革命的同志批评，我们衷心感谢，虚心接受。但必须指出，谁肆意夸大，攻其一点，不及其余，那必然是"搬起石头砸了

自己的脚。"

问："现在外面流传北航红旗垮了，北航红旗分裂成两派，云云，是吗？"

答，这更是无稽之谈。北航红旗是在骂声中成长起来的，她不怕污蔑、造谣、诽谤，毛主席的大民主使红旗战斗队始终团结得像一个人一样，谁不信，就来打听打听。

简明新闻

《红旗》第 12 期，1967 年 2 月 18 日

▲根据目前斗争的需要，我红旗战斗队正筹备成立《红旗公社》。它由红旗战斗队领导，以红旗战士为核心，吸收其他革命战斗队及过去受蒙蔽而今已真正认识到自己的错误，真正站到毛主席一边来的革命同志参加。《红旗公社》是团结广大真正愿意革命的群众和干部的革命组织形式。让我们预祝这一新生事物的诞生！

▲"反修联络站"在北京已经正式成立。二月十一日，北京的革命造反派十万余人，在工人体育场召开反修大会，愤怒声讨苏修反华法西斯暴行。周总理、陈伯达同志、康生同志、陈毅同志、江青同志等出席了大会。大会充满了革命造反精神！"打倒苏修！""打倒勃列日涅夫！""砸烂柯西金的狗头！"的口号声此起彼伏。

▲陈伯达同志在和师大一附中等革命小将的座谈中会提到复课问题。他说：初中下学期复课，高中也打算复课，大学也在研究。将来如何上课还要研究。现在自学也可以，政治课可大学毛选，数、理、化、还可以学……。军训只能搞一两个月，不能搞得太长了。下厂下乡不能一下子全下去，应该分期分批……。

▲针对目前夺权斗争中存在的问题，王力同志二月七日在新华社的讲话中指出：一、领导夺权斗争的权力机构必须三结合，即革命

群众组织负责人，革命的领导干部，当地驻军负责人。二、必须强调与革命的领导干部的结合，不是三结合的一概不承认夺权。三、克服革命造反派头脑中的资产阶级思潮迫在眉睫，党中央要求：夺权后临时权力机构要服从中央的领导，要和无政府主义决裂。四、要接受巴黎公社的教训，要充分利用权力机构和专政工具，不形成强有力的临时权力机构，就不能保证革命沿着正确的方向发展。我们每个革命组织和战士都应该坚决执行中央文革这一重要指示。

▲二月九日，戚本禹在接见沈阳音乐学院"毛泽东思想红卫兵"等革命组织代表时讲道：对于老干部不要都打倒，要看大节，要看他是拥护毛主席还是拥护刘少奇。谈到关于李劫夫问题时，他说"我来保他一下，这不是我个人的意见，我请示了康生同志、江青同志。他们也倾向这个意见。这几年来，劫夫同志是站在毛主席一边的。是执行毛主席的文艺方针的。"戚本禹同志还当场对劫夫同志说："你要承认错误，严格要求自己……对你的错误，压制群众这一条就要深刻检查。"最后，沈阳音乐学院毛泽东思想红卫兵、红色造反团的同志表示：一定按中央文革指示办事，对李劫夫同志采取同志式的批评和帮助。

▲二月十一日，北京市公安局被军事接管。以便更好地突出政治，彻底肃清彭、罗对前北京市公安局的影响。在此以前，北京公安局由"北京政法公社"接管。

▲据说成都军区最近举行大游行，坚决响应毛主席号召，支持革命左派。他们还把贺龙的死党，原成都部队司令员黄新庭揪出游街示众。他们的革命行动，大长左派志气，大灭保皇派威风。

▲我国的无产阶级文化大革命得到世界各国人民的支持。一月二十八日，数百名来自世界五大洲六十六个国家的国际友人举行反帝反修示威游行，支持我国文化大革命。他们也成立红卫兵组织，不少人戴着"白求恩——延安"战斗队袖章。他们振臂高呼"打倒苏修""打倒勃列日涅夫"等革命口号。二月七日，"白求恩——延安"战斗队在友谊宾馆贴出"祝贺造反派夺权"等大标语。同日，被日共（修）开除的高比良光司等五位同志和我六名红卫兵座谈时讲："我

们很钦佩中国红卫兵的这种雄伟的气魄,中国的文化大革命好得很!这都是毛泽东思想的胜利!"

▲首都大专院校红卫兵一、二、三司正在共同筹备召开"首都革命造反派红卫兵代表大会"。为实现首都革命造反派大联合准备条件!

▲反革命组织"联动"中的顽固分子还在做垂死的挣扎。这些铁杆反革命中的铁杆又成立了什么"鬼见愁"兵团。他们偷偷潜往广州、乌鲁木齐等边远城市,有的竟背叛祖国逃往香港和他处。还有的把恶毒攻击中央文革的传单抛进苏修大使馆,为苏修反华提供材料。"联动"罪该万死!彻底肃清这一小撮反革命是我们每个革命者义不容辞的职责!

▲二月十四日下午我红旗战斗队和航院革命群众在俱乐部斗争了反革命修正主义分子孙茜玲和现行反革命分子付爱民(一三大班,刘邓式党员,前赤卫队的头头,铁杆保皇分子,直到二月十一日还恶毒地攻击毛主席、林副主席和中央文革。)我公安部门根据革命群众的强烈要求依法逮捕了他们。这是毛主席革命路线的又一伟大胜利:原赤卫队头头,死顽固分子阎得庆和八一纵队干将马宏亮也上台陪斗。以"孔主任"为首的二十七名原航院红卫兵、西纠、八一纵队顽固分子也勒令上台向毛主席和广大革命群众低头认罪。大灭了保皇派的威风,大长了革命左派的志气。我们也严重警告那些执迷不悟的顽固分子:你们如果再不向毛主席投降,就叫你们彻底灭亡!

动态简报

《红旗》第 13、14 期,1967 年 2 月 28 日

▲二月廿四日晚,北京军区的解放军战士逮捕了《全国灭资军造反团总部》《全国国营农场红色造反团》《全国红色劳动者造反总团》

等三个反革命组织中的首恶分子。这些反革命分子中间有国民党的将军、特务及地富反坏右分子。他们招摇撞骗、结党营私。冲击中南海,召开外国记者招待会,攻击我们的伟大领袖毛主席,攻击中央文革。强占公房、民房……。进行一系列公开、秘密的反革命活动。解放军对其坚决镇压好得很!在此我们严正警告其他各种反革命组织,你们必须立即解散,其中头目必须投案自首,否则对你们将实行无产阶级专政!

▲石景山钢铁厂的革命造反派师傅积极响应"抓革命,促生产"的伟大号召,使钢产量一班比一班高,二月九日甲班生产二十一炉,乙班生产二十三炉,丙班生产二十五炉,从而创造了石钢建厂以来出钢最高纪录。这些说明了革命的工人一旦自己掌权之后,将产生无穷尽的智慧和力量,他们不仅是阶级斗争的闯将,而且是生产斗争中的先锋。

▲二月九日,戚本禹同志在接见"批陶联络站"的同志时指出:现在革命队伍中有人却认为他们(指刘、邓、陶)已经变成死狗了,搞得差不多了,没有什么搞头。有些人很天真,搞了几下就想把他们揪出来,把几十年的阶级斗争看得太简单了。不把他们斗倒、斗臭,不肃清他们的影响,最后夺他们的权,阻力就会很大,夺了权以后也不会巩固。因此我们始终不要忘记,不要放弃对刘、邓、陶的斗争。这是一个纲,一定要把他们彻底批倒、批臭,否则后果是严重的。革命造反派战友们,联系伯达同志在"红代会"上的指示,想一想吧,我们所取得的胜利只是初步的。我们要念念不忘阶级斗争,抓住这个纲,高举毛泽东思想的伟大红旗奋勇前进,将革命进行到底!

▲东风浩荡西风衰。国际上的阶级斗争日趋尖锐化,世界上各种力量正在大动荡、大分化、大组合中。据说苏联、波兰、捷克、南斯拉夫、印度、日本等修字号党内的马列主义者纷纷造反。自己重新组织起马列主义、毛泽东思想学习小组,或共产党临时中央委员会。为反帝、反修、反对各国反动派的光荣而艰巨任务的需要,他们努力学习马列主义,毛泽东思想。日本一出版社最近已出版了廿万册《毛主席语录》,东京的街头出现了揭露日修领导集团背叛革命的红卫兵的

大字报，印度也出现了红卫兵。二月十一日甘地妖婆在印度布巴内斯瓦内的竞选会上被人用石头击中狗头负伤逃窜。正在中国访问的日中友协会正统大板府总部副会长兼理事长大冢有章及其夫人8月8日亲自前往苏修使馆前宣读抗议书。他代表日本毛泽东思想研究会的同志，高呼"打倒苏修和全世界的修正主义领导集团"等口号，帝国主义、修正主义、各国反动派的日子越来越不好过了，用毛泽东思想武装起来的革命人民彻底埋葬他们的日子越来越近了。毛泽东思想伟大红旗必将插遍全球！

▲2月18日下午，于工人体育馆，科技单位的革命群众斗争了薄一波、安子文、何长工、陶鲁笳等一伙反革命修正主义分子。据说，薄一波不仅解放前是个大叛徒，解放后仍然里通外国。1953年，英国欧洲出版公司曾给薄一波一封密信，写到"亲爱的先生，我们在信里附上一份关于您的传记摘要的校样，他将发表在1956年世界名人传记上……"。并要薄校后退回去。看：这便是薄一波叛徒的铁证。把薄一波一伙叛徒从光荣、伟大、正确的中国共产党内清除出去！

首都大专院校红卫兵代表大会宣言

（一九六七年二月二十二日）

清华井冈山，北航红旗联合版，1967年3月3日

东方红，太阳升。我们迎着万丈朝霞向全中国、全世界庄严宣告：首都大专院校红卫兵代表大会（红代会），在激烈的阶级斗争的暴风雨中光荣诞生了！这是首都大专院校红卫兵第一司令部、第二司令部革命造反联络站、第三司令部和其他红卫兵组织的大联合，大团结，大会师！这是以毛主席为代表的无产阶级革命路线的伟大胜利！这是毛泽东思想的伟大胜利！红卫兵这一具有强大生命力的新生事物，刚刚从东方地平线上出现，就得到我们伟大的导师、伟大的领袖、伟大

的统帅、伟大的舵手毛主席的亲切关怀和巨大支持。红卫兵是在毛泽东思想的哺育下成长壮大的。红卫兵是我国社会主义革命新阶段的必然产物，是二十世纪六十年代国际共产主义运动中的伟大创举！红卫兵从她诞生那天起，就以其大无畏的革命造反精神，作为一支政治突击力量，活跃于无产阶级革命的历史舞台。红卫兵从她诞生那天起，就以战无不胜的毛泽东思想为武器，在工农兵强有力的支持下，横扫牛鬼蛇神，痛击资产阶级反动路线，大破剥削阶级"四旧"，大立无产阶级"四新"，为我国无产阶级文化大革命立下了不朽的功勋。

今天，在伟大的上海"一月革命"洪流的推动下，在无产阶级革命派联合起来向党内一小撮走资本主义道路的当权派夺权的革命风暴中，我们首都大专院校红卫兵，在毛泽东思想的伟大红旗下胜利会师，成立了我们自己的新型的革命组织机构——首都大专院校红卫兵代表大会。

我们的最高统帅是我们最最敬爱的伟大领袖毛主席。

我们的最高司令部是以毛主席为首的党中央。

我们的指导思想是伟大的战无不胜的毛泽东思想。我们的组织原则是民主集中制。我们坚决实行无产阶级专政下的大民主，实行巴黎公社式的全面选举制。

我们红卫兵以劳动人民家庭（工、农、兵、革命干部和其他劳动者）出身的革命学生为主体。非劳动人民家庭出身的学生，对毛主席有深厚感情，有无产阶级的革命精神，一贯在政治思想上表现比较好的，也可以参加。

我们坚决贯彻执行以毛主席为首的伟大、光荣、正确的中国共产党的阶级路线，分清敌我友，坚决依靠革命的左派，争取中间派，团结大多数，彻底孤立和打击一小撮反革命修正主义分子和最反动的资产阶级右派分子。

我们的战斗口号是："无产阶级革命派革命无罪，造反有理！"

我们的代表大会是首都大专院校红卫兵的最高权力机构。在代表大会闭会期间，设立一个委员会，作为常设工作机构。我们一定要永远高举毛泽东思想的伟大红旗，把我们的组织办成一个红通通的毛泽东思想的大学校。

我们的代表大会坚定不移地站在以毛主席为代表的无产阶级革命路线一边,彻底粉碎资产阶级反动路线,以十六条为准,为胜利完成一斗二批三改的伟大历史任务而奋斗!

毛主席教导我们,革命的根本问题是政权问题。"世界上一切革命斗争都是为着夺取政权,巩固政权。"无产阶级文化大革命从一开始就是一场夺权斗争。我们造反,就是要夺权,就是在无产阶级专政条件下,从党内一小撮走资本主义道路当权派的手里把权夺回来,永远牢牢地掌握在我们无产阶级革命派手中。

毛主席教导我们:"我们不但善于破坏一个旧世界,我们还将善于建设一个新世界。"对于那些被党内一小撮走资本主义道路当权派长期盘踞的烂掉了的单位,必须实行马克思主义的打碎旧的国家机器的原则;在那里彻底摧毁资产阶级专政的机构,重新建立无产阶级专政的机构,绝不能搞折中、调和、改良和和平过渡。无产阶级革命派要在斗争中不断强化无产阶级专政,建立和巩固革命的新秩序,这是将无产阶级文化大革命进行到底的根本保证。

毛主席教导我们:"千万不要忘记阶级斗争。"目前,夺权与反夺权的斗争是两个阶级两条道路斗争的焦点。党内一小撮走资本主义道路的当权派和一切反动派一样,他们决不甘心自己的失败,"不肯放下屠刀,他们也决不能成佛"。在无产阶级革命派联合起来向他们夺权的时候,他们总要利用暂时控制在他们手中的权力,千方百计地镇压革命群众。在无产阶级革命派夺了他们的权以后,有些反动家伙必然会勾结地、富、反、坏、右分子,搜罗一切社会渣滓,组织反革命队伍,公开进行反夺权,有些反动家伙还会用打进来、拉出去的办法,分化瓦解无产阶级革命派的大联合,妄图篡夺革命组织的领导权,从内部把我们搞垮;他们也还会在我们革命派组织之间,制造矛盾,挑拨离间,梦想实现他们反夺权的罪恶阴谋。同时,在无产阶级和广大劳动人民同资产阶级及其在党内代理人的决战阶段,社会上的牛鬼蛇神也会纷纷出笼,登台表演,配合党内一小撮走资本主义道路的当权派向无产阶级进攻。他们到处煽阴风、点邪火,造谣惑众,欺骗拉拢一些不明真相的群众，拼凑反革命组织，冒充革命造反派，疯狂地进行反革命活动。"捣乱，失败，再捣乱，再失败，直至灭亡——这就是帝国主义和世界上一切反动派对待人民事业的逻辑，他们绝不会违背这个逻辑的。"我们必须遵照毛主席的教导，"丢掉幻想，准备斗争"！

毛主席教导我们："组织千千万万的民众，调动浩浩荡荡的革命军，是今天的革命向反革命进攻的需要。"无产阶级革命派要向党内一小撮走资本主义道路的当权派展开夺权斗争，就必须大联合；没有大联合，夺权就只能是一句空话。在当前无产阶级和广大劳动人民同资产阶级及其在党内代理人进行决战的重大历史关头，"刻不容缓的民众大联合，我们应该积极进行！"我们首都大专院校红卫兵在毛泽东思想原则的基础上实行了大联合、大团结。为了实现更广泛的大联合，我们主张各界革命派先分别联合起来，然后实现以工人阶级为领导，以工农兵为主体的首都无产阶级革命派的大团结、大联合。

"政策和策略是党的生命"。在向党内一小撮走资本主义道路当权派夺权的斗争中，为了形成真正的无产阶级革命派的大联合，为了获得夺权斗争的彻底胜利，我们必须按照党的方针政策办事，必须坚定不移地实行"三结合"的方针。对当权派要做阶级分析，一定要分清是无产阶级当权派，还是资产阶级当权派，是拥护和执行毛主席的无产阶级革命路线，还是拥护和执行资产阶级反动路线。对于站在毛主席一边的革命领导干部，我们必须把他们当作党的宝贵财富，爱护他们，保护他们，积极地支持他们，热情地欢迎他们同我们并肩战斗；必须虚心地向他们学习斗争经验，接受他们符合毛泽东思想的正确领导。对于他们的缺点、错误，要怀着深厚的阶级感情进行诚恳的批评、批判，本着毛主席教导我们的"惩前毖后，治病救人"的原则帮助他们改正。我们坚决反对不分青红皂白，见了当权派就批、就斗、就打倒的错误思想和做法。那些排斥一切、反对一切、打倒一切的思想都是违背马克思列宁主义、毛泽东思想的。

我们红卫兵在向党内一小撮走资本主义道路当权派夺权的同时，必须打倒山头主义、风头主义、小团体主义、分裂主义，打倒无政府主义！必须在自己灵魂深处来一场夺权斗争！夺"私"字的权，造"私"字的反！打倒"私"字！

不打倒"私"字，就不能真正实现无产阶级革命派的大联合。

不打倒"私"字，就不能真正夺权，即使夺了权，这个权也还会蜕化为资产阶级政权。

不打倒"私"字，我们就不能成为彻底的革命者。打倒"私"字，必须认真地、刻苦地学习毛主席著作。在当前特别要活学活用"老三篇"和"新五篇"（《关于纠正党内的错误思想》《反对自由主义》《中国人民解放军总部关于重行颁布三大纪律八项注意的训令》《整顿党的作风》《党委会的工作方法》）等光辉著作。打倒"私"字，必须在自己灵魂深处闹革命，开展积极的思想斗争。

打倒"私"字，必须遵循毛主席的教导，实行和工农相结合，在三大革命实践中，彻底改造自己的世界观，树立全心全意为工农兵服务的思想。

我们红卫兵是解放军坚强可靠的后备军。我们要大兴三八作风，加强革命性、科学性、组织纪律性；做到招之即来，来之能战，战之能胜；随时准备参军参战，迎头痛击一切敢于来犯的敌人。

我们红卫兵誓作彻底的无产阶级革命派。我们要永远高举革命的批判的大旗，永葆革命造反的青春。谁敢反对毛主席，谁敢反对毛泽东思想，谁敢在中国搞修正主义，不管他地位多高，资格多老，声望多大，我们都要坚决造他的反，一反到底！我们一定要使新中国永远保持通红的颜色，让帝国主义和现代修正主义"和平演变"的幻想彻底破产！

我们红卫兵永做反帝反修的先锋战士。我们全力支持被压迫人民和被压迫民族的解放斗争，坚定地和他们站在一起，彻底埋葬帝国主义、修正主义和一切反动派，将世界革命进行到底！

我们坚信，共产主义一定胜利！一切魔鬼通通都会被消灭。试看将来的环球，必定是赤旗的世界，必定是伟大的毛泽东思想光辉普照的世界！

红卫兵战友们，我们要做革命到底的战士，决不做历史舞台上昙花一现的人物。让我们高举毛泽东思想伟大红旗，继续发扬无产阶级革命精神，为革命建新功、立新劳，在阶级斗争的大风大浪中，永远紧跟毛主席前进！前进！前进！

红卫兵万岁！

无产阶级革命精神万岁！

无产阶级革命派大联合万岁！

无产阶级专政万岁！

无产阶级文化大革命万岁！

伟大、光荣、正确的中国共产党万岁！

伟大的战无不胜的毛泽东思想万岁！

我们最最敬爱的伟大领袖毛主席万岁！万岁！万万岁！

首都大专院校红卫兵代表大会

首都大专院校红卫兵代表大会《告全国红卫兵书》

清华井冈山，北航红旗联合版，1967年3月3日

我们怀着万分激动的心情，庄严地向全国红卫兵战友们宣告："首都大专院校红卫兵代表大会"，在伟大的"一月革命"的风暴中诞生了！首都红卫兵三个司令部的革命派联合起来了！

让我们热烈地欢呼毛泽东思想的又一伟大胜利！欢呼以毛主席为代表的无产阶级革命路线的又一伟大胜利！

正当无产阶级革命派夺权斗争的风暴，以排山倒海之势，雷霆万钧之力席卷全国的时候，正当这大革命的风暴，在迅猛地摧毁被党内一小撮走资本主义道路当权派所盘踞的那些顽固堡垒的时候，正当这大革命的风暴在更广泛、更深刻地触及每个人的灵魂的时候，我们首都的无产阶级革命派，按着我们伟大舵手指明的航向，汇成了一股汹涌澎湃的洪流，开始向着被党内一小撮走资本主义道路的当权派

所盘踞的顽固堡垒更加猛烈地冲击了！开始向一切旧的反动的社会势力和一切旧思想、旧文化、旧风俗、旧习惯更加猛烈地冲击了！它将淹没一切牛鬼蛇神，涤荡一切污泥浊水，扫除一切害人虫！

我们红卫兵从诞生那天起，就庄严地向全世界宣告：我们是毛主席的红卫兵，我们对毛主席无限热爱、无限信仰、无限崇拜、无限忠诚。我们光辉的战斗历程，是沿着我们伟大舵手毛主席指引的方向走过来的。毛主席指到哪里，我们斗争到哪里，所以我们在阶级斗争的大风大浪中成长壮大了。现在我们又按最高统帅毛主席的指示，实行革命的大联合，我们也就必将取得更加辉煌的胜利！

向党内一小撮走资本主义道路的当权派夺权，这是我们最高统帅毛主席向我们下达的命令，是时代赋予我们的伟大历史使命，是决定无产阶级文化大革命胜利的关键之战，红卫兵必须和全国无产阶级革命派一道英勇地冲锋陷阵！

无产阶级革命派大联合，这是我们伟大舵手指给我们的航向，是社会历史发展的必然要求，是无产阶级化大革命的当务之急。红卫兵必须全力以赴，为促成无产阶级革命派的大联合做出新的贡献。

看你革命不革命，要看你能不能为革命的大联合出力。

我们的大联合，绝不是乌七八糟的大杂烩！我们的大联合，绝不是无原则的和平共处！我们大联合的目的是为着夺党内一小撮走资本主义道路的当权派的权！

我们大联合的原则基础是战无不胜的毛泽东思想！欢迎不欢迎，实行不实行这样的大联合，是对我们每个人的世界观和群众观点的总检验。你是"私"字当头，就害怕大联合、抵制大联合，结果在客观上你就总会或多或少、自觉不自觉地帮敌人的忙；你是"公"字当头，就会举双手欢迎大联合，就会尽心竭力地为无产阶级革命派的大联合而奋斗。你相信群众是真正的英雄，你就会更广泛地团结群众，联合更多的革命派一起夺权；你要是"老子天下第一"，就会排斥别人，独霸一方。

总之一句话。"私"字是大联合的大敌。大敌当前，必须打倒！打倒"私"字！

要实行真正的大联合，就必须把"老三篇"当作座右铭来学，狠抓世界观的改造，狠触自己的灵魂，破私立公，破旧立新，在两个战场上搏斗——改造客观世界、改造主观世界；在两条战线上夺权——夺党内一小撮走资本主义道路当权派的权、夺自己头脑中"私"字的权，就必须响应毛主席的伟大号召，"到群众里面去"！我们要有领导、有组织、有计划、分期分批地到农村去，到工厂去，向工农学习，与工农相结合，沾一身油污，滚一身泥巴，将自己锻炼成重炮摧不垮，糖弹打不倒的无产阶级硬骨头！

亲爱的红卫兵战友们！我们的无产阶级文化大革命，是在无产阶级专政条件下的大革命，是人类历史上空前未有的大革命。让我们在毛泽东思想伟大红旗下联合起来，把伟大的红卫兵运动推向一个新高潮，使它为我国无产阶级文化大革命的新阶段立下新功劳。

亲爱的战友们，我们真诚地希望尽快地实现全国红卫兵在毛泽东思想基础上的大联合。到那时，红卫兵全国统一性的组织一定会产生；到那时，我们一定会更加彻底地扫除反革命修正主义分子过去在我国青年工作中的流毒，使我国青年运动跨进一个全新的时代；到那时，一定会有更多的革命青年和我们红卫兵团结在一起，和我们一道为我国社会主义革命和社会主义建设立下新的功绩。帝国主义、现代修正主义妄图使我国"和平演变"的幻想一定会破灭，谁敢走资本主义道路，我们就造谁的反、夺谁的权！谁敢反对毛泽东思想就打倒谁！未来属于我们！胜利属于我们！

全国红卫兵联合起来！

毛主席的无产阶级革命路线胜利万岁！

战无不胜的毛泽东思想万岁！

我们最最敬爱的伟大领袖毛主席万岁！万岁！万万岁！

首都大专院校红卫兵代表大会
一九六七年二月二十二日于北京

红卫兵誓词

清华井冈山、北航红旗联合版,1967年3月3日

我们是毛主席的红卫兵,毛主席是我们最高的红司令。在这里,面对着我们的伟大领袖毛主席,面对着我们敬爱的党,面对着全中国和全世界的革命人民,我们宣誓,用我们革命红卫兵的荣誉庄严宣誓:我们保证永远忠于无产阶级!永远忠于毛主席!永远忠于以毛主席为代表的无产阶级革命路线。我们要把全部精力和整个生命献给人类最壮丽的事业——共产主义!对于人民,我们要无限忠诚!对敌人,我们要刻骨仇恨!生,为党的事业而奋斗!死,为人民的利益而献身!"为有牺牲多壮志,敢教日月换新天。"我们绝对保证站在以毛主席为代表的无产阶级革命路线一边。哪怕是上刀山、下火海,我们也要用鲜血和生命誓死保卫毛主席!毛主席,我们无限忠于您!坚决跟着您老人家,誓将无产阶级文化大革命进行到底!

北航红旗总勤务站严正声明

《红旗》第18期,1967年3月15日

经过初步调查研究,我总勤务站认为谭震林存在着一系列严重政治问题。我们坚决支持北师大井冈山公社等兄弟革命组织炮轰谭震林、火烧谭震林的革命行动,坚决支持我红旗战士及全院革命同志在谭震林问题上的一切革命行动。

总勤务站要求全体红旗战士高举毛泽东思想伟大红旗,振奋革命斗志,加强阶级斗争观念,密切注意事态的发展,密切关注社会上的阶级动向。

《红旗》杂志第五期社论最后这样告诫我们:"现在摆在全国人民面前的一个大问题,就是要把无产阶级文化大革命进行到底,还是半途而废。一切革命的同志,都必须保持清醒的头脑,切切不可糊涂起来。'宜将剩勇追穷寇,不可沽名学霸王'。"在当前,全体红旗战士要切切记住毛主席这个教导。

北航红旗为誓死保卫以毛主席为首的无产阶级司令部、誓死保卫毛主席的革命路线而奋斗到底!

炮轰谭震林!火烧谭震林!打倒谭震林!坚决打退从上至下的资本主义复辟逆流!誓把无产阶级文化大革命进行到底!毛主席的革命路线胜利万岁!

1967 年 3 月 12 日

关于火烧李先念,炮打余秋里的严正声明

《红旗》第 19、20 期,1967 年 3 月 21 日

最高指示

"矛盾和斗争是普遍的、绝对的,但是解决矛盾的方法,即斗争的形式,则因矛盾的性质不同而不相同。……根据事物的具体发展,有些矛盾是由原来还非对抗性的,而发展成为对抗性的……"

我们经过调查,李先念和余秋里辜负了周总理和中央文革的期望,在当前从上到下的一股资本主义复辟的逆流中,扮演了不光彩的角色,正在向毛主席革命路线的反面滑下去!为此,我们认为,火烧李先念,炮打余秋里,是革命的行动!

李先念、余秋里必须悬崖勒马!若再拒不改正错误,继续滑下去,我们就坚决打倒!

火烧李先念!

炮打余秋里！
誓死捍卫毛主席的革命路线！
誓死保卫中央文革！
誓死保卫毛主席！

北航《红旗》总勤务站
一九六七年三月二十日

红旗总勤务站关于目前运动的几项规定

《红旗》第 21、22 期，1967 年 3 月 28 日

"谁是我们的敌人？谁是我们的朋友？这个问题是革命的首要问题。"根据中央指示精神和目前我院运动的情况，红旗战斗队总勤务站做出如下规定：

（一）必须深入彻底批判"排斥一切当权派，打倒一切当权派"的以刘邓为代表的资产阶级反动路线及其遗毒，这是当前批判刘邓资产阶级反动路线的重点。只有批倒、批臭，斗倒、斗臭刘邓路线，才能大立毛主席的无产阶级革命路线，大立毛主席的干部政策。才能使大批受刘邓路线迫害的干部解放出来，才能实现革命的三结合。

（二）对于犯错误的，甚至犯严重错误的人，一要看，二要帮，要真正从团结的愿望出发，启发他们进行自我革命，必须坚决地、不折不扣地按照毛主席的"惩前毖后，治病救人""弄清思想""团结同志"的原则办事。正确掌握斗争和团结的辩证关系，讲究斗争艺术，注意方式方法，使他们真正提高思想觉悟，真正站到毛主席革命路线一边来。

在斗争中应以提高思想水平和路线觉悟为目的，在总结运动，深入认识文化大革命的伟大历史意义，深入认识两条路线斗争的实质的基础上，各单位召开座谈会、讨论会、诉苦会、归队会、民主生活

会，促进团结大多数，坚决贯彻执行毛主席的三·七批示。

（三）对犯严重错误或犯立场错误而又拒不认错，甚至反攻倒算者，要进行必要的说理斗争。要进行大字报点名批判者，或开大班会批判的，必须上报各部、系勤务站批准方可进行。要开全系批判会，必须经总勤务站批准。严格防止打击面扩大的现象。

（四）全体红旗战士，全院革命师生，必须严格地、坚决地贯彻执行十六条和公安六条。各基层单位对不法分子和反动分子要及时上报部、系勤务站。总勤务站责成造反大队及院保卫部协助各部、系勤务站处理必要的日常事务。情节严重者交造反大队，上报总勤务站处理。（供讨论修改用）三月二十六日

北航红旗首届战士代表大会胜利召开

《红旗》第21、22期，1967年3月28日

【本报讯】千钧霹雳开新宇，万里东风扫残云。在一片凯歌声中，在毛主席革命路线取得决定性胜利，资产阶级反动路线节节败退的大好形势下，"北航红旗首届战士代表大会"光荣地生了。它是毛主席革命路线的伟大胜利！它是我院文化大革命向纵深发展的里程碑！它标志着我们红旗战斗队进入了一个发展的新阶段！我们热烈欢呼出现在航院的这一新生事物！

三月二十五日下午二时三十分，大会在庄严的《国际歌》声中胜利地开幕了。

这庄严的歌声和布置在会场上的"誓死保卫毛主席、林副主席和中央文革""撼山易撼红旗难"等标语，表达了我们红旗战士的不可动摇的信念和决心，它是我们红旗战士不怕反革命围攻、战胜一切险滩恶浪的力量的源泉。

在热烈的掌声中，大会主席致开幕词。他无限自豪地宣告：我们

久已渴望的红旗战士代表大会光荣地诞生了！在那艰苦的斗争岁月里，我们充满信心地预言——"试看将来之航院，必是'红旗'的天下"，如今已成了不可辩驳的事实！

他指出，战士代表大会是红旗战斗队的最高权力机构；战士代表大会是各级勤务员经常地、密切地联系群众的纽带，是贯彻民主集中制的良好组织形式；战士代表大会是红旗战斗队中最先进的左派力量的集中。

大会主席还号召全体代表、全体红旗战士及全院革命同志努力地刻苦地活学活用毛主席著作，努力改造世界观，永远做人民的好儿女，永远高举毛泽东思想伟大红旗，跟着伟大领袖毛主席干一辈子革命！

会上，近千名代表为选好勤务班子投了郑重的一票。这一票代表着广大红旗战士的心愿，这一票是我们斗争的结晶，它告诉我们永远不要忘记艰苦斗争的过去；这一票是关系到我们红旗战斗队能否永远沿着毛主席开辟的航道胜利前进的关键的一票。

下午五点，大会在《大海航行靠舵手》的雄壮歌声中暂时闭幕。会后，代表们将就总勤务站的"政治工作条例""目前形势和我们的任务"及下一阶段"斗、批、改"方案进行充分讨论。

《毛主席革命路线胜利万岁》展览会通告

《红旗》第 21、22 期，1967 年 3 月 28 日

红旗战友们，全院革命同志们：

正当史无前例的无产阶级文化大革命以排山倒海之势、雷霆万钧之力震撼着整个世界的时候，正当毛主席的革命路线已经在广大革命群众中生根、发芽、开花、结果，在与资产阶级反动路线的殊死决战中取得决定性胜利的时候，我们举办《毛主席革命路线胜利万

岁》展览会具有特殊的重大的意义。它将使我们永远不忘资产阶级反动路线迫害苦；永远不忘在那白色恐怖的艰苦岁月里，是我们最最敬爱的伟大领袖毛主席，是敬爱的林副主席，是敬爱的周总理，是敬爱的中央文革小组，无微不至地关怀着我们，鼓励我们"下定决心，不怕牺牲，排除万难，去争取胜利。"它将激励我们更高地举起毛泽东思想伟大红旗，永远忠于毛主席的革命路线，跟着毛主席闹一辈子革命。

《毛主席革命路线胜利万岁》展览会已于二月十七日开始筹备。展览会的内容是以全国文化大革命为背景，以我院两条路线斗争为主要题材。

我们热情希望全体红旗战士、全院革命同志及外单位革命同志大力协助，搞好筹备工作。

我们坚信，在毛泽东思想的光辉照耀下，依靠广大红旗战士和革命同志的共同努力，这个展览会一定能办好！

红旗雷达站

《红旗》第 23 期，1967 年 3 月 30 日

院外：

▲首都大专院校红代会宣传部，委托北京工农兵体育学院毛泽东主义兵团筹备"批判控诉刘少奇《论共产党员的修养》大会"。大会将于四月四日下午在北京体育馆召开，以红代会所属单位为主，并邀请其他革命组织参加。

北京市各高等院校陆续掀起了批判特大毒草《论共产党员的修养》的高潮。

▲红代会所属红卫兵组织连续发表声明：周总理是坚定的革命左派！谁反对周总理就打倒谁！谁挑拨周总理和中央文革的关系就打

倒谁!

▲中宣部革命派联合总部,近来大搞批陶活动,于三月二十七日下午在民族宫礼堂召开纪念毛主席指示"打倒阎王,解放小鬼"一周年大会。

▲三月二十四日,在市委大楼举行"彻底摧毁旧北京市委科学工作路线"大会,会上北工大东方红,师大井冈山等代表发言,并斗争了反革命修正主义分子吴子牧、宋硕、彭珮云、肖英等二十多个黑帮分子及其爪牙。

▲戚本禹同志最近给清华团委书记谭浩强同志写信,鼓励他改正错误,站到毛主席一边来。信中充满了强烈的无产阶级感情。

▲上海革命造反派正准备铸造毛主席塑像。高九米,由不锈钢一次浇铸成,这是世界上很了不起的。现已做好了四个模型,准备交中央审查。

院内:

▲根据我院广大革命师生的要求,国防科委最近决定,把毛主席和林副主席的有关教育方面的指示(包括发表的和未发表的)由×处整理好发给我们,这是一件大喜事。

▲为了响应毛主席到群众中去的教导,科委××单位在四月份将有大部分同志搬到北航,和北航革命群众一起搞斗、批、改。另外,科委院校组也同时下来。

北航附中临时革命委员会诞生

《红旗》第 26 期,1967 年 4 月 8 日

【本报讯】大海航行靠舵手,万物生长靠太阳。在文化大革命的凯歌声中北航附中临时革命委员会诞生了。这是毛主席革命路线的新胜利,这是北航附中革命师生积极响应毛主席"复课闹革命"的伟

大号召,坚决执行毛主席的"三·七"批示,团结大多数群众一起闹革命的硕果,这是来北航附中的解放军同志遵照毛主席"支持左派广大群众"的最新指示,用毛泽东思想武装北航附中革命师生的结晶。临革会的成立标志着北航附中的文化大革命已进入一个新的起点。我们热烈祝贺北航附中临革会的光荣诞生。我们衷心希望北航附中革命师生向解放同志学习,努力活学活用毛主席著作,跟着毛主席在大风大浪中奋勇向前。

红旗雷达站

《红旗》第 26 期,1967 年 4 月 8 日

▲我国第一部由革命造反派制作的影片《毛主席是我们心中的红太阳》于四月四日上午正式上映。

▲阿尔巴尼亚文化大革命开始了。

▲山东省大中学校红卫兵代表大会筹备处发出通告,省红代会定于四月中旬于济南正式召开。我们预祝大会成功。

▲三月二十八日,合肥市十余万革命造反大军在省体育场集会斗争反革命修正主义分子李葆华之流。

▲四月一日,红卫兵成都部队开誓师大会,成都军区副司令员李××讲了话,表示支持,说红卫兵成都部队是左派组织。

▲三月二十三日下午在上海文化广场召开了"上海市中级人民法院镇压破坏无产阶级文化大革命的反革命罪犯宣判大会",对六名破坏无产阶级文化大革命的杀人犯、纵火犯、现行反革命犯进行了严厉制裁。

▲上海市革命委员会经过郑重研究和征求全市各主要革命组织意见后,决定批准旧上海市委书记处候补书记王少庸同志参加上海市革命委员会工业、交通方面的领导工作。

关于航院目前运动的几项决定

北航红旗总勤务站

《红旗》第 30 期，1967 年 4 月 20 日

根据中央军委、中央文革的指示精神，及我院运动情况，特对航院目前运动做出如下几项决定，望全院革命同志参照执行。

（一）全体红旗战士、全院革命师生员工和革命干部要高举毛泽东思想革命批判的旗帜，紧紧地掌握斗争的大方向，矛头直指党内最大的走资本主义道路的当权派刘少奇，鼓足干劲，人人动手，口诛笔伐，进一步掀起批判《修养》和刘邓资产阶级反动路线的新高潮，在批判的高潮中，把活学活用毛主席著作的群众运动推向一个新阶段。

（二）增强敌情观念，千万不要忘记阶级和阶级斗争，不要忘记敌人，不要忘记刘少奇还在负隅顽抗，要用战斗的、锋利的文章解剖敌人的五肝六脏，把无产阶级的阶级感情和对刘邓的刻骨仇恨凝聚在笔尖上，人人做有志气的无产阶级革命派，把《修养》在政治上、理论上、思想上彻底批深批透、批倒批臭，坚决、彻底打垮敌人的嚣张气焰！

（三）中国人民解放军是毛主席亲手缔造的、林副主席直接领导的人民子弟兵，是无产阶级文化大革命的可靠保证和无产阶级专政的柱石。我们要像爱护自己的眼睛一样地爱护最高举毛泽东思想伟大红旗、最革命化的中国人民解放军，无限信赖他们，在任何情况下都毫不动摇。我们要坚决地、不折不扣地执行军委八条命令和十项命令，绝不允许任何人、任何组织以任何借口把矛头指向解放军，坚决拥护、充分信任肖华、杨成武、谢富治同志所主持的全军文革的工作，坚决支持和大力协助解放军完成支左、支工、支农、军训和军管的伟大任务。

（四）以最旺盛的斗志、最好的工作来迎接和欢庆无产阶级革命派的盛大节日——北京市革命委员会的诞生。在北京市革命委员会

诞生的基础上,形成一个活学活用毛主席著作的热潮,结合我院具体情况全面地、深刻地对黑《修养》进行专题批判,彻底清算前北京市委执行的反革命修正主义路线,解放革命的干部,尽快地促进我院"三结合"的临时权力机构的成立,全面进行斗批改。我们要坚决贯彻执行高教八条,努力做好抓革命、促生产的工作,出色地、超额完成党交给我们的国防科研和生产任务。

（五）全体红旗战士和全院革命同志,要认真学习老三篇和新五篇,学习江青同志4月16日的讲话和陈伯达同志4月18日电话指示,并且坚决执行。坚决克服各种无组织无纪律的现象,在全队全院大反特反无政府主义,促进思想革命化,为把我队、我院建设成为一个非常革命化、非常战斗化的毛泽东思想的大学校而努力。

（六）坚决执行十六条,听毛主席的话,坚持文斗,反对武斗。当前社会上出现的武斗现象,实际上是资产阶级反动路线新的反扑形式,我们务必提高革命的警惕性,谨防扒手,击退阶级敌人四月反扑的逆流。全队战士和全院革命同志要大力宣传党的政策,在发生武斗的那些地方和单位,向群众做说服教育工作,揭露刘、邓、陶、徐、叶等一小撮党内走资本主义道路的当权派的阴谋,制止武斗发生。

（七）必须在全队和全院大讲阶级和阶级斗争,大讲无产阶级专政,提高全体同志的阶级觉悟。在今后的日子里,要经常组织学习毛主席关于阶级和阶级斗争的论述,林副主席去年五月十八日和今年三月二十日的两次讲话,牢牢树立阶级斗争和无产阶级专政的观念,克服和平麻痹思想和松劲思想,防止敌人的和平演变和反扑,掌握好已经夺取的政权,誓把无产阶级文化大革命进行到底。

（八）毛主席说："共产党员对于任何事情都要问一个为什么,都要经过自己头脑的周密思考,想一想它是否合乎实际,是否真有道理,绝对不应盲从,绝对不应提倡奴隶主义。"目前,在部分红旗战士和革命同志中间,滋长着一种不愿动脑筋,不爱做分析的奴隶主义倾向。我们要在彻底批判黑《修养》贩卖的奴隶主义的同时,大破"私"字,大立"公"字,提倡无产阶级的革命自觉性,和革命的首创精神,拿起大鸣、大放、大字报、大辩论、大串联的武器,发扬敢想、敢说、敢干、敢斗争、敢革命的大无畏的革命精神，全体动手，齐心协力地把工作做好。

（九）根据中央军委命令和最近中央指示精神，兹规定自即日起，除得中央特许之外，在外地的红旗战士和航院革命师生见此决定后，十天之内务必返校，并向全体战士汇报工作。经中央特许在外地执行任务的同志，一律不得介入当地文化大革命，如若表态，必须经过总勤务站，待请示后决定。

（十）为了加强战备和组织纪律性的锻炼，兹决定在全院范围内开展军事训练活动，由各系勤务站组织领导，以班或科、室为单位，坚持出操，每周抽出半天时间进行军事活动。

全体红旗战士和革命同志，让我们立即行动起来，牢牢记住党中央毛主席的教导，念念不忘阶级斗争，念念不忘无产阶级专政，念念不忘突出政治，念念不忘高举毛泽东思想伟大红旗，在党中央、毛主席的领导下，在林副主席和中央文革的领导下，在北京市革命委员会的正确领导下，高举革命批判的大旗，誓把无产阶级文化大革命进行到底！

一九六七年四月十九日

张有瑛亮相

《红旗》第 32、33 期，1967 年 4 月 27 日

二十三日晚召开了关于张有瑛（原党委宣传部长）问题的辩论会，大部分中上层干部都参加了。开始由宣传部李长喜介绍情况，会议后半部，着重讨论了关于张有瑛的政治品质问题。

六系总支书记赵锐谈到，张有瑛忽左忽右，摆动极大，使人跟都跟不上，因此即使三结合也不能做第一把手。

与会者赵欲李（九系副主任）谈到，三月份他同意张作为三结合

对象，但张在亮相中的表现实在令人遗憾，对缺点躲躲闪闪，一再表白自己，而对优点则谈得很多。特别是在二十一日辩论中，张说在武光问题上自己是在高压下压出来的，不是真心话，赵欲李指出，这就是不折不扣的叛徒哲学。对此，张有瑛必须触及灵魂。

政治部办公室副主任吴葆朴说，过去张有瑛曾吹捧王恒是我院唯一不是家长式独断专行的干部，又吹捧周天行是我院又红又专的干部，而现在调子又比谁都高。吴葆朴指出，革命是有反复的，这次如不触及灵魂，将来很难说你跟谁跑。

最后大家一致认为，张有瑛基本上还是二类干部，但政治品质仍需考查，张必须做触及灵魂的检查。

简 讯

《红旗》第32、33期，1967年4月27日

▲按照陈伯达同志三·二七指示，院教改组已组织人成立中小学教改调查组。该组参加了在北师大设立的北京市教育革命联络委员会的部分工作。并派人去景山学校、红旗学校，北京男四中等学校蹲点调查。（联系地点，六系楼三零八，电话二七三）

▲我院红旗总勤务站教改组派出了十五名红旗战士，与北师大、京工、清华、矿院、政法等院校以及中学红代会等组成联合调查团，专程赴津调查刘少奇半工半读的罪行，以供批判。以毛泽东思想为指导，经过七天的紧张战斗，我院红旗战士已胜利返回。他们一致认为这次调查的收获很大。

▲大专院校红代会作战组在矿院也设立了教改机构，我总勤务站教改组号召全体红旗战士和革命师生积极支持其工作。

▲由北师大等一些大专院校、中学等单位组成了"北京市教育革命联络委员会"，设在北师大。

▲在人大成立了高等院校参加的批判资产阶级反动学术"权威"的联络站。

▲各系均已建立教改小组，并开始正常工作。

▲院教改组编写的毛主席论教育第二集即将发行，望大家好好学习。

▲"刘邓教育黑指示集"正在印刷。苏修、英、美有关教育方面的资料也正在汇编，以供大家批判。

▲据悉在苏联乌克兰有人组织布尔什维克，苏当局马上镇压，逮捕了许多人。

▲日本明治大学贴出揭发日本黑暗统治的大字报。日本警察马上出动一千余人，妄图扑灭革命烈火。

▲由江青同志亲自修改的革命现代京剧《山城旭日》已胜利排练成功。估计"五一"公演。

红旗总勤务站《关于坚决响应北京市革命委员会号召把活学活用毛主席著作的群众运动推向新阶段的决定》

《红旗》第 37 期，1967 年 5 月 9 日

北京市革命委员会关于把活学活用毛主席著作的群众运动推向新阶段的决定说出了我们的心里话。我们全体红旗战士和全院革命师生员工最热烈拥护、最坚决响应！

毛主席是当代最伟大的马克思列宁主义者，是中国人民和世界革命人民心中最红最红的红太阳。毛主席天才地、创造性地、全面地继承、捍卫和发展了马克思列宁主义，把马克思列宁主义提高到一个崭新的阶段。毛泽东思想是全党、全军、全国一切工作的指导方针，是无产阶级文化大革命的行动指南。毛泽东思想是我们的命根子，是

我们一切力量的源泉。

我们是毛主席最忠实的红卫兵，我们对毛主席无限热爱、无限忠诚，我们对毛泽东思想无限信仰、无限崇拜。我们要以四个百分之百的高标准严格要求自己，百分之百的时间想着毛主席的教导，百分之百的事情照毛主席的指示去办，百分之百的阵地让毛泽东思想去占领，百分之百的人民用毛泽东思想来武装。真正把毛泽东思想看得先于一切，高于一切，重于一切，大于一切。

一切革命同志，必须自觉地积极地投入到当前这场批判党内最大的一小撮走资本主义道路的当权派和资产阶级反动路线的群众运动中去，在斗争中刻苦地活学活用毛主席著作，正确对待犯错误的干部和受蒙蔽的群众，真正实行伟大领袖毛主席的"只有解放全人类才能最后解放无产阶级自己"的教导。大反特反无政府主义，坚决搞臭无政府主义。

根据北京市革命委员会的决定，结合我院具体情况，我红旗总勤务站决定：

一、认真学习毛主席的《学习和时局》等光辉著作，继续坚决地不折不扣地贯彻执行毛主席的干部政策，进一步深入批判在干部问题上的资产阶级反动路线。注重调查研究，掌握阶级分析，满怀阶级感情帮助犯错误的干部回到毛主席的革命路线上来，帮助他们从"私"字的精神枷锁下解放出来。真正做到"解放一大片，打击一小撮"，在阶级斗争的大风大浪中确立"解放全人类"的共产主义世界观。

二、认真学习毛主席的《关于纠正党内的错误思想》，《反对自由主义》等光辉著作，打倒无政府主义，防止和平演变。向伟大的人民解放军学习，大力加强革命性、科学性和组织纪律性，红旗战士尤其要狠触自己的灵魂，狠批无政府主义。如果不对自己的无政府主义进行批判，开展斗争，就可能"舒舒服服"地和平演变，发展下去就可能走向反面。红旗战士必须时刻牢记林副统帅的教导，既要把自己当作革命的动力，又要把自己当作革命的对象，既敢于革旧世界的命，又敢于革自己头脑中"私"字的命，永远革命，永不变质。

三、各级勤务员必须带头活学活用毛主席著作，一刻也不脱离群众，甘当群众的小学生，全心全意地为人民服务，做好人民的勤务员。各级勤务员必须突出政治，抓好毛主席著作的学习。广大红旗战士和革命同志应热情帮助和监督各级勤务员的工作，如果他们不突出政治，不抓毛主席著作的学习就炮轰，就批评。只有这样，才能同心协力地把活学活用毛主席著作的群众运动推向一个新阶段。

四、建立雷打不动的学习毛主席著作的制度。要掌握"带着问题学，活学活用，学用结合，急用先学，立竿见影，在用字上狠下功夫"这一马克思列宁主义的学习方法。

五、坚决响应毛主席的"抓革命，促生产"的伟大号召，把在文化大革命中解放出来的冲天干劲和首创精神用到生产上、科研上，夺取革命、生产双丰收。

红旗战士们，革命同志们，积极行动起来，高举毛泽东思想伟大红旗，进一步深入批判在干部问题上的资产阶级反动路线，尽快实现革命的"三结合"，打倒无政府主义，努力把航院办成为一个红色的毛泽东思想的大学校，把红旗战斗队建成为一支冲不垮、打不烂的毛泽东思想的战斗队。

战无不胜的毛泽东思想万岁！我们心中最红最红的红太阳！

毛主席万岁！万万岁！

一九六七年五月六日

总勤关于成立革命委员会筹备小组的初步意见

《红旗》第 37 期，1967 年 5 月 9 日

目前，我院广大的红旗战士、革命的师生员工、革命的干部高举革命的批判大旗，大批"打击一大片，保护一小撮"这个资产阶级反动路线的组成部分，形势很好。对于干部问题上的资产阶级反动路线

的批判，必将把革命的"三结合"提到议事日程的首位。根据广大群众的呼声及我院当前的形势，红旗总勤务站决定成立革命委员会筹备小组，初步议定小组成员有：韩爱晶、井岗山、屠海鹰、田东、侯玉山、仇北泰、莫世禹、王洪发、徐佛书、惠风荣、罗钰源、李乐、程九柯、王敬明、陈翠娣、张有瑛、隋哲民。（后五名为我院革命干部）

筹备小组成员经红旗战士代表大会通过后，即着手工作（红旗战士代表大会在星期三上午十时召开）。筹备小组将在广泛听取群众意见的基础上初步议定革命委员会成员名单、革命委员会的组织结构、起草宣言及筹备成立大会，最后提交红旗总勤务站讨论审定。

我们相信筹备小组一定能够高举毛泽东思想伟大红旗，相信群众的智慧和力量，为在我院建成一个革命的、有代表性的、有无产阶级权威的"三结合"临时权力机构做好充分准备。

以上意见望全体红旗战士、广大的师生员工，充分酝酿讨论，用各种方式发表意见，红旗总勤务站将召开红旗战士代表大会听取意见，做出最后决定。

望广大红旗战士、全体师生员工做好这项工作。

我院把活学活用毛主席著作的群众运动推向新阶段的誓师大会隆重召开

《红旗》第37期，1967年5月9日

五月六日下午，我红旗战斗队和全院革命师生员工，隆重召开誓师大会，坚决响应北京市革命委员会关于把活学活用毛主席著作的群众运动推向新阶段的决定，会场上空响彻了《大海航行靠舵手》的嘹亮歌声，"毛主席万岁"的欢呼声以及毛主席语录的朗读声。充分表达了我红旗战士及其他革命同志对毛主席、对毛泽东思想无限热爱、无限信仰、无限忠诚、无限崇拜的深厚感情。

会上，总勤务员宣读了红旗总勤务站"响应北京市革命委员会的号召，把活学活用毛主席著作群众运动推向新阶段"的决定。（全文另发）首先，由"郭嘉宏"战斗组的代表发言，她表示："我们'郭嘉宏'战斗组，决心不断活学活用毛主席著作，高举革命批判大旗，以'只争朝夕'的革命精神，彻底批判党内头号走资本主义道路当权派在干部问题上'打击一大片，保护一小撮'的资产阶级反动路线。"她说："对干部必须坚持'一看二帮'。对干部中的错误思想，既要坚决批判，坚决斗争，又要怀着深厚的阶级感情热情地帮助他们，共同战斗。"她指出："革命干部只有全心全意投入到大批判，大斗争的洪流中去，才能同群众打成一片，只有去掉一切私心杂念，下狠心与资产阶级反动路线和黑《修养》彻底决裂，才能最后求得干部自身的解放。""郭嘉宏"战斗组是由九〇一教研室，和四九一一班的干部、教师、同学三位一体组成的，是红旗战士带动其他革命同志一起闹革命的好的组织形式，在批判干部问题上的资产阶级反动路线中，坚持活学活用主席著作，做出了贡献。

在争取、团结、教育广大受蒙蔽的保守组织的群众工作中，取得良好成绩的一九四一班红旗战士也在会上发言。他们决心在革命大风大浪中更加努力活学活用毛主席著作，向解放军学习，加强革命性、科学性和组织纪律性，大反特反无政府主义，决不做昙花一现的人物，而要做彻底的无产阶级革命派。

前党委副书记程九柯同志在会上激动地说："看到革命小将在文化大革命的风浪中迅速成长起来，使毛泽东思想千秋万代传下去，使无产阶级铁打江山永不变色，心中感到无限欢欣鼓舞。"他指出："在我们党的历史上，凡是按照毛泽东思想指导革命和工作，就节节胜利，凡是背离了毛泽东思想，革命和工作就受到挫折，或者遭受失败。这是历史的教训。"他还表示，要向革命小将学习，保持革命晚节，作一个名副其实的无产阶级革命战士。

我院附属工厂的工人代表在发言中指出："无数的事实证明，我们干革命离不开毛主席的书。不吃饭、不睡觉可以，不读毛主席的书就不能生存。毛泽东思想就是我们工人的命根子。"她说："×××生产第一战役的胜利正是执行毛主席备战、备荒为人民的指示，响应'抓革命、促生产'伟大号召的结果，说明了用毛泽东思想武装起来的人，任何困难都能克服，任何人间奇迹都能创造出来。"

大会自始至终洋溢着革命的战斗气氛，全院革命师生员工和红旗战士决心在我院掀起一个活学活用毛主席著作的新高潮，用毛泽东思想来统帅一切、指导一切、带动一切、改造一切，把红旗战斗队建成一支冲不垮、打不烂的毛泽东思想的战斗队，把航院办成一个红彤彤的毛泽东思想的大学校。

关于成都一三二厂五月六日流血事件的严正声明

红代会北航红旗

《红旗》第 37 期，1967 年 5 月 9 日

在中央军委十条命令发布一个月之后，在全国无产阶级文化大革命进入了决战阶段的今天，成都地区地地道道的保皇组织"产业军"，在西南地区党内头号走资本主义道路的当权派李井泉及其死党的操纵下，蓄谋已久，连日来挑起武斗，对革命造反派实行反革命大反扑；对我首都红代会派往成都地区的人员恨之入骨，竟开枪打死我首都红代会地质学院东方红战士李泉华等，同时又枪杀当地革命造反派多人。是可忍，孰不可忍！血债要用血来还！

我北航红旗全体战士愤怒声讨三反分子李井泉之流以及"产业军"中一小撮杀人凶手的法西斯暴行，誓做成都地区无产阶级革命派的坚强后盾。枪杀，吓不倒用毛泽东思想武装起来的首都红卫兵！我们将继续不遗余力地支持成都无产阶级革命派，坚决把西南的无产阶级文化大革命进行到底！

呼吁成都地区无产阶级革命派联合起来，同心协力，把仇恨集中在党内最大的走资本主义道路当权派和一小撮反革命分子身上，向资产阶级反动路线猛烈开火！

打倒刘邓陶！彻底粉碎资产阶级反动路线！

打倒李井泉！解放大西南！

用鲜血和生命捍卫以毛主席为代表的无产阶级革命路线！

头可断，血可流，毛泽东思想不可丢！

严惩杀人凶手！血债要用血来还！

向死难烈士致敬！

一九六七年五月七日

北京航空学院革命委员会决议

（一九六七年五月二十日）

《红旗》第 39 期，1967 年 5 月 21 日

"虎踞龙盘今胜昔，天翻地覆慨而慷。"

我院革命委员会的庄严成立，开始了我院文化大革命的新阶段。当前，摆在我们面前的任务是：高举毛泽东思想伟大红旗，更进一步地开展彻底埋葬党内最大的一小撮走资本主义道路的当权派的大批判运动，大力开展我院的斗批改，坚定按照毛主席"五·七"指示指出的方向，奋勇前进！

为此，北京航空学院革命委员会特作如下决议：

一、我们最最敬爱的伟大领袖毛主席，是当代最伟大的马克思列宁主义者。战无不胜的毛泽东思想是当代最高水平的马克思列宁主义。我院全体革命同志对毛主席和毛泽东思想无限忠诚、无限信仰、无限崇拜！我们坚决响应林彪同志的号召，坚决执行北京市革命委员会的决定，立即行动起来，把活学活用毛主席著作的群众运动推向新

阶段。我们要大立特立、大树特树毛泽东思想的绝对权威，把活学活用毛主席著作放在高于一切、大于一切、先于一切、重于一切的首要地位，用毛泽东思想统帅一切，指导一切，带动一切，改造一切。在斗争中，带着问题学，活学活用，学用结合，急用先学，立竿见影，在用字上狠下功夫。努力做到"口不离毛主席的话，身不离毛主席的著作，行动不离毛主席的教导"，学出新水平，用出新水平，出现新局面。在当前，特别要认真学习中共中央"5·16"《通知》——这个具有伟大历史意义的文件和《红旗》杂志编辑部、《人民日报》编辑部的重要文章《伟大的历史文件》。结合文化大革命的实践，认真学习毛主席关于在无产阶级专政下进行革命和防止资本主义复辟的学说，掌握毛主席提出的无产阶级文化大革命的理论、实践、方针和政策，牢牢掌握斗争的大方向，紧紧跟着毛主席，在大决战的关键时刻做出应有的贡献！我们还要坚决响应毛主席的伟大号召，向解放军学习，狠抓"四个第一"，大兴"三八作风"，誓把航院办成一个红彤彤的毛泽东思想的大学校！

二、高举革命的批判大旗，更全面地、更广泛地、更深入地开展大批判运动。全体同志要以毛泽东思想为武器，集中火力，集中目标，彻底批倒、批臭党内最大的一小撮走资本主义道路的当权派和他们炮制的资产阶级反动路线，把黑《修养》在政治上、理论上、思想上批深批透，批倒批臭。彻底肃清在干部问题上的资产阶级反动路线的流毒。与此同时，开展对前北京市委以彭真为首的反革命修正主义集团的大揭露、大批判，彻底清算其反革命罪行。在革命的大批判中，不断巩固和发展革命的大联合和革命的"三结合"，各系要尽快成立起革命的"三结合"临时权力机构，彻底解放犯错误的干部和受蒙蔽的群众，组织起浩浩荡荡的文化革命大军，把无产阶级文化大革命进行到底。

三、以阶级斗争和两条路线斗争为纲，坚定不移地、全面深入地开展我院斗批改。革命委员会要"敢"字当头，坚决信任群众，依靠群众，放手发动群众，尊重群众的首创精神，发扬毛主席的大民主，充分运用大鸣大放、大字报、大辩论、大串联的战斗武器，打一场人民战争,为完成一斗二批三改的伟大历史任务而奋斗!

四、发扬敢想、敢说、敢做、敢革命、敢造反的无产阶级大无畏的精神,大砍大杀,大破大立,进行教学改革。我们要彻底砸烂旧的教育制度、教学方针和教学方法,坚决不让资产阶级知识分子统治我们学校的现象继续下去。我们要坚决贯彻党的"教育为无产阶级政治服务,教育与生产劳动相结合"的教育方针,建立无产阶级崭新的教育制度、教学方针和教学方法,为实现毛主席"五七"!

五、坚决响应毛主席"抓革命,促生产"的伟大号召,狠抓革命,猛促生产和科研。毛主席教导我们,政治是统帅,是灵魂。任何时候,跟都必须把抓革命摆在首位,用革命来统帅生产与科研。发动群众,鼓足干劲,力争上游,誓夺革命生产双胜利。

六、在改造客观世界的同时,努力改造我们的主观世界。林彪同志说:"革命,也得革自己的命。不革自己的命,这个革命是搞不好的。"两条路线斗争的根本就是无产阶级世界观同资产阶级世界观的斗争,就是与"私"的斗争。我们要向毛主席最亲密的战友林彪同志学习,发扬林彪作风,在大批判中活学活用毛主席的"老三篇"等光辉著作,狠触灵魂,大破"私"字,大立"公"字,大反特反无政府主义,大立特立无产阶级的革命性、科学性和组织纪律性。无政府主义宣扬"怀疑一切""打倒一切"的反动思潮,是革命阵营中的大敌,必须彻底打倒!我们要一边战斗,一边整风,真正把航院无产阶级革命派的队伍建设成为一支拖不垮、打不烂、万众一心、步伐整齐的无产阶级文化革命大军。

七、我们要牢记毛主席"你们要关心国家大事,要把无产阶级文化大革命进行到底!"的伟大教导,密切注视社会上两个阶级、两条道路、两条路线的斗争。大力支持、援助外单位和外地的无产阶级革命派战友的革命斗争,与他们同呼吸,共患难,并肩战斗。我们必须不断地树立解放全人类的共产主义世界观,为了保卫毛主席,保卫毛泽东思想,保卫中央文革,同全国无产阶级革命派战友永远团结在一起,战斗在一起,胜利在一起。我们要立足航院,胸怀祖国,放眼世界,为解放全人类,实现共产主义而奋斗终生!

八、毛主席说:"我们一切工作干部,不论职位高低,都是人民的勤务员,我们所做的一切,都是为人民服务。"革命委员会要求所有干部永远牢记伟大领袖毛主席的教导,密切联系群众,干部参加劳动,大抓机关革命化,发扬艰苦奋斗作风,大扫四旧,大立四新,防修反修,防止资产阶级"和平演变",永远做劳动人民的忠实儿子,当好人民的勤务员。

我们号召:全院革命同志团结起来,高举毛泽东思想伟大红旗,突出政治,狠抓"四个第一",大兴"三八作风",把对党内最大的一小撮走资本主义道路的当权派和他们炮制的资产阶级反动路线的大批判运动推向新高潮,为完成一斗二批三改的伟大历史任务而奋斗!

院革命委员会关于号召全院学习中共中央一九六六年五月十六日《通知》的决定

《红旗》第 40 期,1967 年 5 月 23 日

我们的伟大领袖毛主席亲自主持制定的中共中央一九六六年五月十六日的《通知》是一个具有划时代意义的伟大历史文件。它创造性地发展了马克思列宁主义,解决了无产阶级专政下的革命问题。《通知》这个伟大历史文件的公开发表,是我国家政治生活中的一个重大事件,是国际共产主义运动中的一个重大事件,各级勤务站要以"只争朝夕"的精神集中利用两天时间(二十二、二十三日),组织全院革命师生员工认真学习讨论。要求结合学习《红旗》杂志编辑部、《人民日报》编辑部的重要文章《伟大的历史文件》和《〈修养〉的要害是背叛无产阶级专政》以及《红旗》杂志第七期评论员文章《抓住主要矛盾,掌握斗争大方向》,和我院革命委员会成立大会上的首长讲话等,特别要着重结合目前院内外斗争的新形势和总结一

年来的斗争经验，广泛组织有关《通知》的学习、讨论、宣传、形势分析及参观《毛主席革命路线胜利万岁》展览等活动，进一步用毛泽东思想武装自己，进一步领会和掌握毛主席提出的无产阶级文化大革命的理论、路线、方针和政策，特别要求通过学习《通知》真正把大批判的意义反复弄清，没有大破就不可能有真正的大立，不开展对党内最大的一小撮走资本主义道路当权派的彻底批判，就不能真正巩固夺取的政权。目前一定要抓住主要矛盾，紧紧掌握斗争大方向，充分应用四大武器，进一步深入掀起全院的大批判运动高潮。必须以大批判为主，在大批判中巩固院革命委员会，尽快实现系级革命的"三结合"，把权牢牢掌握在无产阶级革命派的手中。全院每个红旗战士和革命同志都要真正做到认真学习《通知》，热情宣传《通知》，忠实执行《通知》，勇敢捍卫《通知》。"宜将剩勇追穷寇，不可沽名学霸王"，让我们在《通知》这个伟大的灯塔指引下，将无产阶级文化大革命进行到底，为彻底解放全人类做出新的贡献！

一九六七年五月二十一日

红色雷达站

《红旗》第 41 期，1967 年 5 月 27 日

中央首长谈《讲话》

那里（指《讲话》中）讲到五个条件：一个立场、一个态度、一个对象、一个工作、一个学习。是对文艺方面讲的，但这五个问题是普遍真理。用到文化大革命中去，我们的文化大革命要立三种态度：对敌人、对朋友、对自己。三种人三种态度，我们当前非常需要它。当前对敌是否揭露不够，对友是否团结不够，对我们（革命派）是否赞扬不够……

邓小平是封建奴隶主的忠实走狗

西安（1018）革命造反团经过调查，以大量的事实说明邓小平对抗毛主席的指示，顽固推行投降主义路线，庇护叛匪达赖和叛匪司令员蒋华廷。早在五七年西藏工委副书记范×就揭发达赖问题，但被邓小平之流横加罪名为诬蔑、陷害达赖、抵制中央。邓小平是帝、反和封建奴隶主的忠实走狗！

《白毛女》改编成民族歌舞剧

中国歌剧舞剧院砸三旧等五单位联合排演的七场民族舞剧《白毛女》二十三日在首都公演。排演过程中他们虚心向上海芭蕾舞校的革命样板戏《白毛女》学习，吸收了芭蕾舞剧的长处，丰富了民族歌舞的表现能力，同时他们还按照江青同志的意见，对原剧中带有《修养》味的第四场做了彻底修改。演出后，演员马上走下舞台，到群众中去征求意见，受到广大群众的热烈欢迎。

清华井冈山兵团开始整风

结合目前斗争的新形势和一年多来的斗争经验，为了进一步促进革命的大批判、大联合、三结合，克服无政府主义、小团体主义、官僚主义等作风，革筹小组于五·二十二召开会议，决定兵团内部进行整风，整风内容：一、群众路线，二、无政府主义。重点是革筹、总部及其领导下的四一四革命串联会总勤务站。整风以自我批评为主，充分运用四大，还准备召开几次炮轰大会。

触目惊心的反革命复辟计划

反革命修正主义分子周扬、夏衍等人制定了六四至七〇年北影拍片计划，集中了帝王将相、封建迷信、修正主义片子一百余部，有些已经拍成，这是一个触目惊心的反革命复辟计划！其中有：末代皇帝、济公传、望夫云、谢瑶环、海侠、红楼梦、白蛇传、为奴隶的母亲、无情的情人、雷雨、瞎子阿炳、阿里木斯之歌、孔雀公主、啼笑姻缘、李慧娘、夫妻桥、桃花扇、聊斋、十三妹、李秀成、武则天、升官图、司机与姑娘、柳毅传书、牛郎织女、白雪、东海人鱼、相思树……但是，任何妖魔鬼怪难逃毛泽东思想的阳光，这场史无前例的文化大革命彻底粉碎了他们复辟资本主义的美梦！

狠批毒草影片《林家铺子》《两家人》演出之后，九系勤务站闻风而动，前天组织了串联会。会上许多同志以《讲话》为武器，结合毒草出笼的时代背景，对党内最大的走资本主义道路的当权派及几十年来的文艺黑线进行了有力的批判。

关于认真学习毛主席五篇光辉文献的通知

《红旗》第 42 期，1967 年 5 月 30 日

第一次公开发表的毛主席关于文艺的五个文件，创造性地发展了马克思列宁主义的文艺理论，创造性地发展了马克思列宁主义关于阶级斗争和无产阶级专政的学说。它是战胜资产阶级和其他剥削阶级意识形态，发展社会主义文学艺术，防止修正主义分子篡党篡政，巩固无产阶级专政的指南。它是无产阶级文化大革命的纲领性的文献。

《红旗》杂志针对这五个文件，发表了《伟大的真理，锐利的武器》的社论，进一步阐述了毛主席的光辉思想。

院革命委员会号召全院革命同志高度重视文学艺术战线上的阶级斗争，结合文艺战线上的阶级斗争的历史，结合这场无产阶级文化大革命的实践，认真学习毛主席的五个光辉文件，把它运用到当前阶级斗争中去，提高到政权问题上来认识，掀起大批判的高潮，争取无产阶级文化大革命的新胜利，争取斗、批、改的新胜利！

北京航空学院革命委员会
一九六七年五月二十九日

红色雷达站

《红旗》第 42 期，1967 年 5 月 30 日

▲毛主席五篇光彩夺目的光辉文章发表以后，又传来红旗第九期社论发表的喜讯，在院革委会的号召下，各系闻风而动。积极组织宣传队，走上街头，并准备再度远征京郊房山、怀柔、密云等县。全院革命同志正动手抄写大字报赶印传单，把革命文艺批判的大字报贴满全城。

▲舞台好戏多。由中央歌舞团鲁迅文艺兵团、中国舞蹈学校砸三旧战斗团，清华井冈山、北航红旗等无产阶级革命派共同演出的大型歌舞"红灯照"已投入最后排练阶段，六月初可望上演。

京剧《沙家浜》、芭蕾舞《白毛女》将搬上银幕。《工农兵歌颂领袖毛主席》《毛主席七、八次接见红卫兵》不久将上映。《一月革命胜利万岁》正在上海抢拍。

▲我们的亲密战友，西军电临委会西工大的同志们，将于六•一成立革命委员会。我红旗总勤务员已专程前往祝贺。

▲广州珠影制片厂在陶铸的黑指导下，毒草成堆。仅仅建厂十年便拍摄了歌颂海瑞的大毒草片《刘明珠》，吹捧蒋匪军的《逆风千里》。另有毒草《齐王求将》《刘三姐》等不少黑影片。

▲北京画展忙。由五十多个造反派组织的大型革命画展《毛泽东思想胜利万岁》于五月二十日在北京美术馆开幕。美术出版社第二门市部（旧荣宝斋）举行"打倒刘少奇"漫画图片展览。人民美术出版社印成五十万册，每套一百余幅《打倒刘少奇》的漫画，已经发行。

▲邓贼丑事一则：邓小平逛遵义，一席羊肉汤，挥霍数千元。由副省长亲自挂帅，买小狗、肥羊，调来"龙海坝米""桐梓绿豆""特号茅酒"，责令五县捕捉特产，邓贼爱好——娃娃鱼，请名厨高师，购银耳、海参、竹参、鱼翅几十种野珍海味，一餐十四、五个贵州名菜。邓贼一句泄天机，"为了喝羊肉汤才来的。"

关于向伟大的共产主义战士吕祥璧同志学习的通知

《红旗》第 43 期，1967 年 6 月 3 日

在无产阶级文化大革命的高潮中又一伟大的共产主义战士、刘英俊式的英雄、中国人民解放军驻黄海前哨空军某部警卫连战士吕祥璧同志、为了保卫红卫兵战士英勇牺牲了。

吕祥璧同志用自己的行动表明了他是人民的好儿子、毛主席的好战士、无产阶级文化大革命的红色卫兵。

吕祥璧同志生前响应林彪同态的号召、认真地读毛主席的书、听毛主席的话。照毛主席的指示办事、做毛主席的好战士。在毛泽东思想的哺育下、不断地改造自己，建立了无产阶级世界观，迅速地成长成为伟大的共产主义战士。他在自己的行动中、真正地把毛泽东思想看得先于一切、高于一切、重于一切、大于一切。在头脑里树立了毛泽东思想的绝对权威。吕祥璧同志有深厚的无产阶级感情，他无限忠于毛主席、无限忠于毛泽东思想、无限忠于毛主席的革命路线。这是他迅速成长起来的根本原因。吕祥璧同志的成长是毛泽东思想的伟大胜利，是毛主席革命路线的伟大胜利。

我们号召全体红旗战士和全院革命同志立即行动起来，开展一个向吕祥璧同志学习的群众运动。

我们学习吕祥璧同志，就是要像他那样，在斗争中活学活用毛主席著作，破"私"立"公"，不断地改造思想，树立起解放全人类的共产主义世界观，从无产阶级世界观的高度上，深刻地理解毛主席的无产阶级革命路线，彻底批判资产阶级反动路线，永远忠于毛主席，永远忠于毛泽东思想，永远忠于毛主席的革命路线。

我们学习吕祥璧同志，就是要像他那样，到群众斗争中去经风雨，见世面，跟着毛主席，在大风大浪中前进！

我们学习吕祥璧同志，就是要像他那样，生，为革命战斗，死，为革命献身，随时准备为革命献出自己的一切，乃至宝贵的生命，做

到脸不变色，心不跳！

全体红旗战士和全院革命同志要把活学活用毛主席著作放在一切工作的首位，像吕祥璧那样，坚持每日"天天读"，每日向毛主席著作请示工作，向毛主席著作汇报思想。同志们，让我们积极行动起来吧！

吕祥璧同志永垂不朽！

北航革命委员会
北航红旗总勤务站
一九六七年五月三十一日

简 讯

《红旗》第 43 期，1967 年 6 月 3 日

毛主席在革命圣地——西柏坡

一九四八年夏天，毛主席和其他中央首长在西柏村时，毛主席和大家吃的一样，是西柏坡产的大米、白菜、萝卜。

这年，西柏坡正遇上大旱，粮食减产，毛主席指出要"抗旱备荒，节约粮食"，并组织各级干部向老百姓宣传节约的意义。中央机关和毛主席带头执行。毛主席工作虽然十分忙，但还是和大家一样，一天吃十二小两粮食，同时还把小灶改为中灶，中灶改为大灶。

毛主席每天节约一把米，群众知道毛主席夜以继日地操劳国家大事还要节约粮食，很受感动，都纷纷行动起来。每天自觉地节约一把米，随即，全国开展了轰轰烈烈的节约运动。

向吕祥璧同志学习

阳光雨露育青松，毛泽东思想育英雄。年青的共产主义战士吕祥

璧同志英雄事迹发表以后，院革委会和红旗总勤务站发出了向吕祥璧同志学习的重要通知。一日上午，全体红旗战士和革命师生举行了讨论会。同志们高举革命的批判旗帜，用吕祥璧的光辉事迹深刻地批判了党内头号走资本主义道路当权派刘少奇活命哲学和叛徒嘴脸。大家一致表示，要永远向吕祥璧那样，无限忠于毛主席，忠于毛泽东思想和毛主席的革命路线，在头脑中树立毛泽东思想的绝对权威，永远做毛主席最最忠实的红小兵。

红小兵斗吴晗

为了纪念全国第一张马列主义大字报发表一周年和庆祝六一国际儿童节，六月一日上午我院附小全体革命师生斗争了反革命修正主义分子吴晗。大会完全由学生自己主持。红小兵战士们怀着对阶级敌人的刻骨仇恨和对党、对毛主席无限热爱的感情参加大会，他们愤怒地控诉，吴晗老混蛋罪恶滔天，胆敢反对毛主席，妄图复辟资本主义，同时还把黑手伸进小学，用个人名利等毒害青少年。他们一致表示，今后一定要更高地举起毛泽东思想伟大红旗，坚决斩断刘、邓、彭、吴伸进小学的黑手，把他们斗倒、斗垮、斗臭！

目前附小一片大好形势，全体革命师生正积极响应毛主席"复课闹革命"的伟大号召，掀起全校大批判的高潮！

北京市革命委员会重要通告

（北京市革命委员会全体会议通过，并经中央批准）

《红旗》第 44 期，1967 年 6 月 6 日

一、革命群众都必须坚决执行毛主席，党中央关于"抓革命，促生产、促工作"的指示，争取革命和生产双丰收。

二、坚决执行毛主席关于要文斗,不要武斗的指示。严禁打、砸、抢、抄、抓。煽动武斗的少数坏人和情节严重的打人凶手,应该受到无产阶级国家法律的制裁。

人民解放军北京卫戍部队和军代表有权处理武斗问题,有关方面必须听从,不得拒绝执行。

三、不准破坏国家财产,不准动用交通工具参加武斗,不准调动人员参加外单位的武斗。

四、坚决执行毛主席关于"必须坚决地克服许多地方存在着的某些无纪律状态或无政府状态"的指示。不许破坏劳动纪律。不许无故旷工。坚决同一切扰乱革命和生产秩序的现象作斗争。

五、无产阶级专政机构应该按照毛主席的教导,坚决支持无产阶级革命派,担负起维护和巩固无产阶级专政的革命秩序、保卫国家财产、保卫无产阶级文化大革命的神圣职责。

六、坚决执行中共中央、国务院、中央军委、中央文革小组四月二十日关于停止外出串联的通知。已经外出串联的北京学生和群众,除经中央特许的以外,应当立即全部返回北京,外地来北京串联的学生和群众,同样也应立即全部返回本地。

本通告自公布之日起生效,并由革命委员会常务委员会分别采取具体措施。

北京市革命委员会
一九六七年五月十四日

北航革命委员会　红旗总勤务站

关于立即停止外出串联和在外同学返校的紧急命令

根据中共中央、国务院、中央军委、中央文革小组四月二十日关于停止外出串联的通知和经中央批准的北京市革命委员会五月十四日重要通知，根据中央最新指示，决定：

我院驻全国各地和本市外单位的红旗战士和革命师生《除经中央和北京市革命委员会特许的以外》接此命令后必须在四十八小时内全部撤出，立即返回本校、理解了要执行，不理解也要执行！

一九六七年六月四日上午十时正

红旗雷达站

《红旗》第 44 期，1967 年 6 月 6 日

中央首长讲话摘录

▲希望你们成为同党内一小撮走资本主义道路当权派作斗争的模范，希望你们成为实现革命大联合的模范，成为反对小团体主义、反对无政府主义、反对风头主义、反对经济主义、反对自私自利的模范。

▲革命群众组织都要着重做自我批评。这样才能达到团结。不能争取大多数就不能掌权，掌了权也是空的。

▲现在是大批判、大联合，如果违背了这个大方向，运动就要走弯路。如果谁不高举大联合的旗帜，进行大批判并转入本单位的斗、批、改，而去搞大分化，大分裂，还搞武斗，那么你们就要违背现在总的运动发展规律。那一派搞得最厉害，将来那一派就失败得最惨。

▲无产阶级革命派所以有力量，就是因为听毛主席的话，紧紧抓住了斗争的大方向。现在某些人看起来神通广大，但实际上软弱无力，就是因为那些人离开了当前大批判、大联合、三结合的大方向，而在那里热衷于搞无政府主义、小团体主义，在革命造反派内部拨弄是非。背离斗争大方向的活动必定要失败，哪怕一时搞得满城风雨，不可一世，但只能是一个漂亮的肥皂泡，决不可避免彻底破灭的命运。这里，半点侥幸，投机取巧的想法都是要不得的。

▲林彪同志支持三军演出。我院全体红旗战士和全体革命师生热烈响应,纷纷表示坚决支持三军演出。

红卫简讯

北航《红旗报》《河南红卫兵》报合刊,1967年6月9日

▲由解放军总政治部编选的《毛主席论党的建设》语录已经出版,开始在部队发行。这一宝书的封面和毛主席语录相仿。
▲在北京矿业学院革命委员会成立大会主席台上,北航红旗战士递纸条问谢富治副总理"在郑、汴、洛等地传开的《中央首长五月十五日在国务院小礼堂谈运动以来情况》是怎么回事",谢副总理在纸条上写道:"根本没有此事。"
▲连日来呼和浩特市三司等几十个革命造反派组织发表声明,表示坚决支持河南二七公社,开封八二四等河南革命造反派。
▲长沙解放军政治干校、三四四部队毛泽东思想宣传队坚决执行毛主席的支左指示,分别发表声明,坚决支持革命造反派,并举行盛大游行。××军军长和广大指战员表示支持造反派,给革命造反派极大鼓舞。

红旗雷达站

《红旗》第45期,1967年6月10日

世界人民热爱毛主席

到目前为止,有一百五十多个国家和地区从中国订购毛主席著

作，一九六六年出版的毛主席著作在国外发行量等于一九五二年的一百倍，是解放以来最多的一年。

在英国有人拿着红彤彤的《毛主席语录》，胸前戴着闪闪发光的毛主席像章向到伦敦去的国际共产主义的叛徒柯西金示威。

坚持团结，反对分裂

红代会机关报《首都红卫兵》自办报以来尽管出现了一些缺点、错误，但它坚持团结，反对分裂；坚持毛主席的革命路线，牢牢地掌握斗争的大方向，为革命的大批判和大联合

做出了贡献，我们表示坚决支持！

高校毕业生代表座谈会

六月三日举行了高校毕业生代表座谈会，会上关于毕业分配问题有如下意见：

一、分配原则——必须依靠左派，充分相信群众，放手发动群众，成立以左派为核心的革命干部、革命师生的分配小组。

1. 左派掌权单位：由掌权单位负责组成分配小组。

2. 左派之间对立的单位：由双方协商组成分配小组，或者派军代表。

3. 左派和保守派对立的单位：由左派负责。

4. 左派分化不清的单位：派军代表。

二、鉴定问题：一二类学校两头做鉴定，三四类学校做坏的。

三、档案问题：死材料保存（家庭、自传、社会关系、外调材料、合理的处分、奖励等），活材料销毁（思想汇报、年度鉴定等）。

四、党员和预备党员应接受群众审查，特别是四清时入党的预备党员分配前由群众鉴定，群众意见上报党委，由党委或接受单位处理。

五、分配时间：如无变动则计委可在六月中旬公布方案，如有变动则可能推迟，六七年毕业生分配问题未定。

文艺界将召开斗争刘少奇大会

文艺界最近准备在工人体育馆召开大会，斗争中国的赫鲁晓夫——刘少奇，大会将召开两次，计划有十多个单位发言，其中有的是一些单位中两派联合发言。

上海成立专题批判组

据悉，上海将成立专题批判组，分专题批判，肃清刘邓路线在上海的影响和流毒，现在初步拟订七个专题：政治、经济、哲学、政法、教育、历史、文艺。另外市革委会还组织了斗争陈、曹办公室，专门收集整理材料，负责斗批。

红旗雷达站

《红旗》第 47 期，1967 年 6 月 17 日

▲中央首长谈形势：国际国内都是形势大好，去年本来美帝国主义向北越进攻，向十七度线进攻，越南人民打得很好，取得了伟大的胜利。我们时刻准备支持港澳同胞。阿拉伯人民正在反对美帝国主义及其走狗以色列的进攻，不管今后会遇到多大困难，正如我们伟大领袖毛主席所说，"只要得罪了人民就必定要失败。"苏修领导集团日子也不好过了，越南人民起来反抗，他要投降。阿拉伯人民起来，他也不支持，我们支持，在世界上影响很大。

国内形势也很好，以毛主席为代表的革命路线取得了伟大胜利，把党内一小撮走资本主义道路当权派的权夺到无产阶级革命派手中。

▲由北京上海两地革命造反派组成的代表团将于六月十七日离京访问山鹰之国——英雄的阿尔巴尼亚。由团长姚文元同志带领，北

京上海各三人。谭厚兰同志代表首都红代会。

▲阿尔巴尼亚人民热爱毛主席。北京歌舞团在阿尔巴尼亚下乡、下厂演出，成为国际上的"乌兰牧骑"。在边防哨所演出后，阿尔巴尼亚战士争先恐后向他们要毛主席像章，大家齐声高呼"毛主席万岁！"

▲我院广大红旗战士和革命师生员工积极支持夏收，十四日上午召开了全院誓师大会。十五日早晨，第一批三千余名红旗战士和师生员工冒雨步行三十多里，奔赴夏收第一线，路上歌声、背诵语录声不断，誓夺革命生产双胜利。

▲留在校内的红旗战士和师生员工继续开展整风，准备吸收一大部分犯过错误，但已回到毛主席革命路线上来的同志加入红旗战斗队。

▲一、五、七、九系的师生员工积极准备在第二批下乡支持麦收前成立系革命委员会，目前九系已贴出作战计划，争取在二十日成立九系革命委员会，为复课闹革命打下良好基础。

我院一五七九成立革命委员会

《红旗》第 48 期，1967 年 6 月 20 日

【本报讯】在战无不胜的毛泽东思想的光辉照耀下，继院革命委员会成立之后，九系和一、五、七系革命委员会于十九日、二十日相继成立。这是毛主席革命路线的新胜利！这是无产阶级文化大革命的新胜利！

我院广大红旗战士和革命师生高举毛泽东思想伟大红旗，在大联合的基础上努力实现"三结合"，狠批"打击一大片，保护一小撮"的资产阶级反动路线，为了帮助革命干部"亮相"做了不少工作。

对有些干部，群众中有不同意见，革命小将带着遇到的问题学习

毛主席对干部问题的教导，大家认识到党内走资本主义道路当权派只是一小撮，大多数干部是好的和比较好的。不但要看干部的一时一事，而且要看干部的全部历史和全部工作。革命的领导干部是党的宝贵财富。革命小将就是敢于解放一大片，大胆地让他们进入"三结合"中来。

解放犯有一般性质错误的干部和犯有较严重错误但不是坚持不改和屡教不改的干部，热情帮助他们尽快地回到毛主席革命路线上来。七系革命小将多次举行"干部亮相会"；干部问题专题"串联会""辩论会"，热忱地欢迎干部下班来三同，和他们共同组成战斗小组，使他们在群众斗争风浪中"亮活相"，触及灵魂，接受革命群众的考验。斗争的实践，使他们对毛主席的革命路线有了进一步领会，对自己的错误有了比较深刻的认识，有的已经成为系"三结合"对象。如九系原总支书记梁兴德，七系原总支组织委员康玉林，原五系总支书记隋哲民，原一系总支副书记祁秀云都成为该系革命委员会领导成员。

有些系的干部，运动初期就"杀"出来了。原五九三班政治指导员，老红旗战士王等，从运动以来一直和革命小将站在一起，坚决站在毛主席革命路线一边，这样的好干部也被选入了"三结合"临时权力机构。

"我们不但善于破坏一个旧世界，我们还将善于创造一个新世界。"要掌好权，用好权，活学活用毛主席著作是最最重要的第一件大事，各系革命委员会成立后，都把这个工作放在高于一切，大于一切，重于一切的地位，结合目前形势，大学《通知》，大学《关于正确处理人民内部矛盾的问题》等光辉著作，在全院掀起一个活学活用毛主席著作的新高潮。革命小将敢于和党内走资本主义道路当权派斗，敢于和头脑中的"私"字斗，掌好无产阶级的印把子，誓将无产阶级文化大革命进行到底！

"雄关漫道真如铁，而今迈步从头越。"革命小将个个热血沸腾，欢呼基层革命委员会的成立，满怀革命壮志，誓把新生的大学办成毛泽东思想大学校！

红旗雷达站

《红旗》第 48 期，1967 年 6 月 20 日

▲中央首长关于夏收指示：这次"三夏"不能脱离形势，要继续贯彻革命的大联合、三结合，进行革命的大批判。这与"三夏"工作要统一起来，这样考虑问题就不孤立了。下去之前宣布几条纪律。如何对待农民，对待劳动。今年下去不同了，农村两条路线斗争很激烈，与往年不同。不介入是不可能的，但不要一下子就表态，农村运动复杂，有地、富、反、坏，有下台干部，你们可以介入对他们的大批判嘛！

▲巨大喜讯：上海工总所属上海第六钢铁厂革命派，完成了全国第一尊毛主席不锈钢半身塑像的创制。六月五日举行了盛大的庆祝游行。他们将再接再厉为完成不锈钢的毛主席全身塑像而努力。

▲世界人民心中最红最红的红太阳、我们伟大的领袖毛主席的巨型画册将在"七一"出版。

▲三十四种外文版《毛主席语录》将出版：经王力同志审批，我国将出版三十四种外文版的《毛主席语录》，即英、德、西、俄、葡、日、法、越、印尼、缅甸、阿拉伯、波斯、斯瓦西里、泰、乌个都、朝鲜、印地、世界语、蒙、意、豪萨、阿尔巴尼亚、罗马尼亚、芬兰、挪威、希腊、土耳其、泰密耳、捷、波、匈、保、尼泊尔和老挝。

▲中央指示：在毛主席的故乡湖南韶山的大门——韶山车站要搞毛主席的塑像及反映毛主席青年时代的浮雕像。现已组织专门力量在现场积极筹建。

▲文艺喜讯，上海东方红电影制片厂革命派所摄制的《复课闹革命》一片，已接近尾声，张春桥、姚文元同志表示满意。由中学红代会海淀分会和西城分会革命小将联合演出的音乐舞蹈史诗《毛主席的革命路线胜利万岁》将与广大革命同志见面。中华人民共和国对外文委和首都红代会宣传组毛泽东思想宣传队预计下半年出国演出。

▲在国际列车上,一对苏联夫妇向我国旅客要了毛主席像章戴在胸前。在吃饭时遇到苏联特务一再吓唬他们,迫使他们摘下来。可是一到自己的车厢里,他们立刻又把像章戴上了,他们说:"我们就是热爱毛主席!我们坚信不久总有一天马列主义、毛泽东思想伟大红旗将飘扬在红场上空。"

▲今年三月我公安部门在广大群众的协助下,捕获了一批美蒋特务。据供词:他们曾多次潜入广州发展特务组织,收集文化大革命有关情报。

▲为响应毛主席的伟大号召,我院下乡劳动之地东北旺大队广大贫下中农斗志昂扬,干劲冲天,于十六日晚举行誓师大会,誓夺"三夏"战役全胜。我红旗宣传队和公社大队宣传队演出了精彩节目。

▲十四日晚红代会核心组召开会议,一致决议:核心组成员由九个扩大到十五个,即除原九个外,增加体院毛泽东思想战斗团、外语红旗大队、邮电东方红、政法学院政法公社、财经八八、农大东方红。并增添一名副组长王大宾。

北航革委会政治部,北航红旗政治组
关于学习刘英俊式的贫农英雄王凤同志的通知

《红旗》第 49 期,1967 年 6 月 27 日

一九六七年六月二十七日北京市海淀区东北旺公社土井大队老贫农王凤同志为了国家财产,为同志们的安全,英勇地牺牲了自己的生命。

王凤同志是贫下中农的光辉榜样,是继唐业成同志之后出现的又一贫农英雄。他的崇高的共产主义战士的英雄形象将永远活在我们的心里。

王凤同志生的伟大，死的光荣。他的死是比秦山还要重的。我们要像他那样无限热爱毛主席，无限崇拜毛泽东思想，像他那样活学活用毛主席著作，一切按照毛主席的指示办事，像他那样站稳无产阶级立场，同地、富、反、坏、右和党内一小撮走资本主义道路的当权派作坚决的斗争，像他那样一不怕苦，二不怕死。对工作极端地负责任，对同志极端地热忱和关心。全体红旗战士和革命师生员工同志们，让我们化悲痛为力量，以老贫农王凤同志作为我们学习的榜样，突出政治，在出色完成党交给我们的支持三夏任务的同时，搞好我院斗批改，把我院办成毛泽东思想的大学校。我们无产阶级革命派要进一步联合起来，集中火力，集中目标，向党内最大的一小撮走资本主义道路的当权派猛烈开火，把无产阶级文化大革命进行到底！

北京航空学院革命委员会
关于复课闹革命的决议

《红旗》第 50 期，1967 年 7 月 1 日

毛主席教导我们："读书是学习，使用也是学习，而且是更重要的学习。从战争学习战争——这是我们的主要方法。"北京航空学院革命委员会根据中央首长指示精神和广大革命群众要求，于一九六七年六月二十七日举行会议，正式决定北京航空学院自一九六七年七月三日开始复课闹革命。

不破不立。我们复课闹革命，就是要在全院掀起一个对刘邓教育路线的大批判，深入地进行斗批改，掀起一个活学活用毛主席著作的高潮。通过大批判，使我们头脑中的毛泽东思想水平大大提高一步。复课闹革命，可以进行军政训练，同时可以适当地设置一些业务课。

"革命战争是群众的战争，只有动员群众才能进行战争，只有依

靠群众才能进行战争。"复课闹革命的具体办法、方案由广大革命群众讨论决定。望全院革命师生员工、革命干部发扬只争朝夕的革命精神，利用大字报大鸣大放，全面展开大辩论，在全院掀起一个如何复课闹革命的辩论热潮。全院同志中要积极行动起来，将你们的具体意见、具体方案公布于众，并送交作战部以待做出决定。

一九六七年六月二十八日

红旗雷达站

《红旗》第50期，1967年7月1日

对科研机构改革的指示

一、科研机构与生产紧密结合起来，除一部分研究所仍旧归科学院领导外，其余都可以由有关工业部和企业管。

二、研究机关必须同时是工厂，有的也可以只是研究室。

三、研究人员必须同时是工人。

四、研究机构必须大大精简。规模不大，人员不要太多。

对干部问题的指示

对干部问题还是要反复宣传，在贯彻主席对干部政策方面还有阻力，主席很重视干部站出来，如果没有革命的干部，红卫兵今天夺权，明天有可能被打倒。可以让干部起来，哪怕是黎元洪式的人物也好。

我院革命师生的大喜事

七月一日，我院将隆重举行庆祝中国共产党诞生四十六周年大会。会上，将颁发解放军总政治部编印的毛主席著作《论党的建设》

以及总政治部特制的金光闪闪的毛主席像章和毛主席语录章。这是我院红旗战士、革命师生和革命干部的特大喜事。让我们欢呼：毛主席万岁！万万岁！

大庆油田传捷报

大庆油田五月份又超额完成国家计划，热裂化、催化裂化等项均达到世界先进水平，五月份处理原油产品质量全部符合国家标准。这是大庆广大革命职工努力奋战的结果，这是毛主席"抓革命，促生产"方针的又一伟大胜利！

北戴河海滨人民公社开除刘少奇"名誉社员"资格。

北戴河海滨人民公社草厂大队全体社员一致通过决议开除刘少奇"名誉社员"资格。刘是五八年八月三十日乘在北戴河避暑之机，混进海滨人民公社的，以外国送他的一架收音机作为入社股金，吃了小亏，占了大便宜。

打倒薄一波

六月二十一日斗薄筹备处组织召开了揭批薄一波忠实贯彻和执行刘邓黑托拉斯罪行大会。会议上揭露薄千方百计地企图用经济办企业来反对在企业中突出政治，从而反对毛泽东思想，把工交系统搞成刘邓的独立王国的罪行。会上发言还揭露了薄一波忠实推行托拉斯带来的恶果。

探索园地/上点业务课

《红旗》第 51 期，1967 年 7 月 4 日

复课闹革命是件好事，可是像现在这样复法，是不是打打铃，分几节课，学生关在屋里学毛选就算复课闹革命？谢副总理说"半天复

课半天闹革命"怎么理解？

我们认为复课是指复业务课，如不复业务课，就谈不上"复课"。

《作战方案》战斗队

关于复课闹革命的几点补充意见

《红旗》第 52 期，1967 年 7 月 8 日

一、原则：在七月三日到九月一日这段时间里，我院复课闹革命的原则是：以批判资产阶级为主，兼学工、学农、学军，也要学习一些专业知识，为实现主席的《五·七》指示探索途径，为在我院树立毛泽东思想的绝对权威而奋斗。

二、学工、学农、学军是使我们亲身参加三大的实践，增强工、农、兵阶级感情，增强劳动观点，促进思想革命化，学会做工、务农、当兵的本领，真正把我们培养成为"有社会主义觉悟的有文化的劳动者"的伟大战略措施。同时，为社会创造物质财富、为学校逐步走向自力更生自给自足开创了广阔的光明的前景。

三、主席的《五·七》指示是我们奋斗的最高纲领，是复课闹革命的最高指示。我们现在的复课原则，是按照主席《五·七》指示的精神在过渡阶段中的意见，是为实现《五·七》指示服务的。

四、由于目前处于文化大革命期间，因此目前的课程方案，如亦工、亦农等，从内容、时间安排上，都不可能完全实现主席《五·七》指示的蓝图，只是一个初步尝试，力争九月份起基本实现"以学为主"，实现主席《五·七》指示的蓝图。

五、学工、学农、学军可以在校内、校外，当前以校内为主，以后逐步过渡到以校外为主，学工可以是与航空专业有联系的，也可以是无联系的如做搬运工、清洁工、服务员等等。

六、以批判资产阶级为主逐步过渡到"以学为主"。

七、批判资产阶级是指大破旧世界，搞文化大革命，搞斗、批、改。

八、教师要积极到班里和同学结合在一起搞大批判，要大破大立，敢于创造，敢于前进，不要怕失败。

九、专业组工作的同学，在复课第一、二周左右暂缓回班，逐步争取一半的时间回班，将来也不都回班。要突出毛泽东思想，安下心来，做好工作。待进一步"三结合"和干部逐渐参加工作之后，再进行调整。

十、全院革命师生行动起来，发扬我军小米加步枪的精神。开动脑筋，自找自备教科书（即马、恩、列、斯、毛主席关于教育方面的论述和指示以及反面教材，还有刘少奇、邓小平、彭真、陆定一、蒋南翔、陆平、周天行、沈元等人的材料）。

革委会作战部七月四日

"复课闹革命"方案修改的补充意见

《红旗》第 52 期，1967 年 7 月 8 日

"复课闹革命"经过一天的大胆实践，基本上是成功的。群众是真正的英雄，是创造历史的动力。经过昨天一天群众实践的检验，指出了我们初步方案中的缺点和不足。根据群众意见，我们将复课闹革命的方案做如下修改和补充说明，以便在群众实践中进一步检验和完善。

一、原则：

目前以批判资产阶级为主，兼学工、学农、学军，也可学一些专业知识，为实现毛主席的"五七"指示而大胆探索，艰苦奋斗！

二、时间：

6：00，起床。

6:15-6:45 早训。操练前，必须集体学习或背诵毛主席著作或语录若干分钟。

6:45-7:25 早餐。

7:25-7:50 早读。集体自学，不必在教室，主要是背诵、朗读毛主席老三篇等著作。

8:00-9:30 第一节，学习课。内容应是围绕当前运动学习毛主席有关著作及关于教育革命的各种文章、指示、批示，保证自学一个半小时。

9:30-10:00 课间操。

10:00-11:30 第二节，批判课。可以自学，结合看一些反面教材进行批判写大字报。也可以组织讨论、看大字报、写大字报，也可以开中小型批判会（指系或班的会），本节课由系或班安排。

11:30-12:15 午餐。

12:15-2:45 午睡。

3:00-5:00 第三节，主要由各系安排。

此节课除每周由院统一领导安排每系半天军训外，其余由系安排或工或农业课，安排一次民主生活（共三个半天）。

（1）工或农业课各系可和院学工、学农领导小组联系由院里调整或协助接洽上课单位，也可由各系自行接洽，为了保证师生真正达到既能与工农结合改造思想，又能真正学到工农业本领，建议各系能保持固定的联系单位上工农业课。

（2）各系工农业课也可采取每两周上一天的办法，为了使时间更加灵活机动，全院不统一规定民主生活时间，但各系一定要保证每周一次民主生活。此项工作由政治部检查督促。每周其余下午时间（有三个半天）主要是各系斗、批、改活动，由系安排。同时，各系要考虑给同学外出串联时间。

（3）下午安排学工、学农的系，应按工厂、公社上工时间上工（如我院881厂下午上工时间为2:00）

5:00-6:00 体育锻炼、校内小劳动，打扫卫生或自由活动（校内劳动由后勤部统一安排，打扫卫生由各系安排、保证每周一次）看大字报，写大字报。

6:00-7:00 晚餐。

8:00 前自由活动。

8:00-10:30 第四节，主要安排全院性斗、批、改活动。如全院无活动，由各系安排，或看大字报，写大字报。

10:30-11:00 就寝。

11:00 熄灯。

三、由于目前处于文化大革命期间，因此，目前的课程方案如亦工亦农等，从内容、时间安排上不可能完全实现主席"五七"指示的蓝图，只是一个初步尝试，力争九月份起基本实现以学为主，实现主席"五七"指示的蓝图。

各系根据以上意见安排活动，并把每周课表提前上报作战部进行调整，以便院里心中有数。

说明：应院外同志的要求，本报特将作战部计划全文刊登，以供同志们参考。

革委会作战部
六七年七月四日

黄泥浆贴大字报好

《红旗》第 52 期，1967 年 7 月 8 日

目前，我院全部使用黄泥浆代替糨糊贴大字报，已收到良好效果。黄泥浆不仅具有不发酵，不霉腐，易调浓度，不浸透大字报等优点，重要的是用这种郊区到处都可找到的黄粘土（加水调成糊状即可使用）制成泥浆代替糨糊，每月可为国家节约一百二十余袋面粉相当于六千多斤）。这不单是一笔账，重要的这是一笔政治账。毛主席教导我们："力求节省，用较少的钱办较多的事""勤俭办一切事业"。

这是保证革命派掌权后继续艰苦奋斗，反修防修的重要措施。

校产科红旗勤务组

红旗雷达站

《红旗》第 53 期，1967 年 7 月 15 日

庆祝毛主席创建井冈山革命根据地四十周年

江西省筹备庆祝毛主席创建井冈山革命根据地四十周年，准备开展下列活动：结合当前斗争，学习《中国的红色政权为什么能够存在？》《井冈山的斗争》《关于纠正党内的错误思想》《星星之火，可以燎原》四篇光辉著作掀起学习毛主席著作运动的新高潮；发倡议书，拍摄井冈山斗争纪录片。制发纪念章，发行纪念邮票，发行井冈山图片或明信片。报纸发表纪念文章。重新布置井冈山革命博物馆，恢复井冈山区革命旧址。

上海简讯

上海已有百分之五十的基层单位实现了革命的大联合，其中财经系统的革命派走在前面。全市第九次电视斗争陈丕显、曹荻秋大会即将召开。全市还要取缔一批无证商贩和无证手工业户，并且要公审处理一批投机倒把犯以巩固无产阶级专政。

经上海市革委会常委会议讨论决定同意中学红代会（筹）把上海党内最大走资本主义道路当权派陈丕显、曹荻秋这两个大混蛋交给中学小将批斗。小将们个个意气风发，斗志昂扬，决心胜利完成战斗任务。

首长谈小资产阶级掌权

小资产阶级不改造,当权后就变成大资产阶级,重犯资产阶级反动路线的大错误。如果不常作批评、自我批评和整风,不常夺自己头脑中"私"字的权,不用毛泽东思想武装自己,那是很危险的。所以我们要用毛泽东思想来引导,哪个单位不注意这一点,哪个单位就会失败,还可能出现反复。所以无产阶级文化大革命还要经过反复较量和锻炼,引导无产阶级革命派前进,把党内一小撮走资本主义道路的当权派打倒,锻炼出一批真正的毛泽东思想武装起来的革命派,作为无产阶级的接班人。一次文化大革命能把所有问题都解决是不可能的。

外国朋友来信

最近在北京我们从你们的大字报里知道一些不好的事情,一些省市群众组织之间武斗现象很严重,一些造反派战友被打死、打伤了,成了资产阶级反动路线的牺牲品。

亲爱的同志们,你们是否想到,现在全世界上,有那么一些人,他们非常高兴你们不听毛主席的教导,不断地挑起武斗,他们正利用你们这缺点拼命地在世界上做反华宣传,你们是否愿意让这些帝国主义反动派、现代修正主义高兴呢?

你们是否想到全世界的革命者,都在努力学习你们榜样,学习你们的经验,但有些热衷于打架,难道你们愿意让他们失望吗?

同志们,武斗使亲者痛仇者快!作为世界革命的延安——伟大的中华人民共和国工作的你们的战友我诚恳地呼吁,全中国革命造反派的战友们,在毛泽东思想伟大红旗指引下,联合起来,立即停止武斗,集中力量打击党内一小撮走资本主义道路的当权派。

刘少奇假检讨真反扑,新八一战斗团公布了批判材料:党内最大的走资本主义道路当权派刘少奇七月九日交出的"认罪书",全文不到五千字。

建院新八一的按语指出:刘少奇的"认罪书"是假检查真反扑,

顽固地站在资产阶级立场上，用混乱的自相矛盾的虚伪的词句，混淆两个司令部，继续颠倒是非，混淆黑白，恶毒攻击我们心中最红最红的红太阳，我们最最敬爱的伟大领袖毛主席，继续贩卖修正主义、无政府主义的黑货。他的"认罪书"实际上是资本主义复辟的宣言书……必须痛加驳斥，给予致命的打击！

大庆传捷报

大庆油田五月份又超额完成了国家计划，这是大庆广大职工努力奋战的结果，这是毛主席"抓革命，促生产"方针的又一伟大胜利。原油生产：五月份生产原油为月计划的百分之一百零一点五，铁路外运原油为月计划百分之一百零一点四。炼油生产：炼油厂各套生产装置安全开炼，热裂化安全开炼四百三十天，达到世界最高纪录，催化裂化已安全开裂四百零五天，也达到了世界最先进水平。五月份共处理原油为月计划的百分之一百点四。产质量全部符合国家标准。

红旗雷达站

北航《红旗》《武汉钢二司》联合版，1967年7月18日

▲七月十四日晚，首都无产阶级革命派举行声势浩大的集会，会议共有首都红代会，工代会，农代会，中学红代会的几百个单位参加。虽然当晚天下着雨，但是全场意气风发，一致愤怒声讨武老谭以及"百匪"的滔天罪行，表达了首都革命派坚决支持钢工总等革命造反派的决心。我北航红旗派八百人出席了大会。

▲首长谈小资产阶级掌权

小资产阶级不改造，当权后就变成大资产阶级、重犯资产阶级反动路线的错误。如果不常作批评、自我批评和整风，不常夺自己头脑中"私"字的权，不用毛泽东思想武装自己，那是很危险的。所以我

们要用毛泽东思想来引导,哪个单位不注意这一点,哪个单位就会失败,还可能出现反复。所以无产阶级文化大革命还要经过反复较量和锻炼、引导无产阶级革命派前进,把党内一小撮走资本主义道路当权派打倒,锻炼出一批真正的毛泽东思想武装起来的革命派,作为无产阶级的接班人。一次文化大革命能把所有的问题都解决是不可能的。

红旗雷达站

《红旗》第 54 期,1967 年 7 月 26 日

伟大领袖毛主席关心文艺界

▲毛主席非常关心文艺界的情况,在七月一日接见中央文革文艺组时,他老人家问:"文艺界大联合怎么样?打不打内战了?"文艺组同志回答:"基本联合起来了,斗争黑帮,不再打内战了。"毛主席很满意地说:"那就好!"

林副主席论无产阶级文化大革命

这是一场不拿枪的全国性的大内战。决不能轻视不拿枪的敌人。他们可以颠覆无产阶级专政。不拿枪的敌人可以转化为拿枪的敌人,不拿枪的战斗可以转化为拿枪的战斗。如果转化了,要付出很大的代价的。进行这场文化大革命,就可以避免拿枪的战争,避免历史的大曲折、大反复、大破坏,避免造成人民生命财产的大损失。所以文化大革命的胜利是很大很大,对我们避免苏联和南斯拉夫的命运作用很大。这不仅是保证我国人民沿着社会主义共产主义道路胜利前进的重大措施,而且对国际共产主义运动和世界革命也具有深远的战略意义。

苏修与刘少奇是一丘之貉

▲苏联莫斯科一些大书店，现装有一些大喇叭，高叫，刘少奇光辉著作《论共产党员修养》可以在这里通畅无阻。

狂犬吠日，自取灭亡

▲波修反华小丑利用一封国际平信恶毒攻击我们心中红太阳毛主席，他们把信封其中一角《射箭》邮票贴在一张印有毛主席像的邮票旁边，箭头的方向对准我们伟大领袖毛主席像。北京邮局的一些革命同志知道后，立即写了抗议书。通过外交部的革命造反派的协助，征得外交部同意，将波修反华小丑揪到邮局批判，邮局革命同志们高声朗诵主席语录"一切反动派都是纸老虎"，高呼革命口号，对波修反华小丑提出强烈抗议，令他承认错误，向我们伟大领袖毛主席低头认罪。波修小丑态度极为恶劣，百般抵赖，邮局革命同志以铁的事实揭露了波修阴谋，使他们不得不承认错误，乖乖地写了书面退信收据，并带回邮局革命同志的抗议书。

祖国西南传来的好消息

▲昆明师院附中8.23韶山宣传组来信讲，昆明文化大革命在伟大领袖毛主席和林副主席亲切关怀下，在谢副总理和王力同志的指导下，由"三结合"领导小组领导，已解决了昆明两大派的问题。

▲杀害毛泽民烈士的凶手，反革命分子吴澍泪在乌市被揪出，并依法逮捕。

放声歌唱毛主席革命路线的伟大胜利！

▲由红代会组织近三十个大专院校参加的大型歌舞《无产阶级文化大革命万岁》已经开始排练。

武汉消息

▲中国人民解放军8199、空军部队纷纷发表声明表示坚决支持三钢（钢二司，钢工总，钢九一三）三新（新华工，新武大，新华农），

东海舰队还派了五个炮艇去武汉支持革命造反派,大长革命派志气,大灭一小撮叛军分子的威风,武汉革命形势大好。

北航革委会、北航红旗
发表有关武汉、山西、湖南的严正声明

《红旗》第 55 期 1967 年 7 月 29 日

一、声明坚决支持武汉三钢、三新、三联等革命造反派,打倒"百万雄师"一小撮坏头头!打倒陈再道!

二、声明坚决支持山西以刘格平为首的省革命委员会,所谓"专政委员会"是非法的,必须立即取缔!

三、声明坚决为湖南湘江风雷翻案,长高司是地地道道的保守派,其坏头头必须向人民低头认罪,军区支左犯了方向性错误。(本报综述)

红旗雷达站

《红旗》第 55 期,1967 年 7 月 29 日

中央首长关于武汉问题的谈话

二十五日首都开百万人大会时,在天安门城楼上,林彪同志说:主席派我们来,支持武汉革命造反派,解放武汉革命造反派。林彪同志对江青同志说:武汉问题不是单纯武汉问题,而是全国问题,保守

组织走向了反面，这样矛盾性质起了变化。

江青同志看了"百万雄师"一张小报，这张小报上写着："反革命的文攻武卫"，江青同志很生气，说："你们拿了武器对手无寸铁的造反派，难道不能还手吗？"有人说："百万雄师"来北京，抓了不少。

总理说："主席要我们做深入细致的工作，动员他们回去，要他们低头认罪，转变立场，问题在于一小撮头头，绝大部分是受蒙蔽的。"

谢富治同志说：要向那几个小同学学习嘛！（指北航红旗去武汉的战士）他们很勇敢，值得学习嘛，是三结合的好榜样。

历史问题不容颠倒

最近，总理、江青同志指示三军文艺战士赶排庆祝八一建军节节目，并在音乐舞蹈史诗《革命历史歌曲表演唱》中加上"南昌起义"一段。中央文革文艺组同志亲自参加了他们的排练。

首长说，很早前就有人想把"八一"建军节反掉，后来官司打到毛主席那里去了，毛主席说这个问题是历史问题，历史问题是不容颠倒的。有人说南昌起义是朱德贺龙搞的，其实真正起作用的是周恩来、林彪、刘伯承和聂荣臻同志。

游斗彭贼

二十六日下午四时，我北航红旗全体战士和革命师生与地质东方红的战友们一起，在南操场斗争了反革命修正主义分子彭德怀。后，将彭贼与张贼闻天游街示众，真是人心大快，大快人心！

斗争张平化

二十八日下午我北航红旗抓到了湖南省反革命修正主义分子张平化，晚上全院革命师生斗争了这个瘟贼。

斗争日修《赤旗报》记者

日修记者砂间一良、刚野纯一一贯反华,在中国搞间谍活动,罪恶滔天,二十八日晚红卫兵小将在人大斗争了这两个混蛋,我北航红旗派人前往。并发表了一个驱逐令,命令这两个狗家伙立即滚出中国。

北京航空学院革命委员会,红代会北航红旗战斗队重申关于打倒徐向前的严正声明

《红旗》第 56 期,1967 年 8 月 1 日

徐向前,这个双手沾满了人民鲜血的刽子手,混进党里、军队里的资产阶级代表人物,企图篡党篡军的大野心家、阴谋家,老牌的反革命,长期以来,窃据了军委副主席的要职,拒不执行毛主席和林副主席的指示。在这次文化大革命中,仍然顽固地坚持其反动的资产阶级立场,残酷镇压革命的群众运动。今年二月他伙同和指使军内外一小撮顽固坚持资产阶级反动立场的反革命修正主义分子,掀起了一股反革命的资本主义复辟逆流。广大革命群众高举毛主席革命路线的旗帜,奋起击退了这股反动逆流。而徐向前这个老反革命,拒不向毛主席和革命群众低头认罪,竟然又在这一次变本加厉地指使反革命分子陈再道之流搞反革命政变,疯狂反对中央文革,反对毛主席的革命路线,残酷镇压和屠杀革命群众,其罪行滔天,罄竹难书,十恶不赦!徐向前是地地道道的反革命!徐向前是不折不扣的军内走资派!徐向前是反革命分子陈再道的黑后台!徐向前就是拿枪的刘邓!

我们,毛主席最忠实的红卫兵,决不允许徐向前之流玷污我们伟大领袖毛主席亲手缔造的、林副主席亲自领导的中国人民解放军的声誉,决不允许徐向前之流再利用职权搞其反革命勾当!谁反对毛主

席、谁反对林副主席、谁反对中央文革,我们就坚决打倒谁!

誓死保卫毛主席!誓死保卫林副主席!誓死保卫中央文革!誓死捍卫毛主席的革命路线!紧跟毛主席的伟大战略部署,下定决心揪出党内军内一小撮走资本主义道路的当权派!

打倒徐向前!

红旗雷达站

《红旗》第 56 期,1967 年 8 月 1 日

落水狗负隅顽抗

▲刘少奇还在进行垂死的挣扎和猖狂反扑。五月十四日,刘少奇给毛主席写了一封信,说《修养的要害是背叛无产阶级专政》这篇文章是错误的,拒不承认自己是反革命修正主义分子。他的狗妖婆王光美也说"刘少奇不是赫鲁晓夫式的人物",甚至胡说什么"打击一大片是蒯大富干的",说"红旗第五期调查员的文章歪曲事实"。真是混蛋透顶,何等猖狂!刘少奇还拼命给自己涂脂抹粉,说"我有错,但没有罪。我不是反革命,……作了许多符合党的利益的工作","桃园经验成绩是主要的",企图否认自己一贯疯狂反对毛主席、推行一整套反革命修正主义路线的滔天罪行,以便翻案。他竟然狂妄地叫嚣说"文化大革命中许多错误是中央文革犯的,但硬栽到我头上"。七月九日,他又抛出了一个名为《认罪书》的反革命复辟的动员令,把自己的错误推得一干二净,向革命小将进行反攻倒算,企图否认一年来的文化大革命。气焰多么嚣张!刘贼,你犯下了滔天罪行。这个案你永远也翻不了。

▲邓小平也很猖狂。前些天,他在中南海贴出了一份大字报,说刘少奇不是反革命,要为他平反。他甚至狂叫:解放军执行了一条资产阶级反动路线。还说什么"我与彭罗陆杨没有特殊关系"。在他的

家庭黑会议上,他说,"我在党内几十年从来未搞过鬼,这点我是问心无愧的","我从来没有搞过宗派,没有自己一个小摊摊"。呸,你给刘贼翻案,攻击人民解放军绝没有好下场!你自己结党营私,妄图搞资本主义复辟,想抵赖是绝对办不到的,只有低头认罪才是唯一的出路。

▲彭真,这个大野心家,阴谋家,大叛徒,他死了吗?认罪了吗?没有!七月二十四日在北大斗争他的大会上,他死不认罪,百般抵赖,猖狂到了极点。他说:"我不是一贯反对毛主席的,这个文化革命以来犯了错误","四清我也是不赞成刘少奇的,我没有破坏四清运动","我跟罗、陆、杨没有任何秘密勾结,没有任何背着党的活动","我与陆平没有特殊关系","国际饭店的会我一次也没有去开,也没有管","我没整积极分子"。更有甚者,他在大会上疯狂攻击我们伟大的领袖毛主席,胡说"错误人人都犯,有时候毛主席也犯错误",他竟然把广大群众对他的批判斗争说成是"逼供信"。是可忍,孰不可忍!今天彭贼竟还敢攻击毛主席,攻击革命小将,真是顽固透顶。我们一定要把你这条疯狗斗臭斗烂,叫你永世不得翻身。

▲周扬,这个刘邓黑司令部的吹鼓手、反共老手、文艺黑线的祖师爷仍然非常不老实。在中央音乐学院师生揪斗他时,胡说什么"我从来没有吹捧过三十年代","我跟夏衍是有斗争的",甚至把他自己对抗毛主席两次批示的滔天罪行说成是"认识问题"。

▲彭德怀,这个混进军队里的大军阀、大党阀,自五九年庐山会议以来一直没有停止过反革命活动,对党中央和毛主席怀恨在心,对自己的被罢官极为不满。这次文化大革命中他又一次地跳了出来,伙同李井泉镇压无产阶级造反派。在一次群众公审大会上,他仍然是对自己所犯的罪行矢口抵赖,说什么"我没有罪,只有错""我没有反对过毛主席,我热爱毛主席","我对庐山会议还保留我的看法,我给毛主席上书是反对刘少奇的","我觉得我没有野心,有话我要讲,憋不住""没有打过败仗,百团大战消灭了十四个团的敌人","看一个人不仅要看他的一时一事,而且要看他的全部历史"。真猖狂到了极点。打倒彭德怀!

红旗雷达站

《红旗》第 60 期，1967 年 8 月 12 日

坚决支持唐、秦革命派

八月七日，北矿东方红、北航红旗、清华井冈山、地院东方红、师大井冈山、河南二七公社、武汉钢工总和川大八二六等三百多个革命组织万余人在矿院隆重举行了"首都及全国在京无产阶级革命派声援唐、秦地区无产阶级革命派大会。"

唐、秦革命造反派代表愤怒控诉了中国赫鲁晓夫刘少奇在唐、秦地区党内、军内代理人镇压文化大革命的滔天罪行。首都和全国在京革命派代表发言表示坚决支持唐、秦革命派，大会还发出了通电。

揪刘火线传凯歌

北京建筑工业学院新八一战斗兵团自六月三日在中南海周围打响批揪斗刘少奇第一炮，首都无产阶级革命派风起云涌，纷纷奔向中南海揪刘火线，誓与刘贼血战到底。

为了纪念八月五日毛主席《炮打司令部》大字报发表一周年，表示誓把刘贼揪出中南海，我北航红旗战士与清华井冈山兵团、建工新八一战斗兵团等革命战友，从七月三十一日开始，在中南海西门与北门，并肩发起向刘贼连续声讨、批判的强大攻势，并于八月四日晚由首都无产阶级革命派批揪斗刘指挥部在天安门广场召开了两千五百多个单位、近六十万人的"纪念毛主席《炮打司令部》大字报，批审刘贼大会"。经过揪刘火线全体无产阶级革命派的两个多月的艰苦奋战，在中央文革的亲切关怀下，由市革委会与四代会于八月五日在天安门广场胜利召开了声讨刘贼的百万人大会，并责令刘贼在中南海里受审，同时由中南海里无产阶级革命派对刘、邓、陶分三个会场进行了斗争，刘贼丢魂丧魄，丑态百出。这是毛泽东思想的伟大胜利。

目前根据中央指示精神,揪刘火线各路大军,已陆续撤回本单位,转入对刘贼更加深入的大批判。

刘贼早已是大叛徒

根据中央组织部革命造反派最近调查揭发刘少奇在一九三二年在满洲里被捕,曾向敌人自首叛变,当时化名为刘少犹,有关材料已拍成照片。由此证明中国赫秃子刘少奇不仅是长期贩卖活命哲学、叛徒哲学,而且他自己就是一个叛变投敌的大叛徒。打倒刘少奇!

三军革命派再次斗争陈再道

八月七日下午七时半至八日晨七时半,中国人民解放军各总部国防科委、海陆空三军直属机关和驻京部分院校无产阶级革命派代表一千多人对反革命分子陈再道及其帮凶钟汉华、牛怀志、蔡炳臣、巴方廷等人进行第二次斗争。经过十二小时的斗争,在事实面前,陈再道不得不承认自己是反毛主席反林副主席反中央文革小组。钟汉华承认自己和陈再道是"七·二0"事件的罪魁祸首。牛怀志是绑架、殴打王力同志的现场指挥。巴方廷是杀人的刽子手,他召集民兵把枪发给"百万雄师"。过去他是王明的警卫员,曾把周总理的警卫员打死。蔡炳臣承认自己是陈再道的帮凶和打手。

陈再道在去年提出要扩大中央文革小组,各大军区都要有人参加,认为现在中央文革都是秀才。妄想改组中央文革小组,真是野心勃勃,罪该万死!

陈毅在群众中受批判

在党中央、中央文革、周总理的亲切关怀下,八月七日下午,外交部及外事口的革命造反派召开了批判陈毅三反罪行会。会上外交部革命造反联络站及其他群众组织和领导干部以大量铁一般的事实揭发批判了陈毅三反罪行。

我们敬爱的周总理也参加了批陈会,庆贺外交部系统大联合的行动,并热烈而诚恳地希望在十一日人大会堂举行的批陈大会上外事口能够出现一个大联合大批判的新气象。

红旗雷达站

《红旗》第 61 期，1967 年 8 月 15 日

首长谈话摘要

现在还有一个不正确的理解，什么要搞第二次、第三次大串联，这是谣言。我们要相信群众，当那个地方革命派占优势的时候，他们会按毛主席指示办事的。谁按主席思想办事，我们就支持谁……所以不要下去大串联，把我们的革命搞好了，就是对革命派的最大支持。我们不但要开大会，还要开小会，写出很好的批判文章，把刘少奇这一小撮走资派搞臭。要抓大批判这个方向，要抓大联合的方向。要搞好大批判，学校应该有一部分人考虑教育改革的问题。当前大批判是纲，与学校斗批改结合起来。搞学校斗批改是很难的事情，要搞好。

中南海革命派揪斗刘邓陶

八月五日下午，中南海革命造反派在中南海内分三个战场再次斗争了党内最大的一小撮走资派刘邓陶。他们的臭婆娘也被揪出来陪斗。大会上让刘邓陶老实听取天安门广场上百万人大会的批判发言，有时把广播放小，中南海造反派质问他们一些问题。他们的态度十分恶劣，对关键性问题仍狡猾抵赖。他们的恶劣态度激起了广大革命派的无比愤怒，斗争火力很猛，迫使刘少奇低下了狗头，走一步向群众鞠一躬，臭妖婆王光美紧跟着吓得不敢抬头。这次斗争大会大长了无产阶级革命派的志气，大灭了最大一小撮走资派的威风。这次大会拍了纪录电影。

万人大会批判陈毅

八月十一日,外事口无产阶级革命派一万人在人民大会堂召开了首次批斗陈毅大会。我们敬爱的周总理、谢副总理也参加了大会。大会揭发批判了陈毅在外事工作中执行刘邓"三降一灭"外事路线及文化革命中执行资产阶级反动路线的滔天罪行。通令陈毅在十五天之内交出认罪书。陈毅在铁的事实面前,向革命造反派低下了头。并当场向一位因批判他的修正主义言论而被打成反革命的革命小将鞠躬两下。在群众的强大压力下,也不得不表示愿向外事口革命派交出认罪书,以后再到群众中来受批判。

会议大长革命造反派的志气,会后,周总理做了指示,提出今后应多开些中小型会议,才能更好地批深,批透。

北京航空学院革命委员会,红代会北航红旗关于打倒肖华的严正声明

《红旗》第 62 期,1967 年 8 月 19 日

伟大的无产阶级文化大革命正进入一个新的阶段,无产阶级革命派在我们伟大领袖毛主席的亲自领导下,以排山倒海之势,雷霆万钧之力,向刘邓资产阶级司令部发动了总攻击。那些混进党内军内的走资本主义道路的当权派,躲在阴暗角落里,耍阴谋,放暗箭,但是革命的历史无情地宣判了他们的死刑。刘少奇、邓小平、陶铸、徐向前、叶剑英给揪出来了。今天,肖华也被无产阶级革命派揪出来了!这是毛泽东思想的伟大胜利!这是毛主席革命路线的伟大胜利。

肖华这个两面三刀的伪君子,窃踞总政治部主任要职,拒不执行毛主席、林副主席的指示,积极追随刘少奇、邓小平、陶铸、徐向前、叶剑英,伙同三反分子刘志坚,站在反动的资产阶级立场,镇压无产

阶级革命派，实行资产阶级专政，推行了不拿枪的和拿枪的刘邓路线。肖华辜负了毛主席、林副主席、中央文革的期望，辜负了军内外广大革命造反派对他的希望。尤其今年三月份以来，对总政机关的革命造反派进行了残酷的镇压，并且和徐向前、叶剑英勾结在一起，对全国的革命造反派实行大镇压。肖华在海、空军两个司令部的斗争中，扮演了极不光彩的角色，"58事件"以后，肖华一再对抗毛主席、林副主席的指示，玩弄卑鄙的手法，继续与革命群众对抗，并在做检查的同时继续犯罪。肖华已滑到了不可救药的地步。

我们毛主席的红卫兵，坚决支持三军无产阶级革命派的一切革命行动，坚决支持总政机关无产阶级革命派（筹）的一切革命行动，打倒两面三刀的肖华。

肖华一再对抗毛主席、林副主席指示罪责难逃！

肖华顽固执行资产阶级反动路线罪责难逃！

肖华包庇三反分子刘志坚罪责难逃！

打倒徐向前！

打倒叶剑英！

打倒肖华！

打倒徐立清！

彻底改组总政治部党委！

坚决拥护三军党委的正确领导！

坚决支持三军无产阶级革命派！

伟大的领袖毛主席万岁！

八月十四日

红旗雷达站

《红旗》第 62 期，1967 年 8 月 19 日

湖南省革委会筹备小组成立

湖南省革委会筹备小组已经成立。由黎源（主任）、章伯森、梁春阳、华国锋、贾镛（以上为干部）、唐忠富、胡勇（工联）、叶卫东（湘江风雷）、张楚梗（长沙工人）、谢若冰（湖南井冈山）、朱顺祥（大专院校）等组成。

揪斗肖华

八月十日晚，总政机关无产阶级革命派代表四十多人，到京西宾馆和肖华进行面对面的斗争。肖华态度很不老实，无理狡辩。代表们严词驳斥，肖华才不得不承认对抗毛主席、林副主席，对抗毛主席革命路线、执行资产阶级反动路线，把斗争矛头指向革命群众、镇压了总政机关无产阶级文化大革命运动，犯了方向、路线错误，答应立即释放被扣押造反派战士。十四日下午，京西宾馆三军部分驻军等单位揪斗了肖华。

资本家吸吮了劳动人民多少血汗

全国拿定息的资产阶级分子共七十六万零二百七十七人。从一九五六年到一九六六年共吸吮了劳动人民的血汗十二亿元。其中，工业占百分之七十七点二，商业占百分之十五点二，交通运输业占百分之三点二四，饮食服务、金融业约百分之一。从地区看，上海占比重最大，全市定息户三万九千多人，共吸吮劳动人民血汗五点五二亿元，占全部定息的百分之四十。全国资本家资本一千万元以上的二人，五百万元至一千万元五人，一百万元至五百万元八十多人。全国最大的资本家是荣毅仁，连同在家族名下的资本共六千多万元，每年剥削达三百万元。

北航革委会政治部
关于宣传学习刘天章烈士的通知

《红旗》第 63 期,1967 年 8 月 22 日

  北航红旗最优秀的红旗战士刘天章同志为捍卫毛主席的革命路线,于河南开封壮烈牺牲了。这是我院第一个欧阳海、刘英俊式的英雄人物,是我们时代的又一个雷锋、王杰式的伟大的共产主义战士。刘天章同志是毛主席的好学生,是人民的好儿子;他的死,重如泰山。

  刘天章同志真正做到了"读毛主席的书,听毛主席的话,照毛主席的指示办事,做毛主席的好战士"。他在每个时刻,每一个行动中,都努力活学活用毛主席著作,他是在"用"字上狠下功夫的光辉典范。他有着鲜明的阶级和阶级斗争观点,立场坚定,爱憎分明,对党内一小撮走资本主义道路的当权派仇深似海,咬牙切齿。他同修正主义的教育路线、同黑修养及其流毒作了不屈不挠的斗争。他是我院具有最高觉悟的革命者。他从不畏惧资产阶级反动路线的白色恐怖,是北航红旗最最坚强的骨干。

  刘天章同志是在毛泽东思想的抚育下,在中央文革的亲切关怀下,在无产阶级司令部的热心指导下,在阶级斗争的大风大浪中成长起来的红卫兵的最光辉的典范。

  在两条路线的生死决战中,在世界走入光明或转入黑暗的生死决战中,他始终高举毛泽东思想伟大红旗,为无产阶级的革命事业立下了不朽的功勋。他实现了用自己的鲜血和生命保卫毛主席的誓言,他生的伟大,死的光荣。

  政治部要求全院各部系、各单位及其全体革命师生员工广泛深入开展宣传和学习刘天章同志的活动。

  刘天章同志崇高的革命品质集中地表现在对我们的最高统帅毛主席无限热爱,对战无不胜的毛泽东思想无限崇拜,对贯彻执行毛主

席的革命路线无限坚决,对捍卫以毛主席为首的无产阶级司令部无限勇敢。

刘天章的心目中没有半个"私"字。他一向都是埋头苦干,全心全意地为人民服务。他达到了毛主席的要求,真正地成了"一个高尚的人,一个纯粹的人,一个有道德的人,一个脱离了低级趣味的人,一个有益于人民的人。"

当前,无产阶级文化大革命正在轰轰烈烈地向前发展着。每个人都要认认真真地向刘天章同志学习。学习他对毛泽东思想无限热爱、无限敬仰、无限崇拜,学习他在阶级斗争的大风大浪里活学活用毛主席著作;学习他把毛泽东思想真正地溶化在自己的血液里,落实在自己的行动上,学习他突出政治,做彻底的革命派。我们一定要继承刘天章同志的革命遗志,像刘天章同志那样,高举再高举毛泽东思想的伟大红旗,紧跟再紧跟毛主席的伟大战略部署,把无产阶级文化大革命进行到底!把伟大的共产主义事业进行到底!

北京航空学院革命委员会政治部
一九六七年八月二十一日

北航红旗关于新疆目前形势的严正声明

《红旗》编辑部,新疆红二司《新疆红卫兵》编辑部,
1967 年 8 月 29 日

1. 在新疆自治区两个阶级,两条道路、两条路线决战的关键时刻,中央人民广播电台和人民日报连续多次报道了新疆红二司战斗的消息,明确地表示了中央对新疆问题的严正立场,这一表态好得很!大长了新疆无产阶级革命派的志气,大灭了王恩茂、张希钦之流和八野、联总等保守组织中的一小撮坏头头的威风。我们一千个支持,一万个拥护。

2. 新疆党内军内最大的走资本主义道路当权派、刘邓的黑爪牙王恩茂、张希钦是新疆的陈再道。自六月份以来，他们一次又一次地挑起大规模的武斗，围剿革命派，屠杀革命群众和革命小将，甚至在武汉事件发生以后还制造了七·二七新医大惨案。王、张之流屠杀革命群众绝没有好下场！坚决打倒王恩茂、张希钦！

3. 新疆军区在"支左"工作中犯了方向路线的错误，必须公开向革命群众做检查，回到毛主席的革命路线上来。

4. 以新疆红二司和兵农造为代表的新疆无产阶级革命派，一贯高举毛泽东思想伟大红旗，为了誓死保卫毛主席，誓死保卫毛主席的革命路线，你们与王、张之流进行了长期的、艰苦卓绝的斗争，在无产阶级文化大革命中建立了不朽的功勋。你们是响当当、硬邦邦的革命左派，我们北航红旗向你们学习，向你们致敬！并且将一如既往地支持你们的一切革命行动，永远做你们的坚强后盾。

5. 我们坚决支持新疆大学《星火燎原》兵团《七一三》通告的严正立场。江青同志七月二十二日讲话好得很！"文攻武卫"是我们的战斗口号！敌人不放下屠刀，我们就坚决握紧手中一切有效的自卫武器，有来犯者，只要好打，我们坚决站在自卫的立场上给予坚决、彻底、毁灭性的打击！

6. 严厉警告被王恩茂、张希钦之流释放出来的所谓"带罪立功"的劳改犯、一切牛鬼蛇神及反动保皇组织中挑动武斗的坏头头：你们乘机屠杀我革命造反派，实行阶级报复，对人民欠下了又一笔血债！你们不要高兴得太早了！新疆的天一定是毛泽东思想的天，无产阶级专政的天，总有一天我们要用无产阶级专政工具来向你们讨还这笔血债！

奉劝参加保守组织的群众：对新疆的问题，中央的态度已经很明朗了。你们不要再受王、张二贼的蒙骗，赶快回到毛主席革命路线上来吧！受蒙蔽无罪，反戈一击有功，革命群众是会欢迎你们的，原谅你们的。谁要再跟着王、张之流顽抗到底，是不会有好下场的！

打倒刘邓陶！

打倒陈再道！

打倒王恩茂、张希钦!

毛主席的革命路线胜利万岁!

战无不胜的毛泽东思想万岁!

我们伟大的领袖毛主席万岁! 万万岁!!

北京航空学院红旗战斗队
一九六七年八月二十八日

北航革委会政治部,北航红旗总勤务站政治部
关于开展群众性毛著讲用会的通知

《红旗》第 65-66 期,1967 年 9 月 2 日

一、政治部决定立即在我院开展群众性的活学活用毛主席著作讲用会的活动。

二、目的:

1. 促进红旗战士和全院革命师生员工的思想革命化运动。

2. 促进我院的革命大批判。

3. 促进和加强基层建设。

三、讲用内容:

1. 一年来我们红旗战士和全院革命师生是如何大破"四自"和怀着对毛主席无限热爱对毛泽东思想无限崇拜的心情,学习、宣传、执行、捍卫毛泽东思想的。总结我们活学活用毛主席著作的心得、体会,肯定成绩,找出差距,交流经验,树立典型。

2. 如何运用毛主席著作明确大批判的意义并指导大批判,紧紧跟上毛主席的伟大战略部署。

3. 如何运用毛主席著作指导我们做好革命的大联合。

4. 如何运用毛主席著作来克服我们队伍中小资产阶级的摇摆性

的,并将小资产阶级思想引导到无产阶级革命轨道上来。

5. 如何运用毛主席著作指导大民主,搞好整风运动、促进各级勤务员的思想革命化。四、向解放军学习:

中国人民解放军是毛主席亲手缔造的,是林彪同志亲自指挥的,他们对毛主席的感情最深,活学活用毛主席著作最好。讲用会,是伟大的中国人民解放军创造的一种行之有效的活学活用毛主席著作的方法。中国人民解放军军政训练团,响应毛主席发出的"拥军爱民"的伟大号召,已来我院帮助军政训练。让我们利用这个大好机会,切切实实地、认真地、很好地向解放军学习,积极开展活学活用毛主席著作讲用会的活动,立即掀起一个活学活用毛主席著作的新高潮。

五、全院革命师生立即行动起来,迅速地普遍地开展活学活用毛主席著作讲用会的活动,并以各部系为单位推选两个以上的活学活用毛主席著作较好的集体典型和个人典型,准备在下周全院召开的活学活用毛主席著作讲用会上发言。

六、各级革命委员会委员和各级勤务员要带头参加活学活用毛主席著作讲用活动。

七、红旗报、红旗广播站、红旗板报及各部系宣传机构要积极报道讲用会活动和大力宣传活学活用毛主席著作的好经验,及时交流推广。

八、通过这次活学活用毛主席著作讲用会的活动之后,总结出经验,并把它变成长久性的经常性的群众性的活学活用毛主席著作的活动。

一九六七年八月三十一日

红旗雷达站

《红旗》第 65-66 期，1967 年 9 月 2 日

向解放军学习

▲八月二十四日，北京卫戍区学习毛主席著作积极分子孔祥秀等三位同志来我院做活学活用毛主席著作的经验介绍，受到全院红旗战士和革命师生的热烈欢迎，大家表示，要向解放军学习，高举毛泽东思想伟大红旗，在无产阶级文化革命中立新功。

▲中国人民解放军军训第五指挥部又一次派解放军同志来我院帮助我们军训，这是党中央毛主席，中央文革对我们最大关怀和鼓舞。

▲八月卅一日下午，空军直属机关无产阶级革命派应邀来我院做关于空军内两条路线的斗争的报告，并介绍了他们在斗争中活学活用毛主席著作的经验和体会，给我们上了一堂生动的阶级斗争课和毛著学习讲用课，我们要向三军无产阶级革命派习，将革命进行到底。

就地闹革命

▲根据中央首长指示，我院派三百多名红旗战士和革命师生于八月卅一日、九月一日，陆续到邮电部、林业部、化工部、交通部等外地同志在京驻地宣传"抓革命、促生产""要文斗，不要武斗""大联合、大批判""三结合""拥军爱民"的重要指示，动员外地同志打回老家去，就地闹革命。

世界人民向北京

▲应美国黑人领袖罗伯特·威廉的要求，北京革委会委托新影厂根据罗伯特·威廉六四年访问我国的纪录片为主，编一部毛主席支持

各国人民革命斗争和我国社会主义建设的纪录片，将送往美国与美国人民见面。

▲阿尔巴尼亚芭蕾舞剧团不久将来我国演出《红色娘子军》。

我院首次举行学习毛主席著作讲用会

《红旗》67、68期，1967年9月9日

【本报讯】在毛主席《为人民服务》这篇光辉著作发表二十三周年纪念日，在当前无产阶级文化大革命的重要关头，在以毛主席为首的无产阶级司令部根据毛主席的战略部署发出战斗动员令的时候，我院全体红旗战士和全院革命师生员工，在八日上午隆重举行"学习毛主席著作讲用会"。这是一个紧跟毛主席的战略部署，牢牢掌握斗争大方向的大会，这是一个战斗的大会，胜利的大会。

空军副司令员常乾坤同志出席了大会。参加大会的还有军委文革办公室联络站、国防科委直属机关、空军直属机关、海军直属机关、北京卫戍区的无产阶级革命派的同志，有总后的领导同志和无产阶级革命派，还有军事博物馆和其他单位的革命战友。

这天上午，主楼前喜气洋洋，在巨大的毛主席像旁红旗招展。会场两边贴上了大幅标语"读毛主席的书，听毛主席的话，照毛主席的指示办事，做毛主席的好战士。"全院同志戴上了军委颁发的毛主席像章语录章，武装部队全体指战员精神焕发，戴着红袖章，手持冲锋枪，整整齐齐地坐在队伍最前面。红旗战士和全院革命师生员工以激动的心情迎接文化大革命一年以来全院第一次活学活用毛主席著作讲用大会的召开。

八时，大会在东方红的歌声中开始。接着打开红色宝书，齐声朗读最高指示："领导我们事业的核心力量是中国共产党，指导我们思想的理论基础是马克思列宁主义。""对于马克思主义的理论，要能够

精通它、应用它，精通的目的全在于应用。"

侯玉山同志致开幕词。接着活学活用毛主席著作的典型 4411 班代表，268《干到底》、608《奔腾急》代表，三系革委会、红旗勤务站代表，七系 916 联合战斗组代表，附属工厂革委会红旗勤务站代表作了发言。他们以无限兴奋的心情，介绍了他们是如何在斗争中活学活用毛主席著作，克服一个又一个困难，取得一个又一个的胜利的。他们的发言受到了热烈的欢迎，他们的斗争事迹成为全体红旗战士和全院革命师生员工的学习榜样。

常乾坤副司令员在大会上代表空军党委、代表吴法宪、余立金同志发言（另发）。驻北航军训部队李政委也在大会上讲了话。

大会宣读了"给毛主席的保证书"，充分表达了全体革命同志无限忠于毛主席，紧跟毛主席战略部署，牢牢掌握斗争大方向的决心。

接着给首长和三军无产阶级革命派赠送了"红旗证章"，这时全场高呼"向解放军学习"！"向三军无产阶级革命派学习！""把活学活用毛主席著作群众运动推向新阶段！""紧跟毛主席战略部署，牢牢掌握斗争大方向！"

大会在《大海航行靠舵手》的歌声中结束。

红旗雷达站

《红旗》第 69 期，1967 年 9 月 12 日

▲我校革委会政治部红旗总勤务站做出决定，自九月八日起，全体红旗战士和全院革命师生认真学习和讨论九月一日党中央首长在北京市革命委员会扩大会议上发出的极为重要的战斗号令，和姚文元同志的重要文章《评陶铸的两本书》，江青同志九月五日在接见安徽代表时的重要讲话，北京市革命委员会九月一日决议。全体红旗战士和全院革命同志进一步深入理解在无产阶级文化大革命的重要关

头，以毛主席为首的无产阶级司令部，根据毛主席的伟大战略部署发出的战斗号令，同志们斗志昂扬，决心坚定不移地紧跟毛主席的伟大战略部署，把无产阶级文化大革命胜利地进行到底。

▲我们的亲密战友清华井冈山兵团热烈响应毛主席拥军爱民的伟大号召，九月八日隆重举行了"拥军爱民"联欢大会，北京卫戍区副司令员李钟奇同志和三军无产阶级革命派的同志出席了大会，解放军同志和井冈山战士在会上表演了精彩节目，会上始终洋溢在军民鱼水相依的深情厚谊中。

北京航空学院革命委员会，北京航空学院红旗总勤务站

通 告

《红旗》第 70 期，1969 年 9 月 19 日

最高指示

必须加强纪律性，坚决执行命令，执行政策，执行三大纪律八项注意，军民一致，军政一致，官兵一致，全军一致，不允许任何破坏纪律的现象存在。

为了坚决地执行以毛主席为首的无产阶级司令部的指示，维护无产阶级专政的权威，捍卫当前运动大方向，保证国庆期间的安全，根据中央首长、北京市革命委员会指示精神，北航革委会、红旗总勤务站特发表如下通告，并责成红旗武装部队及革委会组织部监督执行。

一、责成各部、系、各专业组，对本单位在外串联人员发出立即返回北京的通令，并于九月二十六日给尚未返校者发出最后警告，十月一日仍不返校者、由各部系将名单立即送交组织部，并提出处理意见。

二、若有特殊调研任务需外出者、须到作战部屠海鹰同志处申请备案,任何人无权私自往外派人。破坏纪律、私自派人的各级勤务员尤要从严处理。

三、所有外地来京驻我校人员、必须于本月十六日前返回本地,从十六日起一律停伙停宿,否则以对抗中央指示论,命令武装部队采取措施。

四、外单位设在我院的联络站一律于十六日前撤销,联络人员必须于十六日前返回本地,逾期以对抗中央指示论,命令武装部队采取措施。

五、全体红旗战士和全院革命同志必须不折不扣地执行无产阶级司令部的命令,不得留宿来京串联人员,已留宿者应积极作思想工作,劝其于十六日前返回本地。十六日晚各团武装部队必须进行检查,发现如有破坏纪律的,要实行必要的纪律措施。

一九六七年九月十四日

启 事

《红旗》第 70 期,1969 年 9 月 19 日

近来,我们经常收到全国各地读者的来信,询问订阅《红旗》报的办法,现答复如下:本报欢迎订阅。各地读者把钱汇到"北京航空学院《红旗》报发行组"即可,订阅份数不限,本报每周两期。每期四版,零售二分。

另外,向给我们提出宝贵意见的读者们致谢!

本报编辑部九月十九日

红旗雷达站

《红旗》第 70 期，1969 年 9 月 19 日

▲第一座毛主席铜像即将屹立于黄埔江畔。毛主席身穿绿色军装，容光焕发，神采奕奕，向百万革命大军挥手致意。

▲大型泥塑《一月革命风暴》正在筹建之中。

▲中央文革文艺组同意由中央新闻电影制片厂拍摄《中国人民解放军万岁》。

▲三军文体战士最近接受中央交给新任务。准备排演（一）用交响乐演奏和加大唱的《智取威虎山》，（二）大型歌舞剧《秋收起义》，军乐《沙家浜》。

▲科学院六日在计算所召开×机鉴定总结大会。全所革命群众、革命干部热烈庆贺这一国防尖端项目的胜利完成，欢呼毛泽东思想的又一伟大胜利。聂副总理秘书长甘子玉等首长参加了大会，并给予×机以极高的评价，指出这是两条路线斗争的产物，是毛主席革命路线的伟大胜利。

▲今年大寨又是一片丰收景象：人们称赞土地五个一样，即远处和近处一样，地边和地心一样，坡地和沟地一样，小块和大块一样，山地和平地一样。可达十二成以上的年景。每天大寨都要接待很多人来参观学习。北京科影正在大寨拍摄《抓革命促生产》的影片，介绍大寨的经验。

▲山东纺织工业上半年按月、季度完成国家计划，其中产值超额完成百分之十，比去年同时增长百分之二十二。棉纱、棉布超额完成百分之十左右，比去年同时增长百分之二十五，产品质量稳定、成本大幅度下降，棉纱、棉布总产量和劳动生产率超过山东历史上的最高水平。

▲万吨巨轮首航长江，《战斗号一〇三号》满载上海一千万人民革命友谊和支援物资，从上海直驶武汉。这万吨级轮船第一次从上海开至武汉。

红旗雷达站

《红旗》第 71 期，1967 年 9 月 24 日

《红旗英雄战歌》脱稿

【本报讯】北航红旗八一八兵团红鹰创作组编写的五幕十三场大型歌舞《红旗英雄战歌》现已脱稿。这个剧本是在红旗总勤务站及各有关方面关怀和支持下，八一八兵团的文艺战士们昼夜奋战而写成的。他激情地歌颂了我们的红旗英雄刘天章同志，激情地歌颂了毛主席的无产阶级革命路线。目前，八一八兵团的同志们正在广泛征求意见，准备进一步加工和修改。

毛主席是全世界人民心中的红太阳

今年 5 月份以来，来自世界五大洲，美国、法国、日本、印度、老挝、西班牙、智利、新西兰、泰国等 20 多个国家的革命战友 200 多人先后来我院参观座谈。我们最亲密的战友阿尔巴尼亚体育代表团。18 日与我院红旗战士和革命师生进行了极其亲切的座谈。并进行了精彩的友谊排球赛。这些真正的马列主义者，对我们的伟大领袖毛主席无限热爱，对伟大的毛泽东思想无限崇拜，对伟大的无产阶级文化大革命坚决支持。他们的决心要跟世界革命的伟大领袖毛主席走武装斗争的道路。他们对中国红卫兵给予了极高的评价，这是世界人民对我们的勉励和鞭策。

《毛主席革命路线胜利万岁》画展

为了庆祝国庆 18 周年，在中国美术馆筹备的《毛主席革命路线胜利万岁》画展，以一年多来无产阶级文化大革命中的重大事件为线索，突出地表现全国人民在伟大领袖毛主席的领导下，取得了两条路线斗争的决定性胜利。

祖国各地形势一片大好

安徽革命派坚决执行江青同志 9 月 5 日重要指示，两派争先恐后上缴封存抢去的武器。9 月 12 日上午，合肥两派各 10 万人隆重召开拥军爱民的大会。两派代表和支左解放军负责人讲了话，会上洋溢着团结战斗的气氛。会后进行了八路纵队游行，两派各四路并肩前进，全省革命群众为安徽两派的大联合敲锣打鼓，欢欣鼓舞。

上海革命大联合的工厂占 90% 以上。财贸单位、商业部分占 70% 以上，小学实行大联合的基层单位占 80% 以上。

下连队向解放军学习

我院宣传队与清华、井冈山等 7 个单位战友联合组成了拥军爱民毛泽东思想宣传队，分赴三军驻京部队进行慰问演出，下连队与解放军共同生活，向解放军学习，开展拥军活动。从 9 月 13 日起，他们带着全院革命师生对解放军的无限热爱到海军大院。地下铁道工程兵驻地学习，15 日又出发到平谷县炮兵部队下连进行为期七天的拥军活动。

向工人阶级学习，誓作革命大联合的模范
北航红旗，地质东方红召开团结联合大会喜报

北航《红旗》，地质学院《东方红报》（79 期），1967 年 9 月 24 日

向我们最最敬爱的伟大的领袖、我们心中最红最红的红太阳——毛主席报喜！

向党中央报喜！向中央文革报喜！向全国人民报喜！向北京市革命委员会报喜！

北京航空学院红旗战斗队、北京地质学院东方红公社，遵照我们

伟大领袖毛主席的教导，更加巩固和加强了我们的革命大联合，这是毛泽东思想的伟大胜利！

这是对党内最大的一小撮走资本主义道路当权派当头一棒，这是对陶铸式的反革命两面派、阴谋家的迎头痛击，让国内外的阶级敌人，在我们的革命大联合面前发抖吧！

"雄关漫道真如铁，而今迈步从头越"。我们一定要更高地举起毛泽东思想伟大红旗，永远紧跟毛主席的伟大战略部署，在无产阶级文化大革命中不断立新功、创新劳！

万川归海奔腾急，千军万马战犹酣。让革命大联合风暴更猛烈些吧！

我们一定乘着这股强劲的革命大联合的东风，再接再厉，奋勇前进！向全市和全国无产阶级革命派学习！无产阶级革命派联合起来！

北京航空学院红旗战斗队　革命委员会

北京地质学院东方红公社　革命委员会（一九六七年是九月二十二日）

我院政治生活中的大喜事

第一期院毛泽东思想学习班开学

《红旗》第 75 期，1967 年 10 月 31 日

【本报讯】为了坚决贯彻毛主席的最新指示，正确执行毛主席的干部政策，扩大教育面，缩小打击面，团结干部的大多数，我院革命委员会和红旗总勤务站举办的第一期毛泽东思想学习班于十月二十七日上午开学，这是我院政治生活中的一件大喜事。学员以中上层干部为主，同时有革命小将和驻校解放军参加，共一百五十余人。

革委会负责人韩爱晶、田东、张有瑛等同志都参加了学习班。在

开学典礼大会上，韩爱晶同志发言指出："毛泽东思想是当代马列主义的顶峰，毛主席的话，句句是真理，一句顶一万句，我们要句句照办，字字照办。毛主席说要办学习班，我们就要坚决办起来，不仅自己办，而且要动员别人办。办学习班是毛主席的最新指示，是林副统帅的号召，是把我国办成毛泽东思想大学校的伟大创举，是迎接更伟大的中国革命和世界革命的战略准备。我们要坚决执行和捍卫毛主席的这一指示。对待办毛泽东思想学习班的态度，就是对待毛泽东思想的态度，就是对待毛主席的态度。办与不办，这里有两个阶级，两种思想，两条道路的斗争。"

参加学习班的许多干部，这天心情格外激动，他们认为，举办学习班是我们心中最红最红的红太阳毛主席对广大干部的最大关怀。会上，他们一次又一次地高呼：祝毛主席万寿无疆！万寿无疆！武民同志代表参加学习班的干部作了发言。他说："我早就希望学习班办起来！我一定按照毛主席的教导，下决心斗私批修。"

会上发言的还有解放军代表和红九系代表。侯玉山同志在会上介绍了首都大专院校红代会办毛泽东思想学习班的经验。

参加开学典礼的还有院、系革委会委员、各级红旗勤务员、全院党支书和党员科长以上的干部，以及驻校的解放军同志。

院毛泽东思想学习班胜利结束

《红旗》第 77 期，1967 年 11 月 14 日

【本报讯】我院第一期毛泽东思想学习班经过两周学习，于十一月十二日胜利结束。这期学习班以毛主席的最新指示和老五篇为主要学习内容，以"斗私，批修"为纲，采用自我批评、自我教育的方法，革命干部、革命小将和解放军代表共同学习，取得了很大的成绩。

全体学员通过两周学习，进一步认清了当前我国无产阶级文化大革命的一片大好形势。进一步理解和掌握了毛主席的干部政策，在总结一年来文化大革命经验教训的同时，亮了"私"心，斗了"私"字。通过学习，普遍地提高了学员们的政治思想觉悟，增强了无产阶级革命责任感，革命干部和革命小将更进一步在毛主席的革命路线上团结起来，为我院巩固革命大联合，搞好革命的"三结合"和我院斗批改创造了更有利的条件。

第一期学习班为以后续办的学习班在方法上也提供了许多成功的经验。参加学习班领导工作的解放军同志起了核心和骨干作用。

全体学员决心更积极地投入运动，决心把我院无产阶级文化大革命进行到底。

院第二批革命三结合庆祝会隆重召开

《红旗》第 79 期，1967 年 11 月 28 日

【本报讯】十一月二十三日下午，我院红旗战士和革命师生员工在主楼前隆重集会，热烈庆祝我院实现第二批革命"三结合"。

大会开始，万人齐唱《东方红》，接着学习最高指示："正确地对待干部，是实行革命三结合，巩固革命只大联合，搞好本单位斗批改的关键问题，一定要解决好。"

田东同志主持大会并宣读了院革委会的三项通告：

通告说：经全体红旗战士和全院革命同志的充分讨论，由红旗战士代表大会通过，决定革命干部王敬明、刁振川、武民、肖汉祥、刘树林、焦定禄、王秀波、梁兴德、隋哲民进入北京航空学院三结合临时权力机构——革命委员会。

通告说：根据全体红旗战士和全院革命同志的意见，经革委会和红旗战士代表大会讨论决定：张亭、张树亭、王恒同志参加革委会具

体工作。并决定张亭同志参加红旗兵团委员会；张树亭同志参加专案组；王恒同志参加院斗批改办公室（任副主任）。

通告说：经革命委员会全体会议及红旗战士代表大会讨论决定，由韩爱晶、井岗山、田东、仇北秦、李乐、屠海鹰、侯玉山、王敬明、梁兴德、张有瑛、刘树林同志组成院革命委员会常委会。（其中学生六名，工人一名，革命干部四名。）

院三结合干部王敬明同志、梁兴德同志以及红三系三结合干部汪兆兰同志先后发了言。他们决心改正错误，在今后的工作中建新功、立新劳，永远永远紧跟毛主席，把革命进行到底。

井岗山同志代表革委会中的全体新干部表示，一定虚心地向革命的老干部学习，做他们的小学生，和他们一道把工作搞得更好！

大会在《大海航行靠舵手》的歌声中结束。

我院第二期毛泽东思想学习班开学

《红旗》第 80 期，1967 年 12 月 5 日

【本报讯】在林彪同志的英明题词"大海航行靠舵手，干革命靠毛泽东思想"的鼓舞下，在全国人民响应林副主席的伟大号召，掀起一个新的更大的活学活用毛主席著作群众运动的高潮的大好形势下，我院第二期毛泽东思想学习班于上周正式举行开学典礼。

这次开学典礼，也是一个在我院大树特树毛主席和毛泽东思想绝对权威的新的誓师大会。会上广大红旗战士代表和党员同志精神振奋，斗志高昂，他们反复地学习毛主席的指示，一遍又一遍地高唱《东方红》和《大海航行靠舵手》。

大会由田东同志主持。韩爱晶同志在大会上讲话，他在讲话中特别强调了这次学习班的中心任务，就是像空军党委会议指出的那样，以林副主席为光辉榜样，大树特树伟大舵手毛主席的绝对权威，大树

特树伟大的毛泽东思想的绝对权威。要大树特树林彪同志的崇高威望,要无限忠于毛主席,永远忠于毛泽东思想。这是我们学习班的最高的任务,最根本的方向。张有瑛同志在大会上简单地谈了院毛泽东思想学习班领导小组对这期学习班的初步安排意见。

大会在雄壮的《大海航行靠舵手》的歌声中结束。

关于向"支左爱民模范排"和"支左爱民模范"李文忠同志学习的决定

《红旗》第 81 期,1967 年 12 月 12 日

我们伟大的领袖毛主席和他的亲密战友林彪副主席亲自批准,授予人民解放军六 0 一一部队某部六连四排以"支左爱民模范"的光荣称号,授予排长李文忠同志为"支左爱民模范"的光荣称号。为我们树立了破私立公,改造世界观,实现思想革命化的光辉榜样。这是我们伟大的领袖毛主席对我们最大的关怀,最大的鼓舞,最大的激励,最大的鞭策。院革委会决定:

一、院革委会号召全院红旗战士们!全院革命师生员工同志们!我们要向英雄的解放军六〇一一部队某部四排学习,要向英雄的李文忠同志学习。学习他们热爱毛主席的无比深厚的感情,学习他们提出来的豪迈誓言:"毛主席热爱我热爱,毛主席支持我支持,毛主席指示我照办,毛主席挥手我前进。"大树特树毛主席的绝对权威,大树特树毛泽东思想绝对权威。大树特树毛主席的革命路线的绝对权威,大树特树林副主席崇高威望,活学活用毛主席著作,在"用"字上狠下功夫,在"忠字"狠下功夫。

二、全院革命同志要以"斗私,批修"为纲,以英雄的四排和李文忠同志为榜样,大破"私"字,大立"公"字,在自己的头脑里,

挖掉资产阶级"私"字的根基，筑起"公"字的长城。目前对干部问题上的分歧，持不同观点的革命同志，要狠斗「私」字，多作自我批评。坚决执行最高指示："两派要互相少讲别人的缺点、错误，别人的缺点、错误，让人家自己讲，各自多做自我批评，求大同，存小异。这样才有利于革命的大联合。"

三、全院革命同志要以英雄的四排和李文忠同志为榜样，对以中国赫鲁晓夫为首的党内一小撮走资派斗争到底。当前，要积极地投入革命大批判，彻底批判修正主义建党路线，彻底批判修正主义教育路线，斗争矛头要指向中国最大的一小撮走资派和在我院的代理人。

四、全院革命同志，要以英雄的四排和李文忠同志为榜样，进一步掀起大树特树毛泽东思想的绝对权威和活学活用毛主席著作的新高潮，用实际行动迎接即将召开的全军、国防科委和我院毛主席著作学习积极分子代表大会。

五、全院革命同志，要以英雄的四排和李文忠同志为榜样，任何时候都要把活学活用毛主席著作放在高于一切，大于一切，先于一切，重于一切的地位。对学习毛主席著作认真不认真，执行不执行，就是对革命的态度问题，由现在起，重申规定以下几点雷打不动的制度。每天要坚持天天读，早晨用半小时时间，向毛主席著作请示，每个同志选一条语录作为一天行动的指导。晚上就寝以前，用半小时时间向毛主席汇报，检查自己执行毛主席指示的情况。根据这个原则，各基层单位要进一步创造出生动活泼的切实可行的具体措施。

院革命委员会，红旗总勤务站
十二月九日

向毛主席宣誓

红旗兵团全体红旗战士和革命同志

《红旗》第 83 期，1968 年 1 月 2 日

十二月三十一号下午五点三十五分，是我们最最难忘、最最幸福的时刻，我们见到了日夜想念的伟大领袖毛主席，我们心中最红最红的红太阳！我们的心情无比激动，我们有多少心里话要向毛主席讲啊！千言万语，万语千言汇成一句话，敬祝我们伟大的领袖毛主席万寿无疆！万寿无疆！！万寿无疆！！！

毛主席接见我们——科研战线上的新兵，是对我们最大支持、最大关怀、最大鼓舞、最大教育、最大鞭策和最大希望。毛主席啊毛主席，想到您，我们周身热血沸腾！天冷算得了什么！困难再大，也挡不住我们的赤胆忠心。为了完成您老人家交给我们的光荣任务，我们下定决心，不怕挫折，不怕牺牲，在红航干到底了！

毛主席万岁！万岁！万万岁！

红航兵团全体红旗战士和革命同志

本报启事

《红旗》第 83 期，1968 年 1 月 2 日

我北航《红旗》报从今年一月十日起开始办理订阅手续，扩大订户，办法如下：

1. 只接收五份以上的订户；
2. 需邮汇现钱，不要以邮票代；
3. 请注明姓名、地址、订购份数和期数；
4. 联系地址：北京航空学院《红旗》报发行组。

中共北航临时总支成立公告

《红旗》第 84 期，1968 年 1 月 16 日

最高指示

中国共产党是全中国人民的领导核心。没有这样一个核心，社会主义事业就不能胜利。

我院广大革命的共产党员，红旗战士和广大革命群众热烈响应毛主席和党中央发出的整党、建党的伟大号召，大办毛泽东思想学习班，大学毛主席的建党路线，大批刘邓修正主义建党路线，并在开展群众运动的基础上，对整顿、重建党的组织问题，进行了热烈讨论。通过充分酝酿，经北京市革命委员会领导同意，中共北京航空学院临时总支于一九六八年一月十日宣告成立！临时党总支的成立是我院整党、重建党组织的重要步骤，是我院政治生活中的一件大事，是毛主席建党路线的伟大胜利，是毛泽东思想的伟大胜利。

临时总支将高举毛泽东思想伟大红旗，搞好党的组织生活，提高党员的毛泽东思想水平；按照毛主席的建党路线，吸收一部分在无产阶级文化大革命中冲杀出来的优秀红旗战士入党，为在我院建立党的核心组做准备工作。

经过临时总支党员民主讨论，选举了临时总支委员会，其成员如下：刘树林、王敬明、张维斌、韩忠良、王惠民、韩贵凤、梁兴德、武民、刁震川。

中共北京航空学院临时总支
一九六八年一月十日

北京航空学院热烈庆祝南越人民新春大捷大会
给越南南方民族解放阵线中央委员会主席团
阮友寿主席的贺电

《红旗》第 87 期,1968 年 2 月 6 日

越南南方民族解放阵线中央委员会主席团阮友寿主席并转人民解放武装力量及全体南越人民:

"你们打得好!你们在非常艰苦的条件下,依靠自己的力量,把世界上最凶恶的美帝国主义打得走投无路,狼狈不堪,这是一个伟大的胜利。中国人民向你们致敬。"

飞将军自重霄入。英雄的越南南方人民解放武装力量,春节期间,在广大人民群众的密切配合下,以迅雷不及掩耳之势,在南越战场上全面出击,把敌人打得落花流水,魂飞胆裂。你们打得好,打得漂亮,我们,毛主席的红卫兵,北航红旗战士和全体革命师生,为你们的新春大捷而热烈欢呼,向你们,英雄的越南南方武装力量和越南南方人民表示最热烈的祝贺,并致崇高的敬意!

你们的胜利,标志着越南南方人民的抗美救国战争发展到了一个新的高度。你们的胜利又一次雄辩地证明,美帝国主义这个庞然大物,不过是一只外强中干的纸老虎,不管它暂时还是多么不可一世,多么凶狠,但是,在充分动员起来,组织起来,武装起来的人民群众面前,在人民战争的汪洋大海面前,不过是一匹冲入火海的野牛,绝对逃脱不了最后失败的命运。你们的胜利,给了在美国强盗面前卑躬屈膝,哀求和平,配合美帝国主义"诱和迫降"的种种阴谋,出卖越南人民利益的现代修正主义叛徒集团一记响亮的耳光。你们的胜利,极大地鼓舞了全世界被压迫人民和被压迫民族争取解放的斗争,为全世界革命人民树立了光辉的榜样!

我们的伟大领袖毛主席说："一切反动势力在他们行将灭亡的时候，总是要进行垂死挣扎的。"在南越遇到毁灭性打击的美帝国主义也是如此。一方面，它们为自己在南越飞扬跋扈的日子一去不复返而哀号；另一方面，又妄图挽救最后失败的命运而更加疯狂地垂死挣扎。但是，疯狗的咆哮，只能使懦夫颤抖，而绝对吓不倒英雄的人民。"宜将剩勇追穷寇，不可沽名学霸王"，"坚持下去就是胜利。"我们深信，英雄的越南人民，再接再厉，乘胜前进，一定能够把美国侵略者从越南赶出去，一定能实现解放南方，保卫北方，统一自己祖国的伟大事业！

中国是越南唇齿相依的邻邦，中国人民是越南人民休戚与共的兄弟。你们的每一个斗争都是我们的斗争，我们把你们的每一个胜利都看作是自己的胜利。用毛泽东思想武装起来的北航全体红旗战士和革命师生员工同七亿中国人民一道，誓作你们的坚强后盾。我们时刻准备着，一旦你们需要，我们的伟大统帅毛主席一声令下，我们就立即放下笔杆，拿起武器，奔赴越南战场，与你们并肩战斗，直到最后胜利！在我们两国人民坚强的战斗团结面前，美帝国主义的任何军事冒险和战争讹诈，都是注定要失败的，苏修叛徒集团，假支持真出卖的肮脏伎俩也一定要破产！

英勇顽强，坚持战斗的越南人民必胜！

人民战争胜利万岁！

战无不胜的毛泽东思想万岁！

越南人民的伟大领袖胡志明主席万岁！

我们的伟大领袖毛主席万岁！

北京航空学院热烈庆祝南越人民新春大捷大会

一九六八年二月五日

北京航空学院革命委员会
第七办公室关于清理阶级队伍的意见

《红旗》第 89 期，1968 年 2 月 20 日

千钧霹雳开新宇，万里东风扫残云。

由我们伟大领袖毛主席亲自发动和领导的史无前例的无产阶级文化大革命，在毛主席——系列最新指示的引导下，又进入了一个崭新的阶段。空前广泛、深入的革命群众运动正沿着毛主席指出的轨道更加深入向前发展。中国赫鲁晓夫和各地的党内一小撮走资派，还有暗藏在革命群众队伍中的特务、叛徒、自首变节分子、地、富、反、坏、右分子惊恐万状，完全陷入了人民战争的汪洋大海，彻底埋葬这批牛鬼蛇神的钟声敲响了。

根据中共中央中发（67）354 号文件，根据元旦社论精神，根据江青同志十一月九日和十一月十二日晚在北京文艺界座谈会上的重要指示，现建议：在我院全面深入、广泛地开展清理阶级队伍的运动。

清理阶级队伍就是横扫盘踞在思想文化阵地上的一切牛鬼蛇神，就是彻底摧垮党内一小撮走资派的社会基础，把混在革命队伍内的叛徒、特务、自首变节分子、地、富、反、坏、右分子统统清洗出去。一年多来的无产阶级文化大革命经验清楚地告诉我们：中国赫鲁晓夫搞资本主义复辟，一方面制造一套反党反社会主义反毛泽东思想的反革命修正主义路线，另一方面是建立反革命修正主义组织路线。长期以来把叛徒、特务、自首变节分子、地、富、反、坏、右分子，安插在国家机器中的重要岗位上，从而从组织上来改变颜色，为其贯彻反革命修正主义路线大开方便之。清理阶级队伍，就是从组织上彻底挖掉修正主义的根子，保证革命队伍的纯洁性，加强和巩固红色政权。清理阶级队伍的目的是为了树立无产阶级革命队伍。没有这样一支无产阶级队伍，就不可能把斗、批、改搞好。清理阶级队伍是

整党、教改的重要内容。它将为整党，教改奠定基础，打开道路。另外，清理阶级队伍也是消除派性的一种好方法，世界上没有坏人不干坏事的。事实很清楚，有的派性是阶级敌人挑动出来的，是有黑手操纵的，清理阶级队伍就是要把挑动派性、搞分裂的黑手、坏分子揪出来。

为了使这次清理阶级队伍搞得好上加好，特作以下决定：

一、清理阶级队伍是一场空前激烈、复杂、尖锐、深刻的阶级斗争，我们必须高举毛泽东思想的伟大红旗，活学活用毛泽东思想，首先要学好用好毛主席关于阶级，阶级斗争和无产阶级专政的一系列极为重要的论述，还要学好用好毛主席关于肃反、审干的理论、路线、方针、政策、策略和方法。这是能不能搞好清理阶级队伍运动的最根本的保证。对于毛主席的指示，要深刻领会，坚决照办，经常检查，及时总结。对于对突出政治，突出毛泽东思想阳奉阴违自作聪明，另搞一套的人，必须坚决抵制和斗争。

另外，我们必须学习、贯彻执行江青同志一九六七年十一月十二日在北京文艺界座谈会上的重要讲话。

二、清理阶级队伍应当在院革命委员会直接领导下有组织、有领导、有步骤地进行。清理阶级队伍的领导权必须牢牢掌握在无限忠于毛主席、忠于毛主席革命路线的坚强左派手中。革命的根本问题是政权问题，政权的根本问题归根到底又是由什么人组成的领导核心问题。所以，对于各级领导班子必须精心挑选，严格审查。

在清理阶级队伍的时候，各部系革委会主任必须亲自负责，抓紧领导。各部系第七办公室应在核心小组的领导下进行工作。

三、毛主席告诉我们："革命战争是群众的战争，只有动员群众才能进行战争"。清理阶级队伍是群众的革命事业，只有相信群众，依靠群众，大搞群众运动，充分利用四大武器，才能使清理阶级队伍的运动广泛、深入地开展，才能把一切牛鬼蛇神暴露出来。这是搞好清理阶级队伍的关键。是否信任群众，依靠群众，敢不敢放手发动群众，是毛主席无产阶级革命路线和刘邓资产阶级反动路线的分水岭。

在我院清理阶级队伍要紧紧"依靠学校中广大革命的学生，革命的教员，革命的工人，要依靠他们中间的积极分子，即决心把无产阶级文化大革命进行到底的无产阶级革命派"。他们是清理阶级队伍的主力军。清理阶级队伍的重点是：清洗混进革命队伍内的叛徒、特务、顽固走资派、地、富、反、坏、右分子。清理阶级队伍主要是在干部、教师、职工队伍中进行。工人学生队伍中也要搞，但不是重点。

四、在清理阶级队伍时，必须牢牢掌握党的方针政策，掌握政策界限。毛主席教导我们："政策和策略是党的生命，各级领导同志务必充分注意，万万不可粗心大意。"我们要特别注意的政策是：

1．正确处理和区分两类不同性质的矛盾。

2．团结占全人口百分之九十几以上的人民群众，对百分之四、五的反动阶级残余实行专政；扩大教育面，缩小打击面。

3．严肃与谨慎相结合，有反必肃，有错必纠。

4．坦白从宽，抗拒从严，立功赎罪，立大功受奖；惩办与宽大相结合。

5．严禁逼供信，重证据，而不轻信口供。

6．要分清主、从、轻、重；要分清是别人检举揭发的还是自己交代的，要分清是主动交代，还是被迫交代，要分清是历史问题还是现行问题；要分清是政治问题还是生活问题。

五、认真抓好专案工作。专案工作就是根据群众的揭发、批判，深入细致地调查研究。

毛主席告诉我们："没有调查就没有发言权"，"离开实际调查就要产生唯心的阶级估量和唯心的工作指导，那么，它的结果，不是机会主义，便是盲动主义"，"一切结论产生于调查情况的末尾，而不在它的先头"。调查研究是搞好清理阶级队伍的唯一根本的办法。

专案工作和其他工作一样，一定要和群众相结合，走群众路线，反对神秘化，反对只依靠少数人空忙，反对材料挂帅，要注重证据。

六、保卫、保密工作一定要做好。毛主席教导我们："保守机密慎之又慎"，"保卫工作十分重要，必须尽力加强之。"我们必须遵循毛主席的教导，切实做好保卫保密工作。保卫保密工作和其他工作一样，必须突出毛泽东思想，走群众路线。各部系革命委员会要加强政治思想工作，号召大家提高革命警惕性，增强敌情观念，人人动手，互相监督。坚决克服思想上的和平麻痹，行动上疏忽大意。另外，各部系革委会还要在组织上加强措施，建立必要的组织机构和必要的制度。

关于紧跟毛主席的战略部署，深入开展复课闹革命的决定

《红旗》第90期，1968年2月27日

我院广大革命学生、革命教员、革命工人积极响应毛主席和党中央"复课闹革命"的伟大号召，从去年七月复课闹革命以来，在毛主席教育革命思想的光辉照耀下，一边进行革命的大批判，一边进行教学，一边进行改革。在教学实践中，进行探索试验。半年多来，在批判中国赫鲁晓夫刘少奇之流的修正主义教育路线、走资派及资产阶级知识分子统治学校的现象，在改革课程体系、改革教学内容和方法等方面，已做出了不少成绩，取得了一些经验，为进一步深入开展教育革命创造了良好条件。

最近，国防科委有关负责同志，传达了陈伯达同志的重要指示："解放军学校要带头搞好复课闹革命。"同时指出："国防工业高等院校是解放军领导的，也要带好头，要安排好。你们北航要做出成绩来向无产阶级司令部汇报。"

我院革委会遵照中央首长的指示，研究讨论了我院复课闹革命的情况，进一步认识到："复课闹革命"就是我们伟大领袖毛主席的伟大战略部署，也是广大革命师生的共同愿望，是学校夺取无产阶级文化大革命全面胜利的必由之路。能不能坚决贯彻执行毛主席"复课闹革命"的伟大方针，是忠不忠于毛主席、听不听从毛主席的无产阶级司令部指挥的重大原则问题，是坚持毛主席的无产阶级革命路线还是执行资产阶级反动路线的分水岭。这是关系到能不能彻底结束

资产阶级知识分子统治我们学校的现象，让毛泽东思想伟大红旗占领教育阵地的大事。我们一定要突出政治，百折不挠地坚持"复课闹革命"。争取在较短时间内做出成绩，向中央首长汇报，向伟大领袖毛主席汇报。为此，要求努力做好以下几项工作：

一、更加广泛地、深入地开展活学活用毛泽东思想的群众运动。毛主席一系列极为重要的最新指示，是在无产阶级专政条件下继续革命的理论、路线、方针和政策，是指引我们全党、全国人民胜利前进的灯塔，是保证夺取无产阶级文化大革命全面胜利的最强大思想武器。《毛主席论教育革命》是我们进行无产阶级教育革命的伟大纲领，是批判刘、邓、彭、罗、陆等党内最大的一小撮走资派推行的反革命修正主义教育路线的无比锐利的武器．是复课闹革命的根本方针，是深入发动群众开展教育革命的总动员令。因此，我们必须把活学活用毛主席著作放在高于一切、大于一切、先于一切、重于一切的位置上，大抓特抓毛主席最新指示和教育革命指示的全面落实，进一步深入开展活学活用毛泽东思想的群众运动，真正做到使我院教育革命沿着毛主席指引的方向胜利向前发展。

二、坚决执行毛主席"大中小学校都要复课闹革命"的伟大号令，认真贯彻"一边进行教学，一边进行改革。在教学的实践中，贯彻实行毛主席的教育思想，逐步提出教学制度和教学内容的改革方案。"认真执行陈伯达同志要"解放军学校带头搞好复课闹革命"的指示，充分调动全院革命师生员工的积极性，争取在最短时间内做出显著的成绩。现在实行的每天一小时半学习毛著，四小时学业务，进行教学内容、教学方法改革的时间和晚上进行斗批改的时间必须保证。

三、教育革命应首先深入开展革命的大批判，结合各项任务，持久的进行下去，有组织，有计划地进行大量深入细致的调查研究工作。破字当头，大破大立，大胆试验探索。以毛泽东思想为武器，采取多种形式，结合教学实践，深入批判中国赫鲁晓夫等党内最大的一小撮走资派及其在航院代理人的反革命罪行，彻底肃清反革命修正主义的流毒。

四、复课中一些实际问题，应迅速地切实解决，以适应教育革命的工作需要。例如师资调配，教材，实验条件，教改试点等，在人力、物力方面应尽可能满足教育革命的需要。

五、加强组织领导。教育革命除院系革委会、革命领导小组的第一把手应亲自动手抓以外，院、系教改组应组织一个精干的班子来主持日常工作，积累资料，总结、交流经验，推动教育革命的深入发展。院革命委员会号召全院广大革命师生员工高举毛泽东思想伟大红旗，突出无产阶级政治，坚决贯彻执行伟大领袖毛主席关于"大中小学校都要复课闹革命"的号令，条条落实，全面落实毛主席的最新指示，按照"五七指示"的伟大方向，逐步实现毛主席教育革命思想，在教育革命中立新功，把我院办成红彤彤的毛泽东思想大学校。

北京航空学院革命委员会
一九六八年二月二十四日

关于紧跟毛主席的战略部署，进一步深入开展"复课闹革命"的规定

《红旗》第 90 期，1968 年 2 月 27 日

最近中央文革伯达同志，国防科委首长一再指示我们，要紧跟伟大领袖毛主席的伟大战略部署，要坚持"复课闹革命"大方向，要我们做出成绩，我院广大革命师生也强烈要求认真贯彻执行毛主席"复课闹革命"的伟大号令，正在把教育革命推向新阶段。

院革命委员会斗批改办公室于二月十六日召开了会议，研究并讨论了当前"复课闹革命"中有关问题。

当前我院复课闹革命的形势大好，已取得了不少成绩，为今后进一步深入开展教育革命积累了经验。但是在我们思想认识、政治思想工作及组织工作中还存在不少问题，需要进一步解决好，以利"复课

闹革命"的深入发展，为此特作如下规定：

一、全院革命师生员工必须自觉地进一步提高对"复课闹革命"的伟大意义的认识水平，一定要不折不扣地认真执行伟大领袖毛主席发出的"复课闹革命"的伟大号召，就是暂时不理解也要坚决执行，在执行中积极理解。

①全院革命同学必须坚持"复课闹革命"，参加各专业组工作的同学，在上课时间内一律回班上课。

②全院革命的教职工必须抓革命促生产，促工作，坚持八小时工作（包括毛著天天读时间），为"复课闹革命"做好一切有关工作。

③每天上午8：00—9：30为毛著学习时书间，上午9：45-11：45及下午2：30-4：30为上课时间，4：30-5：30为文体活动时间。在这些时间内，非特殊情况，其他工作不得占用，晚上为文化革命时间，不得用于上课。

④大力加强政治思想工作，贯彻三八作风，坚持四个第一，大抓活思想，积极排除各种妨碍"复课闹革命"的错误思想，提倡每天早上做三件事及早清示，晚汇报的制度。打倒无政府主义，加强组织性，纪律性，建立无产阶级革命的新秩序。

⑤革命的教员（包括实验员）要自觉地认识到自己肩负的革命重任，下定决心，铲除私字，认真改造自己的世界观，在"复课闹革命"中立新功。

二、加强领导，健全组织。

加强领导，健全组织是当前进一步搞好"复课闹革命"，克服"复课闹革命"中的无政府主义的一个重要关键。因此要求：

①各级革命委员会一定要站在群众运动的前头，积极大胆地率领群众前进，主要负责同志必须亲自抓教改。

②必须充实与健全各级革命委员会的教改组。

③必须加强专业连队的建设。革命学生、专业课教师及基础课教师均应有代表参加专业连队的教改小组工作。

三、加强规划，勇于探索，坚持边实践（边教学）、边改革的正确方向。

①各系各专业，班级应在广泛发动群众深入学习毛主席的教育革命思想，进行教育大批判的基础上，按照毛主席"五七指示"的伟大方向，拟订教改计划，并在实践中逐步完善与实现教改规划。

②坚持一边进行教学，一边进行改革，逐步落实毛主席的教育革命思想。

要有计划，有组织，有领导地进行复课闹革命。目前，各专业要制订出今年上半年的课程安排计划。一定要反对复课闹革命的盲目性，摇摆性。

③要有计划地改革课程设置，课程体系，教学内容及教学方法，这方面的改革应广泛开展，加快步伐，一定要做出成绩。

④院、系及各专业连队，要及时总结经验，交流经验，以期在教育革命中有所发现，有所前进。

四、一定要切实解决好当前复课闹革命中下列几个具体问题。

1．教师问题：先解决基础课教师问题，斗批改办公室根据经过各系平衡好的各专业的课程计划安排，统筹调配。各系，各专业连队应照顾全局，自力更生，解决某些人力紧张的基础课程的师资问题。

2．教材问题：坚持自力更生，节约闹革命的原则，解决教材问题，必须遵循十六条，十六条指出"教材要彻底改革，有的首先删繁就简"。

教材的编写与印刷是当前复课闹革命中存在的大问题，必须切实解决好。

①必须发动群众，师生结合，自力更生解决教材问题，这样既可加快进行教材改革，又能满足复课闹革命的急需。

②印刷所的革命职工，一定要抓革命促生产，充分调动积极性，挖掘潜力，增加生产。

③院后勤部门要适当解决纸张及印刷器材的供应问题。

④教学参考书问题：目前，革命师生在复课闹革命，编写教材过程中，需要各种教学参考书，希望图书馆同志抓革命促工作，改善图书借阅工作，克服各种困难，满足教育革命需要。

3．下厂实习问题：关于下厂实习或进行教育革命试点问题，根据国防科委"关于国防高等院校学生下厂（所）问题的通知"执行。

①先安排63级学生的下厂实习。

②64.65级学生下厂实习问题，本学期原则上不作安排，与别专业和班级进行教改试点的，必须由院革命委员会讨论决定。

③在安排下厂实习时，应本着"节约闹革命"的精神安排。

最最坚决拥护伟大统帅毛主席最新英明决定和命令
最最坚决贯彻执行林副统帅"3.24"重要指示

本报编辑部

《红旗》第95.96期合刊，1968年3月26日

三月二十四日，我们最最敬爱的伟大领袖毛主席和他的亲密战友林副主席接见了解放军代表，陪同接见的还有总理、伯达、康生、江青、文元、谢富治、吴法宪、叶群、汪东兴、黄永胜等中央文革和中央军委首长，这次接见是伟大统帅毛主席在无产阶级文化大革命的关键时刻，对全军和全国无产阶级革命派的最大支持、最大关怀、最大鼓舞、最大爱护、最大鞭策！对今后无产阶级文化大革命的深入发展有极其伟大而深远的意义！

我们以无限信仰、无限热爱、无限崇拜、无限忠诚的心情，衷心祝福我们心中最红最红的红太阳毛主席万寿无疆！万寿无疆！万寿无疆！

伟大的无产阶级文化大革命，在英明统帅毛主席的指引下，取得了极其伟大的胜利，全国的形势一片大好。但是，正如伟大统帅毛主席最近指出："越接近全面胜利，两个阶级、两条道路、两条路线斗争，越是尖锐，越是激烈。"以刘邓陶为首的党内一小撮死不悔改的走资派、叛徒、特务，王关戚穆林反革命阴谋小集团，二月逆流黑干将谭震林等一小撮，决不甘心于他们的失败。近来，由一小撮反党分

子组成的右倾翻案分裂反党集团，造谣诬蔑，妄图刮起一股翻案分裂的黑风，为二月逆流招魂，把斗争的矛头，恶毒地集中指向毛主席，指向以毛主席为最高统帅、以林副主席为副帅的无产阶级司令部，指向中央文革，指向江青同志，就是他们临死前的挣扎。

现在，这一小撮阶级敌人被揪出来了，这是毛泽东思想的伟大胜利！

在两个阶级，两条道路，两条路线，两个司令部的激烈斗争中，我们敬爱的副统帅林副主席，一直坚定地站在斗争最前列，排除了无论是来自右的还是"左"的干扰，同刘邓陶等党内一小撮最大的走资派、大叛徒、大特务集团等一切阶级敌人进行了不屈不挠的斗争，推进了学习毛主席著作的伟大群众运动，捍卫了伟大统帅毛主席，捍卫了伟大的战无不胜的毛泽东思想，立下了卓越的功勋。林副主席是毛主席最亲密的战友，最好的学生，毛主席最可靠的接班人、我们敬爱的副统帅。我们永远忠于毛主席，永远忠于林副主席，永远忠于毛主席的无产阶级革命路线！

我们敬爱的周总理，几十年来，紧跟伟大统帅毛主席，鞠躬尽瘁为人民，是毛主席的好学生，坚定的无产阶级革命家，我们向总理学习，向总理致敬！

中央文革是毛主席最好的参谋部，在无产阶级文化大革命中立下了卓越的功勋，我们誓死保卫中央文革，谁反对中央文革，谁就是反革命，我们就坚决打倒谁！

无产阶级文化大革命的伟大旗手江青同志是毛主席最亲密的战友，最好的学生。江青同志几十年来始终坚决站在毛主席的无产阶级革命文艺路线上，同刘邓陶、周扬等一小撮叛徒的封、资、修、汉奸卖国文艺路线，进行了毫不动摇的针锋相对的斗争，在无产阶级文化大革命中，江青同志又首当其冲，对刘邓陶彭罗陆杨周等一小撮反革命修正主义分子进行了最坚决的斗争，不愧为勇猛无畏的无产阶级文化大革命的伟大旗手，江青同志是最优秀的无产阶级革命战士，我们的好榜样。谁反对江青同志，谁就是反革命，就坚决打倒谁。誓死保卫江青同志！

红卫兵，是我们伟大统帅毛主席发现的新事物。在毛主席的亲切关怀和支持下，红卫兵运动如火如荼，迅猛发展。在伟大的无产阶级文化大革命运动中，红卫兵是擒拿党内走资派、叛徒、特务的天兵天将，立下了丰功伟绩，震撼全世界。谁敢否定红卫兵运动，就是否定无产阶级文化大革命，就是为党内叛徒、特务、走资派翻案，我们就坚决打倒谁！

我们红旗战士，是毛主席最忠实的红卫兵，我们誓死以鲜血和生命保卫毛主席、保卫林副主席！誓死保卫以毛主席为首的无产阶级司令部，誓死保卫中央文革，誓死保卫无产阶级文化大革命的伟大旗手江青同志，誓死保卫毛主席的无产阶级革命路线！谁反对毛主席、谁反对林副主席、谁反对以毛主席为首的无产阶级司令部，谁反对中央文革，谁反对江青同志，谁反对毛主席的无产阶级革命路线，谁反对伟大的中国人民解放军，谁反对新生的革命委员会，就坚决打倒谁！

最坚决拥护伟大统帅毛主席最新英明决定和命令！

最坚决贯彻执行林副统帅"三·二四"重要指示！

打倒刘邓陶！打倒彭罗陆杨！打倒彭德怀！打倒贺龙！

打倒反革命两面派王关戚穆林！

打倒右倾分裂反党阴谋集团杨成武、余立金、傅崇碧！

毛主席的无产阶级革命路线胜利万岁！

伟大的战无不胜的毛泽东思想万岁！

要闻简报

《红旗》第 101 期，1968 年 5 月 1 日

我院连续召开审斗周天行大会

【本报讯】最近，我院数千人先后在东操场和俱乐部召开大会，连续审斗政治大骗子、漏网的反党分子、反动的地方主义分子、黑武

光的黑干将、顽固不化的走资派——周天行（航院旧党委副书记）。这个自称是"十几岁就参加革命"的周天行，是一个披着革命外衣的恶鬼，是一个不折不扣的老反革命。在革命群众的严正审判下，周狗天行被迫低下了他的狗头。陪着受审的，有周天行的臭婆娘、假党员和漏网右派、小爬虫陆志芳以及黑爪牙程曰平之流。

附中革委会胜利诞生

【本报讯】在夺取无产阶级文化大革命全面胜利的凯歌声中，在航院清理阶级队伍的红色风暴中，在解放军军训团的帮助下，我院附中革命委员会于四月二十六日胜利诞生。这是毛泽东思想在航院附中响彻云霄的一曲凯歌。

四月二十六日，航院附中全体革命师生隆重集会，庆祝革委会诞生。军训团的解放军同志发言指出"一定要把附中办成红彤彤的毛泽东思想的大学校"。

关于彻底砸烂旧政治部的联合声明

《红旗》第 106 期，1968 年 5 月 29 日

在阶级社会里，不论什么阶级总是把突出政治摆在第一位。资产阶级要突出资产阶级政治，无产阶级要突出无产阶级政治。在航空学院一小撮叛徒、特务、顽固不化的走资派黑武光、周天行、程九柯之流把持下的旧党委政治部是修正主义院党委的核心组成部分，是黑武光、周天行之流突出资产阶级政治，对无产阶级实行资产阶级专政的主要工具。黑武光、周天行之流通过旧政治部，疯狂地忠实地推行刘邓路线，肆无忌惮地大搞资本主义复辟活动。旧政治部是航院一小撮阶级敌人黑武光、周天行之流用来大搞资产阶级独立王国的最得力的工具。无产阶级文化大革命中，旧政治部成了黑武光、周天行之

流疯狂抵抗革命群众运动，进行垂死反扑的最顽固的堡垒。运动初期，是旧政治部，大造"院党委是革命的""是高举毛泽东思想伟大红旗的"，不是"黑帮"，是"红帮"的反革命舆论，大造黑武光是"好院长"的反革命舆论。在旧政治部的努力下，黑武光成了"红武光"，成了捂住航院阶级斗争盖子，保护航院一小撮的"大红伞"。在成立革命委员会的关键时刻，是旧政治部大肆吹捧程九柯是"革命的好干部"，欺骗蒙蔽群众，使这个大叛徒狗特务得以混入新生的红色政权。在新生的红色政权每前进一步的道路上，旧政治部都充当了航院地下黑司令部的"十字军"，在航院无产阶级文化大革命的战场上，掀起一阵又一阵右倾翻案的妖风。就是这个旧政治部，把周天行吹捧成"高校少有的革命干部"，并为此日夜奔忙，废寝忘食地为周天行翻案，就是这个旧政治部，在整党的关键时刻，写什么"讨论纪要"的大字报，公开跳出来否定年青的红色政权，否定革命小将；就是这个旧政治部，以反派性为名，大整革命小将，大搞右倾翻案，也还是这个旧政治部，在当前反击右倾翻案妖风，清理阶级队伍的战斗激烈地进行的时刻，变得死水一潭。旧政治部是航院右倾保守、右倾复辟的顽固堡垒。

我们的副统帅林副主席在一九六七年八月七日的讲话中告诉我们："被党内一小撮走资本主义道路当权派控制的这一部分国家机器，实际上是资产阶级的国家机器。"被黑武光、周天行之流控制的修正主义院党委，实际上就是资产阶级的国家机器。旧政治部是地地道道的搞资产阶级政治的资产阶级政治部，是修正主义院党委这个资产阶级国家机器的核心组成部分，必须彻底砸烂！

是彻底清算航院一小撮阶级敌人黑武光、周天行、王大昌、程九柯、张仲禹之流的反革命滔天罪行的时候了！

是彻底砸烂旧政治部的时候了！

干到底、革命的红旗战士，革命的共产党员，一切革命的同志们，行动起来，"要扫除一切害人虫，全无敌"！打倒刘、邓、陶！打倒彭罗陆杨！

关于目前国防科委问题的严正声明

北航红旗钢铁纵队

《红旗》第 108 期，1968 年 6 月 12 日

最高指示

无产阶级文化大革命，实质上是在社会主义条件下，无产阶级反对资产阶级和一切剥削阶级的政治大革命，是中国共产党及其领导下的广大革命人民群众和国民党反动派长期斗争的继续，是无产阶级和资产阶级阶级斗争的继续。

"四海翻腾云水怒，五洲震荡风雷激。"

史无前例的无产阶级文化大革命正处在夺取全面胜利的关键时刻，第五回合的伟大战役正在激烈进行，革命洪流滚滚向前！但是，国防科委某些负责人却反其道而行之，不但不知错改错，反而沿着更加危险的道路走下去。就目前国防科委问题，我北航红旗钢铁纵队发表严正声明如下：

一、坚决打倒大叛徒、大特务、国防科委副主任张震环！打倒杨成武死党、国防科委副主任路杨！打倒三反分子、科委副主任安东！打倒大叛徒、国防科委副主任唐延杰！打倒彭罗死党、原科委副主任张爱萍！打倒五一六分子××特务、科委大红人、×局局长李庄！打倒五一六分子、叛徒、科委×局局长唐炎！打倒叛徒、科委×局局长庞展！打倒有严重历史问题、疯狂攻击周总理的反革命小丑、科委机关党委副书记张焕魁！打倒有严重历史问题、镇压革命群众的军管办公室主任谢扑山！坚决打倒国防科委内一切叛徒、特务、走资派、变色龙、小爬虫！揪出黑后台！科委某些主要负责人长期以来包庇重用这些坏人罪责难逃！科委某些主要负责人利用坏人恶毒攻击无产阶级司令部，残酷镇压革命群众，大搞资本主义复辟罪责难逃！聂荣臻是悬崖勒马的时候了！

二、必须严正指出，大叛徒、大特务张震环、李庄等人绝不是科

委某些人揪出来的,而是国防科委系统有关单位革命造反派做了大量工作,将张李等人的材料上报中央,并附交科委领导,科委某些负责人由于十分被动,在形势逼迫下才忍痛抛出。他们本应承认包庇重用坏人的错误,相反却贪天功为己有,并进而上欺中央,下骗群众,大造舆论,妄图捞取政治资本。用以攻为守的策略,玩弄卑劣手法,挑动群众斗群众,甚至挑起大规模武斗,以求稳住阵脚,保存实力,舍车马,保将帅,变被动为主动。我们正告科委某些负责人,你们的阴谋永远不会得逞!悬崖的尽头就是万丈深渊,再走下去就要摔得粉身碎骨!

三、国防科委某些负责人利用李庄、唐炎等叛徒、特务及其亲信大肆为二月逆流黑干将谭震林翻案绝没有好下场!刘华清等人在南京企图搞垮许世友,在上海支持炮打张春桥罪责难逃!科委某些负责人操纵其打手大整陈伯达同志的黑材料,恶毒攻击中央文革,恶毒攻击周总理,把矛头直指以毛主席为首,林副主席为副的无产阶级司令部罪该万死!科委某些主要负责人必须向毛主席低头认罪!

四、最近科委某些负责人对国防科研和国防教育中正在进行的某些重要工作撒手不管,是明目张胆地对抗无产阶级司令部、向无产阶级司令部示威的又一罪行!

在目前比较被动的情况下,科委某些负责人突然玩弄"改选机关党委""加强机关勤务组"的鬼把戏,这是地地道道的大阴谋,是愚弄群众,转移视线,妄图溜走的烟幕弹!科委某些负责人必然立即承认错误,老老实实正视自己的问题,否则,必将自食其果!

五、长期以来,科委某些负责人利用聂荣臻这张"大红伞"包庇重用坏人,结党营私,招降纳叛,大树特树自己的权威,大搞独立王国,同以毛主席为首,林副主席为副的无产阶级司令部分庭抗礼;在国防科研国防教育等方面大贩刘邓修正主义黑货,把所谓的"科研路线斗争"凌驾在全党全军两条路线斗争之上,文化大革命中顽固站在资产阶级反动立场上,镇压革命群众,最近又大刮右倾翻案妖风,炮打无产阶级司令部。两年多来,至今毫无悔改诚意。我们告诉科委某些负责人,黑线就是要肃清,欠债就是要偿还!我们将同科委系统广大无产阶级革命派一起，对你们的一切罪行都要一一彻底清算！

六、必须指出，国防科委的阶级斗争盖子至今并没有真正揭开。科委某些负责人正在沿着更危险的边沿滑下去。在此，我们正告科委某些负责人：历史的车轮是不可阻挡的，伟大的无产阶级文大革命是不可诋毁的，群众运动的洪流是不可抗拒的！科委某些负责人究竟向何处去，我们将拭目以待！

我们重申：国防科委是我们的领导机关，我们是国防科委的革命群众，将科委系统文化大革命进行到底，是我们不可推卸的责任，我们将一如既往，誓与科委某些负责人的山头主义，右倾机会主义，右倾投降主义，右倾分裂主义斗争到底！为无产阶级文化大革命的全面胜利而奋斗！不获全胜决不收兵！

谁反对毛主席就打倒谁！谁反对林副主席就打倒谁！

谁反对周总理就坚决打倒谁！

谁反对中央文革就坚决打倒谁！谁反对江青同志就坚决打倒谁！

无产阶级文化大革命全面胜利万岁！

毛主席的革命路线胜利万岁！

战无不胜的毛泽东思想万岁！

伟大领袖毛主席万岁！万岁！万万岁！

红旗雷达站

《红旗》第 109 期，1968 年 6 月 26 日

▲六月十日，我们的亲密战友，光华木材厂无产阶级革命派集会隆重纪念革委会成立一周年。我院革委会和红旗总勤务站派出以井岗山、侯玉山为首的代表团参加。最近江青同志和谢富治同志，亲自批准光华木材厂扩建一个压制巨型毛主席像车间。待产品出厂，将首先挂在天安门等世界革命人民敬仰的地方。

另外上级已决定将一个半工半读学校划归光华木材厂，进行教育革命试点。

▲我院支援三夏劳动大军于本月二十三日返校，受到了留校全体师生热烈欢迎。支援三夏劳动大军向门合同志学习，把门合同志的誓言："一切想着毛主席，一切为着毛主席，一切服从毛主席，一切紧跟毛主席"当作自己的座右铭，虚心向贫下中农学习，"斗私，批修"改造世界观，发扬了"勇敢战斗，不怕牺牲，不怕疲劳"的连续作战精神，出色地完成了三夏战斗任务。受到了贫下中农的好评。

▲我院最近又连续召开批斗顽固不化走资派、三反分子周天行大会。大会以大量的确凿事实证明，周天行根本不是"毛泽东思想红旗举得比较高"的好干部，而是一个猖狂反对毛泽东思想的三反分子。

▲我院最近又揪斗了赫鲁晓夫的孝子贤孙，老牌反革命修正主义分子，黑武光的忠实爪牙，航院右倾翻案妖风的急先锋孔令闻。地主分子，黑武光的黑干将，前党委组织部长郭复来被揪到我院陪斗。

北京航空学院革命委员公告

《红旗》第 109 期，1968 年 6 月 26 日

航院旧保卫部是旧政治部的重要组成部分，是航院以武光、周天行、程九柯为首的修正主义黑党委对广大革命群众实行资产阶级专政的重要工具。多年以来，旧保卫部在大叛徒程九柯以及张亭、潘君之流一手控制下，不搞无产阶级专政，不是保卫毛主席、保卫毛主席的革命路线、保卫社会主义制度，而是忠实地贯彻刘邓资产阶级反动路线，忠实执行彭、罗旧公检法一套，大整革命群众，大搞神秘化，死抱洋教条、旧框框不放，对抗毛主席的革命路线。在旧党委的包庇重用下，多年来历史反革命分子竟然窃踞了保卫科长的重要职权，反

革命分子、流氓分子也多次出在旧保卫部，旧保卫部是什么货色，不是昭然若揭了吗？

在轰轰烈烈史无前例的无产阶级文化大革命中，旧保卫部中某些人顽固地站在资产阶级反动路线一边，死保旧党委，死保工作组，疯狂围攻和镇压红旗战士，直至如今他们某些人对旧党委万分留恋，对新生的红色政权革命委员会和革命小将恨之入骨，大刮右倾翻案妖风，大反无产阶级革命派的派性。更令人不能容忍的是，旧保卫部中某些人竟猖狂地炮打中央文革。是可忍，孰不可忍！

总之，旧保卫部是地地道道的资产阶级的专政工具，是烂掉了的单位。另外，旧保卫部中人员成分极其复杂，许多人已根本不适合作保卫工作。

根据广大革命群众的强烈要求，根据中央首长有关"新政权和旧机构不要沾边"的指示，根据旧保卫部的具体情况，决定成立新的保卫部。新保卫部的任务是，高举毛泽东思想伟大红旗，念念不忘阶级斗争，念念不忘无产阶级专政，誓死保卫毛主席，誓死保卫林副主席，誓死保卫以毛主席为首，林副主席为副的无产阶级司令部，誓死保卫中央文革和江青同志，誓死捍卫毛主席的无产阶级革命路线，誓死保卫无产阶级文化大革命的光辉成果，坚决维护院革命委员会的革命权威。坚决镇压反毛主席、反林副主席、反中央文革的一切现行反革命分子，坚决镇压航院一小撮叛徒、特务、顽固不化的走资派和一切地、富、反、坏、右分子，严厉打击流氓盗窃分子，发动群众对阶级敌人实行专政，担负起航院的治安保卫工作。具体决定如下：

①由戴维堤、刘建华、刘伏生、吕香孝、董志明、郭文炳等同志以及红武连组成院革命委员会保卫部。自即日起进行工作。

②根据保卫部的具体情况和清理阶级队伍的需要，旧保卫部所有人员一律停止工作，集中起来，办学习班，学习毛主席著作，批判旧公检法，清理阶级队伍，彻底揭开旧保卫部阶级斗争盖子。此项工作由旧政治部清理阶级队伍领导小组负责。

③旧保卫部所有人员担负起校门的守卫任务，并定期参加劳动，经过一定的考验，表现较好者经审查批准可以逐步参加到红色政权

的办事机构中来。

④废止旧保卫部的一切公章，代之以院革命委员会保卫部的新公章。

此公告自公布之日起执行。

彻底砸烂旧政治部！

彻底砸烂旧保卫部！

打倒武、周、程、王、张！

粉碎右倾翻案妖风！

一九六八年六月十八日

红旗雷达站

《红旗》第 109 期，1968 年 6 月 26 日

▲六月十日，我们的亲密战友，光华木材厂无产阶级革命派隆重集会纪念革委会成立一周年。我校革委会和红旗总勤务站派出以井岗山、侯玉山为首的代表团参加。

最近江青同志和谢富治同志亲自批准光华木材厂扩建一个压制巨型毛主席像车间。待产品出厂，将首先挂在天安门世界革命人民敬仰的地方。

另外上级已决定将一个半工半读学校划归光华木材厂，进行教育革命试点。

▲我院支援三夏劳动大军于本月二十三日返校，受到了留校全体师生热烈欢迎。支援三夏劳动大军向门合同志学习，把门合同志的誓言："一切想着毛主席，一切为着毛主席，一切服从毛主席，一切紧跟毛主席"当作自己的座右铭，虚心向贫下中农学习，"斗私，批修"改造世界观，发扬了"勇敢战斗，不怕牺牲，不怕疲劳"的连续作战精神，出色地完成了三夏战斗任务。受到了贫下中农的好评。

▲我院最近又连续召开批斗顽固不化走资派、三反分子周天行大会。大会以大量的确凿事实证明,周天行根本不是"毛泽东思想红旗举得比较高"的好干部,而是一个猖狂反对毛泽东思想的三反分子。

▲我院最近又揪斗了赫鲁晓夫的孝子贤孙,老牌反革命修正主义分子,黑武光的忠实爪牙,航院右倾翻案妖风的急先锋孔令闻。地主分子,黑武光的黑干将,前党委组织部长郭复来被揪到我院陪斗。

北京航空学院红旗保卫组严正声明

《红旗》第 109 期,1968 年 6 月 26 日

最高指示

"无产阶级文化大革命,实质上是在社会主义条件下,无产阶级反对资产阶级和一切剥削阶级的政治大革命,是中国共产党及其领导下的广大革命人民群众和国民党反动派长期斗争的继续,是无产阶级和资产阶级阶级斗争的继续。""对派性要进行阶级分析。"

据我们了解,清华大学 414 总部某些人在许多场合,以各种方式,指名道姓地对我北航红旗进行了不少造谣诬蔑和恶毒的攻击。为了回击这种猖狂的挑衅,我北航红旗保卫组奉令发表严正声明如下:

(一)所谓清华 414 总部是一个地地道道的右倾分裂,右倾机会主义的产物。所谓思潮是一种极反动的思潮,它公开打着黑旗反红旗,从极右的方面,从根本理论上否定伟大的史无前例的无产阶级文化大革命。否定毛主席的无产阶级革命路线,否定马克思列宁主义的伟大的第三里程碑,矛头直指以毛主席为首,林副主席为副的无产阶级司令部,直指中央文革。414 思潮是全国右倾翻案风的臭理论根据,必须彻底批倒批臭。《四一四思潮必胜》是地地道道的大毒草,周泉

缨之流是地地道道的反革命小丑，必须实行无产阶级专政。

（二）清华414从一成立起，大方向就是错误的。414中某些人根本歪曲毛主席的革命路线，根本歪曲文化大革命中党的阶级路线，打着红旗反红旗，打着反极左的幌子，推行右倾机会主义的干部路线，他们纠集清华园内一切右的，保守的，甚至反动的势力，矛头始终指向清华井冈山兵团总部和蒯大富同志，并且公然喊出了"打倒反革命小丑蒯大富"的反动口号，做出了刘少奇、王光美所未能做到的事，414到底是什么玩意，不是很清楚了吗？

（三）我们从来相信，414中广大战士是好的，是要革命的，是受周犬缨之流及罗、文、李、饶反革命集团所蒙蔽的，是无罪的，在无产阶级文化大革命已经取得决定性胜利的今天，在中央发出"三反一粉碎"的伟大号召，414思潮已成过街老鼠人人喊打。在这大好形势下，我们相信，广大要革命的414战士是会觉悟的，是会选择自己的正确道路的，我们热烈地欢迎要革命的战士回到毛主席的革命路线上来。

（四）任何群众组织从来没有一贯正确的。我们认为，我们北航红旗也好，清华井冈山兵团总部（包括蒯大富同志）也好，在错综复杂的阶级斗争中，在两条路线的激烈斗争中，难免存在这样那样的缺点错误，但斗争大方向始终是正确的。我们坚决支持清华井冈山兵团总部，坚决支持蒯大富同志。我们也衷心地希望，团派要正确对待广大受蒙蔽的414战士，把广大要革命的414战士团结过来，争取过来，共同捍卫毛主席的无产阶级革命路线，夺取无产阶级文化大革命的全面的最后的胜利。

（五）据我们了解，目前仍有不少清华的414人员以各种理由长期住在我院，有的竟达几个月之久。另外，还有其他单位的不少人也非法住在我院，有的人甚至非法混进了我院教学警卫区，严重地妨碍和破坏了我院的保密、保卫和治安工作。不少人经我们再三动员、说服教育仍不肯离开我院，为此，为了加强我院的保密、保卫和治安工作，为了保证我院清理阶级队伍工作和抓革命促生产的顺利进行，根据广大革命师生的意见和强烈要求，我北航红旗保卫组受命发出通令如下：从即日起，凡住我院的清华人员及外单位非法长期进住我院的所有人员一律立即无条件地离开我院回本单位参加文化大革命运动。北航广大革命师生员工要互相监督、动员上述人员立即离开我院。如果有人不听劝告，一意孤行，态度恶劣，继续赖在我院不走，我北航红旗保卫组及武装部队红武连有权采取强硬措施，由此引起的一切后果我们概不负责。

打倒右倾机会主义！

彻底粉碎右倾翻案妖风！

无产阶级专政万岁！

我们伟大的领袖毛主席万岁！万岁！万万岁！

北航红旗保卫组，一九六八年六月二十日

关于离校人员返校的通知

《红旗》第 113 期，1968 年 7 月 17 日

最近，我们伟大领袖毛主席亲自批准了中共中央、国务院、中央军委、中央文革《关于今年学校放暑假问题的通知》。这个通知充分表达了我们无产阶级革命派决心把无产阶级文化大革命进行到底的强烈愿望，是以毛主席为首、以林副主席为副的无产阶级司令部对于夺取无产阶级文化大革命全面胜利的重要部署。我们坚决拥护，坚决照办。

为此，院革命委员会决定，今年不放暑假。目前已经离校回家的同志要立即返校。

北京航空学院革命委员会
一九六八年七月十日

关于贯彻执行周总理"七·七"重要指示的严正声明

《红旗》第 114 期，1968 年 7 月 24 日

我们敬爱的周总理"七·七"封存国防科委军管办公室和"五一六"专案组材料的重要指示，彻底宣判了国防科委军管办公室某些非法活动和"五一六"黑专案组的彻底破产。大长了无产阶级的志气，大灭了资产阶级的威风。好得很，好极了。我们坚决拥护，坚决照办。

众所周知，《五一六》反革命组织，是一小撮阶级敌人，炮打周总理，炮打无产阶级司令部，妄图动摇和分裂以毛主席为首、林副主席为副的无产阶级司令部，动摇和分裂伟大的中国人民解放军的反革命阴谋组织。这个反动透顶的反革命阴谋组织，必须坚决取缔，彻底歼灭，并从各方面肃清其一切影响。

但是，聂荣臻等科委某些领导人，却借以毛主席为首、林副主席为副的无产阶级司令部粉碎"五一六"反革命阴谋集团之机，为了实现他们"以我为核心"的山头主义、宗派主义的罪恶目的，把对待聂荣臻的态度作为抓"五一六"的标准，把炮轰过聂荣臻的革命群众组织打成《五一六》外围组织，把给聂荣臻提过意见的革命群众打成"五一六"分子或"五一六"嫌疑对象，猖狂地镇压国防科研、国防工业系统的广大革命群众，其用心何其毒也！

为了彻底贯彻执行敬爱的周总理七月七日重要指示，我们严正声明如下：

一、国防科委"五一六"专案组，是聂荣臻等科委某些领导人为了达到不可告人的目的，背着党中央一手炮制起来的黑专案组，它以抓"五一六"为名，行镇压革命群众之实，干了许多坏事。我们强烈要求立即取缔这个黑专案组，并责令其主要负责人检查交代其所犯错误。

二、五月四日，周总理严肃指出了国防科委"五一六"专案组未经中央批准之后，聂荣臻等科委某些领导人，为了逃避罪责，急急忙

忙烧毁了"五一六"专案组许多材料，进行销赃灭迹，这种极其恶劣的做法，是绝对不能允许的，常委必须负全部责任。

三、周总理七月七日重要指示下达后，科委常委有意背着政治部、资料所等单位的革命群众，找了几个整革命群众的人和他认为抓"五一六"可信的人，封存了国防科委军管办公室和黑"五一六"专案组的材料，因而出现了在封存材料后的当天晚上十点多钟"五一六"黑专案组还有人继续清理材料，直到第二天上午，"五一六"黑专案组还有人在撕毁材料，当场被革命群众发现送给蔡顺礼副主任。这就充分表明了科委某些领导人玩弄两面手法，对周总理的指示阳奉阴违。这是对以毛主席为首、林副主席为副的无产阶级司令部的最大的不忠。每一个革命战士，都应该像门合同志那样，和这种对抗无产阶级司令部指示的行为，作坚决的斗争。我们还必须严正指出科委常委向总理和黄总长写的贯彻执行周总理"七·七"指示的报告是不真实的，应当立即撤回。

四、七月十三日，在科委党委操纵下的"五一六"黑专案组，为了逃脱罪责，胆大妄为，公然对起来揭发科委常委在封存材料后"五一六"黑专案组继续清理材料的严重政治事件的战士（司机同志）强加压力，进行威胁，并乘其出车之机，坐小汽车盯梢跟踪，强迫签字，这是一种严重的政治迫害。我们强烈要求科委常委必须进行严肃处理，并保证这个战士的人身安全，否则由此产生一切严重后果，完全由常委负责。

五、由于聂荣臻等科委某些领导人抓"五一六"的错误指导思想把一些革命群众打成了"五一六"分子或"五一六"思潮，受到了种种打击迫害，聂荣臻等科委某些领导人必须受害的革命群众公开平反，赔礼道歉。

革命的同志们，我们坚决向无限忠于毛主席无产阶级革命路线的好干部门合同志学习，生为毛主席的革命路线而战斗，死为毛主席的革命路线而献身。誓死捍卫毛主席的无产阶级革命路线，坚决粉碎聂荣臻等科委某些领导人为刘邓资产阶级反动路线翻案的妖风。

炮打聂荣臻！保卫毛主席！

炮打聂荣臻，保卫毛主席无产阶级革命路线！

炮打聂荣臻，彻底揭开国防科委机关阶级斗争盖子！伟大领袖毛主席万岁！万岁！万万岁！

国防科委八局部分革命群众
李　敏、刘宗仁、薛增友
刘永恩、尹香金、韩盛起
叶富珍、黄正伯、康华清
赵海雍、张文典
一九六八年七月十五日

关于"7.18"政治事件的严正声明

《红旗》第 114 期，1968 年 7 月 24 日

七月十八日晚，在机关党委直接领下，由机关勤务组主持的批斗阶级异己分子范济生的大会上，自杀叛党分子安东的原秘书，《红旗漫卷西风》杂志的编辑×××跳了出来，借批斗范济生之名，行宣扬聂荣臻之实，抵制毛主席的指示，公然贬低毛主席，攻击林副主席，颠倒是非，歪曲事实，污蔑革命领导干部钟赤兵同志。这是又一起严重的政治事件，应当引起全体革命同志的警惕。

在刘、邓、贺、罗及其黑干将张爱萍大刮国防科委散伙风的关键时刻，是我们伟大领袖毛主席制止了这股黑风，指出"国防科委不能解散"。而×××的发言，却故意突出聂荣臻，说散伙风阴谋"在聂副主席反对下未能实现。"只字不提毛主席的指示，明目张胆地贬低我们伟大领袖毛主席的最高指示。×××无视毛主席对钟赤兵同志的评价，践踏林副主席的重要指示，竟然恶毒攻击林副主席指示"很好"的一九六二年七月五日钟赤兵同志的一个报告说："资产阶级专政，必然推行右倾机会主义路线，破坏科研。……，一九六二年，在

刘少奇的带动下，右倾机会主义思潮大抬头，钟赤兵这时写了一份基本上是部院合并控调的报告"，×××还把钟赤兵同志同罗瑞卿、张爱萍相提并论，为篡军反党分子罗瑞卿翻案，硬把钟赤兵同志推到黑线上去。他只字不提紧跟毛主席，而大谈"紧跟聂总"，继续宣扬聂荣臻的"核心论"和"站队论"。他说："范济生以前是聂总跟前的人，即使是认识水平低，……也一定要跟着聂副主席走的，但现在他和聂副主席是分道扬镳的"，对于这个歪曲历史，颠倒是非，矛头指向毛主席、林副主席，指向革命领导干部钟赤兵同志的发言，机关党委副书记张焕奎竟然默不作声，任其放毒，当群众提出质问时，却淡淡地表示："有意见可以提嘛"，总勤务站总勤务员、机关党委副书记张礼武对×××的猖狂放毒，若无其事，默然认可。这个严重政治事件，是聂荣臻等人无视中央批评，通过各种手段，继续大树特树他个人绝对权威的死硬态度的集中表现；是聂荣臻等人所策划的以斗叛徒、特务、反革命为名，行攻击毛主席、林副主席之实，大树特树聂氏山头，打击陷害革命领导干部，蒙蔽群众，保护自己，空喊大方向而又转移大方向的阴谋的大暴露；是他们按照预谋妄图进一步掀起打击、迫害钟赤兵同志狂潮的信号。

事件发生之后常委某些领导人，面对事实拒不表态，对于革命群众保卫毛主席的革命行动无动于衷，全无支持之意，对于肇事者却有大事化小，小事化无之心。事态表明他们仍继续在围绕着聂荣臻跳舞。

对此，我们强烈要求：

一、常委对这一严重政治事件，必须迅速向群众明确表态，澄清这一政治事件的实质，肃清它的流毒；

二、常委必须立即将这一政治事件的真相，连同钟赤兵同志一九六二年给林副主席的报告一起向中央报告，不得隐瞒，

三、常委必须尽快查明这一政治事件的策划者，进行严肃处理。

国防科委机关部分革命群众，李敏等二十九名同志
一九六八年七月二十日

坚决支持科委"卫东"革命造反派的严正声明

《红旗》第 114 期，1968 年 7 月 24 日

最高指示

你们要关心国家大事，要把无产阶级文化大革命进行到底！

我们伟大祖国呈现出一派大好形势，国防科委直属机关的革命形势也越来越好！李敏等科委真正的无产阶级革命派贴出了四张马列主义大字报，犹如四颗重磅炸弹，揭穿了聂荣臻、刘华清陷害毛主席和林副主席，大搞山头主义，大搞独立王国，大刮右倾翻案妖风的罪恶行径。从资产阶级专政下冲杀出来的无产阶级革命派战士，为保卫毛主席，为保卫无产阶级文化大革命奋起战斗。聂荣臻、刘华清之流的日子不好过了！但是，反动势力是决不甘心退出历史舞台的，他们在暗中策划，利用权势，纠集右倾保守势力，大搞阴谋，大施诡计，步步设营，大造谣言，死保聂氏独立王国，欲置革命派战士于死地而后快！是可忍，孰不可忍？为此我北航红旗钢铁纵队发表严正声明如下：

（一）国防科委聂荣臻之流背着中央成立了"五·一六"黑专案组，大压革命群众，大整革命造反派，企图把科研系统的广大群众纳入"忠于聂荣臻"的轨道。这个黑专案组的纲领、标准、方向都是错误的，这是一起严重的封锁毛主席，欺骗党中央的犯罪行为！聂荣臻之流必须向毛主席低头认罪！

总理的"七·七"指示好得很，好极了！六、七、九、十院的无产阶级革命造反派为坚决贯彻总理"七·七"指示而采取的查封"五·一六"黑专案组的黑材料的行动是百分之百的革命行动！我北航红旗钢铁纵队表示坚决支持！

（二）为了保卫毛主席，保卫林副主席，科委直属机关以李敏为首的真正的无产阶级革命派毅然决然到三座门前静坐，要求罗舜初、蔡顺礼回机关处理"七·一八"政治事件，从十九日开始，至今已达

四天四夜！

为此，我北航红旗钢铁纵队表示无保留地坚决支持他们的革命行动！具有《二十八天二十八夜》的革命传统的北航红旗战士誓作你们的坚强后盾！誓死保卫毛主席！誓死保卫林副主席！

（三）科委机关内部被一小撮叛徒、特务、顽固不化的走资派长期盘踞，利用职权干尽了坏事！更有一小撮铁杆老保，为了自己的"既得利益"，为了自己的"晋级高升"，下死命地大保特保"聂氏王国"，干尽卑鄙的勾当。

为了誓死保卫毛主席，国防科委（直）真正的无产阶级革命派于二十日成立了自己的战斗组织——"卫东"革命造反派，他们在国防科委两条路线的激烈搏斗中终于冲杀出来了！这个在捍卫毛泽东思想的血与火的战斗中光荣诞生的新事物，必将在无产阶级文化大革命第五战役中起着她独特的光辉的作用，她的成立好得很！我北航红旗坚决支持"卫东"革命造反派的一切革命行动！誓与他们团结、战斗、胜利在一起！

聂荣臻拒不向毛主席低头认罪，绝没有好下场！

罗舜初、刘华清、蔡顺礼必须立即滚回科委机关处理"七·一八"政治事件！

炮打聂荣臻，保卫毛主席！聂荣臻不投降就叫他灭亡！

誓死捍卫毛主席的革命路线！

我们伟大的领袖毛主席万岁！万岁！万万岁！

北航红旗钢铁纵队

六八年七月二十二日

声 明

《红旗》第 115 期,1968 年 7 月 31 日

　　七月十八日晚,在国防科委机关内,有人借斗争阶级异己分子范济生之机,公开跳出来,对抗最高指示,攻击林副主席,颠倒是非,混淆黑白,打击陷害毛主席亲自保过的钟赤兵同志,无视周总理"四•二0"重要指示,继续大树聂荣臻的"绝对权威",造成了一起严重的政治事件。我们怀着誓死保卫毛主席,誓死保卫林副主席,誓死保卫以毛主席为首、林副主席为副的无产阶级司令部的赤胆忠心,当即向罗舜初、蔡顺礼两位副主任汇报,要求迅速处理。但是聂荣臻等科委某些领导人,对如此重大的问题,迟迟不作处理,有意进行包庇。经我们进行了说理斗争,罗舜初不得不承认是一个严肃的政治问题。罗、蔡做出保证,答应在十九日下午三点继续研究处理。到了三点,他们以睡眠不足为理由,要求改到下午五点再谈,到了五点半,他们又提出改到晚上八点半。就这样一推再推,一拖再拖,群众一再体谅他们,一等再等,罗舜初还一再向群众表示肯定在八点半接见群众。但是,到了八点半,他们却不告而别,溜之大吉了。我们寻遍宿舍、办公室,都不见他们的踪影。最后我们终于得知他们躲到三座门三号去了,刘华清更为恶劣,一开始就躲在一边,不见群众。他们就这样玩忽攻击毛主席、林副主席、周总理的政治事件,欺骗和愚弄革命群众,并不怕扩大事态,把本来可以在内部处理的问题,引到机关外边去。我"卫东"革命战士,怀着对毛主席的无限赤胆忠心,不得不到三座门三号门口等候他们。

　　从七月十九日晚,到二十五日中午,历时六天六夜,我们"卫东"战士,不怕风雨,不怕疲劳,表现了保卫毛主席的坚定决心。聂荣臻等国防科委党委常委某些人,看到我"卫东"战士保卫毛主席的决心不可动摇,才不得不在二十五日中午十二点半,派蔡顺礼到三座门三号门口,向群众检讨错误,承认没有遵照毛主席的教导,是欺骗了群

众，保证今后要改，不再重犯，并表示愿意回机关处理"七．一八"严重政治事件。我"卫东"战士，本来不愿把事态扩大，鉴于罗、蔡已表示不再欺骗躲藏，为了顾全大局，所以于即日十二时三十分起，撤回机关，继续进行斗争，一定把"七·一八"事件搞个水落石出。在这昼夜的斗争中，三座门的警卫战士同志以及各革命造反派的战友们给我们以很大支持，我们一并表示致谢。

坚决炮打聂荣臻，誓死保卫毛主席！
谁反对毛主席我们就打倒谁！
谁反对林副主席我们就打倒谁！
战无不胜的毛泽东思想万岁！
伟大领袖毛主席万岁！万岁！万万岁！

国防科委（直）卫东革命造反派
一九六八年七月二十五日下午

www.ingramcontent.com/pod-product-compliance
Lightning Source LLC
Chambersburg PA
CBHW060547080526
44585CB00013B/474